四川省社会科学重点基地四川思想家研究中心2023年重点资助项目（项目编号SXJZX2023-001）成果

困顿与超越

唐君毅的生死体证

何仁富◎著

光明日报出版社

图书在版编目（CIP）数据

困顿与超越：唐君毅的生死体证 / 何仁富著. --
北京：光明日报出版社，2025.1. -- ISBN 978-7-5194-
8392-0

Ⅰ.B261.5

中国国家版本馆 CIP 数据核字第 2025DW9805 号

困顿与超越：唐君毅的生死体证
KUNDUN YU CHAOYUE: TANGJUNYI DE SHENGSI TIZHENG

著　　者：何仁富	
责任编辑：李　晶	责任校对：郭玫君　温美静
封面设计：中联华文	责任印制：曹　净

出版发行：光明日报出版社
地　　址：北京市西城区永安路 106 号，100050
电　　话：010-63169890（咨询），010-63131930（邮购）
传　　真：010-63131930
网　　址：http://book.gmw.cn
E - mail：gmrbcbs@gmw.cn
法律顾问：北京市兰台律师事务所龚柳方律师

印　　刷：三河市华东印刷有限公司
装　　订：三河市华东印刷有限公司
本书如有破损、缺页、装订错误，请与本社联系调换，电话：010-63131930

开　　本：170mm×240mm	
字　　数：316 千字	印　　张：20
版　　次：2025 年 1 月第 1 版	印　　次：2025 年 1 月第 1 次印刷
书　　号：ISBN 978-7-5194-8392-0	
定　　价：98.00 元	

版权所有　　翻印必究

吾之为哲学，亦初唯依吾之生命所真实感到之问题。而此中之问题，亦正多非出于个人一己之私者。①

——唐君毅

吾初感哲学问题，亦初非由读书而得。②

——唐君毅

---

① 唐君毅.唐君毅全集：第二十六卷·生命存在与心灵境界（下）[M].北京：九州出版社，2016：352.
② 唐君毅.唐君毅全集：第二十六卷·生命存在与心灵境界（下）[M].北京：九州出版社，2016：353.

仁者型哲学家的生死性情（代前言）

唐君毅作为"仁者型"现代新儒家代表，不仅是现代新儒家中对人生问题最为关切的哲学家，同时也是现代新儒家甚至是历代儒者中对死亡思考最多、阐释最透彻的儒者。但是，这种"思考"和"阐释"，并不是书本上的一种知识获得和知识生产，而是他生命内部的最真实的体验和经验。与其他现代新儒家代表人物和大多数儒者讨论人生不同，唐君毅特别注重对死亡的省视，在他从早年到晚年的著作中，都有涉及讨论死亡的专门章节。从早年的《人生之体验》到中年的《人生之体验续编》，从早年的《道德自我之建立》到晚年的《生命存在与心灵境界》，从早年的《爱情之福音》到晚年的《病里乾坤》，唐君毅的著作无不充满对生命的体验性反思和对生死哲学的深刻阐释。

与此同时，唐君毅从幼年开始，在不同的年龄阶段都有非常切己的生死体验：幼年时对"天地裂"的想象，青年时期的离别愁绪，20岁时几欲自杀的经历，22岁父亲去世带来的生死伤痛，40岁离开大陆时成为"游魂"的离别伤痛，55岁时母亲逝世的悲伤体验，58岁罹患眼疾的"病里乾坤"，68岁罹患肺癌绝症后的死亡准备。这些体验可能对常人来说只是"体验"而已，而对具有超级感受性和智慧力的唐君毅来说，这些体验都成了他思考生死哲学的重要资源，成了他在生命实践中建构和践行自己生死哲学的重要资源。由此，唐君毅的生死哲学是非常独特的理论与实践的双重建构。

一、唐君毅早年对生死问题的体验

对生死问题的意识关切最早可以追溯到唐君毅的童年生活。按照唐君毅自己的记述，他在生命成长的早期，经历并深刻体验了好几次生死离别的重要事件。这些事件带给他的生命体验非常深刻，以至于唐君毅在写他一生最宏伟的著作《生命存在与心灵境界》时，还特别在"后序"中对它们一一记述，在他躺卧在病床上深刻反省自己的生命之时，也将它们梳理出来作为自己生命经历的重大事件。

在唐君毅七八岁时，唐君毅父亲有一天给他讲了一个故事，大概是说人类所居住的地球将在某一天毁灭，太阳的光亮也会渐渐暗淡，最后只留下一个人和一只狗相伴。这个故事让唐君毅幼小的心灵经历了巨大刺激，他对天崩地裂、人将毁灭这样本根性的生死问题便时时在心中琢磨，用他的话说，即"念之不忘"。过了些天，天下大雨，大雨过后又是大太阳，经过雨的透灌和烈日的暴晒，田地出现裂隙。唐君毅看到这一现象后，便联想到了父亲讲的天地毁灭的故事，"遂忧虑地球之将毁"[①]。这种对"地球之将毁"的忧虑表明，在唐君毅幼小的心灵中，便有了对死亡、毁灭等人生必然遭遇的"大灾难"的一种焦虑、惶恐，这种焦虑、惶恐反过来又强化其对相关问题的敏感性，增加其对人生负面事件的体悟。这一点在唐君毅以后的人生中也确实得以充分显现。他所写的《人生之体验续编》《病里乾坤》等对人生负面的反思体悟，都被认为是唯唐君毅可以写出的心血之作。

唐君毅在17岁时离开四川到北京求学，这是唐君毅第一次远离父母。这种"生离"同样带给了唐君毅刻骨铭心的生命体验。他回忆道："吾年十七岁，吾父送吾至船上，同宿一宵。至凌晨，而忽闻船上之机轮声。吾父登岸，乃动离别之情。然吾之下一念，即忽然念及古往今来无数人间之父子兄弟夫妇，皆同有此离别之情，而生大感动。"[②] 在《病里乾坤》中，唐先生对此事件还有更进一步的反省式说明："忆吾父既送吾上船，当夜即宿于船侧之一囤船之上，吾初固不感父子相别之悲也。及至次晨，船之轮机转动，与囤船相距渐远，乃顿觉一离别之悲。然当吾方动吾一人之悲之际，忽念古往今来，人间之父子兄弟夫妇之同有此离别之悲者，不知凡几，而吾一人之悲，即顿化

[①] 唐君毅.唐君毅全集：第二十六卷·生命存在与心灵境界（下）[M].北京：九州出版社，2016：352.

[②] 唐君毅.唐君毅全集：第二十六卷·生命存在与心灵境界（下）[M].北京：九州出版社，2016：352.

为悲此人间之有离别，更化为一无限之悲感；此心之凄动，益不能自已，既自内出而生于吾心，亦若自天而降于己。吾亦以是而知人生自有一超越而无私之性情，能自然流露，是乃人生之至珍之物也。"①对于父子离别的离情愁绪，或许我们每个人都会有。但是，唐君毅体验的深刻之处在于，他由当下此"父子之别"，"忽然念及古往今来无数人间之父子兄弟夫妇，皆同有此离别之情"，此一念翻转，就将当下此时此地此人所经历的个别的离情愁绪普遍化为一般的、广大的、久远的离别之情了。这样一种由个别情感体验升华到普遍性情感体验的翻转，一方面可以拓展人的生命的涵容性，另一方面也会大大增加个体生命对这份情感情绪体验的强度。正因此，唐君毅会"生大感动"。这也正应和了唐君毅自己对伟大人格的界定："一个伟大的人格，任何小事都可以撼动他的全生命。好比一无涯的大海中，一小石落下也可以撼动全海的波涛。一个伟大的人格，任何巨大的刺激，他都可使它平静。好比在一无涯的大海里，纵然是火山的爆裂，也可随着来往的波涛而平静！"②

对于生死问题的深切体验，唐君毅还不完全只是从自己的切身事件获得，也会从其他人的经历甚至文艺作品中获得。关于他在北京求学期间看一部关于孙中山的电影而引发的大感动，唐君毅不仅在《生命存在与心灵境界》中记载了，在《病里乾坤》中也有非常详细的记录、描述和再体验。唐君毅17岁在北京求学时，正值国民革命潮流澎湃之时，作为一个年轻人，他也认为此革命是一件庄严神圣的事情。有一天，大学露天放映孙中山先生在广州时的纪录片，唐君毅专程去观看。"忆其时与亲人共坐于一露天之广场之上，夜凉如水，繁星满天。吾乃一面看银幕所映中山先生与其革命同志共同行动之电影，一面遥望此繁星之在天。一念之间，忽感此中山先生与其志，皆唯居此地球之上，而此地球则为一甚小之行星，与此天上无尽之繁星相较，此地球诚太空之一尘之不若。何以此一尘不若之地球上之志士仁人，如今之银幕所见者，必洒热血，掷头颅，以成仁取义，作此革命救人之事业？此诚不可解。宇宙，至大也；人，至小也。人至小，而人之仁义之心，则又至大也。大小之间，何矛盾之若是？吾念此而生大惶惑，大悲感。当时之心念之转动，回还于满天之繁星、所见之银幕，及露天之广场之间，其种种之波荡与曲折，

---

① 唐君毅.唐君毅全集：第七卷·病里乾坤[M].北京：九州出版社，2016：7.
② 唐君毅.唐君毅全集：第一卷·早期文稿[M].北京：九州出版社，2016：111.

曾记之于日记，而此日记已不存，今亦不复更忆。唯忆当时之心念转动，皆真悲恻之情相俱，直至电影终场，吾之泪未尝离目，若与天上繁星共晶莹凄切而已。"① "吾一面仰视苍穹，一面回念人间，恻怛之情，即不能自已，觉吾之此情，若悬于霄壤，充塞宇宙，而无边际。"②

这样一种将个人生命体验充塞于无边宇宙所感到的悲凉、惶恐，实在是激发人的大生命、大智慧的感受性体验。正因为他经历了这样强烈的感受性体验，唐君毅在他的思想和著作中，才会经常有他人无法书写出的细微深刻、真诚"恻怛之情"。唐君毅说："此类之情，吾于二十岁前，实多有之，然皆忽然而发，如从天而降，与所学之世间知识，全不相干。若其果代表吾之生命之原始之性情，皆吾父母之遗德，吾不敢自以为功。"③ 这种"从天而降"的体验，可谓唐君毅之"天性"，此份天性经他后天深刻反省、学识提升的充养，便成了融含着大慈悲的大智慧。由此，也便有了唐君毅关于人生诸多重大问题，尤其是生死问题的慧解。

早慧的唐君毅在年轻时并不宗儒。尽管在父亲的影响下10多岁就立下"希圣希贤"之志，但是20岁左右的唐君毅是一个自命不凡、愤世嫉俗、烦恼重重的青年，甚至曾经多次想要自杀。唐君毅父亲的死，医治了他"愤世嫉俗"之心，激发了他的内在心性。唐君毅说，"吾年十四五时，即已有为学以希贤希圣之志。年二十岁左右，自负不凡，乃时叹人之不我知，恒不免归于愤世嫉俗之心，故烦恼重重，屡欲自戕。然此时吾对人生之事之悟会，亦最多。吾二十二岁，先父逝世，吾更自念：吾身为长子，对吾家之责，更无旁贷，吾一身之病，乃自此而逐渐消失"④。由父亲去世所激发出的责任意识，在唐君毅自觉的心性体验与充养中，逐步成长为儒家的担当意识，这份担当既是对自己生命的担当，也是对家庭成员生命的担当；既是对个人生命的担当，也是对民族生命甚至是人类生命的担当；既是对人的生命的直接担当，也是对人类文化生命的担当。由此，儒者情怀成为自觉的生命情感。

---

① 唐君毅.唐君毅全集：第七卷·病里乾坤［M］.北京：九州出版社，2016：7.
② 唐君毅.唐君毅全集：第二十六卷·生命存在与心灵境界（下）［M］.北京：九州出版社，2016：352.
③ 唐君毅.唐君毅全集：第二十六卷·生命存在与心灵境界（下）［M］.北京：九州出版社，2016：352.
④ 唐君毅.唐君毅全集：第七卷·病里乾坤［M］.北京：九州出版社，2016：3.

二、唐君毅早期对生死问题的思考

或许由于早慧而对生命有过多的体验性感受，又或许由于父亲的死带来巨大的生命力撞击，唐君毅在自己往后的思想创造中对生与死有特别的关注。

后来，在唐君毅自己几乎完全否定的第一部著作《中西哲学思想之比较论文集》中，唐君毅就在附录中专门有一节"论不朽"中讨论了"物质不朽论""生物不朽论""事业不朽论""社会不朽论""曾在不朽论""价值不朽论""智慧不朽论""伟大人格之不朽论""大我精神不朽论""个体流转不朽论"十种关于"不朽"的理论。而且，唐君毅先生在此已经表达出与传统儒者对生死终极问题的不同看法，他认为死的问题不但可问，并且应问，对死亡真谛的好奇是合情、合理、合法的。他说，"盖水火无知，人则有觉，水火可不问其始终，人则不能不问也。若谓人应求自然，不越自然所加于人之限制，则吾将曰：自然真加限制于吾人，则不应使吾人复生追索生前死后之心；吾人既有追索生前死后之心，则自然未尝藏加吾人以限制可知。若谓此追索生前死后之心亦即自然所赋与而加于吾人之限制，则吾人追索生前死后之心亦即自然限制中之正当活动，追索生前死后，正所以顺自然也"①。唐君毅认为，人对终极问题的提出是有其正当性的，因为人的理性不能不追求"常"而任随"无常"左右。生命如果只是随死而消失，则为无常，也是违理的。他说："吾人之思想行为盖皆在变中求常。一切科学艺术政治宗教之可能，无不本于此。吾人既无往不于变中有常，则吾人之求吾人人格之常于变中，亦有吾人理性上应有之权。吾人人格若果一死即烟落销（消）沉，化为异物，则实为有变无常也。故吾人求其不朽不堕断灭，实为论理上之应然。"②对生命不朽为正当合理的肯定是一回事，如何回答此一合理问题则又另当别论。因为生死两界如天人永隔，死之表象可见，死之本质则不可知，死后种种更非现象界之事，所以我们人如何能够知之，并还要就此做出回答？即使勉强有了答案，答案是不是死后的真相呢？这也是令人怀疑的。总之，生死关系是个问题。

在《人生之体验》中，"说价值之体验"就专门列了一小节"说死亡"。

---

① 唐君毅.唐君毅全集：第二卷·中西哲学思想之比较论文集［M］.北京：九州出版社，2016：358.

② 唐君毅.唐君毅全集：第二卷·中西哲学思想之比较论文集［M］.北京：九州出版社，2016：361.

他说:"亲爱的人死亡,是你永不能补偿的悲痛。这没有哲学能安慰你,也不必要哲学来安慰你。因为这是你应有的悲痛。但是你当知道,这悲痛之最深处,不只是你在茫茫宇宙间无处觅他的音容。同时是你觉得你对他处处都是罪过,你对他有无穷的咎心。你觉得他一切都是对的,都是好的,错失都在你自己。这时是你道德的自我开始真正呈露的时候。你将从此更对于尚生存的亲爱的人,表现你更深厚的爱,你将从此更认识你对于人生应尽之责任。你觉唯有如此,才能挽救你的罪过于万一。如是你的悲痛,同时帮助你有更高的人格之实现了。"[①]在这里,唐君毅已经将人对死亡的体验同自己道德自我的显露结合起来看待了,他在生死问题上的基本立场已经确定。

与《人生之体验》大概同时完成的《爱情之福音》是一部奇书,被台湾学者曾昭旭誉为中国现代爱情学的代表作。可是,就是在这部讨论爱情学的著作中,唐君毅在第五章"论爱情中之罪过与苦痛"中却专门设置一小节"论死亡"。一女子走来,她是死了丈夫的妻子,她希望德拉斯给予她安慰,于是德拉斯说出以下的话:

> 孩子,你爱的人们是不会死的,因为人的精神灵魂永远存在。你觉得他死,只是你看不见他,犹如太阳落山,他不过转到地球之彼面去了。
>
> ……太阳的比喻尚不算好,因为你至少是不见太阳的光辉了。然而他的爱的光辉却永远照着你,你不见他只是他转在你背面,如你之面向东,太阳转到了西方一样。
>
> ……孩子,你要深信灵魂是不会死,因为灵魂是一直借躯壳而表现,它不是由躯壳而生。它不随躯壳而生,也不会随躯壳毁亡而不存在的。
>
> ……孩子,那就在你的心的深处。你思念他,你心目中有他的影像,即他显现你心之外表。你不要说那是你自己的回忆,你焉知不是真正的他在唤起你的回忆呢?孩子,你要知道你思念的他,不只是你过去经验中的他,而是永远的他,永远的他是永远存在的。
>
> ……如果你思念的他,只是过去经验中的他,你过去经验中的他,

[①] 唐君毅.唐君毅全集:第三卷·人生之体验[M].北京:九州出版社,2016:58.

亦永远存在于你过去经验中，他亦是不甘死的，你不见他，就比如太阳之落在地下罢了。你只要真愿意见太阳，待你今夜有好好的安眠，你明朝将与他相见。

……太阳必有来日，生命必有来生，因为生命是永恒的光辉。你们如果真相爱，你们必有来生的夫妇。①

在这里，唐君毅将死亡比喻为"太阳落山"，只不过是"转到地球之彼面去了"，犹如"太阳必有来日"，人的"生命必有来生"，由此而言说人的生命是"不死"的，"生命是永远的光辉"。当然，这是说人的精神生命。唐君毅此时还称之为"灵魂"。这死者之不死的灵魂并不在别处，就在生者之"心的深处"，这是唐君毅生死哲学中一个重要思想"幽明感通"的源头。

作为唐君毅"人生之路"十部曲之一的《心物与人生》，第三章"生存之意义"的第五节，唐先生又以"辨生命之自身无所谓死"阐释了他的生死观。在这里，唐君毅关于人的生死问题的思考又有了进一步的发展。一方面，唐先生将物质与生命对立起来谈论，认为人的生命活动是在比此物质世界更高一度的空间进向的。"生命之表现其自身于物质世界，如一圆球在平面上滚，当他突然离开平面，我们只自平面之物质空间看，便以为他消灭了。"②另一方面，唐先生又将生命之不灭比喻为物质能力之不灭，认为死亡虽然看起来是生命的活动停止了，"生命的活动虽似乎消灭了，然而他会转化为其他将来之生命活动。犹如我们远远看见一人在绕山走，渐渐看不见，这只因为他转了弯，暂向另一进向走去，如果我们只以山之横面为唯一真实，我们会以为他已死了。"③登山客因为转弯而使我们不能再见到，我们只能说他在另一段路途之上，但我们并不能因为我不能再看见他而说登山客已经死亡消逝。依唐先生之见，人的死亡只是生命"转化为其他将来之生命活动"，不能说就是消逝无存。

唐君毅以上对生死问题思考的著作，大多是他30岁左右写成的，属于唐君毅的早期思想。可是，唐君毅早期思想不是一般所谓"早期"，即"不

---

① 唐君毅.唐君毅全集：第六卷·爱情之福音［M］.北京：九州出版社，2016：64-65.
② 唐君毅.唐君毅全集：第五卷·心物与人生［M］.北京：九州出版社，2016：72.
③ 唐君毅.唐君毅全集：第五卷·心物与人生［M］.北京：九州出版社，2016：74.

成熟"的思想。因为唐君毅不是靠读书激发哲学问题意识的哲学家，而是靠自己慧根之下的生命体验激发哲学问题意识的哲学家。他自己也说："吾初感哲学问题，亦初非由读书而得。唯忆十二三岁时，吾父即尝谓吾有哲学思想，吾其时固不知何谓哲学，更不忆其时所思想者为何也。吾之所能忆者，唯是十四岁时，吾家住重庆两路口江滨，天雨，门前水涨，而石没于水。吾忽思此石不见时，是否存在。当时之答，是其不被见，即同于不在。"[①] 所以，在相当程度上，唐君毅的哲学问题意识源于他的天性，源于他敏感的生命体验。

三、唐君毅生死问题意识及体验的理论意义

唐君毅早期生死问题意识的理论意义至少可以从两方面来思考，一是从他整个思想体系中生死问题意识的延续及生死哲学思考的系统和深入来说明；二是从他的生死问题意识对其个体生命的影响以及对我们当下生命的启示来说明。

唐君毅生命早期对于生死问题的体验所激发的哲学问题意识，以及由此而形成的早期哲学理念和哲学思想，是唐君毅持守终身的根本智慧。这一点，唐君毅是公开明示的。当他耗终身心血于逝世前完成巨著《生命存在与心灵境界》时，他在后序中说："吾今之此书之根本义理，与对宇宙人生之根本信念，皆成于三十岁前……吾于三十岁前后，尝写《人生之体验》与《道德自我之建立》二书，皆以一人独语，自道其所见之文。……吾今之此书之规模，亦不能出于此二书所规定者之外。此固可证吾之无大进步，然亦证宇宙人生中实有若干真理，历久而弥见其新也。至于此后三十年中，吾非无所用心，而知识亦尽有增加。然千回百转，仍在原来之道上。"[②] 由此我们也可以说，再怎样估计唐君毅早期的生死问题意识及其哲学思考的价值都是不过分的。

唐君毅对生死问题最集中、最系统，也最富智慧的讨论，是在他的《人

---

① 唐君毅.唐君毅全集：第二十六卷·生命存在与心灵境界（下）[M].北京：九州出版社，2016：353.
② 唐君毅.唐君毅全集：第二十六卷·生命存在与心灵境界（下）[M].北京：九州出版社，2016：361-362.

生之体验续编》中。《人生之体验续编》是唐君毅于20世纪50年代到60年代初连续7年写成的7篇论文。其间,唐先生到香港后,深感中华民族生命发生了"大病痛",引发唐先生对生命负面的深沉体验与悲悯,从而写下了唯唐先生能写下的般若文字。牟宗三先生曾赞叹该书为"滴滴在心头,而愧弗能道"。其中写于1958年的第五篇《死生之说与幽明之际》是专门讨论生死哲学的。写于1959年的第六篇《人生之虚妄与真实》,又专门用一节讨论"'死'在目前之义,与人生遗憾之化除"。《人生之体验续编》所建构的生死哲学,可谓现代新儒家甚至是整个儒家发展历史上对生死问题思考的集大成,死亡问题是人生必须面对的大问题,获得死亡智慧的途径不是知识而是情志,从心灵的超越性筹划看心不会随身死而死,生命的双向活动及生与死的相依,身心之呼应关系及身心皆不死等一系列论题,构成了一个以儒家心性学说为基础的庞大生死哲学系统。在唐先生看来,人的生活与精神活动是由人不断去耗费人的"身体"而呈现的,而人心的创造活动不断谱写出人类精神生活和文化生活的新的乐曲,如此,人的身心都在"生"的过程中永生下去。"死"并不是人生的"消灭",而只是此一人生的"暂终"。"终"只是一线之线头,用以凸显人生整个线段之存在。人在有生之日,之所以能只想其如何生活,如何运用其精神,而不想到死,正是由于人之"生"在死之上。人之精神本无死,人之所以会想到死而怕死,只是因为人渴望留此身体以与心共同成就其生活与精神活动,谱写"生"之伟大乐曲。

　　唐君毅晚年更是对生死哲学问题进行了系统的总结和反思。在《哲学概论》的附录中,唐君毅辟专章"述海德格尔之存在哲学",对当代西方哲学家中最具有"死亡"智慧的海德格尔哲学进行了系统阐释,并专节以"死之智慧"论述对海德格尔死亡哲学的理解与领会,特别是对死如何启示人生的全体性进行了充分的阐述。

　　在唐先生以全副生命完成的最后的划时代巨著《生命存在与心灵境界》一书中,他再次在阐述"天德流行境"时辟一专节讨论"生命之偶然性与死之智慧及生命之本性之善"。唐先生不仅从西方哲学思想资源切入,强调个人"先行到死中去",通过"生"与"死"的面面相觑启发"生"的唯一性和真实性;同时,还从儒家义理出发分析"死"对"生"所具有的仁义礼智等正面德行。

唐先生的生死哲学本儒门大旨，在精神价值的创造、道德价值的成就中把握死亡对人生的意义。所以，唐先生不认为人死如灯灭，一切复归于无，反之，死亡不但不是息止，而是上提到精神世界，以伟大的精神参与天地生生不息的创造力。心忧天下，则感动寰宇；志存正道，则启迪来兹。死亡不再是毁灭，而是创生。个人生命形体虽然消灭，但精神人格与人类历史文化的大生命结合，小我消融于大我，生生不已，创造不息。伟大的人格生命，与宇宙的生命结合，上下与天地同流。唐先生通过祭祀对精神生命的开发，通过心光互照、通彻幽明的进路，使人们对死的世界的了解不再停留在毁灭的层次。反之，唐先生试图让我们看到生死大事所具有的积极正面的教化功能，更要我们的个人生命接上历史文化精神的大流。

可以说，对生死的体验和对生死问题的讨论，贯穿于唐君毅一生的生命体验和哲学思考中，生死哲学是他人生哲学以及整个思想体系中不可或缺的重要部分，而这也体现了他对传统儒家生命智慧的继承与超越。唐先生的生死哲学既继承了传统儒家人生哲学的基本理念，也吸收了现代西方生死哲学研究的智慧，更融入了他自己的切身体会和深刻反思，是儒家生死智慧在现代最明晰、最系统、最深刻的阐释，我在《感通与传承——唐君毅的生死哲学》一书中对此有系统深入的阐释与讨论。

四、唐君毅三个生死学经典文本

唐君毅早年的生死体验与其哲学建构的关系，主要是他智慧的开启与宇宙人生直接感通而生出"想象性"生死体验，再由这些"想象性"生死体验直接激活内在的生命智慧。中年以后，唐君毅的生死体验与其哲学的关系，更多的是在经历了事实上或经验上的"生死事件"之后，以反省的方式将这些经验升华为智慧，在这里，"体证"与思想是相互呈现的。不过，不管是想象还是"体证"，将生命中经历的"体验"直接转化为哲学问题、哲学意识，甚至哲学智慧，于唐君毅则是一以贯之的。正由于他有强烈真切的生死体验，又善于在当下直接反省这些体验，将体验升华为哲学反思性文字，由此也就留下了足以启示国人生死智慧的一些经典生死学文本。其中,《母丧杂记》(包括《母丧杂记续记》)、《病里乾坤》、晚年罹患癌症后的日记（可以名曰《抗癌日记》或《晚年日记》)，是最具代表性的三个生死学经典文本。

1964年2月26日，唐先生母亲陈太夫人在苏州旅邸病逝。这是唐君毅中年经历的最大、最伤痛、最直接、最根本的一次生死事件。母亲病逝之于唐先生的影响之大，我们从唐先生下面一句自述可以体会。1971年，唐先生三大卷《中国哲学原论·原道篇》出版时，唐先生在卷一的自序中第一句话这样写道："以本书之缘起而言，可谓事出偶然。盖自七年前，吾母逝世，吾即尝欲废弃世间著述之事。"对一位几乎是以哲学著述、思想创造和教育教学为生的思想家来说，"欲废弃世间著述之事"差不多是要废弃自己的生命本身。所以，唐先生母亲的病逝确实带给了唐先生极为深刻的生死体验。但是，唐先生之为唐先生者，就在于所有的生命体验对他来说都是智慧之所从出之所。唐先生在母亲去世后的10天里，放弃了自己每天记日记的习惯，直到3月7日稍微静心，撰写了《母丧杂记》，唐君毅夫人也撰写了"廷光代笔"作为唐先生日记的补充。4月6日至8日，唐先生又撰写了《母丧杂记续记》。唐先生两篇记录母亲病逝后自己的经历、体验、感悟、反省的文字，亦如他晚年直面癌症期间的日记一样，展示了一位儒者面对亲人病逝这一重大痛苦的真实情感与真实思考，以及由此生发的生死智慧。在文本中，唐先生除缅怀母亲之恩德外，还对基督教、佛教和儒教对死者的态度之不同多有反省和论述，从而将自己的哀思之情通过理的运思升华为关于生死的哲学智慧。从生死学和生死哲学维度说，《母丧杂记》和《母丧杂记续记》是极为珍贵的生死学文献。

1966年3月25日，唐先生在参加完一个会议后，突然感觉左眼视力不明，看东西也变形了。4月1日，医生诊断为左眼视网膜脱落。由于唐先生的视网膜脱落症非常严重，医生建议马上治疗，或者在香港或者到美国，以赴美为好。4月15日，唐先生到哥伦比亚大学附属医院就诊，4月20日动手术。经过医生的悉心治疗和夫人的悉心照顾，唐先生眼疾手术恢复良好。只是医生嘱咐，还要进行激光治疗，并嘱咐不可多看书，头也不宜长时间低下。唐先生5月1日出院，7月9日，经台湾返回香港。但是，到年末时，唐先生的眼疾加重。12月8日，因为眼疾加重，香港的医疗设备不足，又随时遭遇人事之繁，唐先生决定向大学请假赴日本医治兼休养。当日，唐先生与夫人即赴日本京都医院治疗，由眼科主任浅山亮二教授及锦织医师诊治。在检查后，医生告知，唐先生的视网膜再度脱落，情况非常严重，虽然可以再动手术，但是，视力恢复多少不能预断。医生同时指出，美国医生的治疗效果是很好的，可能是由于手术后没有得到充分的保养，休息不够，导致视网膜再度脱落。从1966年12月8日开始，唐先生在日本京都医院住院治疗眼疾3月有余，1967年4月2日出院后，唐先生又在京都医院休养4月有余，一直到8月16日返回香港，前后共住京都8个月之久。

唐先生在京都医院休养期间，写成《病里乾坤》一文，该文是唐先生在病榻上深刻反省自己的生命、病痛而断断续续写下的长文。1976年，唐先生为支持《鹅湖》杂志的创立，特别交给该杂志社发表，连载于《鹅湖》第11至17期上，对于提升《鹅湖》的声誉产生了重要影响。

《病里乾坤》全文十三节，4万多字。内容多涉及对生命的切己性反思，对生命中一些重大问题如出生、疾病、傲慢、痛苦、习气、死亡等的体验式洞察，可谓直接现实的生命教育课本。曾昭旭教授将《病里乾坤》看作《人生之体验续编》的再续编，认为是唯唐先生能写出的文字般若，是一切以求道自命的人当全身心体味的生命抚慰剂。《病里乾坤》不仅提出"生死皆在道上"的重大生死哲学命题，而且通过对疾病、痛苦、习俗、傲慢心、慈悲心等的一系列切身反省，建构了系统的"儒学意义治疗学"。若从形式上看，在唐君毅上千万言的著述中，区区四万言的《病里乾坤》只能算一个很小的文本；若从文本的生成性来看，《病里乾坤》是唐先生在眼疾中面临生死界限而"无所事事"时全身心体味出的纯粹生命文本；若从文本的价值性来看，《病里乾坤》的体验式叙述方式，对儒学治疗学思想的发展，对生命的切己性察思，对儒学生命教育意义的拓展，都表明它是整个现代新儒家甚至是儒学史上的一个生死学经典大文本。

唐先生从15岁开始立志向学、希圣希贤，也是从15岁开始了他终生无一日间断（除母亲去世时的时期）的日记生涯。唐先生的日记或记事或议事，特别是一些重要观点的雏形和人生节点的总结，均首见于日记。《抗癌日记》（或《晚年日记》）并非一个独立文本，而是指唐先生罹患肺癌直至逝世期间的日记，即从1976年8月7日至1978年2月1日，近一年半时间（合计545天）的日记。

由于唐先生被诊断出罹患不治之症，在这段晚年岁月中，相当一部分时间都在住院治疗，也是在直面死亡，因此，此期间日记也是"廷光代笔"最多的。署名"廷光代笔"的唐先生晚年日记共四次，分别是1976年8月22日至12月5日（合计106天），唐先生第一次到台湾检查治病期间；1977年2月1日至4月25日（合计84天），唐先生第二次到台湾检查治病期间；1977年12月24日至12月31日（合计8天），唐先生癌症复发后在香港圣德肋撒医院检查治病期间；1978年1月20日至26日（合计7天），唐先生在生命最后阶段在香港浸信会医院检查治病期间。在唐先生被诊断罹患癌症到逝世的545天里，有205天的日记是由其妻子谢廷光代笔的。换言之，在患病的545天里，有205天，唐先生都是在检查和治疗"重病"，在与死神的面面相觑之中度过的！"廷光代笔"的日记，基本保持唐先生自己的日记风格，那就是简单明了，对于唐先生当天生活中最主要的生活事件、人际交往、阅读写作做最简洁的记载。当然，也有与唐先生自己记日记不同的地方，那就是从妻子的视角观察到的唐先生于病中的一些身体、心理反应。恰恰是这些妻子视角的观察和简单记录，弥补了唐先生日记在罹患不治之症后的晚期生命的重要内容，让我们可以细致地了解作为一位儒者，唐先生是如何面对艰难的"终末期病人"生活，是如何在为死亡做准备。从唐君毅罹患肺癌到生命最后阶段直面死亡的死亡准备，我们可以看到这位创立了"完善不朽论"的生死哲学家，在"向死而生"的实践过程中，充分实现和印证了自己的生死哲学，从而完成了自己生死哲学的实践建构。唐先生的"日记"留下了一个非常珍贵的儒者死亡准备的案例，从死亡准备视角说，这些日记无疑是最具有启发意义的生死学文本。

五、唐君毅的生死哲学与生死体证

对生死问题的体验和意识关切，最早可以追溯到唐君毅的童年生活，并贯穿于唐君毅一生，从早年的"想象性生死体验"到青年时期的"经验性生死体验"，从壮年的"思想性生死体验"到中年的"哀伤性生死体验"，再到晚年的"疾病性生死体验"和"临终性生死体验"。

唐君毅早年生命中的"想象性生死体验"（主要包括六七岁时地球毁灭的想象性体验与生死感通、十六七岁离别父亲的想象性体验与人我感通、17岁看电影的想象性体验与天人感通、18岁月食的想象性体验与人物感通）是其哲学思想尤其是生死哲学的真正源头活水。唐君毅将自己生命中的"生死体验"称为自己生命中的"真经验",并且十分强调这些"真经验"对于自己思想的极端重要性:"真经验是思想学问的背景。有时候,你的思想学问未必与你的真经验配合,但思想学问的发展,弯来弯去的发展了,最后还是要与你的真经验配合。我后来的许多思想,可以说是环绕自己的真经验。"[1]在晚年完成的《生命存在与心灵境界》这部巨著中他还强调:"吾之为哲学,亦初唯依吾之生命所真实感到之问题。而此中之问题,亦正多非出于个人一己之私者。"[2]

唐君毅青年时期的几次极为重要的"经验性生死体验"(15岁时的一系列生命事件所彰显出来的超越性生命情怀;20岁左右的身、心、灵疾病导致"几欲自杀"的生死体验;22岁时父亲突然去世带来强烈的生死冲击的经验体验),成为其哲学建构的实践资源和理论范式的基础。正是其青年时期的这一番生死体验,不仅治愈了他的身心疾病,而且也为其生死哲学建构提供了最为切己的经验资源,并由此形成了唐君毅生死哲学中的一些极为重要的理论观念。

从大学毕业到成为大学教授的青壮年时期,其"思想性生死体验"成为唐君毅创建自己生命哲学体系的根本依据。从青年到壮年的唐君毅,是在思想与生命的双重体验与创造中实现升华的。他与谢廷光从恋爱到婚姻的升华,也伴随着《爱情之福音》中生命爱情哲学的建构,而唐君毅夫妇的爱情婚姻生活,在唐君毅的爱情婚姻理论指引下,也创造出了20世纪中国学人婚姻生活的典范。

中年所经历的母亲病逝的"哀伤性生死体验",唐君毅以反省的方式直接升华为生死智慧。在母亲去世后,唐君毅通过体验人间至情,追思关于幽冥世界与现实世界亦即死生之际的"至理",实际上是重新印证了自己早年思考和坚信的基本哲学信念,那就是,世间一切甚至生死,普遍存在基于每个人内在仁心亦即真实性情生命的由近及远、由亲及疏的生命感通,一切众生及天地万物幽冥的感通,根于每个人真志(情志)的扩充。有了这样一种"重新印证"的彻悟,唐君毅也就打通了"继母亲之志"与"继亲人之志""继圣

---

[1] 唐君毅.唐君毅全集:第八卷·哲思辑录与人物纪念[M].北京:九州出版社,2016:84.
[2] 唐君毅.唐君毅全集:第二十六卷·生命存在与心灵境界(下)[M].北京:九州出版社,2016:352.

贤之志"，甚至"继人类之志""继众生之志"之间的关系，突破了自己关于幽冥世界以及"继志"之事在认知上的"大惶惑"。

唐君毅晚年罹患眼疾的"疾病性生死体验"，则通过《病里乾坤》的深刻反省和反思，以唯唐君毅可为的般若文字，升华成了关于疾病、习气、痛苦、生死的哲学智慧。根本上，唐君毅认为，疾病是人的生命的分裂，但是，生命存在本身在分裂而感受痛苦的同时，也是生命全体内部自我开拓的过程。生命存在本身在分裂而使人感受到痛苦时，实际上也同时在收获生命开拓的果实。痛苦的价值在于让生命有内在的"开拓"，可以使人从日常的自矜自是、自私自利的心思中超拔出来。

晚年唐君毅从被诊断罹患癌症到逝世，经历了545天的"临终性生死体验"，并将这些体验转化为现代生死学极为宝贵的生死教育资源。面对死亡，唐君毅对死亡的过程有非常自觉的准备，这些准备不仅是在灵性精神的自觉方面，甚至包括死亡场地的选择、死亡方式的选择、死亡时刻的选择。由于唐君毅有"先行到死中去"的生命自觉，因此，他将自己的生命全用在当下该做的事情上，而不是用在思考和恐惧死亡和疾病本身上，并以此实现了以道德自觉为基础的生命超越，让自己的生命在任何时候都不留遗憾，任何时候都可以"死而无憾"。"做当下该做的，过道德的生活"的最高人生哲理，也是指导唐君毅"死亡准备"的最根本哲理。对唐君毅来说，疾病和死亡只是提醒他当下应该做什么事的一个生命事件，而不是操控他生命行为的"重大事件"，他已经完全超越了当下疾病和死亡对他生命的"掌控"而成为自己生命与生活的掌控者。

唐君毅基于自己的"生死体验"建构起的一套儒学生死哲学，以"仁心本体"为生命存在的依据，此"仁心本体"的超越性表明，它不会随着肉体生命的死亡而成为"非存在"，所以是不死的；"仁心本体"的超越性会不断向自我发出超越性的自我命令，即提出理想志愿，而这种命令本质上就是"天命"；人的身体和心灵以"呼应"关系，共同不断实现这些心灵志愿，创造新的"属人的"人文精神生命。由此，人的肉体与心灵一起因为此人文生命的永存而永存。所以，每一个个体生命尽管有身体的死，但其生命是"死而不亡"的。不过，这样一种"死而不亡"的生命，必须建立在生者自己不断自觉地自我超越，以"义所当为"来要求自己"自觉地做自己该做的"，也就是说，生命存在必须充分发挥其"用"，此"用"也就是每个人"生活理性化"的过程。与此同时，每个人依照自己的"心"行"义所当为"之事，必然包括对其他个体生命的体认，亦即对人与人之间"精神空间"的确认，此精神空间也包括对"死者"之"余情"的体认。由此，生者与死者之间，通过"情志感通"建立起了通达的道路，"死者"以事实上的情意存在，生活于生者生活的世界，"洋洋乎其上""洋洋乎在左右"，生死世界成为一个整体通达的世界，这个世界涵摄在我们的"理想"亦即"性情"之中。一个人的"心"是有旋转乾坤的力量的，只要你跟着自己基于"性情"的"心"走，使自己的生活不断"理性化"，你的生命即"一有永有"而进入"完善的不朽"。而面对自己的死亡，唐君毅同样禀受天命，自觉地做自己该做的，使自己面对死亡的生活仍然是"理性化的"，亦即"道德的"生活，从而实现由生到死的真正的"尽性立命""天德流行"。可以说，唐君毅以其全副生命实践着他自己生死哲学所倡导的"生活理性化"目标（尽性立命的道德生活），并以真切的行状给人们呈现了一种真正"生活理性化"的生命样态。唐君毅实际上是在通过自己的理论思考和生命实践，双重建构自己让生命永恒的"完善不朽论"生死哲学。[①]

《困顿与超越——唐君毅的生死体证》是对唐君毅先生的三个经典生死学文本的深度解析，是彰显唐君毅生死智慧的实践之作，也是作者承担的国家社科一般课题《唐君毅的生死哲学思想及其当代价值研究》最终成果《感通与传承——唐君毅的生死哲学》的姊妹著作，并获得四川思想家研究中心专项资助（项目编号：SXJZX2003-001）。

《感通与传承——唐君毅的生死哲学》侧重对唐君毅生死哲学思想做系统的理论建构和分析，全书从"问题意识""形上基础""人生精神""终极情怀"四个维度，讨论了唐君毅生死哲学的内在逻辑和主要概念——"不朽渴望""仁心本体""身心呼应""生死感通"，从生死认识论、生死形上学、生死价值论三方面，梳理了唐君毅生死哲学建构的内在逻辑和主要内容。

《困顿与超越——唐君毅的生死体证》则以"生命叙事"和"反省分析"为基本研究方法，以唐君毅不同生命阶段所经历的不同类型的生死体验为分

[①] 何仁富.感通与超越：唐君毅的生死哲学[M].北京：光明日报出版社，2022：252-253.

析对象，以在生死体验中觉察的生死问题和哲学智慧为主要内容。主体部分按照唐君毅的生命轨迹，分别研究他经历母丧、眼疾和罹患癌症后撰写的《母丧杂记》《病里乾坤》《抗癌日记》（《晚年日记》）三部生死学文献，详细分析其生死体验，诠释生死体验转化升华的哲学建构，并由此涉及哀伤辅导、病苦超越、死亡准备三大生死学议题，同时，展开对生命哲学、生死哲学诸多重要议题的讨论，诸如生死感通、人生与人文、哀伤与祭祀文化、疾病的人文根源、痛苦的价值、死亡准备等。作为附录的三篇文字，旨在展现唐君毅生命中一些其他重要的生命经历与体验，以多维度呈现其生命的"真经验"是如何成就其"真思想"的"生死体证"。

目 录
CONTENTS

第一章　生命叙事与哀伤抚慰 ……………………………… 1

　　一、体验：人子之哀的纯孝至情 ……………………………… 1

　　二、述事：母子情意的永恒感通 ……………………………… 11

　　三、继志：父母遗著的整理刊印 ……………………………… 20

　　四、反思：丧礼祭诚的文化期盼 ……………………………… 30

　　五、升华：慎终追远的生死智慧 ……………………………… 39

　　六、觉悟：生死感通的至情至理 ……………………………… 45

第二章　身心疾病与苦痛超越 ……………………………… 49

　　一、眼疾病痛与《病里乾坤》 ……………………………… 49

　　二、伤痛、病苦与生命觉悟 ……………………………… 54

　　三、疾病、治疗与生命提升 ……………………………… 63

　　四、忧患感与处生死、疾病之道 ……………………………… 87

　　五、当与不当之理及行当然之道 ……………………………… 106

　　六、痛苦消除方法与超越性信仰 ……………………………… 120

　　七、痛苦的价值意义与道德心灵 ……………………………… 129

第三章　生命自觉与死亡准备 ……………………………… 150

　　一、生命不息，日记不止 ……………………………… 150

　　二、身心疲累，罹患绝症 ……………………………… 154

　　三、直面癌症，积极治疗 ……………………………… 159

四、间歇休息，身心调整……………………………………… 171
五、病情恶化，直视骄阳……………………………………… 173
六、病情稳定，忘我工作……………………………………… 185
七、临终准备，君子息焉……………………………………… 189
八、丧殡葬祭，生命不死……………………………………… 201
九、视死如归，完善不朽……………………………………… 218

附录1 转折与安顿……………………………………………… 228
一、从聚散到离合：家庭亲情的转折与安顿………………… 228
二、从江南到新亚：教育事业的转折与安顿………………… 230
三、从人生到人文：思想学术的转折与安顿………………… 237

附录2 沉淀与突破……………………………………………… 245
一、生命经验：怀抱传统的第一次出国经历………………… 245
二、旅途感受：切身体会的东洋智慧自觉…………………… 247
三、情感撞击：对以美国为代表的西方文化的反思………… 251
四、思想硕果：《中国文化与世界宣言》的撰写与发表……… 256
五、学术转向：从立人极、立皇极到立太极及三极并立…… 260

附录3 成长与反省……………………………………………… 266
一、早熟与成熟（0~36岁）…………………………………… 266
二、奔波与超越（37~60岁）………………………………… 276
三、返本与开新（61~70岁）………………………………… 283

华人生死学的可为与当为（代后记）……………………………… 289

第一章　生命叙事与哀伤抚慰

——《母丧杂记》的生死学意涵

如果说唐君毅早年的生死体验与其哲学建构的关系，更主要的是自己智慧的开启与宇宙人生直接感通而生出"想象性"生死体验，再由这些"想象性"生死体验直接激活内在的生命智慧的话，那么到了中年，唐君毅的生死体验与其哲学的关系，更多的是在经历了事实上或经验上的"生死事件"之后，以反省的方式将这些经验升华为智慧。但是，将生命中经历的"体验"直接转化为自己的哲学问题、哲学意识甚至哲学智慧，是一以贯之的。

1964年2月26日，唐先生母亲陈太夫人在苏州旅邸病逝。唐先生在母亲去世后的10天里，放弃了自己记日记的习惯，直到3月7日稍微静心，撰写了《母丧杂记》，唐君毅夫人也撰写了"廷光代笔"作为唐先生日记的补充。4月6日至8日，唐先生撰写《母丧杂记续记》。唐先生的两篇记录母亲病逝后自己的经历、体验、感悟、反省的文字，从生死学和生死哲学维度来说，是极为珍贵的文献，亦如他晚年直面癌症期间的日记一样，向我们展示了一位儒者在面对亲人病逝这一重大痛苦时的真实情感与真实思考，以及由此生发的生死智慧。

一、体验：人子之哀的纯孝至情

1964年2月26日（农历正月十四日），唐先生母亲陈太夫人在苏州旅邸病逝。2月27日（正月十五元宵节）晚，二妹唐至中自苏州发来的电报送到唐先生家，只"母逝命勿归"五字。唐夫人及女儿在家接到电报，一时惊慌失措，立即电话通知牟宗三先生及郑力为同学，他们马上到家。当时，唐先生正出席友人晚宴，唐夫人请郑力为同学接唐先生回家，并嘱咐，暂时先不告诉唐先生母亲逝世的消息，只言家中有事请早回家。

在晚宴席间，唐先生听凌道扬先生谓其母已99岁，身体还康强，内心便念自己母亲人寿甚长，应该也可以臻至高寿。就在这样想的时候，突然郑力为同学来报，说家中有电报，希望早点回家。[①]唐先生当时即预感不祥，"已知吾母已弃吾而去矣"，因为，在农历年底二十八日时，唐先生收到二妹唐至中的信，言及母亲病重住进医院，但是没有相应的药物，希望唐先生尽快寄药到苏州，唐夫人谢廷光旋即到药店购药邮寄。从那时到如今，母亲入院已经10多日。所以，当唐先生听闻消息时，自有不祥预感，唐先生顿时"全身战栗，几不能行动"，由郑力为同学搀扶着归家。

刚刚到达家里，唐先生已支撑不住，倒在地上。看到牟宗三先生在场，即频频呼叫："宗三兄，我是罪人，我要回家，我要见母亲……"[②]唐先生至情至性，"哀痛欲绝，而奔丧之情，尤难自已"[③]。此时牟先生亦无言相慰。夜深后，牟先生与郑力为同学离去，唐先生不时捶胸顿足，号啕大哭，夫人和女儿也只有陪他哭到天明。第二日，唐先生向夫人索要电报观阅，只有"母逝命勿归"五字，心中怆痛，甚至怀疑电文有误，以致多日后撰写《母丧杂记》之时，"此疑犹婉转于心曲"[④]。

按照哀伤五阶段理论来说，唐先生在得知母亲去世消息后的反应，正是哀伤第一阶段"否认"的典型表达。但是，客观上唐先生不可能从香港到苏州奔丧，主观上又体验着丧亲的深刻悲痛，希望用最合适的仪式来表达对母亲的哀痛与悼念。所以，尽管在当夜牟宗三先生即给唐先生提及在香港设灵位之事，唐先生"不忍闻，而不忍设"，但到了第二天，还是"不得不设"，而且考虑到母亲信佛，曾经在香港小住过一段时间，而沙田又是母亲所"经行处"[⑤]。于是，唐先生决定在沙田找一座佛教寺庙为母亲设灵位。

由李国钧先生与赵潜同学陪同，唐先生与晓云法师同赴沙田慈航净苑商

[①] 唐君毅.唐君毅全集：第八卷·哲思辑录与人物纪念[M].北京：九州出版社，2016：10.
[②] 唐君毅.唐君毅全集·日记（下）[M].北京：九州出版社，2016：5.
[③] 唐君毅.唐君毅全集：第八卷·哲思辑录与人物纪念[M].北京：九州出版社，2016：10.
[④] 唐君毅.唐君毅全集：第八卷·哲思辑录与人物纪念[M].北京：九州出版社，2016：10.
[⑤] 唐君毅.唐君毅全集：第八卷·哲思辑录与人物纪念[M].北京：九州出版社，2016：10.

议设灵位事宜。慈航净苑为一尼庵，距沙田火车站二里（1千米）许，位于一小山之麓，是唐先生昔日常游之处，也是母亲陈太夫人来港时曾经到过的地方。庵中有祖堂，遍列亡人木位，由庵尼代为供奉。唐先生便在庵中祖堂之侧为母亲设灵位，灵位牌初由晓云法师以黄纸书，后易为木主，以便在祖堂长久供祀。考虑到唐先生夫人的父亲13年前逝于四川眉山，也因路远不得奔丧，加之当时唐先生一家正穷困，未能够充分尽为人子婿之道，遂"请庵中同时订制岳父母木主"，一并供祀。当日，唐先生便住苑中终日守灵，夫人及女儿亦住苑中，丧事则由同学们协助料理。

住在净苑期间，每日皆有庵尼诵经，有《金刚经》《地藏经》《法华经·方便品》等。庵主智林法师当时正在病中，得知唐先生来为母亲设灵位悼念，亦下楼吊唁，并亲为诵经。中午上供之礼，与唐先生父亲逝世时（1931年，唐先生22岁）所行旧礼大致相同，只是诵经之音尤为哀切，让人感动不已。素不相识的入庵礼佛者，也到唐先生母亲灵前作礼。唐先生对此特别记挂在心："古人言凡民有丧，匍匐救之，今乃亲受之也。"[1]

由于净苑地在乡僻，来悼念者必然多动步履，加之唐先生心情悲伤也不能斟酌哪些人是应当发讣告之人，于是决定将讣文登在报上。依照香港习俗，子女都应该献花圈，于是由夫人将诸妹弟、妹夫、弟媳及诸侄诸甥之名都列出，以备讣闻及花圈之用。当唐先生看到报上所载讣闻及花店送来的花圈上，众弟、妹及侄、甥的名字都具名在一处，而实际上又海天遥隔，"益增怆痛不能自已"。而且，念及当下自己在净苑设灵遥祭，诸事幸赖朋友学生相助，"二妹五弟在苏州，皆未就业，人事因缘，远非我比，而身体皆羸弱，既侍母疾逾月，更遭巨变，丧葬之事，复必躬亲，又大陆改风，丧事从薄，即吾所汇款，皆依时寄到，亦未必皆准用以尽人子之心"，如今母亲病逝，"骨肉之念，亦以弥笃"[2]。

尽管净苑距离九龙市区颇远，但朋友、学生及相识前来吊唁者依然络绎不绝，而且大多行跪拜古礼，学生更是多行三跪九叩之礼。一些学生或每日来往数次，或终日相守。此情此景，让唐先生心生感念：一者，"今世人情淡薄，而吾得有此，尤心感刻难忘"。二者，"吾尝深信幽明之际，自有通途，

---

[1] 唐君毅.唐君毅全集：第八卷·哲思辑录与人物纪念[M].北京：九州出版社，2016：11.
[2] 唐君毅.唐君毅全集：第八卷·哲思辑录与人物纪念[M].北京：九州出版社，2016：12.

一念相悼，即成相感，存者心念于亡者，亡者即存于存者。故凡相吊唁者，其一念之诚，冥冥之中，对亡者之灵，皆自有扶持翼翼之功德。谢启中常用之殁存均感之言，应非虚文，而为实事"。三者，"愿俟他日德业有进，天启吾衷以大弘斯义，以报今日吊唁者之隆情，与吾亲罔极之深思"。[①]

唐先生在庵中连住9日，每日中夜后即不能成眠，鸡未鸣即起，以与母灵位相守。随着天明，渐渐听到佛殿中的鼓声与磬声，也可以看到诸女尼上殿礼佛，归来相遇，皆合掌为礼，并相互问讯，尽管只是一言半语，但是感到点点滴滴都在心头。人与人之间在此时似乎特别没有距离，特别能够感通。庵中多蚊，唐先生平时在家往往是遇蚊即扑杀之，而今在庵中守灵，只是"驱之而已"。每夜，灵堂中皆有蝙蝠飞旋。一日晨，唐先生见一黄蜂飞来祭献的花上，皆亲切无比。这样一些万物皆有情谊的景象，平日却往往难见到。唐先生感叹，"昔贤曰：敬亲者不敢慢于人。今更益以一语曰：敬亲者不敢慢于物可乎"[②]？

这种"不敢慢于人""不敢慢于物"的心境，既是其作为儒者的自觉心灵修为，也是其至诚纯孝之心在哀伤之中的直接呈现。由此，唐先生对一切都充满感激和敬意。想到为母亲设灵位的净苑佛寺是沙田最大、最久的佛寺，是40年前由智林法师与其师徒向政府购山地，躬辟草莱，荷土运石，备历艰难以建大殿，"念此中一土一石，一草一木，皆来处不易，吾之得居丧于此，皆智林法师与其师徒昔日辛劳之所赐也"。

3月4日，在慈航净苑内举行遥祭典礼。由高僧乐果老法师设坛说法安位，由钱宾四先生主祭，许让成与吴士选两先生陪祭。由于在报纸上发出讣闻，故来祭者甚众。祭者多行跪拜之礼，学生更多行三跪九叩之礼。唐先生哀痛欲绝，凄苦孺慕之情，吊者无不感动。乐果老法师说法安位后，为唐先生至孝所感，去而复返，对唐先生说："老人算是高寿，我已为她说法安位，老人已安，如你太悲伤，老人又不安了，听我的话，体老人爱子之心，节哀保重才是。"唐先生叩谢，呜咽不能语。乐果老法师将唐先生父母及岳父母的木主一并安置于祖堂，与其他异姓的木主并列。这样的安位当然不同于传统乡村祠堂的木主皆为同姓的宗亲，但是，由于时间、空间的变化，即使在唐

[①] 唐君毅. 唐君毅全集：第八卷·哲思辑录与人物纪念[M]. 北京：九州出版社，2016：11–12.
[②] 唐君毅. 唐君毅全集：第八卷·哲思辑录与人物纪念[M]. 北京：九州出版社，2016：12–1

先生的家乡，也已经"不见祠堂旧制"了。想到此净苑祖堂中的木主都是由其他孝子贤孙所供设，而这些逝者的在天之灵如今都与自己父母及岳父母的在天之灵共聚一堂，唐先生顿时心生感动。古人云，老吾老以及人之老，于生者如是，于死者亦应然，于是一并为祖堂中的木主上香行礼。

开吊之日，各界前辈友好、同学先后来吊唁者300余人，灵堂上致祭的挽联甚多。开吊期间，送花圈奠仪者亦甚多，并有远近唁函多件。

看着灵堂上摆满的花圈，唐先生念及作为"唯一的自己"的母亲，其生命的独特性让自己十分感怀：

> 吾母逝世于元宵佳节，生于二月十二，与百花仙子同生日，先外祖盖因而字吾母曰卓仙，又以文王之母大任之名赐吾母。吾兄弟何敢望文王，而吾数十年来亦未尝一思母字卓仙之义，今母逝世，港俗都以花圈相吊，环绕灵堂者近百，乃忽悟其义。念吾母有灵，当为含笑。[1]

看到师友学生们往来不绝的虔诚吊唁，唐先生感慨不已："昔日以挽联致唁之风，在港已渐沦废，然吾母之丧，诸前辈先生及同事友生，亲撰写挽联者，乃逾二十，多慰勉有加，相期以道。感愧之余，自念余若有微善，得不见弃于贤者，皆吾父母师友及昔先圣贤之教化熏育之所致，顿悟佛家言回向，凡有丝毫功德，皆当回向于他人。此与基督言光荣归主，儒家之言让德于天，善归父母，同具深旨。"唐先生反省自己："吾平日贡高我慢，今日母丧，匍匐灵堂，方悟己身，实亦无所有。"进而唐先生发愿："愿本斯心，与师友相切励，以共继斯文，则今后华夏光明，诚当永在，并愿此光明，更回照吾父母及邦人君子之父母在天之灵，与先圣先贤之灵。"[2]

看到师友学生敬献的挽联花圈对自己母亲的称谓都是恭敬有加，唐先生同样感动不已："吾母既丧，凡见有母之字处，皆悲难自已。而灵堂之挽联花圈，则即疏远之称呼，亦为唐母，例多以伯母及太师母称吾母，而以世侄小门生自称。至如赵冰、钱宾四、沈燕谋、赵鹤琴诸先生皆年在七十左右，吾对之谊属后辈，唯以同事之雅，亦竟以伯母称吾母，既非所敢当，更心怀感

---

[1] 唐君毅.唐君毅全集：第八卷·哲思辑录与人物纪念[M].北京：九州出版社，2016：13.
[2] 唐君毅.唐君毅全集：第八卷·哲思辑录与人物纪念[M].北京：九州出版社，2016：13.

激。"对此唐先生反省道："平日吾往吊丧，见此类之称呼，亦意谓习俗因然耳。今因此感激之情，乃悟此称呼之微，初皆本于吾习先圣贤之教，原以伯叔姑侄兄弟姊妹之伦，通于四海，而后天下之人乃属于一家之亲，若非出自至仁之心，安能有此。念彼他邦之俗，于父母亦有竟呼其名者，唯于摄神职者称之为神父，更见吾昔先圣贤之教，能充人伦之量，而达人伦之至。然今日国运如斯，教化安托？"同时又发愿："愿以微躯与邦人君子共兴华夏，以此人伦之至之教，光被四表，格于上下。敬怀心愿，以告吾母。"①

在唐先生为母亲守灵期间，收到众多的挽联和吊唁函，这些挽联和吊唁函从另一个角度给我们呈现了唐先生母亲的懿范和唐先生作为人子的孝道。②

张君劢先生挽词：

　　大孝终身慕父母；斯文一线系兴亡。

并附言：

　　君毅先生太夫人仙游苏州寓邸，时局如此，不得亲视殓，诚抱无涯之痛，惟有努力文运以慰亲心。

钱宾四、吴俊升先生挽词：

　　教子成名儒，孝思永锡，此日帷帐兴悲，蓼莪废读；倚门伤永诀，寒舍难安，他年收京上冢，进祭椎牛。

晓云法师挽词：

　　佛儒兼尊示懿范；行依三宝发菩提。

---

① 唐君毅.唐君毅全集：第八卷·哲思辑录与人物纪念［M］.北京：九州出版社，2016：13-14.
② 唐先生母亲逝世后的挽联、吊唁函，后由唐先生夫人整理记录于唐先生《日记》中。所摘录的挽联和吊唁函，见1964年3月7日"廷光代笔"。唐君毅.唐君毅全集：第三十三卷·日记（下）［M］.北京：九州出版社，2016：6-10.

牟宗三、程兆熊先生挽词：

　　丧乱同逢，痛华夏无光，光明终当永在；孤零常慰，钦哲人有母，母教自尔千秋。

徐佛观先生挽词：

　　鹤驾九天，桃李园林垂懿范；家国万里，屺瞻诗句动哀思。

陶元珍先生挽词：

　　相夫传儒学；教子成哲人。

王道、梁宜生先生挽词：

　　读诗废蓼莪，鞠育亲恩同一恸；生子成贤哲，孟欧母教各千秋。

饶宗颐、萧立声先生挽词：

　　南海望云哀罔极；西池赴诏报游仙。

新亚校友会挽词：

　　懿范应长存，诞赐良师兴绝学；心丧加重服，痛哀贤母别尘寰。

熊十力老先生唁函：

　　至中、君实（毅兄妹弟）诸侄，得来函敬悉令慈竟逝于恶劣反常之气候。人生如幻，岂不悲哉。十一年来，沪苏咫尺，而未谋一面，此为恨事。然精神相通，亦无待于接谈也。余衰已甚，未知住世几时。怀思毅、宗、兆，梦或见之，此可转彼等。敬挽令慈如下：唐母陈嫂卓仙夫人千古。仁寿过古稀，好学好思宗往圣；懿德齐邹母，教儿教女导来英。愚弟漆园八一老人拜手献言。公元六四，三月三日。

劳思光先生唁函：

君毅先生惠鉴：惊闻太夫人仙逝，未及亲赴灵堂一拜，罪歉殊深，以先生纯孝，哀伤可想，然太夫人已享上寿，先生复以卫道自任，仍乞节哀珍重为幸，闻李幼老言，先生居丧不见宾客，故专函致唁，敬颂礼祺。

在众多吊唁函中，还有一位未曾与唐先生谋面的蔡荒山先生的长篇唁函：

君毅师长礼鉴：接读《人生》杂志，惊悉令先慈陈太夫人在苏州寓邸仙逝，同深哀悼，想先生孝思纯笃，世乱避秦香江，今突遭此不幸变故，不得亲视含殓，又不得归里奔丧，以先生性情之敦厚恳挚，诚抱无涯之痛，感伤悲痛，自不待言。然则世事如斯，天意人事非人所能穷求，切望以贵体为重，节哀顺变，莫过伤神。晚辈对先生高贵庄严之人格，思有一语寄慰，学养卑陋，亦不知何应说起，唯内心哀痛，由此而生之关切同情，则非笔墨所能尽言。先生与晚辈素未谋面，唯晚辈对先生之崇仰敬意，其所存在于心胸之间有深切之了解，乃先生所阐发之儒家精神、道德理性，多能有所契接受用，落实生根。此应感谢王道先生之接引，使晚辈知所反省顿悟，知所亲近师友，礼敬贤人，亦知所以师友慧命相续之庄严意义。晚辈自幼浪迹天涯，生活在此蛮荒之地，读书写文，学识卑陋浅薄，先天禀赋资质都不如人，后天又缺少教育培养，虽勤谨学习，躬行笃实唯恐不及，无如驽骀朽质，所学所思仍无法超越俗情。虽无有亲炙先生之机缘，恭聆教益，然每当灯下展卷，潜研先生学术思想，心与神会，几若置身在先生门下，恍若先生亲身授教，精神与先生相契相接，无时不以先生之上庠教学与健康生活状况为念。若久无见尊作在《人生》刊上发表，则心神若有所失，殷殷悬念，常是寄情默祷。十余年来，千里神交，对先生之宏深悲愿，高山仰止，景行行止，虽不能至，而心向往之。久思有一语为先生道候安好，亦恐因先生忙于教学著述，精神劳倦，冒渎骚扰，始终未敢贸然轻易表达私心敬意。简慢之罪，谅荷先生宽予薄责！今日中国文化之兴亡继绝，有赖先生及《人生》师友之继续努力。谨此奉唁，并致慰问之忱。肃此敬请礼安。①

遥祭典礼结束后，唐先生由慈航净苑返回九龙家中，并奉唐先生母亲像于天地祖宗圣贤神位之侧，每日献茶、上香。唐先生因为不能在母亲身边尽孝，常思自己侍母不周，有许多疏忽之处，只希望他日能承欢膝下，谁知从此已为"无母之人"，每念及此，莫不声泪俱下。在家中，唐先生常读佛经，希能有小小功德以回向母亲。

唐先生夫人谢廷光去乐果老法师处拜谢其为唐先生母亲说法安位之功德，老法师以念珠一串相赐，并望常念南无阿弥陀佛，观想亲人，并言，思亲者心安，亲即心安。受老法师慈悲感召，即决定常念阿弥陀佛。每当深深地念、亲切地念，偶亦有"六字弘明系心中，声声唤出主人翁"当下得到解脱之感。由此感悟道："吾人常执迷不悟，不知反省，不知一念诚明，本心即可出现。佛说人人有佛性，先儒说凡人皆有仁心，廷光此时才深切体验到，但愿常保此种心情。"②

逢七之日，唐先生必偕夫人、女儿去慈航净苑拜祭母亲，并请庵尼诵经。有空之时，一家人也会隔一日或二日去净苑母亲灵前上香。每当跪拜之时，唐先生夫人言"竟有幽明相通之感"，并感叹道："平日不解毅兄每逢节日忌日必拜祭天地祖宗圣贤之意，如今廷光已领会其亲切之处，吾民族先贤提倡奉立天地祖宗圣贤神位，主张祭祀叩拜，其义实在深远，原来一念之诚，若能相续，即可开启继志述事之重任，慧命由此相续也。"③

唐先生到香港的10余年来，尽管常念父母之年不可不知而时喜时惧，但总是希望有重聚之期。"四年来，薪资所得，月尚有余。曾以分期付款，购重庆大厦E2之一楼，初实非经选择，痴心所寄，唯在迎母侍养，以遂乌私。念重庆

---

① 蔡荒山《唁唐先生母亲函》唐君毅日记1964年3月7日"廷光代笔"。唐君毅.唐君毅全集：第三十三卷·日记（下）[M].北京：九州出版社，2016：7-8.
② 唐君毅.唐君毅全集：第三十三卷·日记（下）[M].北京：九州出版社，2016：11.
③ 唐君毅.唐君毅全集：第三十三卷·日记（下）[M].北京：九州出版社，2016：11.

乃吾母久居之地，E2与吾母之呼我之毅儿同音，吾母应乐居于此。"①自母亲逝世后，不免随时触目兴哀。唐先生夫人安慰道："你如此这般悲痛，像我才一岁即丧母，甚至不知道母亲的面目，那又如何？"唐先生也自思，自己母亲逝世时年78，堪称上寿；尽管不能回乡奔丧，但在香港也有众多友生来吊唁，当此乱世，已可谓哀荣；又念及，各位来吊的师友学生中，或有年少于自己而其亲已早逝者，或有其亲存而自己多欲归侍养而不可得者，或有欲寄款接济而力有不及者。想到这些，唐先生也很清楚，"今天之所赐于吾者，未尝薄于人，而实已厚于人，则吾更当何求"，只是，自己的哀思，并非出于更有所求，而只是"时感此心悬于死生幽明之际，而未知何托，亦若不忍其别有所托耳"。②

尽管作为一位对生死有深入系统思考的哲学家坚信"人生自有死而不亡者存，人间亲子兄弟夫妇师友之情之至，皆将历万劫而恒贞"，但是，念及如今已不能当母亲面述及此义，依然悲痛不已。唯一可以让自己有点安慰的，是看着灵堂中并写着自己父母之名的木主，可借此想见父母在天之灵已然重新相遇于天上宫阙。面对父母之灵，对于自己的未来生活，唐先生谓："呜呼形骸七尺，百步同归丘垄，吾今年已五十七矣，不再半生，还当一逝，惟望而今而后，以吾之不孝，能长念母卟尔所生之言，以继志述事，使于他日与父母重相见时，能无愧怍耳。"③同时也提醒自己，"日来哀思辗转，有如循环。常念古人云：毁不灭性。父母生我，欲我生也。而吾生有事在，哀毁之情，往而不返，是耽于哀以为乐也。耽哀为乐，是亦罪也。此义吾自知之，而自蹈之。唯念情之不能已者，圣人弗禁，因就其不能自已者，一加追述，藏之筐箧，以待后世之仁人君子，怜而正之"④。

唐先生对母亲的哀悼和纪念一直延续终身。1971年3月14日，是农历二月十七，唐先生母亲逝世已七年一月又三日。唐先生下午至慈航净苑，将七

---

① 唐君毅.唐君毅全集：第八卷·哲思辑录与人物纪念[M].北京：九州出版社，2016：17. 唐先生在1960年9月4日的日记中记载，唐先生与夫人、女儿一起到重庆大厦办事处，订了一分期付款屋。因为大厦名为"重庆"，听起来宛似家乡。唐先生考虑到，如果母亲听到"重庆"字眼，或许比较愿意来香港居住，便决定订下此屋。唐君毅.唐君毅全集：第三十二卷·日记（上）[M].北京：九州出版社，2016：279.
② 唐君毅.唐君毅全集：第八卷·哲思辑录与人物纪念[M].北京：九州出版社，2016：12.
③ 唐君毅.唐君毅全集：第八卷·哲思辑录与人物纪念[M].北京：九州出版社，2016：18.
④ 唐君毅.唐君毅全集：第八卷·哲思辑录与人物纪念[M].北京：九州出版社，2016：18.

年前母亲逝世时友人及学生所送挽联在香炉中焚化，以示悼念。[①]唐先生将母亲遗像与"天地 祖宗 圣贤"牌位放在一起，一直供奉于自己客厅的供桌上，每日上香。

二、述事：母子情意的永恒感通

唐先生母亲去世后，坚持不辍的日记中断了10天。在沙田慈航净苑守灵9日，哀思难忘。随着丧礼结束，唐先生的生活也必须从"丧哀"之中进入日常。为了化解自己的哀思，唐先生在母亲逝世10日的正月二十四（3月8日），将慈航净苑哀思期间的苦难写成《母丧杂记》，记述父母养育之恩德和自己的怀念之情，开始了自己"继志述事"的孝行。在《母丧杂记》中，唐先生回忆叙述了父母亲的生平事迹，在"述事"中实现与父母生命的感通，并让父母的生命因文字而永恒。

唐先生首先叙述了自己的父亲与祖母的生死关系。"吾父为遗腹子，吾年十二而吾祖母逝世，吾无诸姑伯叔，吾祖母苦节一生，吾父以哀毁过情而得脑病，数年后遂从欧阳竟无大师游。终吾父之生，每道及祖母事，未尝不流涕。"[②]在唐先生23岁时，父亲因回老家参加唐先生大伯母的丧事而病逝，母亲也因伤痛而致腿疾。之后，唐先生母亲为遣悲怀诗，将这些诗歌呈欧阳大师，大师叹为稀有，于是为唐先生父亲作墓志。欧阳大师在墓志铭中写道，"妻陈大任，蜀奇女子也，能诗，有句：今年更比去年穷、零米升升过一冬。以是不可久、榇还蜀。乡居食粗粝，大任有句：自耷麦面和麸饱、清煮鲜蔬入碗香。铁风处之晏然。呜呼、可以约矣"，"教学二十年、语未尝不动人。教学月所得，十余金耳。有乞资返里者，悉与之，不吝，而亦不问其名。盖强制之力有如此"又言"毅能继父志"。[③]

被欧阳大师誉为"蜀中奇女子"的唐先生母亲对"能继父志"的唐先生影响十分深远。尽管唐先生"一生得侍吾母膝下之日，不及其半，儿时往事，尤依稀难记"[④]。但是，唐先生生命记忆中尤为深刻的事件，大多与母亲有关。

[①] 唐君毅.唐君毅全集：第三十三卷·日记（下）[M].北京：九州出版社，2016：183.
[②] 唐君毅.唐君毅全集：第八卷·哲思辑录与人物纪念[M].北京：九州出版社，2016：11.
[③] 唐君毅.唐君毅全集：第三十六卷·亲人著述[M].北京：九州出版社，2016：7-8.
[④] 唐君毅.唐君毅全集：第八卷·哲思辑录与人物纪念[M].北京：九州出版社，2016：14.

唐先生母亲陈大任，是陈勉之的女儿。关于唐先生父母的认识和结合，唐先生弟弟唐君实回忆："那时唐家在周坝说得上大户人家，七叔公生病曾派人去二十里外的窦坝请医生来看病，正巧请来的是我们后来的家公陈勉之先生，由于看病来往频繁，从而知道其不但医术高超，而且很有学问，在当教书的老师。在看病过程中认识阿爸，很赏识阿爸的用功读书及为人，遂选为女婿，那时七娘与阿妈都未出阁，不知怎么缘故，选定了阿妈。"[1]陈勉之乃书香人家，熟读诗书，医道亦高，教书为业，业余行医，曾任教于成都淑行女校。1887年（清光绪十三年）2月12日，陈大任生于宜宾县窦坝村。因其生期传谓百花生日，父亲乃以"卓仙"字之，又以文王之母大任之名赐之。陈大任虽出身书香之家，但终为女流，因此儿时与姊妹从未得到父亲教课识字。直到陈大任与唐迪风结婚后，方就学于其父亲陈勉之执教的成都淑行女校。陈大任19岁时与唐迪风成婚。婚后除有两年时间任职简阳女子师范教师、重庆省立第二女子师范图书馆管理员和女生训育员，及短期负责敬业学院女生训导之外，余皆尽瘁于操劳家务，教子成人。

陈大任从小即有主见，不随波逐流。她儿时读《天雨花》小说，非常佩服女主人公左仪贞的为人，暗中以之为榜样。其为人果毅，不畏惧权势，亦不亲昵权贵，自谓"生性不知与俗浮沉"[2]。陈大任才思敏捷，感受深切，运笔细腻隽永，凡有感于山川风物、世道人情、家国爱恨，都能发而为诗，淳朴而情真。欧阳竟无推为"蜀中奇女子"[3]，并评论其人品曰："夫人之德，古所难能，况兹末世。迪风往矣，佳嗣如君毅，能学圣学，是直接孟母之贤，岂陶母欧母之所可毗哉！"[4]有《思复堂遗诗》五卷凡二百余篇传世。"思复堂"是其先夫唐迪风为其诗稿的题名。[5] 李证刚先生评价其著："以胼挚之情，寄于真朴之笔，一片性灵，奚假雕饰？诗之言志，实际在斯。由此进而游心物初，颐神道腴，直入《三百篇》之室矣！章法整饬，气韵醇茂，盖其余事。"[6]《思

---

[1] 唐君实.阿爸和我们一家在成都的日子[J].唐君毅故园文化，2005，10（7）：6.
[2] 参见刘雨涛文存（自印未刊行稿）.
[3] 唐君毅.唐君毅全集：第三十六卷·亲人著述[M].北京：九州出版社，2016：7.
[4] 唐君毅.唐君毅全集：第三十六卷·亲人著述[M].北京：九州出版社，2016：108.
[5] 唐君毅.唐君毅全集：第三十六卷·亲人著述[M].北京：九州出版社，2016：206.
[6] 唐君毅.唐君毅全集：第三十六卷·亲人著述[M].北京：九州出版社，2016：109.

复堂遗诗》后由唐先生刊印于中国香港、台湾，并收入《唐君毅全集》。

唐先生的一生，若就思想学术而言，父亲对他的影响巨大，不管是少时所讲故事留下的深刻印象还是读书先后顺序的安排，这些在唐先生晚年的回忆中多有述及；若就生命性情而言，则是母亲对他影响深远，这在《母丧杂记》及其他回忆中都可以清晰地看到。就唐先生与母亲关系而言，大体可以分为三个阶段：幼年和少年时期享受母亲的爱与教育（从出生到17岁中学毕业），青年与壮年时期体验聚散离别的情怀（从17岁中学毕业到40岁离开内地），中年和晚年时期感受遥不可见的思念情感（从40岁离开内地到55岁母亲去世）。

关于幼年和少年时期享受到的充分的母爱和教育，在唐先生的"述事"中，都有真切实在的呈现。[①]

唐先生母亲19岁嫁给唐迪风，3年后生唐君毅。唐先生出生时，头骨丑异，母亲怕人笑话，时时以手加以按摩，才逐渐浑圆。当身怀唐先生二妹唐至中时，即知胎教之义，于是常面对贤像，而自存诚敬之心，所以唐先生谓，在诸兄弟姊妹中，"二妹亦生而最为贤孝"。唐先生二妹一生对于母亲和弟弟妹妹，确实最为贤孝。

因为唐先生的外公陈勉之当时在成都女子师范任教，所以在唐先生半岁时，母亲和父亲就带着唐君毅同去成都，并就学于该校。因为女生必须住校，只有星期六才能返家。处在母乳期的唐先生，"每日由家中老仆抱吾至校中门房，就乳两次"。

唐先生不及两岁，母亲即教识字，并以火柴排其字形。母亲曾经给唐先生讲述过其两岁时的一件趣事，某一日天还未明，母亲突然发现唐先生不在床上，马上起来寻找，唐先生一个人坐在椅子上用火柴在桌上排字，并且自取糕饼而食，母亲赶紧点灯查看，糕饼上已经遍布黄蚂蚁。由于唐先生父亲忙于学校教务，往往是傍晚才回家，所以，唐先生"幼年读书，皆母所教"。

唐先生13岁时，父亲迪风公与彭云生、蒙文通、杨叔明各位先生共同接受重庆联合中学的聘用，举家迁往重庆。于是唐先生年秋考入重庆联中，联中也成为唐先生学习哲学的发源地。1944年夏，唐先生与母亲、二妹至中偕游重庆两路口一花园时，曾登至最高处，指着重庆联中笑对妹妹说："那里就是我学

[①] 此处所引关于唐先生回忆母亲之事，除特别另为注释外，皆见于唐君毅《母丧杂记》。

习哲学的发源地。"[1] 唐先生在13岁以前，一直随父母居住和生活在成都。考入重庆联中后，随家人住重庆两路口江滨大溪沟，在此居住长达4年。在这里居住期间，有一天有军队想强占唐先生家的房子，唐先生与他们争论，被士兵劫持，母亲忽然赶到，直接牵着唐先生离开，"诸兵士皆愕然"。

1925年，17岁的唐先生到北京求学，母亲则与父亲一起去南京从游欧阳大师。一年半后，唐先生由北京到南京与家人相聚。短暂相聚后，母亲随父亲返回四川，唐先生则转学至南京中央大学。当此之时，唐先生"青年心境，烦恼甚重。一日忽觉无以自解，径函禀父母，谓吾不愿久居人世，以抒一时之情，固未虑其言之将使父母忧念也"。此信让唐先生父母十分揪心，在父亲筹借路费后，唐先生母亲带着两岁的六妹由成都至南京，探望唐先生。当时，从成都到南京没有飞机，需要旱行10日，再从重庆水行约10日。加之社会风气不良，偷抢之事时有发生。到达重庆时，即遇火灾，唐母一行三人的行李衣物全被烧毁。经过数十日的行程，历经千辛万苦，唐母带着年幼的孩子才抵达南京。在母亲的精心陪伴、照顾和关爱下，唐先生的身体逐渐康复。[2] 到暑假，唐先生送母亲和妹妹回成都，然后又去南充探望在当地教书的父亲，并代为批改学生文章，一直到寒假前与父亲一起返回成都。第二年（1929年）春天，唐君毅才返回南京上学。此次母亲千里探儿，唐母有诗《到南京探望毅儿》曰："万里迢迢出蜀都，为几何暇计征途。世间只识穷通理，毋怪时人笑我迂。"[3] 念及此，唐先生不禁唏嘘："吾母唯以吾之一言，即跋涉万里而至，路费皆出于借贷。今吾母病逝苏州，陆行仅三日可达，而吾竟不克奔丧，吾之罪孽，讵可赎哉。"

1928年，唐先生父亲与彭云生、吴芳吉、刘鉴泉、蒙文通诸先生在成都创

---

[1] 唐君毅.唐君毅全集：第三十八卷·纪念集（下）[M].北京：九州出版社，2016：574.
[2] 唐君毅从这场病痛中悟出了关于"疾病"的智慧。在后来撰写的《人生之体验》中专门有"说疾病"一节："你不要只诅咒疾病。你要想想，为什么在病后觉一切的风物分外的清新。这证明在疾病中，你精神之渣滓，随着病而倾泻了。疾病呼召你的精神，从外物的世界，到你的身体，凝注你精神于身体中；然而他同时使你感到你的身体，对你精神是种束缚，是赐予你精神之痛苦的。你的精神，因而认识充实革新他自己，以求得自由之必要了。你的精神，于是在你不知的境地，开始作充实革新他自己的工作，把他内部的渣滓，自行倾泻。如是你在病后总感到一新生命的开始。所以如你在病后不开始你的新生命时，必是你的精神自身病了，那需精神之药物。"唐君毅.唐君毅全集：第三卷·人生之体验[M].北京：九州出版社，2016：48.
[3] 唐君毅.唐君毅全集：第三十六卷·亲人著述[M].北京：九州出版社，2016：130.

办敬业学院，大家推唐先生父亲任院长，彭云生主事，并延请唐先生母亲负责女生训导工作。由于唐先生父亲不隶政治组织，又喜讲人伦大义，为当时政治意识浓厚的师生不容。"吾母乃深为忧虑，尝劝吾父谓天下无道，盍归偕隐。"可惜天不与时，1931年5月，唐先生父亲在回宜宾奔丧期间罹疾逝世。此时唐先生还不到23岁，大学尚未毕业，妹弟又皆幼，而家非素丰，完全靠借贷为生。甚至父亲的丧事也因告贷不成，而不得不暂时殡起来，直至农历七月十六才出殡。从此，唐先生作为长子，与母亲和弟妹相依为命，共克时艰。

1932年8月，唐先生大学毕业，回到成都家中，与母亲及弟妹团聚。当时的成都，人浮于事，找工作不易。唐先生在中学任教的几位同学，各让出部分授课钟点给唐先生，于是得以在敬业、蜀华、天府、成公等中学教授伦理学、人生哲学以及国文等课程。只是薪俸微薄，不足以供弟弟妹妹上学接受教育，不得不以借贷为生。一年半后，1933年冬，友人许思园赴美留学，推荐唐先生到中央大学替代他的教职。唐先生遂离家远行赴南京求职，回中央大学哲学系任助教，每周教课4小时。

1937年卢沟桥事变后，唐先生由南京返回四川成都，在华西大学、华西高中及省立成都中学等学校任教。1939年暑期后，又迫于生计赴重庆陪都任"教育部"编辑。再一年，1940年10月，中央大学哲学系主任宗白华先生邀唐先生返重庆沙坪坝中央大学哲学系任讲师，月薪280元。1932年8月从中央大学毕业以来的8年多时间，唐先生在成都、南京、重庆往返漂泊，为了生计不得安定，也无暇兼顾对母亲的奉养，直到1940年10月回到中央大学哲学系任教有一份相对固定的收入，才"稍得舒息"。又二年，"乃得迎母至渝侍养"，一家人可以有相对安定而清苦的日子。

但是，抗战结束后，1946年中央大学迁回南京，唐先生也随校到南京工作，"又重离膝下"。到南京后，唐先生在南京两校任职，后又任教无锡的江南大学。1947年9月，唐先生暑假回四川探亲后即将母亲和夫人等家眷接到无锡，得以侍奉母亲以尽孝道。

1948年秋，唐先生一方面返回中央大学授课，同时在无锡江南大学兼课，另一方面又分其心力于恢复鹅湖书院的工作，非常繁忙。母亲、夫人、小妹等家眷一并到南京，二妹则留无锡工作。11月中旬，因为时局变化，唐先生决定与家人从上海坐船返川，但因为路费不足，并念行期太匆忙，决定暂不行。后因为无船返回四川，便又陆续回到南京。12月初，时局极度紧张，11日送母亲到上海，14日母亲坐民俗轮返回四川，唐先生则返回学校上课。在与母亲临别时，唐先生告诉母亲："儿未尝为官吏，亦不隶任何政党，唯儿上承父志，必以发扬中华文教为归，今世乱方亟，以后行无定所，今有妹等侍养，望勿以儿为念。"母亲答曰："汝必欲与中华文教共存亡乎？则亦任汝之所之。"①

简单梳理唐先生离开母亲外出求学到离开内地的20余年时间，其与母亲及家人的聚散经历，大致如下：

1925年7月—1927年2月，北京，独自求学

1927年2月—1927年3月，南京，与家人相聚（1个月）

1927年4月—1928年7月，南京，独自求学

1928年7月—1929年3月，成都—南充，与家人一起（7个月）

1929年3月—1928年7月，南京，独自求学

1929年7月—1930年8月，成都，休学1年，川大执教半年，与家人一起（12个月）

1930年9月—1931年5月，南京，独自求学

1931年5月—1931年10月，宜宾，奔丧（5个月）

1931年10月—1932年8月，南京，独自求学

1932年8月—1933年11月，成都，与家人一起（15个月）

1933年11月—1937年7月，南京，中央大学，独自求职

1937年8月—1939年7月，成都，与家人一起（两年）

1939年7月—1940年10月，重庆，独自求职

1940年10月—1942年8月，重庆，中央大学，独自求职

1942年8月—1946年11月，重庆，中央大学，与家人一起（4年又3个月）

1946年11月—1947年8月，南京，中央大学，独自求职

1947年9月—1948年9月，无锡，江南大学，与家人一起（一年）

---

① 唐君毅.唐君毅全集：第八卷·哲思辑录与人物纪念［M］.北京：九州出版社，2016：16.

1948年9月—1948年12月，南京，中央大学，与家人一起（3个月）

1948年12月14日，上海离别

从1925年夏季唐先生离开父母到北京求学，到1948年年底送母亲回四川而自己到广州随后到香港，23年的时间，是唐先生从少年到青年、中年，从求学到立业，从单身到成家，不断走向成熟的生命阶段。同时也是中国社会最为混乱残酷的阶段。在这一阶段，唐先生与母亲和家人聚少离多，23年大概有10年的时间与母亲在一起，而且是在成都、重庆、南京、无锡等地不断因时局和事业变动而迁徙。

尽管如此，唐先生对母亲尽孝道一事，总是念兹在兹，有一点机会，就希望能够看望或者陪伴母亲。1948年秋，因为回中央大学工作，唐先生已经接母亲、夫人到南京居住，二妹则在无锡工作。中秋前，母亲、幼妹到无锡，二妹至中提议中秋去苏州游览。母亲担心唐先生届时到无锡而不想去苏州，妹妹谓，哥哥有嫂侄在南京，不会来无锡，于是唐母便与女儿一起去苏州。等到次日返回无锡，发现唐先生果然曾经来过。母亲知道唐先生来而复去，不得见母及妹妹，必然十分失望，因此非常后悔苏州之行，并告诉二妹至中："记得民国三十年在宜宾乡下时，哥哥尚未结婚。暑假中，廷光来玩，与之同去眉山看谢姻伯。回来我以'久望毅儿不至书以示之'[1]一诗与看，他顿时神色黯然。"[2] 平日，母亲心中稍有不快，唐先生常常最先感到，并总是想尽办法安慰，直到母亲心情舒畅为止。

1949年年初，南京随时面临战火。1月18日，唐先生送四妹、五弟及其他亲友上江泰轮回四川，一人继续留无锡、南京。尽管战争迫在眉睫，但仍然每日读书写作，此时正撰写《文化意识与道德理性》一书。2月下旬，广州华侨大学校长王淑陶先生约唐先生与钱宾四先生赴穗讲学，但学校及学生挽留唐先生及钱先生，赴粤事颇感困难。3月2日，给王淑陶先生去信决定暂不去粤。4月4日，与二妹及钱先生同赴上海。5日，与二妹赴杭，访牟宗三。7日，

---

[1] 陈大任的久望毅儿不至书以示之全诗写道："函函报佳信，日日倚门间。怅望空归棹，翻疑易轨途。辞樽怀旧壤，吊影愧枯株。顾昐何生趣，行车取道无。"唐君毅.唐君毅全集：第三十六卷·亲人著述[M].北京：九州出版社，2016：165.

[2] 唐君毅.唐君毅全集：第三十八卷·纪念集（下）[M].北京：九州出版社，2016：585.

与钱先生同乘金刚轮赴粤。11日，抵广州。6月7日夜，与二妹及钱宾四先生乘船抵港。唐先生与钱先生同任教于沙田大围铜锣湾的华侨工商学院。为了生活方便，母亲旋命唐先生夫人谢廷光到香港，与唐先生共患难。7月18日，二妹至中乘飞机返回重庆。8月19日，夫人与六妹到达香港。11月14日，六妹到华侨工商学院注册读书。20日，请二桌客代六妹与胥灵臣订婚仪式。

1950年5月21日，六妹与胥灵臣结婚。唐先生对六妹和胥灵臣多有教诲，仍然希望他们勿忘学问，但是深感难以有效。日记中感叹："习俗环境宜人，我亦无法。对家庭中人与亲戚只能望之能生存，甚难勉以道义，往往用力多而成效少。学问事业之相勉皆只能求之于师友，此点我以后当记住，以免自讨烦恼，浪费精力。"23日，与夫人谢廷光、六妹、胥灵臣回拜数位客人。但是在访完二友后，胥灵臣忽然不愿同去了，唐先生很是生气。24日夜，与六妹和灵臣说回拜的理由，言"人不能太小孩气太任性"，并自谓："我喜教人，常使人不快，以后宜少责人。"①

唐先生到香港后一直十分惦记母亲。日记中言"我常念母亲，但不能返内地"，于是希望接母亲到香港一同居住。六妹宁孺在港与胥灵臣先生结婚不及半月，即返内地迎唐先生母亲陈太夫人及唐先生之女公子安仁小姐来港，因为时局不定暂缓。11月15日，六妹终于接到母亲一起到达香港。因为桂林街住址狭窄，母亲陈太夫人乃与其六女同住，唐先生每隔二三日即往问起居，并视母亲是否长胖，然后出游。唐先生对此事有这样的叙事："吾母旋命吾妻来港以共患难。其时六妹亦莅港与胥灵臣君结婚。婚后不到半月，一日六妹忽不知何所往，灵臣大怪异。继得其自内地来信谓往迎母，六妹亦旋与母偕来。时吾住新亚书院桂林街旧址，所居逼窄，母乃依六妹灵臣同住。"②

唐先生母亲在港与六妹同住，唐先生除随时前往问候并陪同游玩外，特别带母亲诊治老病痔疮。经多方医治，到3月下旬基本痊愈。唐先生在日记中言："母亲痔疮过去常流血，迄今六年，今已愈可谓了一大事。以后再调治腰痛之病并服补药，则可以长寿矣。"并感叹"乱世老人能健康亦实不易。念人类皆在水深火热中，吾人应负之责任甚多，我亦当注意身体为是"。③

---

① 唐君毅.唐君毅全集：第三十二卷·日记（上）[M].北京：九州出版社，2016：40.
② 唐君毅.唐君毅全集：第八卷·哲思辑录与人物纪念[M].北京：九州出版社，2016：16.
③ 唐君毅.唐君毅全集：第三十二卷·日记（上）[M].北京：九州出版社，2016：55.

1951年11月29日，胥灵臣来信，希望唐先生六妹宁孺去广州。当时胥先生任职民生轮船公司，因为宁孺女士已怀孕多月将生产，母亲亦希望同去广州，照料其六女生产。唐先生的意思是暂时不去，一时商量不定，并因此反省自己："我之最大缺点在不定，无论在内心意念与说话态度行动上皆然。以后宜首在行路与说话时力求从容稳定。"①经过反复考量，母亲和六妹一同返回广州。唐先生谓，"母素多病，每病辄自虞不起。忆母居港时，尝阅报后谓吾与六妹曰：此间有只用三百元以完丧葬者，若吾旦夕有不测，则三百元足矣。然吾母终以不忍相累，而与六妹同返穗"②。12月8日，唐先生与夫人谢廷光女士及女儿安仁小姐，送母亲到罗湖桥头，唐先生站立在火车路旁，目送母亲背影在夕阳斜照中消失，百感交集，潸然泪下。此次分别，竟是唐先生母子的生离死别。唐先生谓："念吾之一生，皆衣食于奔走，方得有以慰乱世之亲心，又复远离，临别依依难忍，然又恶知此度生离，便成死别哉。"③送别母亲，唐先生将六妹家的家具数件搬到自己家中，整理书物，与母亲一信，并感言："此十日均以母亲、六妹走事忙，明日可开始做他事。"④

唐先生母亲在香港居住一年多，回内地后曾经往返于广州六妹处及苏州二妹处数次。唐先生感叹："吾母之一生，亦来往于儿女之间而未遑宁处。"唐先生也曾经多次希望母亲再到香港同住，一则香港医药条件较好，二则自己的收入也逐渐增加，可以奉养母亲。但是，几次申请都未获批准。1953年，唐先生日记记载，多次催促移民局咨询和办理母亲入境证明，均无结果。5月18日，"得母亲一函谓不能来，想系出境证未许之故，颇不快乐，并与母亲一函，请其改请单程不知可否"。6月10日，终于办理好母亲入境手续，"赴移民局领母妹入境证"。但是，直到7月8日，"母亲来信谓出境证仍未得，已不能来矣"⑤。唐先生对此也是无可奈何："余亦屡望母申请来港，以此间医药较便，而吾所入亦渐丰，得以甘旨奉养也。然经申请两次，皆未获准。"⑥

---

① 唐君毅. 唐君毅全集：第三十二卷·日记（上）[M]. 北京：九州出版社，2016：79.
② 唐君毅. 唐君毅全集：第八卷·哲思辑录与人物纪念[M]. 北京：九州出版社，2016：16.
③ 唐君毅. 唐君毅全集：第八卷·哲思辑录与人物纪念[M]. 北京：九州出版社，2016：16.
④ 唐君毅. 唐君毅全集：第三十二卷·日记（上）[M]. 北京：九州出版社，2016：79.
⑤ 唐君毅. 唐君毅全集：第三十二卷·日记（上）[M]. 北京：九州出版社，2016：98-100.
⑥ 唐君毅. 唐君毅全集：第八卷·哲思辑录与人物纪念[M]. 北京：九州出版社，2016：16.

由于无法接母亲到香港来以尽孝道，唐先生便随时为母亲和弟妹寄钱寄物，一是满足母亲弟妹的生活需要，二是疏解自己的相思之情。即使在经济拮据时期，唐先生也是将每月微薄薪水的一部分用于供养在内地的母亲和妹弟。但是，那时的交通还很不发达通畅，所寄钱物和药品，往往不能按时到达，因此多有耽误。唐先生对此也只有感叹"天命"："前岁国内大饥，米面亦由此邮寄，而道途悠阻，到时多已霉烂，吾母盖以此而体气就衰。而吾所最痛心者，则为年来所寄药物，皆必经检验，必多日而后能达，吾母亦终以药物不继而弃吾长逝。呜呼，岂天命之谓哉！"①

三、继志：父母遗著的整理刊印

"述事"当然是尽孝道，让先人的生命事迹得以彰显人间。唐先生通过撰写《母丧杂记》，确实一方面释放了自己的哀伤情感，另一方面也让母亲的大智大慧、大慈大爱通过自己的心而历历在目，并通过文字而为世人记诵。今日所知道的唐先生母亲的诸多事迹和德行，确实主要是通过唐先生的文字而获得的，这便是真正的孝道。当然，唐先生所为还不只是这样的"述事"，同时，决定将母亲所著诗文及父亲遗著一并刊行于世，实现真正完整的"继志述事"。

唐先生父亲唐迪风任教于敬业学院及四川大学时，有遗作数种，又有日记10余册，但是只有《孟子大义》一种曾经由父执彭云生先生印行，列入敬业学院丛刊，并载于《学衡》杂志，其他著作都未曾刊印，而且即使《孟子大义》也已经久绝于世。②对于唐迪风的为人为学，同时代的学友评价都极高，谓其性情真挚坦易，语皆如肺肝中流出。彭云生为《孟子大义》所作跋语谓："性刚介，不肯少阿俗。少年治音韵，及周秦诸子。民国十年病目后，始专读宋明诸儒书。深有所契悟。……迪风于学，直截透辟近象山，艰苦实践近二曲。此篇乃为诸生所撰讲稿。然于孟子之学，已竭尽无余蕴。"③四川宿儒徐子

---

① 唐君毅.唐君毅全集：第八卷·哲思辑录与人物纪念［M］.北京：九州出版社，2016：29.
② 唐君毅，《孟子大义》重刊记及先父遗述。"至吾父之著，则唯《孟子大义》一书，曾由云生先生列为敬业学院丛刊，于民国二十年冬，刻于燕京；后经《学衡》杂志七十六期加以转载。此外，则如云生先生所提及之《诸子论释》《志学闻》，及文集、诗集若干种；与吾所知之吾父初年所著之《广新方言》，廿余年之治学日记，及门人学生所记语录，初并藏于吾家。"唐君毅.唐君毅全集：第三十六卷·亲人著述［M］.北京：九州出版社，2016：15-16.
③ 唐君毅.唐君毅全集：第三十六卷·亲人著述［M］.北京：九州出版社，2016：84

休老先生尝谓唐迪风为能笃行；吴芳吉先生则谓当世川中学问之正，唐迪风为第一人；而刘鉴泉先生在为唐迪风所作的"别传"中，惜其逝世之年才45岁，学未大成，乃赍志以殁。①

对于父亲的遗著，唐先生曾经函告在内地的弟妹，希望他们缮写，然后再寄香港刊行，却因循未果。唐迪风的治学日记，"尤为吾父治学之心得所在，最堪珍贵。抗日战起，吾虑或有被日机炸毁之虞，乃并家藏古籍，移置双流彭家场刘宅，以为可得保全。不意以刘家为地主之故，而于二十三年前，其家遭受清算之时，乃并吾父之遗稿，及其所藏书，共运入制纸工场，化为纸浆。吾父之所述著，不亡于敌国外患，乃以内乱，而永成湮没，呜呼痛哉。吾来港后，曾屡函居大陆之妹弟，探询吾父遗著消息，答书皆含混其辞，后乃以实相告"②。1964年11月13日，唐先生收到二妹来信，"谓父亲之遗作已丧失，甚痛悔前未另抄一份"。念父亲遗作已失，想祖父遗作亦必不存，唯有母亲遗诗在案头，皆二妹所手抄寄来，乃连续多日校对母亲的诗稿。③1967年7月，唐先生于日本治疗眼疾期间写信给周开庆先生，言及父亲遗稿被毁事宜：

> 先父手稿日记数十卷及藏书一二万卷，原存成都，以惧日机轰炸而移置双流友人家中，及……而荡然无存。弟未能事先设法保存，罪无可赎，每一念及，痛心无已。今据弟所知，先父之著作，唯在若干杂志者尚可收辑。此来京都，觅得民国十四五年之《甲寅》，其中有先父之通信及文数篇，已加影印。此外闻北平图书馆尚藏有先父《孟子大义》初印本。又欧阳竟无先生为先父所著墓志，及刘咸炘鉴泉为先父所著别传，亦尚待搜求。再则吴芳吉先生于其与友人函中，屡述及先父之言论，尝在卢作孚之三峡图书馆中所藏吴先生书札中见之。但吴先生之书信，除任二北所辑者外，恐在台北亦难见得矣。④

1971年9月5日，唐先生再给周开庆先生写信，希望其帮忙查找父亲

---

① 唐君毅.唐君毅全集：第八卷·哲思辑录与人物纪念［M］.北京：九州出版社，2016：17.
② 唐君毅.唐君毅全集：第三十六卷·亲人著述［M］.北京：九州出版社，2016：16.
③ 唐君毅.唐君毅全集第：三十三卷·日记（下）［M］.北京：九州出版社，2016：30.
④ 唐君毅.唐君毅全集：第三十一卷·书简［M］.北京：九州出版社，2016：166.

的遗稿。

唐先生母亲被欧阳大师誉为"蜀中奇女子",善于以诗抒怀。唐先生父亲去世后,曾"为遣悲怀诗,又附其与吾父在生时唱和之作,而自抄为一集"。在唐先生母亲70岁时,唐先生曾经嘱妹弟重抄寄影印,未能遂愿而罢。唐先生在港期间,"常得母书,偶附新诗,一喜母之心志未衰,兴致犹昔,健康应可无虞。意俟后年母寿八十之期,再并严亲所著,合以印行,以承吾母欢。不意以吾罪孽深重,天乃不假之二载,呜呼痛哉!"[1]因此,唐先生除搜集父亲遗稿外,也整理母亲遗稿诗作,并印刷保存和赠人。

1973年6月,唐先生编辑校对母亲遗著《思复堂遗诗》并刊印。日记记载:六月一日,上午整理母亲遗诗。三日,下午写母亲诗后志二千余字,并言:"此后志数年来皆不知如何写,今写成自觉甚平实,亦了一心事。"四日,下午整理母亲诗稿,与二妹信,晚整理母亲诗稿至深夜四时半始睡。十九日,下午二妹来信关母亲诗者,整理母亲诗稿至深夜。二十一日,晚编母亲诗目录完。二十二日,上午重读母亲诗稿检定错字。二十七日,晚整理母亲诗完。二十八日,将母亲诗集交李国钧印刷所印。

"思复堂"是唐先生父亲为唐先生母亲诗稿所题之名。唐先生母亲一生,除曾经在简阳及重庆的女子师范任教职2年外,"皆尽劳瘁于养育吾及妹弟五人,至于成立。吾家素质,先父一生不入仕途,家务皆先母躬自操作,初罕余闲治学"。但就是在这样一种近乎现代意义上的罕有余闲治学的"家庭主妇"境况下,唐先生母亲依然留下了五卷诗稿,而且还是因为"所为诗,多随手散失"。《思复堂遗诗》五卷,是在唐先生母亲逝世后,由唐先生二妹至中、四妹恂季、六妹宁孺,及五弟慈幼分别所存汇集整理而成的。由此可见唐先生母亲之勤奋、智慧、性情之一斑。唐先生在"编后记"中谓:

> 吾妹至中既编遗诗为五卷,更加恭录,辗转寄港。吾奉而读之,既痛不获再得吾母之训诲;更念吾母一生劳瘁,奔波道途,其事虽只为一家,吾亦日久渐忘;然其情之所及,志之所存,则不限一家,并见于此五卷诗,而德音如闻,慈晖宛在。[2]

---

[1] 唐君毅.唐君毅全集:第八卷·哲思辑录与人物纪念[M].北京:九州出版社,2016:17.
[2] 唐君毅.唐君毅全集:第三十六卷·亲人著述[M].北京:九州出版社,2016:206.

第一章　生命叙事与哀伤抚慰

《思复堂遗诗》按照时间先后及主题共分五卷。第一卷是唐先生父亲未逝世前唐先生母亲所作,这段时间,唐先生父母客居成都以及川北、江南各地,并一度还乡,唐先生母亲的诗作除对于异乡景物兴感之外,也有不少怀念兄弟姐妹情感之作。第二卷则为唐先生父亲逝世周年后哀悼亡夫之作,唐先生母亲曾经自编为一集寄呈欧阳竟无先生,后唐先生二妹唐至中又以之请教李证刚先生,两位先生都有题字。唐先生编辑《思复堂遗诗》时一并影印卷前,以作纪念。第三卷是唐先生母亲走出悲怀情感后在与孩子们共居成都时,以及抗日战争发生后的感怀时事之作。第四卷则是抗战结束后,唐先生母亲与唐先生二妹至中居灵岩山及一同去江南后所作。此时,"吾与诸妹弟,皆渐有家室,故先母为诗,尤多谆谆诲勉之辞。今先母逝世,瞬逾九载,吾与诸妹弟及其子女,虽塞北天南,各处一方,而骨肉之情,一体无间,皆先母之遗教也"[①]。第五卷则为1949年后,唐先生与诸妹弟散居各地,唐先生母亲或往来其间之所作,因此有更多怀念儿孙之句。

唐先生母亲最后一首诗是癸卯1963年10月应熊十力先生之嘱而作的"不可一日闷缩缩",题解自注:"熊子真先生《示至儿书》以'不可一日闷缩缩'为题,嘱为诗,因就书中'宁可'二语续成。"全诗如下:

> 宁可一日不食肉,不可一日闷缩缩。
> 闷缩缩兮倾家酿,莫教怀抱耻尘爵。
> 朝来醉眼不逢人,但见海沤浮浮摇空碧。
> 万里乾坤如是观,茂叔窗前草自绿。
> 闲来问讯桃源洞,云是五柳先生宅。
> 愿借南村一亩地,长事先生半耕读。[②]

在为《思复堂遗诗》写的"编后记"最后,唐先生谓:

> 忆吾母常称温柔敦厚为诗教,于古人之诗,喜道及陶之意境与杜之性情,未尝以摹拟雕饰为诗也。吾稍知学问,初皆由吾父母之教。顾吾

---
① 唐君毅.唐君毅全集:第三十六卷·亲人著述[M].北京:九州出版社,2016:206.
② 唐君毅.唐君毅全集:第三十六卷·亲人著述[M].北京:九州出版社,2016:203-204.

为学，偏尚知解。及今年已垂老，方渐知诗礼乐之教，为教之至极；亦不敢于慈亲之作，妄作评论。唯当今之世，人伦道丧，本温柔敦厚之旨以为诗者，盖不多见。则吾母之遗诗，亦当为关心世教之大雅君子所不废。故今就吾妹至中手抄稿，影印若干册，寄赠吾家亲故之尚存者，亦留俟来者之观览焉。①

1974年，2月25日，唐先生拟将父亲遗稿《孟子大义》重刊，当日写《重刊记》。在《〈孟子大义〉重刊记及先父行述》一文中，唐先生谓：

至吾父之著，则唯《孟子大义》一书，曾由云生先生列为敬业学院丛刊，于民国二十年冬，刻于燕京；后经《学衡》杂志七十六期加以转载。此外，则如云生先生所提及之《诸子论释》《志学謏闻》及文集、诗集若干种；与吾所知之吾父初年所著之《广新方言》，二十余年之治学日记，及门人学生所记语录，初并藏于吾家。其中之治学日记，尤为吾父治学之心得所在，最堪珍贵。抗日战起，吾虑或有被日机炸毁之虞，乃并家藏古籍，移置双流彭家场刘宅，以为可得保全。不意以刘家为地主之故，而于二十三年前，其家遭受清算之时，乃并吾父之遗稿，及其所藏书，共运入制纸工场，化为纸浆。

……吾来港后，曾屡函居大陆之妹弟，探询吾父遗著消息，答书皆含混其辞，后乃以实相告。吾十余年来，屡游日本及欧美，恒就其藏中文书刊之图书馆，搜求吾父遗文之刊载于报章者，而所得则寥寥无几。云生先生初刊之《孟子大义》，闻在大陆图书馆尚有存者，亦路远不可得。今沧海横流，世变日亟，吾父逝世，忽已将四十三载。日月逝矣，岁不我与。今惟就《学衡》所转载之《孟子大义》，重加刊印，以聊尽人子之心。并将欧阳竟无先生所为墓志铭、刘鉴泉先生所为别传、彭云生先生《孟子大义》跋、吴碧柳先生书札中道及吾父之二语，吾搜求仅得之《甲寅》杂志所载吾父之一文，暨三书札，及吾所仅忆及之遗文二篇、遗诗七首，并视若沧海遗珠，附载此书中，以使后之来者，得略想见吾

---

① 唐君毅.唐君毅全集：第三十六卷·亲人著述[M].北京：九州出版社，2016：207.

父之为人与为学之遗风。①

又谓：

> 吾父好与人谈，谈辄不知倦。尝自谓，能笃信性善，其言谈多直心而发。与学生讲论义理，或引古今人行事为证；于其事之可歌可泣者，未尝不动容。平日为学，喜抄书。于古圣贤书及所好诗文，皆以小楷恭录，无一笔苟。又好纹石，暇则摩挲忘倦。盖取其文理见于外，坚刚蕴于内耶。诸父执与吾父论学，虽不无异同，然于吾父之为人，则皆无间言。尝见吴碧柳先生与其友人书，称吾父之论学，谓当世吾川学问之正，尚未有能过吾父者云云。吾父尝欲为人学一书未就。今仅成之《孟子大义》一书，要在以辨义利、道性善、息邪说、正人伦政教、述孟子守先待后之学。吾父以深恶乡愿之乱德，更有感于为乡愿者，亦恒有其理论以自持，乃有乡愿学派之说。时诸父执，皆不喟然。吾亦尝疑之。近乃心知其意，乃在谓：人必自先去其用以自持其为乡愿之理论，方得免于为乡愿。吾年来亦日益感吾平日之为文论学，不能如吾父之直心而发，而喜繁辞广说；正多不免随顺世俗所尚之乡愿之习。今惟望假我余年，得拔除旧习，还我本来，庶几不愧吾父之教耳。②

此外，唐先生校《孟子大义》既毕，于字里行间，充分领会父亲迪风公的志业所在，认为可以用第三章首节及第五章末节的数语概括表达。唐先生对此数语，感刻于心，特录出以示读者。其语云：

> 夏而变为夷，中国之忧也。人而流为禽兽，圣人之所深惧也。忧而后设教，惧而后立言，不得已而后讲学，无可奈何而后著书，以诏天下后世；孟子之闷识孤怀，孟子所欲痛哭而失声者也。
>
> ……天地不生人与禽兽同，自必有人知其实有以异于禽兽。千载而上，有闻而知之、见而知之者；千载而下，自必有闻而知之、见而知之

---

① 唐君毅.唐君毅全集：第三十六卷·亲人著述[M].北京：九州出版社，2016：15-16.
② 唐君毅.唐君毅全集：第三十六卷·亲人著述[M].北京：九州出版社，2016：16-17.

者。人心未死，此理长存，宇宙不曾限隔人，人亦何能自限。岂必问夫道之行不行，学之传不传哉。①

除整理刊印父母遗著外，唐先生将父母对于中国文化的信仰信念也进一步落实在自己的文化传承和思想创造上，尤其是作为自己思想体系完成之作的《生命存在与心灵境界》和作为思想体系化的中国哲学总结之作《中国哲学原论》（导论、原性、原道三卷、原教）六卷本的写作。

关于《生命存在与心灵境界》一书，唐先生在1977年该书出版时自言，"三十余年前，即欲写此书"。1964年，唐先生在母亲逝世后，曾经决定废止一切写作，也包括此书在内。1966年，又罹患眼疾，更有失明之忧。在日本住院治病期间，时念义理自在天壤，而此书亦不必写，以此自宁其心。又尝念，如果自己果真失明，亦可将拟陈述于此书的义理，以韵语或短文写出。幸而眼疾未至失明，唐先生可以继续完成此书及其他著述。

1968年，由春至夏到8月初，4个月时间，唐先生撰成此书初稿50万余字。此时，他眼疾加剧，旋至菲律宾就医看病。在医院时，唐先生更念及初稿应改进之处甚多。1970年年初，又以5月之期，将全书重写，并自谓"此重写者较为完备，俟以后再改正"②。2月13日的日记言："写文一万三千字。《生命存在与心灵境界》一书之草稿，除一章外皆已重写，可以代前年所写者，前年所写者多误亦多未完备，此重写者较为完备，俟以后再改正。"③

1971年4月，唐先生又开始改写基于哲学笔记的《生命存在与心灵境界》。日记记载："一日，改写此书第二部。七日，改写《生命存在与心灵境界》一书六千字。十九日，写《生命存在与心灵境界》序千余字。"在之后的七八年中，唐先生在写《中国哲学原论》四卷六册之余，又陆续对自认为的疏漏之处不时加以增补，似已较为完善整齐。因此，此书的写作，从1968年正式动笔到1977年完稿交付出版，历时10年。

1976年8月12日，唐先生被诊断肺癌。当日，他打电话给台湾学生书局

---

① 唐君毅.唐君毅全集：第三十六卷·亲人著述[M].北京：九州出版社，2016：17.
② 唐君毅.唐君毅全集：第三十三卷·日记（下）[M].北京：九州出版社，2016：160.
③ 唐君毅.唐君毅全集：第三十三卷·日记（下）[M].北京：九州出版社，2016：160.

的张洪瑜，请其速排《生命存在与心灵境界》一书，以便至台湾校对。①8月22日，唐先生与夫人自香港抵台北，到荣民医院治病。当时，唐先生的最后巨著《生命存在与心灵境界》一书正在学生书局排印，唐先生天天要夫人打电话催促送校稿来。8月24日，出版社送来《生命存在与心灵境界》一书校稿，此后每天，除医生吩咐应做的事外，唐先生付出所有时间校对他的书稿。尽管他因为治疗，胃口不好，但校对书稿时就提起全部精神。8月27日，唐先生继续校文，但频频咳嗽，吐出不少鲜血。医生为他打了止血针，要他卧床休息。但唐先生若无其事，左手拿着一沓草纸接着一口一口的鲜血，右手拿着笔杆一心一意校对书稿，并对夫人说："不要怕，我不觉有什么痛苦，我如不校对书稿，恐以后就无时校对了。"②9月8日是中秋节，《生命存在与心灵境界》一书已大体校完，唐先生自谓心愿已了，可以安心治病了。9月9日动手术。1976年12月5日，唐先生和夫人告别台北返回香港。次日，即开始重校《生命存在与心灵境界》一书。春节期间，唐先生对检查病况之事毫不关心，主要精力都用在校阅《生命存在与心灵境界》一书上。

1977年3月17日，学生书局送来《生命存在与心灵境界》书稿，唐先生再次校对。10月27日，唐先生又开始校对《生命存在与心灵境界》一书印本，看最后的错字是否已改。至11月7日，校对《生命存在与心灵境界》一书完。③12月，《生命存在与心灵境界》一书正式面世。12月13日，学生唐端正来看望时，病中的唐先生送他《生命存在与心灵境界》一书，并言是自己的绝笔之作了。

《生命存在与心灵境界》一书，可谓唐先生真正的心血之作！该书意在说明种种世间、出世间的境界，都由人的生命存在与心灵诸方向活动感通而成，并说明此感通的种种方式，以求由如实观、如实知，而起真实行，使人的生命存在成真实的存在，以立人极为目的。世间、出世间的境界，约有九境，而生命存在与心灵的方向，约有三向，故此书又名《生命存在之三向与心灵九境》。

对中国哲学问题做系统的研究，是唐先生多年的心愿和追求。1966年，

---

① 唐君毅.唐君毅全集：第三十三卷·日记（下）[M].北京：九州出版社，2016：308-309.
② 唐君毅.唐君毅全集：第三十三卷·日记（下）[M].北京：九州出版社，2016：311.
③ 唐君毅.唐君毅全集：第三十三卷·日记（下）[M].北京：九州出版社，2016：350.

唐先生的《中国哲学原论·导论篇》由人生出版社出版。该书是唐先生六大册《中国哲学原论》的第一篇，出版时书名为"《中国哲学原论》（上册）"，1974年7月经作者修订，改为今名，由东方人文学会再版、新亚研究所发行。该书以名辞与问题为中心，以贯论中国哲学。这些文章，最早的成于13年前（1953年），最迟的亦成于两年前（1964年）。两年前，唐先生曾经想将此诸文分为三编，即可分别代表中国哲学的三个方面，与西方哲学论理性的心灵、知识与形上实在三方面约相当，足以彰显中国哲学的面目。当时即拟加以整理、修改付印，以补《哲学概论》一书初欲东西哲学并重，终对中国哲学所论犹略之过。不幸，母亲逝世于苏州客寓，唐先生飘零香港而奔丧无门，"自顾罪深孽重，于该书中一切抽象之哲学戏论，尤深恶痛绝，遂复弃置。半年后，乃始执笔整理。其时亦意在摒当旧业后，即斩断文字孽缘；更于知解名相之外，求原始要终，以究天人之道，通幽明之故"[①]。

唐先生在撰成《中国哲学原论·导论篇》后，认为在导论篇诸文外，应加"原性"一篇，以补述心性部分的不足。初意只写四五万字，已足尽抒所怀，不料下笔之后，一波继动，万波相随，竟不能自休，于50日内，每日仅以教课办公之余执笔，竟成初稿20万余言。由此，唐先生便决定，对《原性》各章核查文献，删补改正，加添加解，并撰《原德性功夫》一篇阐述由二程至朱陆工夫论问题的发展，另册别行。1968年，唐先生《中国哲学原论·原性篇》一书在新亚研究所出版。该书又名《中国哲学中人性思想之发展》。在自序中，唐先生谓此书为《中国哲学原论》的第四编，其前三编为导论编、名辨与致知编、天道与天命编，合为《中国哲学原论》（上），因原性编篇幅较多，故别为一书，为《中国哲学原论》（下）。之后唐先生又撰写出版了《原道篇》三册、《原教篇》，由此成《中国哲学原论》六册。

1969年，唐先生开始写作《中国哲学原论·原道篇》。唐先生在写作期间，思如泉涌，效率极高。4月10日到30日，除参加各项日常事务和完成教学外，日记记载的每日撰文字数如下："十日，写论墨子文四千字。十一日，续写墨子文六千字。十二日，下午续昨文六千字。十三日，写文万二千字完，以后再改，又写孟子文一千字。十四日，写孟子文五千字。十五日，续

---

① 唐君毅.唐君毅全集：第十七卷·中国哲学原论·导论篇[M].北京：九州出版社，2016：8.

草昨文万七千字完,以后再改。十七日,上午写论道家文四千字,下午续写文四千字。十八日,续昨文三千字。十九日,续昨文九千字。二十日,续昨文八千字。二十一日,草庄子文二万二千字。二十二日,草《庄子·外、杂篇》大约八千字,下午写荀子之道六千字。二十三日,写文八千字。二十四日,上午写文一万三千字完,以后再修改。二十六日,下午改庄子文三千字。二十七日,上午改庄子文七千字完,夜写韩非子二千字。二十八日,写论韩非子文六千字。二十九日,续写论韩非子六千字完。三十日,写《庄子·天下篇》论道术及《大学》《中庸》之道一万六千字完。"二十一天中有两天没有写作,在完全手写的情况下,完成近十九万字学术著作,平均每天一万字。1973年,唐先生出版三大册《中国哲学原论·原道篇》。

自母亲逝世后,唐先生尝欲废弃世间著述之事。后勉成《原性篇》,曾在最初的自序中谓,今生著述,即止于此。此后即罹患眼疾,"乃不远秦楚之路,求医异域,几于不读书者,半载有余"。在多方寻医治疗后,唐先生的眼疾有所好转,仍有一目可用。于是在此后的几年间,在教课办公之余先草成《生命存在与心灵境界》一书。唐先生在写此书时,多是自己之所知所见,对于自己所承接的中国先贤前哲之论,未及系统阐释,而是"多针对西哲立论,所论述之问题,自与古人有异,亦自有发古人所未发者。然不识吾书之渊源所自者,亦不能知其所发古人所未发者在何处,抑亦解人难遇于当今之世。故还为此《原道篇》,以广述此中国前哲对此道之所发明,以报前哲之恩我,亦如陆象山之以六经还注我"[1]。最初,唐先生只打算写孔子、老子、墨子言道三篇,以补《原性篇》对于孔老墨的论述,因限于体例,而未能及之遗憾。三篇既完,又觉责不容已,遂论及其后哲人所言之道,遂成此三大卷之《原道篇》。

1975年,唐先生在新亚研究所出版《中国哲学原论·原教篇》。《原教篇》是唐先生《中国哲学原论》六大卷的最后一册。此书名《原教篇》,实为《原道篇》的续篇,乃专论宋明以降儒学的发展。《原道篇》与《原性篇》论述唐以前的心性之论互相交涉;而本篇则与《原性篇》述宋明儒心性之论互相交涉。因此,唐先生最初本拟定名为《续原道篇》或《辨道篇》,经反复思量,久

---

[1] 唐君毅.唐君毅全集:第十五卷·中国哲学原论·原道篇(一)[M].北京:九州出版社,2016:3.

而不决，但最终定名为《原教篇》。之所以如此定名，是取《中庸》"修道之谓教"之义。唐先生认为，修道之道，故原是道，而凡对人说道，亦皆是教。故"原教""原道"本为一事，则二名固可互用。考虑到《原道篇》已先行出版，为避免重复，故今改用《原教篇》以名此论宋明儒学的著作。而且《中庸》言"率性之谓道，修道之谓教"，唐先生谓，《中国哲学原论》既有"原性"与"原道"，亦宜有"原教"，以上契于《中庸》兼重"性""道""教"的宗旨。同时，以"原教"之名说宋明儒所言之道，归在"修道之道"，与宋明儒学的精神更能相应。

自母亲去世后，唐先生除完成现实世界的社会使命外，在学术和精神上，为继承父母之遗志，一直在整理出版父母遗著、撰写《中国哲学原论》、撰写《生命存在与心灵境界》三者之间轮换运思，直至生命最后一刻，其继志之心可谓尽矣！

四、反思：丧礼祭诚的文化期盼

唐先生在母亲去世满七七后，其哀思仍不能自已，于是又作《母丧杂记续记》，除继续缅怀母亲之恩德外，又对基督教、佛教和儒教对死者的态度之不同多有反省和论述，从而将自己的哀思之情通过理的运思而升华为关于生死的哲学智慧。

唐先生首先陈述了自己哀思期间所遇到的理上的困惑以及撰写此文的缘由。这些困惑一些是由在哀思期间亲人的互动激发出来的，一些则是自己在哀思体验中想到的。这些理上的困惑主要包括以下五方面。

首先，母亲逝世已经40日，自己和妹妹对母亲的哀思仍然不能自已。尽管自己与妹妹相互通信安慰，但是，对于自己不能再奉养母亲，不能再听见、看见母亲之音容的感伤无法减少。这份感伤和哀思需要自己在理上给予说明和安顿。

其次，妹妹来信言及已经在苏州为母亲购买墓地安葬，自己远在香港，遥望而不知所在。而且，念及母亲已经不再与妹弟相伴而独自长眠于此，心痛难忍。对于母亲独自长眠的心痛需要在理上给予说明与安顿。

再次，翻阅母亲写给自己的最后一封信（当时还未生病），其中谓梦见一大风车，忽而崩倒，有青蛙在旁作笑；继言宇宙不会毁灭，如毁灭则众生将何所凭依云云。自己当时不解，得知母亲逝世，仿佛觉得"天地变色"。而在母亲逝世后40日的哀思中，也总觉得天地已非昔日天地。客观上说，天地固不毁，众生亦将永在。但是，自己兄弟姊妹已经失去母亲，将何所凭依？内心的惶惑需要理上的说明与安顿。

从次，二妹来函，言及母亲病重时对二妹自言，如果自己有不测，唐先生必然会十分悲痛，因此不宜相告。同时又言，唐先生于学问已有所得，悲痛亦应可已。母亲"生前原已有见于道，尝信人生有死而不亡者存。吾亦尝与吾母言及此义。吾母谓吾学问有所得亦指此。然二妹来信，谓吾母遗容虽微带笑容，而临终时亦尝流泪"[①]。母亲虽自知其慈灵常在，也不忍弃子女而去。自己虽相信母亲慈灵常在，悲痛也终不能已。这种相信永恒却依然不忍的情感体验需要理上的说明与安顿。

最后，母亲逝世后，唐先生在沙田慈航净苑设母亲神位，每周去进香两次，又于家中设母亲像位，以便朝夕供饭礼拜。40日来，自己除读佛经与儒书外，其他书都不想过目。日常生活中尤其厌烦事务上的会议与一般的谈话应对。除情感上的哀思寄托外，自己也"常思由情与理之交澈，以真知死生幽明之际，尚如何加以感通之道，而时有所悟"[②]。这些所思、所想、所悟、所得，也需要在理上得到梳理与说明。

唐先生所有的这些困惑，核心是生死幽明之际的感通问题：有无感通？如何感通？感通的意义到底在哪儿？

在接下来的讨论中，唐先生首先对基督教和佛教在生死安顿、生死感通上的相关义理做了反思，对其不重视生死之际的感通给予了质疑，并对现实生活中传统的生死安顿之道及鬼神信仰的衰亡表达了心痛。进而，反思了何以现代人会怀疑鬼神世界的真实性，根本在于理智思考忽视了人的情志的超越性。通过体会哀悼之情之诚，以彰显幽冥感通的真实性和内在性。进而，说明儒家"事亲如事天""事天如事亲"的根本智慧，将孝亲之道落实在真志的领会与继承上。进而，通过反思继志在理上的惶惑，而将"继志"之事落实在自己当下发心成圣成佛的真志的全副披露上，而有了可以即行的理据。

---

① 唐君毅.唐君毅全集：第八卷·哲思辑录与人物纪念[M].北京：九州出版社，2016：20.
② 唐君毅.唐君毅全集：第八卷·哲思辑录与人物纪念[M].北京：九州出版社，2016：20.

（一）对基督教不重丧葬祭祀之礼的反思

唐先生认为，世间之思想大多不重生死幽明之际的感通，即使是哲学家、宗教家中相信灵魂不灭者，也很少言及生死幽明之际的感通。基督教、佛教即代表。

唐先生是一位胸襟十分开阔的仁者，其朋友中有各种信仰者。唐先生母亲去世以后，其友人中有基督教徒、天主教徒驰函相唁，以其教义而言唐先生母亲"已息劳人间，魂归天上"来安慰唐先生，唐先生也会有所契会。因为就一般义理而言，基督教并非自然主义的断灭论，并不认为人死即一瞑不视而只留躯壳。唐先生自己也一直坚信，既然人之生自有所来，那么其殁亦有所往。何况，骨肉归于地，魂气返于天，也是中华传统思想中的固有古义。而自己数十年的慎思明辨也使自己深信，人心与人的精神并非七尺之躯所能限制；而不限于七尺之躯者，也不应与躯壳共存亡。基督教徒们所言"魂归天上"的安慰的确与唐先生如上的这些信念、认知有所契合，所以他自己也会有所"感"。

但是，相比契会，在面对母亲逝世这样一个具体的生死事件带来的哀思之情时，唐先生更多的是疑惑。母亲的魂灵果真只是"魂归天上而已乎"？依据基督教教义，人的灵由天帝所造，所以天帝爱之如己。人死之后，人的灵魂即还归于天帝的怀抱，其乐当然无极。但是，基督教教义中也强调，有些人死后不归于天而是入地狱或炼狱。既然如此，唐先生就疑惑了，"吾母今又果何在乎？"是真的在天堂还是在地狱或者炼狱？依据基督教教义，人要升天，必须在其生前先信其教。即使子孙皈依基督教，也未曾听说可以使父母必然得到超生。那么，"吾今又将何所为乎"？母亲生前并非基督教徒，我即使现在信教也不一定能让母亲超生，我能做什么呢？依照基督教教义，既然母亲已经"魂归天上"，那么母亲的灵魂便与天上所有的魂灵一道，都与天帝的纯灵混合而无二了，犹如冰泯释于水。既如此，那么，即使我自己也返归天上，也将不可能见到母亲的魂灵。如此，自己当下思念母亲的情感如何向母亲表达呢？也"终将无所告语"。依据基督教教义，如果母亲魂归天上后仍然在天帝左右，那么也只有期待千百年后耶稣再降世而一起复活。如此，在耶稣还未复活的这千百年之中，自己与母亲就仍然只能"天人相隔，无道以通"，自己思念母亲之情如何安顿？所有这些依据基督教教义演绎出来的信念，都无法告慰自己当下失去母亲后对母亲的思念之情，"皆令我惶惑，而疑情难释"①。

另外一些学者依据自己对基督教的理解和信仰告诉唐先生，"依基督教义，父母死之后，息劳归天，乃死者之幸，故生者应为之乐，而不应生悲。生悲者乃以生者自觉失其怙恃之私情，非为死者计之公情也"②。唐先生对此也有疑惑。唐先生谓，一方面，自验自己之心和自己母亲逝世带来的哀伤之情，固然不能自免于此"失其怙恃之私情"；另一方面，唐先生认为自己的哀痛及对母亲的思念并非只有"私情"。回念数十年来，因为自己居于香港，没有与母亲生活在一起，种种对母亲未能尽孝之事浮现眼前，便负疚不已。如今母亲逝世，自己欲求赎过之地而不得，所以特别哀痛悲伤。唐先生指出，这样一种"求赎过之地"之情怎么能是私情呢？如果此情为私情，那么我们对活着的人求赎过之事，岂非也只是"私情"？如果自己求对母亲赎过并非私情，那么，自己现在"求此赎过之地而不得"的悲伤，也就不能简单地说是"私情"。面对此疑惑，唐先生指出，"吾未闻信基督者，于此有以释我之疑，则吾疑彼信基督者于父母死之后，一经弥撒，即足慰情，正证其情之不深不厚，故慰情之道，乃若此之轻而易矣"③。

(二) 对佛教义理及重丧不重祭的反思

因为唐先生母亲生前曾经信佛，所以在母亲去世后，唐先生特地在香港九龙慈航净苑为母亲诵经，并在慈航净苑居丧10日。如今，唐先生在反思佛教对于生死之际的理论和设想时，便多了一份基于自己实际生命体悟的思考。

在唐先生看来，佛家最初大多是由感生死事大而发心的，尤其是自己父母之死。《高僧传》中就记载有很多高僧确实是因为父母死后发心出家的。从这个角度说，佛家更能够体会到亲人死亡所带来的情感冲击和情感寄托。唐先生举了几部佛经以说明佛教对于生死大事，尤其是父母之死的情感体会。

佛经中有专门的《佛说难报父母恩重经》，一开始就记载道："如是我闻，一时佛在舍卫国祇树给孤独园，与大比丘二千五百人，菩萨摩诃萨三万八千

---

① 唐君毅.唐君毅全集：第八卷·哲思辑录与人物纪念 [M].北京：九州出版社，2016：21.
② 唐君毅.唐君毅全集：第八卷·哲思辑录与人物纪念 [M].北京：九州出版社，2016：21.
③ 唐君毅.唐君毅全集：第八卷·哲思辑录与人物纪念 [M].北京：九州出版社，2016：34.

人俱。尔时，世尊引领大众，直往南行，忽见路边聚骨一堆。尔时，如来向彼枯骨，五体投地，恭敬礼拜。"唐先生强调，释迦恭敬礼拜的"白骨"，实际上是"其无量劫中之父母"。释迦自言："此一堆枯骨，或是我前世祖先，多生父母。以是因缘，我今礼拜。"该经还详细述说了父母恩之无尽，认为父有慈恩，母有悲恩……还提道，在诸世间，"何为最富？何为最贫？悲母在堂，名之为富；悲母不在，名之为贫；悲母在时，名为日中；悲母死时，名为日没；悲母在时，名为月明；悲母亡时，名为暗夜"。唐先生说，"此诸言皆足令人感泣"①。

佛教有《地藏王菩萨本愿经》，地藏王菩萨本是位女士，她母亲因为大罪而入地狱，她也随母亲到了地狱，之后发心成道，即永住地狱，救众生，成为地藏王菩萨。

佛经《佛说盂兰盆经》中记载了目连救母的故事。目连的母亲青提夫人，家中甚富，然而吝啬贪婪，儿子却极有道心且孝顺。其母趁儿子外出时，天天宰杀牲畜，大肆烹嚼，无念子心，更从不修善。母死后被打入阴曹地府，受尽酷刑的惩处。目连为了救母亲而出家修行，得了神通，到地狱中见到了受苦的母亲。目连心中不忍，但以他母亲生前的罪孽，终不能走出"饿鬼道"，给她吃的东西没到她口中，便化成火炭。目连无计可施，十分悲哀，又祈求于佛。佛陀教目连于7月15日建盂兰盆会，借十方僧众之力让母吃饱。目连乃依佛嘱，于是有了7月15日设盂兰供养十方僧众以超度亡人的佛教典故。目连母亲得以吃饱转入人世，生变为狗。目连又诵了七天七夜的经，使他母亲脱离狗身，进入天堂。

对于佛经的这些内容和故事，唐先生都能"闻之而生感"。

除了佛经有诸多关于父母子女的内容与故事让唐先生心生感通，中国佛教僧侣特别重视追荐亡魂以慰子女之心的法事，也让唐先生心生感动。作追荐之事的僧尼，尽管位居三宝之一，往往也会为死者上香作礼。这就大不同于基督教中的牧师、神父，只代表上帝，而不对死者作礼。这一点尤其让唐先生"感刻于心"。而且，佛教的追荐绝不同于基督教的弥撒一日可了，而是必须相继到七七，以顺畅生者对死者之情。在唐先生看来，"其意亦至深而至

---

① 唐君毅.唐君毅全集：第八卷·哲思辑录与人物纪念[M].北京：九州出版社，2016：34-35.

厚"①。

同时，中国的寺院也像中国传统的祠堂列亡人木主一样，设有祖堂。尽管人的魂气不可言只寄托于木主，但是"人心必有所注念，乃能上通于神明。则木主之设，正所以使人永志不忘，其义大矣"②。唐先生母亲去世后，唐先生即在慈航净苑设母亲木主，又在家里设母亲像位，每次上香之时，见香气氤氲，便顿觉母亲之灵宛然而来。母亲去世后，唐先生六妹来函，寥寥数字，只是言自己迷路，问唐先生，母亲有灵吗？并希望唐先生寄母亲的照片给她。唐先生随即将母亲照片寄去。六妹回信，自得到母亲遗像，以香烛供奉，便觉得母亲好像就在身边。由此，唐先生强调，"祭祀之仪，实足以通幽明之际"，但是，佛家"有丧礼而无祭礼之教，必率人情日归于漓薄，亦断断然矣"。③换言之，尽管佛家有丧礼，可以在居丧期间通过设立木主及念经，帮助超度亡灵，也帮助丧亲者寄托哀思。但是，因为其没有持续的祭祀要求，这就必然导致丧亲者和亡人之间缺乏持续的情感沟通仪式，随着时间延续，人情必然会逐渐淡薄而至遗忘。

唐先生在母亲去世后的居丧期间，慈航净苑的诸尼，以及乐果老法师和洗尘法师，都极为虔诚地诵经说法，也确实给唐先生极大安慰。乐果老法师见唐先生哀毁过情，还多次提醒唐先生，如此哀伤过度将使母灵不安。其慈祥恺悌，见于面目，使唐先生感刻铭心。但是，细思佛教之教义与相应法事，唐先生还是感觉其中的一些矛盾无法解释，自己的内心情感也无法得到完全的安顿，特别是佛教的极乐世界和因果报应两种观念之间的内在矛盾。

依照佛教教义，佛教的超荐，目的是使死者升入西方极乐世界。佛教徒认为，西方极乐世界乃是"林池树鸟，皆衍法音"。唐先生母亲在世之时，也曾经给唐先生言及，所以唐先生对此也难以忘怀。唐先生自己的哲学信念也使他坚信，世界无量无边，因此，凡属可有，皆应有之。如此，如果母亲得然升入此极乐世界，长闻林池树鸟之法音，使母亲德慧日深，那当然是最大的安慰，自己也没有更多的期待。但是，依照佛教教义中的因果业报之说，人死之后，投生何界，乃随其造业。而依照净土宗之义，根本上是要凭仗佛

---
① 唐君毅.唐君毅全集：第八卷·哲思辑录与人物纪念[M].北京：九州出版社，2016：35.
② 唐君毅.唐君毅全集：第八卷·哲思辑录与人物纪念[M].北京：九州出版社，2016：35.
③ 唐君毅.唐君毅全集：第八卷·哲思辑录与人物纪念[M].北京：九州出版社，2016：35.

力才可能使人带业往生。如此，通过超荐让死者升入极乐世界，和死者将随其造业而投身于不同世界，或必须凭仗佛力才可带业往生，这两者之间就"不无出入"。唐先生反思道：

（1）如果说佛力无边，并总是以大悲为怀，那么，一切众生都应该同归净土。

（2）如果说必须通过生前持名念佛，或者经子孙超荐，才能往生于极乐世界，那么，那些"未于生前持名念佛者"或"未经佛教僧尼为之诵经超荐者"又将如何？

（3）佛教僧尼超荐功德的大小，往往系于僧尼自己道行的大小，如此，那些造业深重者，仍有可能得不到超度。由此，亡人是否真正升入西方极乐世界，并非必然可期。

（4）如果自己将超荐之事托付给佛教僧尼，那么，我自己之所以为母亲尽孝之事，又当如何？对此，佛教并没有明确的昭示。不知如何在亲人去世后继续尽孝，也就无法真正安顿自己的心灵。

（5）进一步，即使母亲果真最后升入了西方极乐世界，果真能够长闻林池树鸟所衍之法音，那么，母亲是否还能够听到唐先生兄弟姐妹回忆想念母亲的声音呢？是否还能够感受到唐先生兄弟姐妹祭奠母亲的真诚之心呢？如果不能，当然也没有什么埋怨。但是，这就意味着真正的"人天永隔"。

基于以上反思，唐先生对于佛教教义的"出入"之处，还不能满意，仅仅是佛教的超荐法事，还不足以完全安顿自己。因为，作为儒者，作为一个真实的性情中人，唐先生还期待，升入西方极乐世界的母亲在长闻法音之外，也能够"闻吾兄弟姊妹忆母之音而来享吾兄弟姊妹祭奠之诚"[①]。因此，唐先生强调，除僧尼所做的超荐之事外，自己还应该为母亲做一些应当做的事情，以实现人天幽明之际的感格。只有这样，才能真正安慰自己思念母亲的心、尽自己想念母亲的情。

进而，唐先生对于中华文化尤其是儒家"事死如事生"的祭祀之礼做了梳理与反省。

（三）对重继志述事的祭祀传统及其衰亡的反思

关于中华传统的生死安顿之教，唐先生做了一个基本概括：

---

① 唐君毅.唐君毅全集：第八卷·哲思辑录与人物纪念［M］.北京：九州出版社，2016：36.

先圣贤之教，尝谓养生不足以当大事，惟送死足以当大事，乃为此人之至痛，立三年之丧之制。大孝终身慕父母，而祭祀之事，无时或已，则七七亦不能限之。夫然而为人子者之肫肫恳恳之情，乃未尝一息不与若父若祖相离。此其为教，皆所以彰至情而尽至性。而儒者之教尤重生者之所当事于死者之处何在，故祭祖之外，尤重在以继志述事尽孝。①

这里涉及的一些基本观念和义理：

（1）对待生死之事上的基本观念和核心信念是"养生者不足以当大事，惟送死可以当大事"。

（2）生死安顿的基本要求和基本环节是尽"三年之丧"（丧尽礼）。

（3）生死感通最重要的要求和环节是"祭祀不已"（祭尽诚）。

（4）生死超越的最重要事情是让死者的性情生命与生者的性情生命真正感通，此即需要在祭祀之外"继志述事以尽孝"。

"继志述事"一语，最早见于《中庸》，其意是指武王周公的志业。于此，唐先生发思古之幽，"遥想三千载前"之事，以明亘古不变之理。当文王既丧，武王、周公的悲痛也肯定是无极的。武王在军中奉文王之木主，誓师牧野，以伐商纣之无道。当此之时，胜败未知，而武王、周公乃冒死难，以求承继文王之遗志、遗业。殷纣既亡，武王旋崩，管叔又殷叛，宗周之业于是又陷入风雨飘摇之中。唐先生谓，读周公《鸱鸮》②之诗，便可想见其室家之痛。而最后承文王、武王之业以定八百年成周天下者，是周公。对此，一些以不肖之心视人者，当然可以挑剔地说，武王乃是奉文王木主作为军中的号

---

① 唐君毅.唐君毅全集：第八卷·哲思辑录与人物纪念［M］.北京：九州出版社，2016：36.
② 《国风·豳风·鸱鸮》是中国古代第一部诗歌总集《诗经》中的一首诗。这是一篇用动物寓言故事以寄寓人生感慨或哲理的诗歌，诗中描写母鸟在鸱鸮抓去它的小鸟之后，为了防御外来的再次侵害，保护自己的小鸟，不怕辛劳。全诗四章，每章五句。通篇以母鸟的口吻，逼真地传达出既丧爱雏、复遭巢破的鸟禽之伤痛，塑造了一只虽经灾变仍不折不挠重建"家室"的可敬母鸟的形象。原文：鸱鸮鸱鸮，既取我子，无毁我室。恩斯勤斯，鬻子之闵斯。迨天之未阴雨，彻彼桑土，绸缪牖户。今女下民，或敢侮予？予手拮据，予所捋荼。予所蓄租，予口卒瘏，曰予未有室家。予羽谯谯，予尾翛翛，予室翘翘。风雨所漂摇，予维音哓哓！白话文：猫头鹰啊猫头鹰，你已抓走我的小鸟，不要再毁我的巢。辛辛苦苦来抚育，为了儿女我心焦。趁着天晴没下雨，赶快剥点桑根皮，把那门窗修补好。现在你们下面人，谁敢把我来欺扰。我手累得已拘挛，采来野草把窝垫。我还贮存过冬粮，嘴巴累得满是伤，窝儿还是不安全。我的羽毛像枯草，我的尾巴毛稀少。我的巢儿险又高，风雨之中晃又摇，吓得只能尖声叫！

令，周公以至成康之世，乐章中歌颂后稷以至太王、文王、武王之祖德时不无隐恶扬善而未必尽实之处。但是，唐先生看到的则是周室的孝友之道和孝子贤孙的用心。如果当时周室的人本无孝友之心，那么，即使奉文王木主于军中又有何用呢？而隐恶扬善，本就该是孝子慈孙应有之心。

进而，唐先生将这种孝友之道推广于中华文化本身的传承。周公既殁，孔子起而其梦魂常绕于周公之侧，乃教孝而教仁。孔子以无改于父之道教孝，孟子言孝以养志为先，而《中庸》有继志述事之语，后儒乃有《孝经》之书，以立身扬名，以显其亲，使文德光于天下为大孝。"此乃先圣先贤之教之血脉所贯，而要在使孝子慈孙，于悲痛之余，更有所事，以成先人之志，而于祭祀之际，告诸先人，以安先人之心。"[①]每个人都生活于道中，每个人都有自己的志向。因此，先人之事必皆有可述，先人之志必皆有可继，也都堪为子孙不已的祭祀。因此，唐先生强调，继往开来、光前裕后之业，也应该是人人所可有，而不仅仅是士大夫能以碑、诔、祭文、对联志其先人之德，才可以被视为继先人之德之事。

很显然，中华文化的先圣先贤，对于死生之际是有一整套依于人的至性至情而立的、高明广大的教义传承。但是，唐先生感叹，现在却为"不肖子孙"忽视忘却了！唐先生言：

> 当吾思至此，吾乃不能不痛吾华之文教日已衰亡。而衰亡之征之尤者，则在今人之以继志述事之言为慰后人之心者，多已不知其深义之所存，而极其性情之所往，以生诚信。[②]

在唐先生看来，近代中华文化衰亡的典型表现，即对鬼神和生死感通缺乏信仰。一方面，现代人大多不相信鬼神的真实存在。就此而言，唐先生认为，秦汉以降的儒者之言，以及近世所输入的西方自然主义之论的流行，难辞其咎。由于不相信鬼神的真实存在，丧礼便逐渐被视为虚设的文饰，所谓"继志述事"则被视为只是无可奈何中的自慰其心。长此以往，则更有甚者，

[①] 唐君毅. 唐君毅全集：第八卷·哲思辑录与人物纪念[M]. 北京：九州出版社，2016：37.
[②] 唐君毅. 唐君毅全集：第八卷·哲思辑录与人物纪念[M]. 北京：九州出版社，2016：37.

为文以叙先人之德，铺张丧葬，并非为了彰显亲人的生命性情，而是为了自显以扬己名。唐先生谓，此弊至清末民初而达到极致。到了后来的新文化运动，便直接"弃丧祭之礼如敝屣"了。另一方面，世俗所流传的"继志述事"的说法，"其高者亦不过意谓死者已矣更无复余，生者唯有体其遗志为己志，理其未竟之业而已。其低者则唯以此言使人心不复寄情于死生幽明之际，而还自沉溺于暂得之生事之中，于死者更无深情厚意之存"①。也就是说，"继志述事"成了现实中的人"苟安自逸"、故步自封于尘俗的托词和媒介。面对此情境，唐先生痛心不已，并严厉批评：此是中华文教衰亡的膏肓之疾，而接受此衰亡文教的现代中国人，对于死生之际，甚至远不如基督教、佛教郑重。

唐先生的心痛，是面对死生之际的至诚之心的表现；唐先生的批评，是面对衰亡的中国文教怒其不争的虔诚之心的表达。其批评，有其据，彰其理；其心痛，本其性，显其情。在痛心和批评的基础上，唐先生进一步以其性情体验和循理反思，充分说明鬼神存在的真实性，并以此彰显幽冥感通的真实存在，继而接续中华文教关于死生之际的真情实感。

五、升华：慎终追远的生死智慧

唐先生对中华文教生死智慧的继承与发扬，是从对鬼神世界的信仰开始的，进而反思常人不信鬼神的根本错误在于无视性情是超越躯体的存在，进而彰显儒家事亲如事天、事天如事亲之圆教的根本智慧，最后将一切众生及天地万物鬼神幽冥的感通植根于情志的扩充。

（一）鬼神世界的真实性及魔智的颠倒

唐先生指出，一方面，凡是真正为世立教的圣贤，莫不相信鬼神为实有的真实存在。孔子言"祭神如神在"。《礼记》谓，在祭祀之际，于死者当"如闻其声，如见其形""洋洋乎如在其上，如在其左右"。从这些言论及信念而言，绝不可以认为鬼神是不存在的。另一方面，纯朴敦厚的古代之民，以及现在满街的"愚夫愚妇"，也都未尝质疑于鬼神，而是相信鬼神的真实存在。

---

① 唐君毅.唐君毅全集：第八卷·哲思辑录与人物纪念［M］.北京：九州出版社，2016：38.

但是，伴随文明的发展，一方面，人的心志日益弥散于外物；另一方面，世俗的智者们又多奔逐于名想而封限于曲知小见。由此，对于世俗感官、理智所不及者，便皆视为虚而无实。尽管其中的曲知小见复杂万端，不可骤理，但是最根本的，"皆原于人情淡薄，失其纯朴与敦厚，故于其对死者之一念之诚，不能直下自觉，以深观其义之所涵。若有能观者，旋又支离而去，故得其义，旋复失之"①。也就是说，文明发展过程中，人心的向外趋驰，在人与人之间嵌入了对物的追逐，导致人情淡薄，原来可以直下自觉仁心的纯朴而敦厚的人情，逐步被世俗的感官和理智遮蔽。由此，仁心中对于死者的一念之诚，便不能直接当即呈现，也就不能真正体会到哀丧祭祀的真正义理。即使有人有时能够体会，但是也多半支离破碎，而无法身心合一，失去真义。

唐先生指出，实际上，如果我们回到人的本心本性，即仁心本身，我们对于死者的"一念之诚"是可以在当下升起的。因为这"一念之诚"，也就是"事死如生""事亡如存"之"诚"。这样一种"事死如生""事亡如存"之"念"，是我们每个人都可以顿然升起的，而在此可以顿然升起的"一念"之中，"死"实如"生"，而"亡"亦实如"存"。当此之时，"天地虽大，吾将充目而不视，充耳而不闻，唯此一念，耿耿中悬，念念相继，更无他想，则鬼神之为德即洋洋如在其上如在左右矣"②。在这一"念"中，我既无"我"，而只有"死者""亡者"，因此，也绝不容认为，此一"念"只不过是"我"的"私情"。

但是，世俗的"理智之见"，往往只看见，此一"念"未能自持而有所中断，于是便耿耿于此"一念未能自持而中断"的缝隙，并转而认为，此一"念"只是属于"我"的"私情"。于是，天地易位，疑难自起。"鬼神之为德"便也因此隐遁，而化为一心之虚影。在唐先生看来，在这样的"转念"中，或者说之所以发生这样的"转念"，根本上是由于我们自己未能顺乎性情之正以通生死幽明之际，而只是任凭我们平日沉沦世俗的习气胶固于心底，并因此而将此"一念上达之诚"下沉于世俗。此一项世俗的"下沉"，我们也就远离了原先"一念上达之诚"中所感通到的鬼神的真实，而只能是触摸到其所遗存于心的虚影。长此以往，反复浸淫，慢慢地我们也就真的认为，那"一念之诚"所真实感受感通到的亡灵鬼神的存在，原来本就只是死者所遗的虚影。

---

① 唐君毅.唐君毅全集：第八卷·哲思辑录与人物纪念[M].北京：九州出版社，2016：38.
② 唐君毅.唐君毅全集：第八卷·哲思辑录与人物纪念[M].北京：九州出版社，2016：38.

唐先生将这一颠倒"转念"而成的"理智之见"称为"魔智",并对此大为感叹:"颠倒生而魔智成,是所谓天地易位,而疑难自起,宛转相生,亦答不胜答。"①

面对这样"颠倒而生"的"魔智",唐先生认为,只有具有大圣大智之人,或者说只能凭借仁心本有的"大圣大智",才能够"一刀斩断万藤,还此一念之诚,如其所如以悟其中所涵之义,乃得顺其性情之正,以流行上达,而通此死生幽明之际,乃更为世间立教"②。而此立教的根本,在唐先生看来,不是要在理智逻辑上进行充分的辩说论证,而全赖于以礼乐的形式直接呈现展示。而对于世间普通之人,可以通过学习此中的礼乐,化其沉沦世俗的习性,并由此而自然顺其性情之正,并不被"魔智"所迷惑。

但唐先生对于这一理想的实现还是多少有些悲观。因为中西文化精神的不同,实现这一礼乐生活理想的路径和方式也不同。"若在他土,则唯民情淳朴之古代有一大智如摩西、耶稣、释迦者出,以其一念之诚之相续,为死生幽明之际,辟大王路,而万民乃皆得缘之而行。""然在中国,则恒赖圣人在位,而后礼乐之行事可兴。"③而唐先生自谓,自己"寡慧薄德",而又"生兹末世",也"无先圣先贤之礼乐可循",因此,便只能"徒坐见中华文教之衰亡,与华夏子孙之日锢蔽自封于尘俗而斫丧其性情之正,而唯有痛心而已"④。当然,唐先生自言"寡慧薄德"实乃谦虚之辞。恰恰是因为唐先生的智慧和德行,对中华文化精神的深刻洞见和对中华礼乐文明的复兴期盼,既适应了中华民族伟大复兴的中国梦,又激励着后学砥砺前行,不自欺于"魔智"而顺乎本然。即便唐先生自己未能亲见此时代的到来,但他的"痛心"已经彰显出他的大智大慧、大慈大悲。因为他对于中华文化"花果飘零"境遇的领会与领受,及其对于中华文化复兴"灵根自植"的决心与勇气,彰显了他作为儒者的担当,承接上了孔孟的生命性情,而成为一代大儒、真儒。

(二)世俗之见无视性情超越躯体的存在

既然世俗的理智之见"颠倒""转念"了人面对死者真实的"一念上达之

---

① 唐君毅.唐君毅全集:第八卷·哲思辑录与人物纪念[M].北京:九州出版社,2016:39.
② 唐君毅.唐君毅全集:第八卷·哲思辑录与人物纪念[M].北京:九州出版社,2016:39.
③ 唐君毅.唐君毅全集:第八卷·哲思辑录与人物纪念[M].北京:九州出版社,2016:39.
④ 唐君毅.唐君毅全集:第八卷·哲思辑录与人物纪念[M].北京:九州出版社,2016:39.

诚"而形成"魔智",并因此而导致中华文化于死生之际根本信仰的衰落与缺失,那么,世俗之见的根本问题到底在哪儿呢?只有明白谬见之根源之所在,我们才有重启正见之可能。

唐先生认为,世俗之见的通病在于,"凡事皆由躯壳起见,不知凡发自人之性情之正者,无不有超躯壳起见者存焉"①。也就是说,人们习惯于从直观所见的身体躯壳出发来思考问题,而不明白,人的真实性情有超越身体躯壳的能力,因此也就不习惯于从性情本身的超越性来思考问题。

其实,只要我们稍用心去发现,就可以明白,不只是那些安邦定国、移风易俗的圣贤豪杰,忠于真理的学者,沉酣于艺事的诗人、画家有这样的超越身体躯壳的真实性情存在,即使是在家家户户的父子夫妇兄弟亲情关系之中,在人与人于疾病伤痛的相互扶持之中,在现实的丧葬吊唁之中,在人与人之间片言只字的相互存问、相互关切之中,都可以清楚明白地看到,源自人自己能自拔于其身躯之外而昭露的真实性情。既然人在活着的时候,这一性情真实地流行于其身体躯壳之外,那么,当人死之时,我们便说,只剩下其身体躯壳,而别无真实性情可以脱离身体躯壳而存在,即毫无道理。

唐先生强调,有人认为我们的心志与性情皆局限于我们的身体躯壳之中,并与之共存亡,此实属妄见;还有人认为我们活着的人的心志与性情不局限于此身,而能够超越此身以弥纶于世界,但是,死者的心志与性情亦如其遗体,无知而不存,乃是不甘心以妄见视自己,却以妄见视死者,此是更加错误的妄见,是"妄见之尤者"。

既知妄见,我们便该去妄求真、舍妄存真。当我们舍妄而存真时,我们就可以在哀念死者的"一念之诚"中,一方面自知此"念"乃是由明以澈幽,而溢乎躯壳形骸之我;另一方面,也当念及死者生前心志与性情的表现,虽逝而未尝不存,而是随着我的哀念而由幽而还入于明。既相信死者生前的心志与性情仍然存在,同时又求之于上天下地皆不可得,这便导致哀悼之情终不可已。但是,也恰恰是因为此哀之不已,幽明之相澈乃无已。因为哀悼之念之诚,即幽明相澈的感通。唐先生谓,"此君子之丧,所以有终身之痛,而死葬之礼之外,必有祭之之礼与人道共终始,将不与君子之亲之灵之升天升

---

① 唐君毅.唐君毅全集:第八卷·哲思辑录与人物纪念[M].北京:九州出版社,2016:39.

西而息者也"①。

在唐先生看来，对死者心志性情真实存在，亦即鬼神世界实有的信仰，不仅是对哀念死者的"一念之诚"的真实顺性，也是"吾华圣教之精义入神之所在"，是中华传统祭祀之礼存在的理由。"吾华圣教，郑重于丧祭之事，而丧祭之事亦初不限于所亲。孔子之死，弟子心丧三年，子贡庐墓者三年。圣贤、忠烈、乡贤、贞节，皆有其庙宇，而祭祀以时，以通幽明之际，以安鬼神之心，而厚民德，此实大不同于夷俗。"②

尽管丧祭之事不限于亲人，但是儒家特别注重亲人的丧祭之情与丧祭之礼。此"特重"所包含的义理，即极平常而又至深远。因为，一个人即使自私至极，也没有不爱其子女的；而人能爱其子女，就已经证明，其心志性情并非为其一己之身体躯壳所能限制。以子女角度看父母，则父母生我、鞠我、拊我、畜我、长我、育我、顾我、覆我，其恩皆如昊天罔极。当然，此"罔极"，乃就子女的内在感受而言，而不是从外在的比较而言。如果从外在比较而言，故可以说父母不如天地之大，也不如上帝之尊。但是，人之所以有这样的比较言论，是我们的心念先自冒出于父母之外，才可能有这样的比较视域。这样的比较视域和观念，唐先生强调，绝非孝子的存心，而正是人道之所以废忘的缘由。唐先生谓："夫孝子之存心，乃自处于父母顾育鞠覆之下，而感顾育鞠覆之恩之恒先及于我，而我方继知有以报之。以继追先，终不能及，而父母之恩乃皆为无穷，而同于昊天之罔极。此中不容人之心念，冒出于父母之外以自外比观。既冒出而比观，亦还当知此比观之不当有，而自敛其心。"③换言之，人人皆有超越一己之躯的内在心志与性情，孝子之心不应该从外在视野比较，而应该就内在心性去看父母的性情和自己的孝思。

（三）儒家事亲如事天、事天如事亲之圆教

正因为父母之恩如昊天罔极，所以儒家《孔子家语·哀公问》强调，"仁人不过乎物，孝子不过乎物。是故，仁人之事亲也如事天，事天如事亲，是故孝子成身"。

---

① 唐君毅.唐君毅全集：第八卷·哲思辑录与人物纪念[M].北京：九州出版社，2016：40.
② 唐君毅.唐君毅全集：第八卷·哲思辑录与人物纪念[M].北京：九州出版社，2016：40.
③ 唐君毅.唐君毅全集：第八卷·哲思辑录与人物纪念[M].北京：九州出版社，2016：40.

唐先生强调，孔子所言仁人"事亲如事天"，是不同于西方基督教文化只强调"事天如事亲"或者以"事天"冒于"事亲"之上的文化精神的。基督教所言"事天如事亲"，是称"天"为"父"，也恰恰是因为人原本有"事亲"之诚，将此"诚"转移到被视为"父"的"天"（神）上。由于其直接将"事亲"之诚转移到"事天"，视"天"（神）为"亲"（父），也就由此而废黜了其"事亲"之情本身所具有的真切性。唐先生谓此乃是"自掘其根本"。由于"事亲"这一根本不再成为根本，"事天如事亲"也就成了一句空话。所谓"事天"，就与"事亲"没有了任何关系，而只是"事天者"个人的求福，期望个人的升天。

但是，儒家绝不是将"事亲"与"事天"割裂，并相互替代。"唯中华先圣之教，既言事天如事亲，而又言事亲如事天。极其事亲如事天之心，而父母之恩乃与天共无极，更不于此分别大小。"[1] 正因为父母之恩"与天共无极"，所以王船山先生谓，乾坤大，而父母亦不小。由此，孝子亲其亲，其德也就与天齐。在儒家的理解中，父母与天地同样构成我之所以为我的缘由，不仅赋予我生命，还赋予我心灵发展的全部可能性，所以孝敬父母就不仅仅是一种对父母养育之恩的情感回报，而是继天地之善，感乾坤之德，是生存意义的永恒根源，是自我人格完善的根本。

推而论之，唐先生认为，孔子的弟子视孔子，亦是德与天齐。普通大众对于其所敬仰的圣贤忠烈乡贤贞节，在人一念思其鬼神为德"洋洋乎如在其上如在其左右"之时，其德也都无不与天齐。"唯皆思其德与天齐，而不见有大小，方见人之性情之忠厚之至。"[2]

当然，说孝子"事亲如事天"，视亲恩如昊天之罔极，以此性情在祭祀之时致其诚敬，并不是说一定要孝子终身匍匐灵前，才足以澈幽明之际。如此，此"事亲"之"诚"即成为形式化的存在了。实际上，对儒家来说，唐先生强调，人要报罔极之亲恩，根本在于"养志"，此所谓儒家之"孝亲"的根本在于"继志述事"。

---

[1] 唐君毅. 唐君毅全集：第八卷·哲思辑录与人物纪念［M］. 北京：九州出版社，2016：40-41.
[2] 唐君毅. 唐君毅全集：第八卷·哲思辑录与人物纪念［M］. 北京：九州出版社，2016：41.

六、觉悟：生死感通的至情至理

尽管父母之恩如昊天罔极，但是，人如果要从知性上去了解和穷知这个"无极"的"昊天"世界，是不可能的。这种不可能又会带来人当下的困惑。唐先生以自己在母亲去世后的经验，来说明人面对此情此景可能有的困惑及其超越之道。

唐先生回忆，因为自己常年居住在香港，而母亲随弟妹居住于内地，所以，在母亲健在的时日，自己不仅对母亲，而且对弟弟妹妹也是常常念及，但是，对于弟弟妹妹的子女们很少念及。自母亲去世后，想到母亲疼爱自己子孙之心情，便立即念及自己弟弟妹妹的子女，因其也都是自己母亲的骨血。由此，自己对于弟弟妹妹也更增骨肉之情，并常常自念：如果自己能够以余生对于弟弟妹妹及其子女多有所裨益，便也可以弥补自己未能与母亲、弟弟妹妹及其子女们有更多的共同生活的终身之痛，并可以告慰母亲的在天之灵。

不过，唐先生进一步反思：难道自己对母亲的"继志述事"之孝就仅仅是如此而已吗？唐先生妹妹曾经写信告诉唐先生，母亲病危的那天早晨，忽然说，已经去世的侄女（唐先生的表姐）与自己相见。于此，唐先生想到，母亲在世时，固然会想到自己的子女亦即唐先生的兄弟姐妹，但是也必然会想到自己的其他亲人，如唐先生的父亲、外祖父母与诸舅姑表侄等。现在母亲去世，所有这些已经逝世的亲人应该在幽冥世界相遇了。这般相遇，其情何若，唐先生即使穷极自己的全部思虑，也无法企及。念及此幽冥世界终无路可通，唐先生惶惑不已，不禁悲痛而泣。

不过，唐先生又思及，以自己之不肖尚能念及自己的父母，那么，如果母亲有灵，也必然当念及她的父母、父母之父母等，在这样一种代代先灵次第相追念，而又重新在幽冥世界的相遇，其情状如何，也不是生活于当下世界的唐先生可以认知和了解的。进而，"因思彼幽冥之世界中，有吾母之所亲焉，有吾父之所亲焉，而其所亲又各有其所亲，则全人类之幽灵之相追念而重相遇，当如交光之互映，若有界别而实无限别。而此交光互映若有界别而无界别之情状，果为何若，更非吾之所知"。唐先生思及此，"顿感此幽冥绵邈，吾心更将迷途失所"①。

---

① 唐君毅.唐君毅全集：第八卷·哲思辑录与人物纪念［M］.北京：九州出版社，2016：41.

尽管面对幽冥世界的"无知",让唐先生困惑痛哭,甚至感到"迷途失所",但是唐先生意识到,自己仍有一"念"不泯。此不泯的"一念",让唐先生顿悟:"此幽冥绵邈,亦原如此所见之广宇悠宙之绵邈,原非所能尽知。"[①]穷知幽冥世界,本就是不可能的!不仅穷知幽冥世界不可能,即使现实生活世界也不可能穷知。就比如,在经验的生活世界,我知道我的家人、朋友、学生心中是有我的,但是他们各自心中的"我"到底是什么样子,是我不可能完全知道的,甚至有可能根本不知道。由此可见,即使是眼前人相遇相知的情状,都未尝不是茫茫昧昧,更何况幽冥世界,更是人的知性所不能穷极的。

但是,唐先生强调,不能尽知,并不妨碍我们相信幽冥世界的相遇与感通,也不妨碍我们应该有对于逝去的亲人的继志之事。这就犹如经验世界中的事情一样,虽然眼前人相遇相知的情状不是我所能穷极的,但是我仍然能够相信,确确实实有相遇相知这件事情的存在。因此,我们虽然不能在认知上穷极那绵邈的幽冥世界,但并不妨碍我完全相信在幽冥世界中有相追而重又相遇的事情存在,也完全不妨碍我应继各位逝去亲人的遗志。

尽管对幽冥世界的"无知"并不妨碍我们坚信应该"继志述事",但是,唐先生认为,对于"继志"这件事本身,在"理"上又有新的纠葛与惶惑,甚至是"大惶惑"。因为,我到底该如何承继有人类以来自己无数先灵之志?这并非当下之我所知道的。进一步,不仅是人类有其未遂之志,即使人类之外的众生,实际上也都有其未遂之志。而这些"未遂"之"志",可谓千差万别,不可详尽,甚至是不可思议的。如此,当下之我将如何全部承继?

这样的反思和追问,好像让"继志"成了一个抽象的形而上学问题。但是,实际上这种追问是在解决一个非常现实的实际问题。诚如唐先生自我追问的:如果我不知道如何承继全部在天之灵的未遂之志,并因此而不去完成这继志之事,那么,我又如何能单独完成对自己母亲的"继志"之事呢?也就是说,"继所有先灵之志"这个一般问题实际上隐含着"继自己母亲之志"这个特殊问题的答案。因为:

---

① 唐君毅. 唐君毅全集:第八卷・哲思辑录与人物纪念[M]. 北京:九州出版社,2016:42.

吾母之志之所在即吾母之心之所在，而吾母之心中，固有吾之外祖父母在，则吾母之志中，亦有继外祖父母之志在。是则依理而推，人之志必相涵摄，而重重无尽。而吾亦终不能自安于只求独继吾母之志也。循理而思，吾既不能独继吾母之志，而吾又不知将如何得遍继彼无数之人类众生未遂之种种差别志。吾乃动大惶惑。吾以藐尔七尺之躯，寄形于百年之内，即吾一人之抱负，尚非吾之一生之力所能自达，遑言继彼无数之人类众生之志乎？①

不过，惶惑归惶惑，行动归行动。认知上的惶惑，并不能阻碍具有大智大慧、大慈大悲的唐先生化解认知惶惑的情志。在唐先生为母亲居丧期间，一方面体会到自己的真情实感，另一方面也体会到了亲人朋友甚至普通大众哀悼自己母亲的真情实感。情理相通、情理相融，是唐先生生命哲学的根本特征。人间既有至情，亦当有至理。于是，在悲痛之余，唐先生便总是要去追寻这应当存在的"至理"，"栖神玄远，遐思所及，恒不极不返"。对于前面所呈现出来的这些疑惑，唐先生是"思之而重思之"。

经过不断玄思、沉思、反思，唐先生"终乃重证昔年所思一切人类众生，皆唯有一真志，此实人同此心众生同此理。此真志，皆是以己之生成他之生，故充此真志之量，则必由亲及疏，由近及远，至于摄天地万物于一己之生，以相润泽感通而后已"②。也就是说，唐先生在母亲去世后，通过体验人间至情，追思到的关于幽冥世界与现实世界亦即生死之际的"至理"，实际上是重新印证了自己早年思考和坚信的基本哲学信念，那就是，世间一切甚至死生之际，普遍存在基于每个人内在仁心亦即真实性情生命的，由近及远、由亲及疏的生命感通，一切众生及天地万物鬼神幽冥的感通，根于每个人真志（情志）的扩充。正因为有这种普遍的生命性情的感通，所以，儒家圣人以天地万物为一体，佛菩萨则摄有情为自体，而基督教上帝也以遍爱万物为心。本质上，一切人与众生内在的真志，莫不同然。因此，圣人与我同类，心、佛、众生三无差别，而上帝之德也都是人与众生遂其真志时所同具，而无所谓虚悬于上的上帝存在。

---

① 唐君毅.唐君毅全集：第八卷·哲思辑录与人物纪念[M].北京：九州出版社，2016：42.
② 唐君毅.唐君毅全集：第八卷·哲思辑录与人物纪念[M].北京：九州出版社，2016：42.

有了这样一种"重新印证"的彻悟，唐先生也就理解了"继母亲之志"与"继亲人之志""继圣贤之志"，甚至"继人类之志""继众生之志"之间的关系，突破了自己关于幽冥世界以及"继志"之事在认知上的"大惶惑"。因为"继众生之志"也就是在"继圣贤之志"，亦即"继亲人之志"，亦即自我真志。因为，"吾因澈悟吾今果欲继人类众生之志，唯赖于吾之能继彼圣贤佛祖与上帝之志，亦唯赖于吾之自呈吾之此真志。此真志亦吾母之真志，一切吾之若祖若宗之灵之真志。唯此真志为无量差别之人类众生与千圣，其心无二无别之所在。此真志之在我，若属我之一人，而其所涵摄者，则实周遍法界通贯宇宙而无遗。此真志一朝全副披露，其光明亦必遍照，亦必极彼幽冥之绵邈，而无远弗届。"①

因此，回到现实的生活世界，"继志"之事，便必然转换为个人发心成圣成佛之事。只有自己发心成圣成佛，真志才能全副披露，也才能真正继亲人之真志。"非待吾人之发心作圣作佛，而成圣成佛，此真志亦终不能全副披露，而以道济天下，利乐有情于无强之未来世也。"②唐先生认为，此乃自己所追寻的人间"至情"背后"至理"之必然归宿。唐先生同时坚信，只要人充其性情之量，也将必然奔赴"成圣成佛"之大道。

以这样的彻悟和信心，唐先生再反思自己先前的"惶惑"，便觉得实在是自己一时情志受阻的顿挫。"吾所惶愧者，唯是自顾卑污凡俗罪孽深重，望千里之迢迢，将万劫而不达。而今而后，唯有忏悔平生，自求补过，并祈彼千圣之灵，启我真志，亦使我堪继吾母之真志，而报吾母罔极之深恩。"③认知上无解的惶惑，真实的答案就在自己的真切情志上。回到自己的真切情志，也就在继亲人之志、圣贤之志甚至宇宙众生之志。

---

① 唐君毅.唐君毅全集：第八卷·哲思辑录与人物纪念[M].北京：九州出版社，2016：43.
② 唐君毅.唐君毅全集：第八卷·哲思辑录与人物纪念[M].北京：九州出版社，2016：43.
③ 唐君毅.唐君毅全集：第八卷·哲思辑录与人物纪念[M].北京：九州出版社，2016：43.

第二章　身心疾病与苦痛超越

——《病里乾坤》的生死学解读

1966年3月25日，唐先生在参加完一个会议后，突然感觉左眼视物不明，看东西也变形了。于是到医生处做检查。4月1日，经医生诊断为左眼视网膜脱落。这次罹患眼疾是唐先生中年所经历的一次具有根本性的生死体验，唐先生也将这种体验转化为他的哲学思想和生死智慧。

一、眼疾病痛与《病里乾坤》

由于唐先生的视网膜脱落症非常严重，医生建议马上治疗，在香港或者到美国，以赴美为好。到4月10日，唐先生眼疾加重，所要撰写的应邀赴美国参加学术会议的论文，不得不自己口述，由女儿安仁代为打字。4月13日，唐先生赴美国，应哥伦比亚大学之邀，做访问教授，兼治眼疾，并与夫人同行。①

4月15日，到哥伦比亚大学附属医院就诊，医生 Star 谓，唐先生病情非常严重，视网膜脱落的时间太久，治愈的可能性极小，完全治愈没有把握，但是，动手术是最好的治疗方式，否则更坏。唐先生于是留住医院，并决定动手术治疗。4月20日动手术。经过医生的专业治疗和夫人的悉心照顾，唐先生眼疾手术恢复良好。只是医生嘱咐，还要做激光治疗，并嘱咐不可多看书，头也不宜长时间低下。5月1日出院。

关于此次美国行及治疗眼疾，唐先生夫人在代笔的日记中写道："这次毅

---

① 唐君毅.唐君毅全集：第三十三卷·日记（下）[M].北京：九州出版社，2016：66-67.

兄来美开会兼治眼疾，这个会议是明代学术会议，毅兄讲的题目是王阳明的思想，沿途照顾我们的有陈永明、杜维明，如今又见到冬明，五明相聚，我觉是象征毅兄的目疾必可重复光明。"① 在美国期间，唐先生自己与人谈及眼疾时，未尝有一点忧虑之色，并曾戏言："吾之左眼 left eye 虽已 left，而右眼 right eye 固 all right，此又何伤于论学云云。"② 6月底，唐先生经夏威夷到日本，与几位日本学者谈中国文化。7月9日，经台湾返回香港。

但是，到年末时，唐先生的眼疾加重。12月8日，因为眼疾加重，香港的医疗设备又不足，而且又随时遭遇人事之繁，唐先生决定向大学请假赴日本医治兼休养。当日，唐先生与夫人即赴日本京都医院治疗，由眼科主任浅山亮二教授及锦织医师诊治。在检查后，医生告知，唐先生的视网膜再度脱落，情形非常严重，虽然可以再动手术，但是，视力恢复多少不能预断。医生同时指出，美国医生的治疗效果是很好的，可能是手术后没有得到充分的保养，休息不够，导致视网膜再度脱落。夫人谢廷光在代笔的日记中反省道："本来治病之事只有尽人事听天命，但上次治疗实未尽人事，为学校行政，学生课业，为会议准备论文，校对文稿种种工作，而耽误了治病时间。毅兄虽毫无怨言，廷光实于心有愧。"③

从1966年12月8日开始，唐先生在日本京都医院住院治疗眼疾3月有余，1967年4月2日出院后，唐先生又在京都休养4月有余，一直到8月16日返回香港，前后共住京都8个月之久。8月17日，回到香港次日，晨起，唐先生对自己20年来的思想学术做了反省，首次提出了自己"立三极""开三界""存三祭"的思想框架："二十年来所论以告世者，可以立三极（太极、人极、皇极），开三界（人格世界、人伦世界、人文世界），存三祭（祭天地、祭祖宗、祭圣贤）尽之。人格世界开于人各修己而内圣之道成，太极见于人极。人伦世界开于人之待人而内圣之道见于人，人极始形为皇极。人文世界开于人之待天地万物，而皇极大成，无非太极。祭天地而一人之心遥契于太极，所以直成一人之人格，祭祖宗而后世之情通，所以直树人伦之本，祭圣贤而人格之至者得为法于后世，而人文化成于天下。立三极依于智，开三界依于仁，

---
① 唐君毅. 唐君毅全集：第三十三卷·日记（下）[M]. 北京：九州出版社，2016：75.
② 唐君毅. 唐君毅全集：第七卷·病里乾坤[M]. 北京：九州出版社，2016：4.
③ 唐君毅. 唐君毅全集：第三十三卷·日记（下）[M]. 北京：九州出版社，2016：86.

存三祭依于敬。"①

唐先生在日本治疗期间，正好是中国农历新年，不少同学来日本向唐先生拜年，陪伴唐先生。唐先生对日本文化有深厚的感情，是能了解日本人生命情调的人。这种从东方文化内部发出的感情，使他既能欣赏又能批判日本文化。对于与日本人和西方人交往的感受，唐先生有明显的区别，他曾经对学生谭汝谦说："此二十年中，我前后因种种因缘去了日本六七次，但合起来，只住了一年。我之日本语文，既不行，对日本之学术文化，亦全说不上了解。但在与日本人之接触中，我却直感日本人之灵魂与中国人之灵魂与生命情调，确有若干同为东方人，而异于西方人之处。就语言文字的运用说，我亦尝勉强用英文写一些论述与西方人交谈，而与西方之大学与学术界有更多的接触。但我与西方人间，一般说却恒只能有抽象概念的相互了解，而不易有生命情调上与灵魂上的共感。对日本人，则我不能以日文与之交谈，却容易有较多之共感。然而我亦同时直觉中国人与日本人之灵魂与生命情调之表现于其日常生活者之不同。"②并言退休之后要实现两个心愿：第一，要创办一所小学，因为他感到一生从事的大学教育事业并不太成功，需要从头做起；第二，打算到京都长住一段时期，因为京都有看不完的古典美，有享用不尽的舒适。③

唐先生的眼疾并没有完全治愈。1968年60岁时，唐先生左眼视力能够辨明手指，能够认识眼前人的面目。1969年6月赴美国夏威夷参加第五次东西哲学家会议后，于7月28日再赴日本检查眼疾。1970年受邀赴意大利参加17世纪中国思想会议，8月8日，唐先生与夫人同行，先赴日本，到浅山亮二眼医处检查眼疾。大致说来，唐先生自58岁（1966年）患眼疾后，经多次治疗，并未完全治愈。因此，在这之后的岁月里，唐先生平时办事、开会、读书、著述，实际上都只有右眼可用。就凭这一只眼，唐先生在其后10年的著述岁月里，竟然撰写了几百万文字，特别是出版了代表唐先生学术与思想水平的六大卷的《中国哲学原论》和两卷本的《生命存在与心灵境界》。作为当代儒家代表人物，唐先生将儒家所说的"天行健，君子以自强不息"的精神体现

---

① 唐君毅.唐君毅全集：第三十三卷·日记（下）[M].北京：九州出版社，2016：104.
② 唐君毅.唐君毅全集：第三十七卷·纪念集（上）[M].北京：九州出版社，2016：334-335.
③ 唐君毅.唐君毅全集：第三十七卷·纪念集（上）[M].北京：九州出版社，2016：336.

到了极致。

唐先生在京都休养期间，写成《病里乾坤》一文，该文是唐先生在病榻上深刻反省自己的生命、病痛而断断续续写下的长文。1976年，唐先生为支持《鹅湖》杂志的创立，特别交给该杂志发表，连载于《鹅湖》第11至17期上，对于提升《鹅湖》的声誉产生了重要影响。

《病里乾坤》全文十三节，4万多字。包括一、生世；二、目疾；三、超越心情与傲慢之根；四、如理作意与天命；五、忧患与死生之道；六、理与事；七、习气与病；八、痛苦与神佛；九、当与不当之辨；十、觉与无觉；十一、尽生死之道与超生死；十二、痛苦之究极的价值意义；十三、痛苦与大悲心、崇敬心及感慨祈愿心。《病里乾坤》的内容，多涉及其对自己生命的切己性反思，对生命中一些重大问题如生、疾病、傲慢、痛苦、习气、死亡等的体验式洞察，可谓直接现实的生命教育课本。

曾昭旭教授将《病里乾坤》看作《人生之体验续编》的再续编，认为是唯唐先生能写出的文字般若，是一切以求道自命的人当深心体味的生命抚慰剂。他在该文结集成书的序言上说：

> 在此之前，唐老师关于生命负面的恳切反省与体验之作，原有《人生之体验续篇》一书。那是整个民族生命发生大病痛的机缘下，引发唐先生对生命负面的深沉体验与悲悯而写成的。牟宗三先生曾赞叹此作为"滴滴在心头，而愧弗能道"。的确，这可以说是唯唐先生为能道的文字般若；对一切发心立志去求道行道，却因而历尝行道途中的艰险苦痛之人，是最为精警的提撕与最深切的抚慰。而《病里乾坤》由唐老师个人病痛的机缘而引发，则直可视之为《人生之体验续编》的再续编，同样值得一切以求道自命的人去沉心体味。[1]

林安梧教授则对比弗兰克尔的意义治疗学，认为《病里乾坤》开启了现代意义上的儒学意义治疗学。"《人生之体验续编》一书重视的是经由生命负面的省察，通过一种体验的方式来省察陷溺的生命，必逐步超升转化，得到

---

[1] 唐君毅.唐君毅全集：第七卷·病里乾坤［M］.北京：九州出版社，2016：2.

完整的治疗",而"《病里乾坤》的实存式的体验,更涉及于生死学的理解,更委婉曲折地将治疗学的思维,表露出来"。因而,"《病里乾坤》一文最富有生命的实存感,是面对生命之真实病痛,并思及于生死之问题,而开启的根源性反省"。林安梧认为,唐先生于《病里乾坤》中所示现的治疗学思维,较诸《人生之体验续编》更具有实存性,更重视生命负面之限制,虽然同为"体验的诠释",并由此诠释而开启其意义治疗,但总的来说,《病里乾坤》更重视内在实存性,更重视存在的回归,更由此生命实存之限制,而开启一"绝望"的承担精神,这精神可以说是一"立命"的精神。林安梧说:

> 立命的精神、面对绝望的精神,这对于儒学的意义治疗学而言,应是一个重要的发展。儒学虽然本来就含有这个向度,只是它的发展一直以正面的、积极的向度为主,面对绝望的向度,相形之下,是受到忽视的。[1]

郑志明教授则从儒学医疗角度切入分析了《病里乾坤》独特的治疗学意义。

> 唐君毅的治疗学思维,是延续了儒学医疗体系而来,充分展现了疾病与生死的儒学观念与医疗方法。《病里乾坤》是从疾病的医疗现象入手,体会到疾病的化除,不单是生理医疗,而是偏重于心理医疗,甚至是心灵医疗,对于疾病所带来的病痛,不是外在医药就能完全对治,涉及内在文化性的精神关怀与身心实践。[2]

若从形式上看,在唐君毅上千万言的著述中,区区4万言的《病里乾坤》只能算一个很小的文本。但是,若从文本的生成性来看,《病里乾坤》是唐先生在眼疾中面临生死界限而"无所事事"所全身心体味出的纯粹生命文本;从文本的价值性来看,《病里乾坤》的体验式叙述方式、对儒学治疗学思想的

---

[1] 林安梧.再论"儒家型的意义治疗学":以唐君毅先生的《病里乾坤》为例[J].鹅湖,2002(10):9.
[2] 郑志明.从唐君毅的《病里乾坤》谈儒学医疗[M]//何仁富.唐学论衡:唐君毅先生的生命与学问(上).北京:中国文史出版社,2005:421.

发展、对生命的切己性察思、对儒学生命教育意义的拓展，都表明它是整个现代新儒家甚至是儒学史上的一个经典大文本。

二、伤痛、病苦与生命觉悟

（一）早慧人生的烦忧

大体说来，人们在遭遇到现实的困厄之时，不管是身体上的伤痛抑或现实生命中的病苦，都能够停下现实生活的脚步而回到自己的生命本身。此时，心的自觉运转，往往会让人对自己过往的生活、生命做一些反思，并以此促进生命的觉悟。唐先生《病里乾坤》的第一小节即"生世"，可以视为唐先生一个简单的生平自述。其实，整个《病里乾坤》就是唐先生在罹患眼疾的情况下回顾一生、默思体证的记录，尽管不是一般意义上的"自传"，但其内容更能体现唐先生特有的生命自我呈现。

唐先生述说自己的"生世"并非一般的平铺直叙。作为"默思体证"的生平依据，唐先生开篇即亮出了自己少年时即有的生命感受，而此种感受特别与自己少年时所崇敬羡慕的诗人吴芳吉的感受十分契合，进而将吴芳吉的一生遭遇、行踪及志业做了描述，并以此为参照把自己的一生与吴芳吉的一生做比较，将自己所怀抱的性情理想与吴芳吉诗歌中所展现的性情理想互相对照，借此将自己的生平志业衬托出来。

> 吾少年尝慕白屋诗人吴芳吉先生之诗曰："呜呼！人生如朝露，百年行乐奚足数；安得读尽古今书，行尽天下路，受尽人间苦，使我猛觉悟！"[1]

在这里，唐先生从自己少年的生命体悟开始说自己的"生世"，别有深意。唐先生属于典型的"早慧"型思想家，有一颗非常敏感的心，而少年时期恰恰是其生命意识觉醒的开始。1921年，13岁的唐先生考入重庆联中读书，父亲唐迪风任国文老师，以孔子、孟子、老子、庄子的文章作为教材。第二年，由蒙文通先生教授国文，以宋明儒学为教材。此时的唐先生，在阅读、

---

[1] 唐君毅.唐君毅全集：第七卷·病里乾坤［M］.北京：九州出版社，2016：1.

听课的过程中，经常被先贤的生命与思想所感动。14岁时，父亲迪风公选孙夏峰的《理学宗传》一书供唐先生自学。一日，读到陆象山于10余岁时，即悟"宇宙即吾心"之理，唐先生突然产生一种莫名的悱恻之感，不能自已。父亲迪风公曾经为唐先生朗诵孟子去齐一段，先生也深为感动，以至于哭泣。15岁时，唐先生开始立志向学，确立效法圣贤的志向。"吾年十四五时，即已有为学以希贤希圣之志。"①在此年生日，遥念先圣之德，更念及自己对华夏文化的重光之责，当有以自任，遂含泪赋二诗述志："孔子十五志于学，吾今忽忽已相埒。孔子七十道中庸，吾又何能自菲薄？孔子虽生知，我今良知又何缺？圣贤可学在人为，管他天赋优还劣？""泰山何崔巍，长江何浩荡！郁郁中华民，文化多光芒。非我其谁来，一揭此宝藏。"②

这样一位生性敏感而又立志希圣希贤的少年，当时所感悟的人生，尽管更多还只是"想象性"的而不是"经验性"的，但因为其希圣希贤的"怀抱"和对现实人生的"敏感"结合在一起，生命性情中的涟漪就十分特别，就有一份超越了其年龄的对人生的感慨。唐先生被吴芳吉的诗歌内容吸引，以至于几十年后印象还如此深刻，确乎与当时自己的生命感受密切相关。

（二）白屋诗人的人生觉悟

唐先生所引吴芳吉先生的这几句诗，是吴芳吉20岁所写的《弱岁诗十二篇》的第十一篇《红颜黄土行》中的几句。作者自注此诗是"明志也"，通过对中华民族历代圣贤和大事件的回顾而反省当下的时代并确立自己家国情怀的志向。在诗的最后，吴先生发出了这样的感叹："痛莫痛于亡国，哀莫哀于丧师！呜呼我国如睡狮，何当睡醒一振之！呜呼人生如朝露，百年行乐奚足数！安得读尽古今书，行尽天下路，受尽人间苦，使我猛觉悟！我生不能立大节，虽死何足塞其责。死而为鬼，啾啾其悔。鬼而能语，信爱红颜勿黄土。"③唐先生引用这几句诗，关注的重点不是全诗的"明志"，而是如何获得人生觉悟。

"人生如朝露"，尽管出于吴芳吉的诗，但源头深远，典故出于《汉

---

① 唐君毅.唐君毅全集：第七卷·病里乾坤［M］.北京：九州出版社，2016：3.
② 唐君毅.唐君毅全集：第三十二卷·日记（上）［M］.北京：九州出版社，2016：159.另见唐君毅.唐君毅全集：第一卷·早期文稿［M］.北京：九州出版社，2016：1.
③ 吴芳吉.吴芳吉全集：第一卷［M］.上海：华东师范大学出版社，2014：31-32.

书·苏武传》："人生如朝露，何久自苦如此"比喻人生短促。宋代苏轼在《登常山绝顶广丽亭》一诗中也有这样的语句："人生如朝露，白发日夜催。弃置当何言，万劫终飞灰。"人生苦短，不必自苦，当及时行乐。这是"人生如朝露"带给人的当下直接感受。但是，对诗人吴芳吉和少年唐君毅而言，不只是如此，或者说根本上不是如此。正因为"人生如朝露"，时间如流水，转瞬即逝，人生就不该只是停留在"及时行乐"上，而应该去追求人生的意义与价值。当一个人将自己的人生定位在"行乐"上，"百年行乐奚足数"？当一个人将自己的人生定位在对意义和价值追寻上，所需要的是如何"使我猛觉悟"！而可以让人觉悟的，便是读书、行事、受苦，所谓"读尽古今书，行尽天下路，受尽人间苦"。

吴芳吉作为一个诗人，有这份体悟，而其短暂的一生，也在印证这种体悟。所以唐先生以吴芳吉作为自己"生世"的比较对象。关于吴芳吉，唐先生有如下一大段叙述：

  吴先生十余岁时，为清华留美预备学校之学生，以校中当局开除某生，吴先生与其他数同学，共为之鸣不平，当局乃并加以开除。然其他数同学，后皆具悔过书得复学，吴先生独谓无过可悔，遂流落北平，为人佣工。后又转往上海书局，任校对。自此历尽苦辛，终徒步过三峡返川。其友吴宓、汤用彤等，既由清华资送至美国留学，乃共各以其留学公费之若干，供吴先生自学之用。吴先生遂年方弱冠，而诗文皆斐然可敬，有声于时；年不及三十，而被聘为西北大学、成都大学及重庆大学教授。吴先生读中西之诗，而以杜甫为宗，思想则为纯儒。吴先生孝于其母，而其妻与母不和，时有难言之痛。其友吴宓尝离婚，亦尝贻书劝吴先生离婚；而吴先生答以诗曰："我辈持身关世运，夫妇之伦不可轻言离异也。"吴先生于西北大学任教时，适逢吴佩孚与刘镇华之战，西安围城者数月，居民皆以草根树皮为食。吴先生时在西安城中，每日皆正衣冠以待毙。又在重庆大学任教时，见大学士习败坏，遂辞去教职，回故里办江津中学。时江津中学之学生多信共产主义，叫嚣狂肆，不可终日，而吴先生以身作则，不一年而校风丕转。然吴先生亦以劳瘁过度，病殁任上，年才三十六也。吴先生之诗，今存数百首，世多知之。而其志之所期，则在为中华民族作三部史诗。第一部写大禹治水，第二部写孔子杏坛设教，第三部写创建民国之先烈之革命。惜所志未遂，人间亦终不得诵此一史诗也。吴先生与先父交，吾少年时尝亲见其为人，精诚恻怛，使人一见不忘；而其诗中之句，吾亦多尚能忆。上文所引之数句，既足状吴先生之一生，而尤足资吾之警惕，故尤喜诵之。①

吴芳吉的名字，上了点年纪的人也许略知一二，估计20世纪六七十年代之后，吴芳吉就鲜有人知了。有人把吴芳吉与苏曼殊相提并论，很多人知道苏曼殊，却不知道吴芳吉。吴芳吉是吴宓终生的好友，说起吴宓，多数人如雷贯耳，说起吴宓这个朋友，却常常两眼空白。

吴芳吉系重庆市江津区德感坝人氏，字碧柳，1896年农历五月出生在重庆杨柳街碧柳院，8岁时随父迁回江津，10岁入重庆白沙镇聚奎小学，吴芳吉13岁时在两小时的作文课上写出以诗论文、豪放严谨、名噪全川的《读外交失败史书》，被老师赏识，印发全县，被誉为神童。他自小家境不好，当时当地社会环境也不好，多盗娼赌博者，父亲吴传姜用石灰将墙门刷白，书写"白屋吴宅"字牌，意为清白之家，吴芳吉遂自名曰"白屋吴生"，他自成一格的诗体被称作"白屋诗"。

1911年，清华在成都招生，乡人鼓励吴传姜送吴芳吉一试。家中贫穷，勉力筹得食宿费，每天步行，10天才走到成都，走得脚肿出血，不想一考即中。在清华期间，吴芳吉结识了吴宓，吴宓年长两岁，吴芳吉以长兄称之。1912年秋，吴芳吉应学校留美考试，又被录取，远大前程唾手可得，不料这时发生了一件事，令他的人生急转直下，风华盖世的神童少年一去不返，一生艰难困顿从此开始。

事起四川学生何鲁因病未参加考试，照章叫以补考，但美国教员不许，何鲁对这位美国教员表现不逊，受到侮辱，被开除学籍。吴芳吉大感不平，集各省同学代表向校长申诉，表示抗议。这件事激起了罢课事件，吴宓和吴芳吉等10人被选为代表，吴芳吉年纪最小，却最活跃，模仿骆宾王《讨武后檄》，撰写《讨校长檄》，署上名字后张贴在校内食堂外墙壁。多名代表担心

---

① 唐君毅.唐君毅全集：第七卷·病里乾坤［M］.北京：九州出版社，2016：1-2.

因此丧失留美资格,三心二意,与校方妥协,在罢课30多天后失败,10名学生代表被开除。当时的教育总长范源濂认为这些学生都是从全国选拔出的精英,不可随意处理,最后校方同意,只要他们承认错误,就可回校以"留校察看"身份继续学习。吴宓等9人先后返回学校,只有吴芳吉一人坚持认为自己无错,最后被开除,流浪北京,时年16岁。

被清华开除后,吴芳吉流浪北京,后辗转去上海书局做校对,次年在同学资助下徒步回川,走三峡,至湖北宜昌已身无分文,只得乞食步行。风餐露宿,历时近半年才回到老家。已经由"凤凰"变"麻雀",吴芳吉成了家乡人教育子女的反面教材。

"安得读遍古今书,行遍天下路,受遍人间苦,使我猛觉悟。"吴芳吉离开清华后,直坠社会底层,所见所闻所亲历者,是军阀的暴行、战乱的苦痛、百姓的困顿、女性的压抑……无不给其心灵带来震撼,笔底狂澜,句句都是辛酸血泪。这以后,吴芳吉一边读书,一边创作,一边从教。吴芳吉从教的足迹遍全国,他凭自己的学识声望和至交好友吴宓等的介绍,做过中学教员,做过大学教授。先后受聘于西北大学、东北大学、成都大学、四川大学等名校任教。1929年,他与重庆籍教授一起致力创办了重庆大学,任文科系主任。1931年,应当时江津县县长的邀请,他辞去待遇较好的重大文学系主任兼教授之职,返回江津中学任校长。1931年"九一八"事变之际,时任江津中学校长的吴芳吉深夜读报,见此消息,立即亲自敲响校钟,集合全校师生上街游行抗议。1932年"一·二八"事变,日军进攻上海,十九路军奋起抗日。吴芳吉闻讯,慷慨高歌,欲单身一人赴前线杀敌,被师生从江边劝回。按捺不住的激情,使他创作了颂扬十九路军的抗日诗歌《巴人歌》:"三千子弟令如山,征衣未浣血斑斑,银枪斜挂气轩轩……"传诵一时的诗作,成了唤起民众抗战的动员令。5月4日,他应邀到重庆进行宣传抗日的演讲,当众朗诵《巴人歌》,上千听众热血沸腾,泪流满面。返回江津,当晚向全校师生传达重庆各界同仇敌忾、心系抗战的情形,并再次朗诵《巴人歌》,朗诵未完而诗人兼校长的他已体力不支,脸色惨白地倒下了。1932年5月9日,吴芳吉辞世,时年36岁,送葬者700余人。

通过梳理吴芳吉短暂的一生,描述其行状,唐先生特别关注的是这样一些生命的情状:为了正义、为了真理,宁愿被清华大学开除失去美好前程,流浪天地也"无过可悔"的生命信念；因为自己坚持道义而得到朋友与现实支持的生命情谊；诗文斐然，"读中西之诗，而以杜甫为宗，思想则为纯儒"的生命色彩；为教育呕心沥血、为民族国家奔走呐喊、为理想信念坚持到底的生命原则；孝母和家，忍难受之痛而不轻言离婚的生命态度；"劳瘁过度，病殁任上，年才三十六"的生命历程……这样的生命情状，正如唐先生所引用的吴芳吉诗歌中所自言的："读遍古今书，行遍天下路，受遍人间苦，使我猛觉悟。"

（三）人生中的伤痛与病苦

当然，唐先生引用吴芳吉的诗，叙述吴芳吉的生命情状，目的是借此对比和反思自己的生命。"上文所引之数句，既足状吴先生之一生，而尤足资吾之警惕，故尤喜诵之。"足以让自己有所"警惕"的是，唐先生将自己一生的性情理想、生命实践与吴芳吉诗中所表达的怀抱与实践做对比时发现："吾一生素未尝有人生行乐之想，亦可谓尝行万里路，试读万卷书。然读书未能念念在得圣贤之心，行路未尝念念在于开拓自家之胸襟，尤未能如吴先生之志在历尽人生之艰险，受尽人间之苦难，以归于觉悟。悠悠一世，行年将六十。"[1]也就是说，一方面，自己和吴先生一样没有"人生行乐"的想法，也可算曾经"行万里路""读万卷书"，堪可以自我安慰；另一方面，相比吴先生的生命理想，自己读书和行事都还有所不足，"读书未能念念在得圣贤之心，行路未尝念念在于开拓自家之胸襟"。当然，这是唐先生作为一个儒者的谦虚之言。不过更为重要的是，唐先生认为自己"未能如吴先生之志在历尽人生之艰险，受尽人间之苦难，以归于觉悟"。此种"未能"，在唐先生看来，既是幸运，也是遗憾。当然，这也给自己当下遭遇"眼疾"所带来的病苦而使得自己有机会反思觉悟，提供了一个参照和理据。

对照吴芳吉先生的生命情状，回忆和反省自己的生命，唐先生发现，总的来说，自己一生是比较顺利的，"与吴芳吉先生相较，诚可谓邀天之眷"。从求学与工作来说，在求学的阶段，未尝有不得已而辍学的事情发生；离开学校参加工作后，也没有什么特别与社会、人事的不合。从经济生活来说，尽管志不在温饱，却也一直没有冻馁之忧，而且随处都能得到人缘之助，一

---

[1] 唐君毅.唐君毅全集：第七卷·病里乾坤[M].北京：九州出版社，2016：3.

直没有失业之虑；在工作以来的30多年里，自己薪资所得除能够自养一身以外，还兼有余财，可以奉养在内地的母亲和妹弟，甚至对自己认识的一些穷乏者还可以偶有所帮助；到了香港后，通过多年努力，也置有楼房一套，存书近万卷，使得自己即使在退休以后也有屋可居、有书可读。从家庭生活来说，不仅有贤父母，自己的妹弟对自己也都友爱备至；自己的妻子与自己母亲及妹弟的关系也和睦无间，自己没有室家不和之虑。从师友关系而言，不管是在中学还是大学，甚至离校以后，都能够得到良师益友的相与扶持；而且，自己和师友的关系，大多能够全其始终，二三十年如一日。

当然，相对吴芳吉先生的人生经历而言，唐先生的确更加顺利。但并不是说，唐先生就没有经历过伤痛之事。"伤痛""病苦"里面其实包含两个层面，"伤""病"更多的是事实层面、人生经验层面，"痛""苦"更多的是意识层面、人生体验层面。因此，一个人对"伤痛""病苦"的记忆和体察，既与客观的事实相关，也与个人的主观体验相关。

唐先生自己一生，其实也经历了不少的"伤痛""病苦"。这些"伤痛""病苦"大致有两类，一类唐先生谓之"悲情不容已的伤痛"，一类是所遭受的"逼恼之苦难"。

关于"悲情之不容已的伤痛"，如唐先生父亲病逝于宜宾老家时，没有一个家人在身边；又如，唐先生母亲病逝苏州时，自己也不能前去奔丧；再如，唐先生离开内地羁旅香港之后，不能回故乡之痛。唐先生认为，自己所经历和体验的这样一些"可伤痛之事"，都是出于"悲情之不容已"的伤痛，它们是源于自己内在生命性情深刻体验的"伤痛"，同在现实生活中遭遇的"逼恼之苦难"是不一样的。内在性情的悲痛，尽管也是源于伤痛的经验，但是自己所体验到的伤痛的程度，更多是基于自己内在性情体验的深度，在一定程度上是可以自己主观把握的。

但是，现实"逼恼之苦难"，其所来自及超越克服，都不是自己可以决定和掌控的，它体现为一种绝对的外在性、客观性、不可超越性。因此，面对现实"逼恼之苦难"，更能够彰显一个人忍受和承担苦难的信心、耐心和毅力，也更能够促使一个人开阔胸襟、超越小我，从而实现生命的觉悟和超越。正因为如此，唐先生才强调，自己未曾遭遇到吴芳吉先生所遭遇的诸多现实"逼恼之苦难"。

>>> 第二章　身心疾病与苦痛超越

其实，这样的现实"逼恼之苦难"，唐先生也不是没有经历过。在他反思过往的生命历程中，这样的经历实际上是有的，而且是"刻骨铭心"的，因为它甚至让唐先生"烦恼重重，屡欲自戕"①：

> 若言吾生所受之逼恼之苦，唯在二十岁左右时，身体特多病。脑、肺、肠、胃、肾，皆无不病。吾年十四五岁，即已有为学以希贤希圣之志。于二十岁左右，更自负不凡；乃时叹人之不我知，恒不免归于愤世嫉俗之心，故烦恼重重，屡欲自戕。然此时吾对人生之事之悟会，亦最多。②

此次人生苦难之所以发生，既有身体上的也有心理上的缘由，既有人伦社会关系上的更有灵性精神上的因缘，而且确实非常严重，以至于唐先生当时的心理情绪和生命状态已经到了崩溃边缘，而且有了"几欲自杀"的冲动和症状。母亲专程从成都到南京看望唐先生，并直接接回家照顾。在母亲的精心陪伴、照顾和关爱下，唐先生的身体逐渐康复。但是，真正让自己完全走出病痛苦恼的，是父亲去世而激发出的自己的责任担当，和同时期自己文字逐渐见于世而被认可以及自己对生命一定程度上的自我觉悟。唐先生谓：

> 吾二十二岁，先父逝世，吾更自念：吾身为长子，对吾家之责，更无旁贷，吾一身之病，乃自此而逐渐消失。又吾二十一岁，即已以文字自见于世，而世莫我知之感，亦与年俱灭。及至今日，虽时有对世俗之愤嫉，然好名之心，日渐淡泊（薄）。此则半由已略为世所知，半由知"千秋万岁名，寂寞身后事"，亦原不足恋之故。③

父亲的突然去世激发出的作为长子的人生责任，在一定程度上矫正了他

---

① 关于唐先生所经历的此次人生"逼恼之苦"及其觉悟与超越，笔者另文有详细讨论。何仁富，汪丽华.唐君毅青年时期的生死经验及其哲学意涵：唐君毅的生命体验及其哲学建构之二［J］.宜宾学院学报，2018，18（10）：29-38.
② 唐君毅.唐君毅全集：第七卷·病里乾坤［M］.北京：九州出版社，2016：3.
③ 唐君毅.唐君毅全集：第七卷·病里乾坤［M］.北京：九州出版社，2016：3.

虚骄傲慢之气；有文章发表而为人所知，在一定程度上满足了他好名之心。但是，这是否就表明自己对生命真有所悟，而且是"彻悟"呢？未必。尽管站在如今的生命视界来看自己年轻时的生命烦恼，会觉得十分可笑。因为30多年来，随着生命的成长、读书的增加，在很多问题上尽管不时有义理上的悟会，但"未必是真正之觉悟"。因为，义理上的悟会，或许只不过是在知识上明澈了一些，未必是生命的真正体悟。正因为如此，唐先生才对朱子晚年总是以韩愈所言的"聪明不及于前时，道德日负于初心"自叹而有特别的悟会，并觉得这对自己是一种警醒。

（四）苦难、反思与觉悟

回到唐先生所契会的吴芳吉先生的几句诗歌的核心内容："读尽古今书，行尽天下路，受尽人间苦，使我猛觉悟！"生命的"猛觉悟"当然是唐先生和吴先生期望的生命理想和目标，以此彰显生命的价值，成就生命的意义；而"读古今书""行天下路""受人间苦"，则是获得生命"觉悟"的前提、手段、过程。就"读书""行路"（做事）和"受苦"三者而言，"读书"获得的更多是知识上和义理上的契会，是"间接经验"，尽管也可以促进一个人的觉悟和智慧，但相对来说，可能是最为外在的、表面的；"行路"作为自己生命实践中的体会，当然要直接得多，可以是默思体证，具有当下直接的意味，更能够接近本质，但是在一定程度上缺乏普遍性、整体性；唯有"受苦"，可以让个体生命整体卷入当下生命所遭遇的场景，并使得生命个体充分展现自己的生命的内在力量和性情，所以对于生命的觉悟最有帮助。现代意义治疗理论的提出者弗兰克尔（Viktor Emil Frankl）也强调，苦难对于促进生命的觉悟、成就生命的意义具有巨大价值。

正因为如此，唐先生才强调，自己"未尝有吴先生所经历之苦难，则欲有吴先生之觉悟，亦难矣"。因为，只有经受巨大的烦恼苦痛，使人不得不忍所不能忍，才能使人更发大心，以求向上的觉悟。苦难是帮助我们领悟生命意义的帮手。所以，当唐先生经历一年多的眼疾治疗而未愈，不得不躺在病床上继续接受治疗时，他便升起了反思和觉悟自己生命的动机：

吾去年罹目疾，缠绵病榻，已将一载，今犹未愈。此可谓历一人生之苦难。在此一年中，吾乃更于吾之一生，试顾往而瞻来，于人生之事，较有一真觉悟，而于昔年所读之书，亦颇有勘验印证，其中亦有足资吾今后与他人之警惕者。故今就所能忆及者，述吾在病中所经之心情之曲折，及觉悟者之所在，于后。①

换言之，唐先生在罹患眼疾之后，特别是经历近一年的病榻生活而未治愈，这确乎是经历了一次现实的"逼恼之苦"。但也正是在这一年的病榻之苦中，自己的生命意识得以相对平静下来从而回顾过去、反思现在、展望未来，对人生之事有了一些更为真切的感悟，而将自己这些真切感悟与自己曾经读过的书进行勘验，也得到相应的印证。这些得到勘验的人生体悟，一方面足可以让自己以后警惕，另一方面也可以让他人有所警惕，于是才有了《病里乾坤》这一作品。

三、疾病、治疗与生命提升

在病榻上，唐先生对于自己一生进行了诸多反省察思。在对自己一生的反省中，首先悟及青少年时候的诸多经历，尤其是经历的烦恼与疾病。疾病，既是《病里乾坤》产生的机缘，也是该文本切己反思的重点，同时也是唐先生由此引出儒学治疗学和儒学生命教育的基点。唐先生对疾病的认知不局限于生理的病变与用药上，而是从生命存在的文化价值去面对疾病带来的种种生存困惑，将疾病问题提升到身心的文化层次上来。由此，对疾病的治疗也就不只是科学上的相关技术，而更重视生命的伦理秩序与文化规范。

（一）眼疾发生时的态度

唐先生罹患眼疾后，医生诊断为视网膜脱落，情况很严重，希望唐先生放下手头一切工作，先休息、治疗。但是，唐先生照常上课，把自己要办的事先办完，再行治疗。所以，唐先生依旧接受邀请去美国参加学术会议。与人谈起眼疾时，也未尝有所忧虑，而且还以佛家的"无明"说来作为自己的态度佐证。在检查和治疗时，医生说严重，自己却对此态度自若，神情轻松，如若无事。

---

① 唐君毅.唐君毅全集：第七卷·病里乾坤［M］.北京：九州出版社，2016：3.

对这样一种罹患眼疾之初的态度，唐先生在京都医院养病期间反省时便发现了问题并有所警觉：在这种貌似超脱的态度中，其实潜藏着另一种"虚骄慢易之情"，那就是自以为自己的眼疾可以经过治疗而必然痊愈。唐先生说：

> 吾病目时谈笑自若之态度，实皆貌似超脱，而别有虚骄慢易之情，隐约存于吾之心底；意谓此疾必可经医治而霍然。①

面对医生反复强调的严重疾病，唐先生何以会有这样一种"此疾必可经医治而霍然"的"虚骄慢易之情"呢？原来自己隐约中在内心有三个"似是而非"的意念：（1）相信现代医学的功效，认为发达的医学是可以治愈自己的眼疾的。（2）自己对罹患此眼疾有所预感，仿佛命中自己就该罹患此眼疾。（3）相信不仅自己罹患眼疾是天命，而且让自己经历眼疾而复明也是天意。但问题是，这几个存于心底的意念本身是否成立，是否有客观依据，值得怀疑。所以，唐先生反省：自己罹患眼疾竟然不忧虑而是谈笑自若，甚至还讲些听起来以为幽默的戏言，貌似超脱，根本上是因为自己有所依仗，前面所说的这些隐约存在于心中的意念即其依仗。但是，这些意念本来不足以作为依仗，以不足恃者为足恃，而且还高举其心，故意说些超脱的话，实际上就是一种"虚骄慢易之情"。

关于对现代医学功效的绝对相信这一意念，稍加觉察，就可以发现其不可依仗，因为这是一个建立在现代经验科学基础上的医学事实：没有一种疾病是医学保证可以绝对治愈的，否则就不会出现各种人们想不到的或者不愿意接受的死亡了。因此，唐先生重点反省觉察的，是自己对于罹患眼疾的"天命"自恃和失明也会复明的"天意"自恃。

按照唐先生的分析，自己心中之所以会隐约有"罹患眼疾的预感"和"必然罹患眼疾而又必然治愈的预感"，主要与两件"巧合"的事有关。

一件事是，他发现自己有眼疾，是1966年3月25日下午。可就在当天上午，他为学生讲课时，突然讲到了子夏因为丧子而哭至丧明一事。

---

① 唐君毅.唐君毅全集：第七卷·病里乾坤［M］.北京：九州出版社，2016：3.

> 子夏丧其子而丧其明。曾子吊之曰:"吾闻之也:朋友丧明则哭之。"曾子哭,子夏亦哭,曰:"天乎!予之无罪也。"曾子怒曰:"商,女何无罪也?吾与女事夫子于洙泗之间,退而老于西河之上,使西河之民疑女于夫子,尔罪一也;丧尔亲,使民未有闻焉,尔罪二也;丧尔子,丧尔明,尔罪三也。而曰女何无罪与!"子夏投其杖而拜曰:"吾过矣!吾过矣!吾离群而索居,亦已久矣。"(《礼记·檀弓上》)

按《礼记·檀弓上》的记载,子夏因失去儿子哀伤痛苦而失明,曾子前去慰问。曾子哀痛于朋友失明,因此与子夏相向而哭;当子夏自言其失明是无罪而受上天惩罚时,曾子非常生气而批评子夏,指出其罪过。在曾子看来,首先,大家身为孔门弟子,孔子以诗书执礼教弟子,子夏退而居西河之上,所行非所学,使得西河地区的民众因子夏的学行而怀疑孔子,不相信孔子为德高圣人,这是罪过之一。其次,子夏居丧期间,没有让当地居民看到自己有什么好的表现,明白治丧之礼,可见其没有弘扬孔子的礼乐之教,这是罪过之二。子夏儿子死后,自己居然哭瞎了眼睛,这是罪过之三。子夏听完曾子的斥责后,立刻投杖而拜,承认自己错了,而且说自己离开同门朋友独居的日子太久,极少听到朋友的规劝,所以有此罪过。

唐先生当时讲到子夏失明这件事时即强调,曾子为朋友丧明而哭,乃是仁;而面责朋友之过,则是义。曾子之举,乃仁义之举也。同时,曾子比子夏小17岁,当此之时,子夏应该已经年过70,但是在听闻曾子批评后,即"投杖而拜",这既体现了子夏知过改过的勇气,也彰显了曾子"反求诸己"之诚的力量。曾子之于子夏的仁义之举和反求之诚,以及子夏知过即改的勇气和担当,实乃古人师友之义的楷模。唐先生一方面给学生宣讲这样的师友楷模,一方面也自念自己应当同时兼学二贤。而且,念及自己过去治学问,更多关注和学习的是子夏"日知其所亡"的好学精神,现在更应当多学曾子的"反求诸己"之诚。

没想到,唐先生上午刚讲了子夏失明之事,下午就在一个会议之后,忽然感觉左眼视物不明,经医生诊断为视网膜脱落。在隐约中,唐先生有了类比式的联想:如果子夏没有失明,就无缘受到曾子的当面斥责,也就无缘发现自己的过错并进而改错;现在自己在讲了子夏失明之事后就发现自己罹患眼疾，这岂不是让自己有一个反省自察的机会，以此发现自己的过错，并更进一步从事默证的功夫？所以，自己罹患眼疾，岂不是天意？！

另一件相关的事是，大约在罹患眼疾前一个月，唐先生为自己的《中国哲学原论·导论篇》写序的时候曾言及，圣哲的最高境界就是离言以归默，意即圣哲的最高境界即从事默证之功。唐先生《中国哲学原论·导论篇》中有两章专门讨论与"默"有关的中国哲学思想，第七章"原言与默：中国先哲对言默之运用"和第八章"原辩与默：墨庄孟荀之论辩"。而在序言中，讨论到哲学思考的境界时，唐先生写道：

> 义理既内通而下彻，全理在事，全事皆理；乃见天上之琼楼玉宇，正是吾家故宅，斯乃可达于贤哲圣哲之域矣。既达圣哲之域，而可由语言思辨之所及，以更超出语言思辨之外，归于吾上文所言之默。此即孔子所以谓"予欲无言"，释迦之所以道"未说一字"。然亦实非不说不言也，其生命生活之所在，行事之所在，无往而非言也；其生命生活所在之世界之事物，亦无不能言也。故弥陀之净土寂然，而"林池树鸟，皆演法音"；孔圣之天不言，而"风霆流行，庶物露生，无非教也"。圣哲既达无言之境，自亦能无"无言"，而本无言以出言；斯可既以身教，亦指天地万物，以代为之教；更自以其言，随机设教。圣哲之学不厌，全学在教，而"所过者化"；圣哲之教不倦，而全教在学，乃"所存者神"，斯为至极。[①]

当时在唐先生的心中，给学生讲子夏失明，自己写序强调离言归默的功夫，突然罹患眼疾，这三件本无任何关联的事情的发生，却如此凑巧，不能不说有一种天意在其中。所以他说自己隐约中有一种自己会患眼疾的预感，而这一预感同时就包含着这一设定：上天需要他有一个反省默证的功夫，如此他的眼疾就可以复原。这一"预感"和对天意的预设，大约就是唐先生当时心中"自信"的支撑点。但现在反省，这其实恰恰是自己生命意识中"虚骄慢易之情"的一种呈现而已。唐先生说：

---

① 唐君毅.唐君毅全集：第十七卷·中国哲学原论·导论篇[M].北京：九州出版社，2016：前言14.

然子夏丧明，则亦无缘受曾子之面责，以自见其过；则吾今之目疾，盖正所以使吾得由反省，而自见己过，更从事于默证之功者。此非天意而何？天欲吾有此反省默证之功，吾目自当复明。此则吾隐约中所怀之自信，而初不知其亦为一虚骄慢易之情之又一端也。①

（二）虚骄慢易之情的根由

面对自己突然罹患眼疾，唐先生何以会有最初的自若无事的情态，而经反省又发现其中何以实有虚骄慢易之情态呢？唐先生对此进一步深入省察，发现这种情态实际上有更深的根源，甚至可以追溯到自己少年时期的愿望、抱负及一些突如其来的生命经验与生死体验。

1.12岁时对神灵世界的自发信念

少年唐君毅随父母客居成都。由于时代的变迁和父母的开明，尽管父亲崇儒学，但家中并不设祖宗牌位；尽管父母都曾经修习禅宗，但并不拜佛；父母经常带唐先生到成都的一些文化古迹和佛道各教庙宇参访，但也只是让唐先生对塑像或者画像点头作礼，而并无更高要求；尽管有很好的家庭教养环境，但是家里也并不崇尚跪拜之礼，也没有侍奉神灵的习惯。也就是说，唐先生少年时代的家庭生活环境，并没有为他提供神灵信仰的土壤。

唐先生12岁开始读《封神演义》。作为小说，这本书并没有什么宗教情调。唐先生还曾经想模仿《封神演义》写一本书，臆造各种神仙和宝贝的名字。当此之时，也还没有相信神佛为实际存在的念头。

但是有一天，少年唐君毅心中忽然觉得，那些漫天的神佛，应该是实际存在着的。于是把自己关在蚊帐中，对四方的神佛进行礼拜，而且用毛笔恭恭敬敬地将自己希望得到满天神佛佑助的愿望写在一张纸上，深藏于一个小红箱的底部。这些愿望无外乎希望自己个人、家人以及国家社会平安吉祥之类。

不仅如此，唐先生还坚信，自己真有所求，神佛必定会应许。某一日，唐先生与数位小学同学一起到武侯祠游玩。当时的武侯祠中常有驻兵，游人大多数时间是很难进入的。在去的路上，唐先生就对神灵祈愿：今日武侯祠

---

① 唐君毅.唐君毅全集：第七卷·病里乾坤［M］.北京：九州出版社，2016：5.

中没有驻兵。到达武侯祠后发现，果然没有驻兵，心中大喜。

既无家庭生活环境的土壤，也没有外在学习教育的内化，12岁的唐先生却突然有了"神佛是真实存在的，而且会有求必应"的信念。用唐先生自己的话说："吾之信有神灵之念，则初不由外来，乃纯为吾当时之所自发而更密存之于心底者。"①这一神佛真实存在的信念源自唐先生本人内心深处，是生命性情的直接呈现。正由于其源自自己生命性情本身，犹如"天降"，所以一旦"冒出"，也就容易与自己的生命生活一体化。因此，唐先生才特别强调，自己在青年时期不时产生的对超越世界的存在感受、相关的生命体验和哲学思考，以及由此而催生出的道德上的向上心情，都可以溯源到自己12岁左右自发形成的这种对超越世界存在的信念。

2.15岁时对超越之心的自觉悟会

如果说12岁左右源自自己生命性情的对超越世界的存在感受还是自发的，那么，在15岁的唐先生生命中所建构起的对超越的心的悟会，已经是自觉的了。

唐先生13岁时随父亲到重庆读中学，先后由父亲唐迪风和蒙文通先生教国文，他们分别以老庄和宋明儒著作作为国文教材。14岁时，父亲迪风公选孙夏峰的《理学宗传》一书供唐先生自学。一天读到陆象山于10余岁时即悟"宇宙即吾心"之理，唐先生突然产生一种莫名的恻之感，不能自已。又，父亲迪风公曾经为唐先生朗诵孟子去齐一段，先生也深为感动，以至于哭泣。

15岁的唐先生开始立志向学，确立效法圣贤的志向。在此年生日，遥念先圣之德，更念及自己对华夏文化的重光之责，当有以自任。遂含泪赋二诗述志："孔子十五志于学，吾今忽忽已相垺。孔子七十道中庸，吾又何能自菲薄？孔子虽生知，我今良知又何缺？圣贤可学在人为，管他天赋优还劣？""泰山何崔巍，长江何浩荡！郁郁中华民，文化多光芒。非我其谁来，一揭此宝藏。"②唐先生指出，这些诗歌虽不免有少年的狂妄之情，但也可以看到自己道德生命的奋发。甚至，以罹患眼疾时的中年后的心情和那时的心情相比较，实际上不能不说是日趋颓堕，并对朱子晚年引韩愈之言"聪明不及

---

① 唐君毅.唐君毅全集：第七卷·病里乾坤［M］.北京：九州出版社，2016：6.
② 唐君毅.唐君毅全集：第三十二卷·日记（上）［M］.北京：九州出版社，2016：159.

于前时，道德日负于初心"有了更深的感受，谓之深切，以之自警。

同时，15岁的唐先生确立了对"心"的悟道。唐先生自己说："对此心之能自觉之一义，吾于十五岁时即见及，终身未尝改。"① 对唐先生来说，"心本体"与世间万象亦即一切文化活动之间的关系是"理一分殊"的关系；"心本体"是本是一，是人类一切实践的价值和意义渊源；人的文化活动是分殊，是形下之末。这一理论构架的最基本理据，是对"心"之自觉的觉悟和肯定。唐先生15岁时建立的"心"能自觉的信念，终生不改。

3.17岁后对超越世界的存在体验

12岁左右自发建立的对神灵世界的存在信念和15岁左右自觉悟会到的心的自觉，到17岁及随后的若干年时间里，便衍化成了好几次对"超越世界"的存在感受与体验。这些超越性体验是如此的深刻、直接，以至于唐先生终生不忘，并成为其哲学思考的信念基础。

唐先生生命中第一次超越性体验发生于17岁离开重庆去北京读书的离别之时。关于此次超越性生命体验，唐先生分别在《病里乾坤》《民国初年的学风与我学哲学的经过》《生命存在与心灵境界》"后序"都有叙述，除书面文字和口头文字以及详略的区别以外，"事情"本身以及由此引发的内心体验都是一致的。《病里乾坤》中的记述和反省是最早的：

> 吾对超越世界之存在之感受与体验，则始于吾十七岁，吾父送吾乘船至北平读书之一经验。忆吾父既送吾上船，当夜即宿于船侧之一囤船之上，吾初固不感父子相别之悲也。及至次晨，船之轮机转动，与囤船相距渐远，乃顿觉一离别之悲。然当吾方动吾一人之悲之际，忽念古往今来，人间之父子兄弟夫妇之同有此离别之悲者，不知凡几，而吾一人之悲，即顿化为悲此人间之有离别，更化为一无限之悲感；此心之凄动，益不能自已，既自内出而生于吾心，亦若自天而降于己。吾亦以是而知人生自有一超越而无私之性情，能自然流露，是乃人生之至珍之物也。②

---

① 唐君毅.唐君毅全集：第二十六卷·生命存在与心灵境界（下）[M].北京：九州出版社，2016：354.

② 唐君毅.唐君毅全集：第七卷·病里乾坤[M].北京：九州出版社，2016：6-7.

唐先生对自己这种超越性体验的分析，将它定位为"超越世界之存在之感受与体验"。在与父亲离别时，产生的离别悲情"当然是主观的情感，但是主观的情感也可以一下子普遍化的"。这个"普遍化"是自己亲身"经验到"的，不是"推论"出来的。这个"经验到"的、"非个人"的、"普遍"的情感，不只是因为个人心境而产生的"具体情感"，而是具有"普遍理性"的、"情理交融"的情感。它发自一个人的内心，亦如"天降"。唐先生以此而知，人生有一种超越而无私的性情，它能够自然流露。正是这每个人都有的可以自然流露的超越而无私的性情，是人生中最为珍贵的东西。

还是在17岁，唐先生离开重庆到北京后不久，在晚上看露天电影时再次强烈地感受到了这种超越性体验。

> 吾于十七岁赴北平就学，时正当国民革命潮流澎湃之日。吾亦尝觉此革命为一庄严神圣之事，当时之青年之所崇拜者，即孙中山先生。一日吾闻北平之民国大学，将重映中山先生在广州时之纪录片，吾遂往观。忆其时与亲人共坐于一露天之广场之上，夜凉如水，繁星满天。吾乃一面看银幕所映中山先生与其革命同志共同行动之电影，一面遥望此繁星之在天。一念之间，忽感此中山先生与其志，皆唯居此地球之上，而此地球则为一甚小之行星，与此天上无尽之繁星相较，此地球诚太空之一尘之不若。何以此一尘不若之地球上之志士仁人，如今之银幕所见者，必洒热血，掷头颅，以成仁取义，作此革命救人之事业？此诚不可解。宇宙，至大也；人，至小也。人至小，而人之仁义之心，则又至大也。大小之间，何矛盾之若是？吾念此而生大惶惑，大悲感。当时之心念之转动，回还于满天之繁星、所见之银幕及露天之广场之间，其种种之波荡与曲折，曾记之于日记，而此日记已不存，今亦不复更忆。唯忆当时之心念转动，皆真悲恻之情相俱，直至电影终场，吾之泪未尝离目，若与天上繁星共晶莹凄切而已。[①]

如果说"离别父亲"的超越性体验重点在"个人"与"人类"的感通，

---

① 唐君毅.唐君毅全集：第七卷·病里乾坤［M］.北京：九州出版社，2016：7.

那么，这次"看电影"的想象性体验所呈现的重点便在"人"与"宇宙"的感通。"繁星在天"的现实观看场景，带给了唐先生一种完全超越当下观看电影本身所具有的情感体验。他将电影中的"人"与"天"对照起来了，他将"有限而崇高"的"人类事业"与"无限而神秘"的"宇宙存在"对照起来了。但是，唐先生在此并不只是停留在这一"惶惑"的情感撞击之中。他将自己的这份情感"悬于霄壤，充塞宇宙，而无边际"。唐先生在这里"感动"和"悲悯"的是，人类如孙中山先生者，生活在"太空之一尘之不若"的地球上，以其如此弱小的身躯，却可以由其"仁义之心"开显出惊天动地的伟大理想和事业！人类的这份"仁义之心"，不仅改变着人类自己，也让宇宙因之而改变模样。

之后，唐先生类似的超越性体验还有多次，但印象最深的是19岁在南京的月食体验：

> 十九岁时，望月食时之所感。时吾在南京中大求学。一夕闻有月食，遂出门至校旁之一池塘畔观之。忽见池畔老幼居民，皆持土罐、铁罐；及见月初食，遂群举木棒击罐。吾初不知其故，继乃知此乃因俗传日月之食由于天狗食之，故人共击器成声，意在使天狗闻之而趋避。此乃人之所以救日月之光之道也。吾固知日月之食，不关天狗之事。果天狗能食日月于天上，则此人间之击器成声，又何能为？亦愚不可及也。然吾于当时未尝笑此众人之愚。吾惟念此诸老幼居民、与天上之日月，相距不知几千万里，今何以必关心此日月之晦明，而以其区区之手，击此区区之器，发此区区之声，而望其能驱天狗，而复日月之明？此果皆因无此日月之明，则人之事皆不能成，而大灾害将至乎？吾意则不以为尽然。今试问彼击器之人，果皆是为虑灾害将至，乃击器以驱天狗，而复日月之光乎？毋亦不忍彼日月之晦盲，即欲复其光辉耳。即彼为虑灾害将至，然后欲复日月之光者，其念人间灾害之源，在天上之日月，而寄情于日月，亦见此人之情之能自充塞于天地之间也。吾遂于"此人之情寄在此原为无情之天上之日月之处"，生一大感动。①

---

① 唐君毅.唐君毅全集：第七卷·病里乾坤[M].北京：九州出版社，2016：7-8.

在观电影时，唐先生所感通到的是"在天繁星"与"在地仁人"之大与小、无限与有限之间的转换与通达，所体会到的是"小"亦可"大"，"有限"也通达"无限"，根本上是人之内在"心"与外在"物"的感通。

不管是与父亲离别时的体验，还是观电影时的体验或是观月食时的体验，尽管内容和感通的具体对象不一样，但是，对于超越于个体生命当下具体情感的普遍情感、生命性情的存在性体验，是一样的。

4. 有如天降的超越的心情及其意义

唐先生自述，相似的超越性体验与感动还有几次。但是，在中年以后，随着自己知识日多、人事日繁，这类的感动也就越来越少了。以至于现在对于日食、月食等现象，已经被纯粹的自然科学解释所占据，而内心完全漠然无感了。由此看，自己现在罹患眼疾，确实是有自己生命性情的内在缘由的。

唐先生青少年时期体验到的多次有关超越性存在的大感动，其心情都是"纯由自发"，而不是由父母师友的教诲启发而来的。当然，这并不是说，唐先生没有由父母师友教诲启发而得的内心大感动，只是不在此论而已。对于这种"纯由自发"的大感动心情，唐先生强调："当其发时，吾恒即多少感其如从天而降，非由意识之安排，而如一超越意识、超越世界之呈现。"[1] 也就是说，这种心情的产生具有偶然性、内在性、近乎本能的非意识性，它不是当下意识参与思考的结果，而只是在"此情此景"下突然从生命里冒出来的。在发生这种心情的当下，唐先生还没找到合适的"概念"来表述，而在后来的哲学思考中，将这种从生命里冒出的心情也视之为"天"或"超越意识"或"超越世界"的突然降临，所谓"有如天降"。

唐先生后来将自己青少年时期的愿望、抱负及若干突如其来犹如天降的心情或经验称为"超越的心情"或"超越的情怀"。唐先生对此实际上是极为珍视的，他将自己早年生命中这些"体验"称为自己生命中的"真经验"，并且十分强调这些"真经验"对于自己思想的极端重要性："真经验是思想学问的背景。有时候，你的思想学问未必与你的真经验配合，但思想学问的发展，弯来弯去地发展了，最后还是要与你的真经验配合。我后来的许多思想，可

---

[1] 唐君毅. 唐君毅全集：第七卷·病里乾坤［M］. 北京：九州出版社，2016：8.

以说是环绕自己的真经验。"①又说:"年轻的时候,好些观念是从性格里面出来的。"②并坚信:"思想的后面,有一个亲切的经验,经验后面是一个生命。"③在其最后巨著《生命存在与心灵境界》的后序中,唐先生在叙述了自己青少年时期的若干"超越心情"的经验后总结道:"吾即以此而知吾之生命中,实原有一真诚恻怛之仁体之在,而佛家之同体大悲之心,亦吾所固有。吾之此仁体,虽只偶然昭露,然吾之为哲学思辨,则十余岁以来,即历尽种种曲折,以向此一物事之说明而趋,而亦非只满足个人之理智兴趣,而在自助,亦助人之共昭露此仁体以救世。"④

5. 超越的心情与人生烦恼互为因缘

唐先生产生这类心情,主要在其20岁左右的时候。此时也正是他个人的烦恼最重的时候。20岁的唐先生,因为精神灵性上的冲突、心理上的诸多纠结、事理的诸多曲折,进而导致身体上的多重疾病,烦恼痛苦发展到极端,几欲自杀。

其中最突出的便是灵性精神上的冲突带来的烦恼。尽管唐先生15岁就基本确立了"心能自觉"的信念,但是,此等信念需要哲学上的自我说明。20岁前的唐先生,相信"心能自觉"的同时又相信实在论,一方面认为人生超越欲望才能得到快乐,另一方面又不相信唯识论而认为身体为实有。可以说,在这一阶段,唐先生的哲学思考正处在实在论向理想唯心论过渡的阶段。在这样的思想范式转变阶段,灵性精神的痛苦以及由此引发的生命烦恼,可想而知。

在这个阶段,唐先生虽然有一种超越普遍的悲情,护念人类、众生与世界,但是由于这种悲情不曾离开个人孤独的内心,所以,他自己一直认为它能与天地万物为一体,同时代的人都不足以知晓它。由此而不免自以为超凡脱俗,从而生出"大我慢"。由此,灵性精神上的冲突转变为心理上的纠结。"于二十岁左右,更自负不凡;乃时叹人之不我知,恒不免归于愤世嫉俗之心,

---

① 唐君毅.唐君毅全集:第八卷·哲思辑录与人物纪念[M].北京:九州出版社,2016:110.
② 唐君毅.唐君毅全集:第八卷·哲思辑录与人物纪念[M].北京:九州出版社,2016:110.
③ 唐君毅.唐君毅全集:第八卷·哲思辑录与人物纪念[M].北京:九州出版社,2016:112.
④ 唐君毅.唐君毅全集:第二十六卷·生命存在与心灵境界(下)[M].北京:九州出版社,2016:352-353.

故烦恼重重。"[1]由于灵性精神及心理、事理的纠结和痛苦，也影响了他的身体健康。这一年，"身体特多病。脑、肺、肠、胃、肾，皆无不病"[2]。

在身、心、灵全方位的苦恼逼迫下，青年心境，烦恼重重，唐先生经常想自杀。作《梦二十岁死》诗云："我本峨眉采药仙，赤尘不到白云边，为缘意马无人管，游戏人间二十年。"又："死中滋味耐君尝，旧恨新仇两渺茫，此去不知何处好，彩云为被岭为床。"[3]作为"凡人"的唐先生，终于无法忍受和自持，觉得无以自解。于是函告父母自己病况，信中并有"不欲久居人世"之语，还附上19岁生日照片一张，题"遍体伤痕忍自看"等语。

唐先生后来反省，知道这纯粹是由好胜、好名的一己私欲所生发的。"人不我知"而愤世嫉俗的心情产生之时，恰恰也是自己"超越的心情"（超越人我的情怀）由内心发出的时候，两者矛盾却又相互交织，互为因缘。正因为如此，在烦恼中体验超越心情，超越的心情又增加自己的烦恼，使得自己的精神"似日进而又日退"，令人觉得诡异不可测。

人有"超越的心情"是至为珍贵的，因为它可以带领个人超越当下现实的自我。但是，如果这一"超越的心情"夹杂了"一己私欲之心"，如好名之心、好胜之心，此"超越的心情"就会转而成为人的依仗，导致傲慢之心的产生。

6. 超越的心情与傲慢心之根由

之所以说由一己之私所生发的烦恼，可以与自己超个人的心情互为因缘，按唐先生的自我分析，主要是由于这些超个人的心情一方面是"纯由自发"，同时也"只对自己而现"，是纯粹属于自己个人的内心秘密。由于这种心情是纯粹的"自我显现"，不是在与人交谈交流过程中发生的，所以没有告诉他人的必要。而且，在当时的小学、中学同学中，很少有可以做分享交流这种经验的对象，唐先生也未曾听到当时的朋友和同学有所谈及。由此，唐先生便认定，这样的经验和体验必然不为他人了解和理解，所以也就不与他人言及而成为纯粹的个人秘密。由于自己感受它时只有自己所知，不能与人通达，这就导致自己的孤独。

---

[1] 唐君毅.唐君毅全集：第七卷·病里乾坤[M].北京：九州出版社，2016：3.
[2] 唐君毅.唐君毅全集：第七卷·病里乾坤[M].北京：九州出版社，2016：3.
[3] 唐君毅.唐君毅全集：第三十二卷·日记（上）[M].北京：九州出版社，2016：162.

如果只是"孤独",并不至于生出傲慢之心。但是,在唐先生此时的"孤独"中,同时伴有超越普遍的悲悯之情。或者说,在唐先生的心中所升起的,是强烈的孤独感笼罩下的超越普遍的悲悯之情。这一悲悯之情自上而下,覆盖自己所念及的一切人类、众生及世界。但是矛盾之处在于,这一广大无边的悲悯之情恰恰又系于一颗极端孤独的心灵之中。唐先生说,他感觉到自己可以在独处之时与天地万物为一体,认为同辈之中没有人能够知道自己的所思所感。既然同辈中没有一个人有智慧、有能力知道自己、了解自己,那么,自己就是超绝于他们之上的。当自己越是觉得超绝于他们之上,也就越是觉得同辈之凡俗;而自己越是要超凡脱俗,也就越陷于孤独。殊不知,傲慢之情就在这里潜滋暗长了。

在这种矛盾而孤独的心情下,唐先生曾在晚上梦到自己独自一人行经地下,岩石层层,随着身体的穿行而破;向上登至天,天门随着脚步而打开。醒时曾经用诗记录,说:"穿回地壁层层破,叩击天门步步开。"① 当时,他并不觉得这是出于自己"自负能超凡绝俗之傲慢心",也不懂得这一傲慢心恰恰与个人好胜、好名之私欲烦恼互为因缘。实际上,正是因为自己超越的心情与好胜、好名之私欲互为因缘,使得自己内心发自天理的超越情怀最终成了满足自己私欲的依仗,从而使得自己的烦恼也远远重于同辈,其中的缘由也是自己慢慢觉察到的。

20岁的唐先生经历了几乎全部生命的病痛,并且"几欲自杀",又在亲情的温暖中重新开始了新的生命征程和新的哲学慧思。在满20岁生日时(1929年2月5日,农历戊辰年十二月二十六日),他作了《生日》一文以述志怀:

> 今日吾生,试去回思,二十年来,忆儿时敏慧,亲朋惊赞,少年志趣,几次安排,十五之年欲为孔子,十七曾思辟草莱,年三六想投书革命扫荡尘埃,虽然志志成灰,任逝水韶光去不回,但志多思广,心存万象,振新文化,舍我其谁,使身常在,病魔不绕,转思潮何足道哉,君莫笑,我葫芦中药,你自难猜。②

---

① 唐君毅.唐君毅全集:第七卷·病里乾坤[M].北京:九州出版社,2016:9.
② 唐君毅.唐君毅全集:第一卷·早期文稿[M].北京:九州出版社,2016:3-4.

（三）超越心情与傲慢习气

唐先生伴随着超越情怀和个人好名、好胜之私欲的烦恼痛苦，在20岁以后，随着文字发表而自见于世，"不为人知"的孤独感逐渐减少，好名之心后来也逐渐淡泊。但是，烦恼明显减轻，是22岁父亲去世以后。父亲的去世，极大地影响了唐君毅的人生，使他提前开始了"践道仁者"的生命历程。[①]当时唐君毅大学尚未毕业，而弟妹皆幼，他责无旁贷早早肩负起养家糊口的责任。经此变故，唐君毅的"一生之病，自此竟逐渐消失"。父亲的病故所激发起来的责任感、使命感及道德感，完全改变了唐君毅"自命不凡"的傲慢心。

因为父亲的去世，自己一力承担家庭责任，身体百病即逐渐消失，种种烦恼也逐渐减轻。唐先生由此而明白，"一切人皆惟赖其具体之行事上，自为其义所当为者，乃能自拔于个人之孤独以外，否则人虽存希圣希贤之念、悲天悯人之怀，而不能自绝其一念反缘而生之自命不凡之傲慢，则人终为小人之归"[②]。也就是说，人必须靠自己有具体的行事，去为自己所当为之事，才可能驱除个人的孤独与烦恼感，将自己从烦恼与孤独中超拔出来。反之，一个人即使有希圣希贤之心、悲天悯人之怀，如果他不能在具体的行事上去落实自己的生命，那么，也就有可能因为其心志之高、情怀之大，而一念反缘，自命不凡，从而生起傲慢心，并最终不免远离君子之道而不自知。

人有希圣希贤的心志，又具有悲天悯人的情怀，仍然需要在具体的行事上为义所当为之事，这样才可能自绝于烦恼与孤独之感，免于堕入傲慢心。这是唐先生22岁父亲去世后悟会到的道理。不过，唐先生强调，自己尽管有所悟，在日常生活中也尽可能自觉努力去做，但是依然感到旧习难改，而且在傲慢心习中也还有种种思想上的葛藤并不容易斩断。所以，在罹患眼疾后，要在医院休养较长时间，才可以做进一步的省察，有更深一层的体认。

1. 依照理性而知他人与我一样也有"超越的心情"

唐先生自己反省，其少年时代的傲慢心习，在30岁以前最为炽盛，30岁以后才逐渐减弱。其中的因由，除自知傲慢心为不善而加以自我克制外，也因为随着参与社会生活接触的人多了，发现他人的才德有自己所不及者，知

---

① 何一.悲情儒者与儒者悲情：唐君毅生平、学术研究[M].北京：光明日报出版社，2011：76.
② 唐君毅.唐君毅全集：第七卷·病里乾坤[M].北京：九州出版社，2016：10.

道了世上才德高的人甚多，从而使自己自然钦抑傲慢之心。

如何通过理性认识知道傲慢心为人不当有的呢？唐先生提出了"如理作意"这一重要命题和方法论原则："至于我之所以能自知此慢心之不当有，则要在吾之渐认识理性之重要，而知如理作意。"①

"如理作意"本是个佛教术语。"作意"，即心的造作，是令心转向目标的心所，通过它目标得以呈现于心，也就是思维、注意或者思念的意思。"如理"是从根源上、从根本上或者从原因上的意思，也就是正确的意思，古代翻译为如理。简单说来，"如理作意"就是正确的思维、合理的思维、依照理性的思维。说到"合理的思维"，通常我们会想到"以理服人"，其实更重要的是"以理服己"。"以理服己"的结果就是达成胜解、达成正解，而达成胜解的结果就是我们从此就可以毫不费力地"如理作意"。

唐先生对佛教有深入的研究和领会，他用"如理作意"强调自己如何能够依照理性的方式思考相关的问题，以此达成胜解说服自己。也就是他说的"逐渐认识理性的重要"，从而能够"如理作意"。认识到理性的重要，也就懂得我们的思考必须依据前提进行推论，前提正当，所得到的结论我们就该相信它是正当的。依此，唐先生做了如下的"如理作意"：

> 盖吾果如理作意，则自能知：凡我之所能与所有，皆与我为同类之人所可能有。纵有一崇高之经验，如我之尝自觉有种种纯由自发、从天而降之通于超越世界之经验等，此自理上看，亦他人所可能有，而吾亦不能臆断他人之必无者。②

也就是说，依照理性，我知道自己与他人是同类。由此可以推论：自己具有的，他人也应当具有；即使没有发现他人具有，也不该臆断他人就没有。

由此唐先生进一步"如理作意"地推论，他自己那些纯粹由心中发出的悲天悯人的情怀，以及种种超越的心情，不能说他人就没有。比如，唐先生自己告别父亲那一刻所动的离别之悲，即顿时转念，明白古今天下人同有此父子离别之悲，由此即由己悲而悲天下人之悲。人只要将这样的经验回头细

---

① 唐君毅.唐君毅全集：第七卷·病里乾坤［M］.北京：九州出版社，2016：10.
② 唐君毅.唐君毅全集：第七卷·病里乾坤［M］.北京：九州出版社，2016：10.

察，就可以明白，自己之所以能由己悲而念及天下人亦有此悲，全是因为自己有"理性"，能知道他人与我一样都有此同悲之心，同悲之心非我独有。

人如果不能"如理作意"而生发自己的心与情，则其心情往往只能局限于卑近，而不可能有所谓的具有普遍性、超越性的崇高经验。不过，"如理作意"不该只是到此而已，还应该进一步向前推论：如果我能够"如理作意"而有此经验，我就该更加"如理作意"，因此而明白，凡是人，都能够"如理作意"而有此经验。我知道我的经验源于我能"如理作意"的理性，并体会到这一理性的真实存在，那我就该进一步"如理作意"，明白他人与我一样有此理性，也能够自悟其理性的存在。唐先生强调，这样的"如理作意"虽然有种种层次之别，但实际上只是同一个理性的自然转进而有的表现。其中的高层次表现，即他人当下未有，我也可以由我的"如理作意"而知，他人是能够有此表现的。因此，自理上看，我就绝对没有自己高举其心而对人傲慢之理。不仅我没有对人傲慢之理，即使是天下的至圣至贤，也没有对凡人傲慢之理。因为，既然他是至圣，也必然依理而知，他能为圣，他人也一样能够像他一样成为圣。实际上，天下也没有傲慢的圣贤。

在唐先生看来，由于他能自觉地依理性而一念及此，也就是"如理作意"，所以能够时时警惕，自己一有高举其心而对他人傲慢，即警觉而改。也是因为有这样的"如理作意"，他能够依理性而明白，自己少年时代以为"超越的心情"为己独有，实在是狂妄之见，少年时代的傲慢心也才由此而逐渐减弱。

2. 依理可知但在实际上傲慢心习依然不易破除

傲慢心习不善，应当去除。唐先生尽管在理上知道其中的道理，而且在事上也时时警惕、努力克制，但是，依然感到旧习难夺，破除自己的傲慢之心不易。

傲慢心之所以不容易破除，其中一个很重要的原因便是，它往往会以人不易觉察的形式出现，它会由当初对他人的傲慢转而化为对世间事物的轻慢，而这种轻慢心又往往藏在人的生命之底层，本不容易去除。

比如，傲慢心的一种表现，是视事物的变化可以不必待我的努力，而自然顺我的意愿而演变。凡是自谓"我生有命在天，天必不真违吾愿"的人，其中必然藏匿有对外在事物态度上的傲慢之心。

又如，有些人自负其才德之高，或者自感其心已通于天意、天德而以担负上天使命自恃，遭遇一切事情都说是出自天命，必得天佑。这就是不自觉地对"天"的傲慢。

再如，有些人在忧患之中，总是自谓忧患不足惧，必可得天佑而化解，甚至对于自己常遭遇忧患，也都臆想为是上天有意考验自己，最后必然会以忧患开始而以安乐结束。

凡此种种，都可以说是傲慢心的表现，只是不容易为人警觉。自己在生活中也在所难免。唐先生也是在此次罹患眼疾过程中自我省察，才将这种傲慢心看得分明。过去的自己，自以为将傲慢心消除了，但是不时认为，自己所遭遇的困厄都无不可解。甚至在罹患眼疾之初，心中也还有一种上天有意使自己目不见物，使自己有一个自省默想的机会，同时上天也必将使自己的眼睛重见光明。由此可见，自己在罹患眼疾中的虚骄慢易之心，实际上也是对外在世界有傲慢心的表现。这实际上是由当初对他人的傲慢心，转而化为对一己身体生命的傲慢心，再转而化为对天（外在世界）的傲慢心，只是自己最初没有觉察到而已。

（四）"天意""天命"的真意

唐先生认为，人觉得自己有命在天，必有天佑，乃是出于人的傲慢之心，应予斩断。但是，其中也还有诸多思想上、理论上的葛藤需要清理，不易斩断。之所以如此，主要是因为人不是不可能感受到有某种天命天意的存在。这一点，可以在古今中外的圣哲豪杰和英雄人物的言行中看到。

圣贤人物如孔子，周游列国行经宋国之时，与弟子习礼于大树之下，宋国的司马桓魋派人砍树，弟子们要孔子远离以免受伤，孔子说："天生德于予，桓魋其如予何？"又如，耶稣，自谓上帝之子，是上帝差遣降世来拯救世人的。再如，释迦牟尼出生时，即一手指天一手指地，自谓"上天下地，唯我独尊"。其中都包含"有命在天"之意。英雄人物如刘邦，其得天下，歌唱"大风起兮云飞扬，威加海内兮归故乡"，自谓其成功"岂非天哉？"也是一种"有命在天"之感。文化人物如梁漱溟先生，在抗日战争时期从沦陷的香港只身突围，别人为他担心，他却非常自信，后来给儿子写信详述了自己香港的脱险经历,在谈到自己的感想和心理时说:"我相信我的安危自有天命,不用担心。……我若死,天地将为之变色,历史将为之改辙,那是不可想象的。乃不会有的事!"[①]这也是相信"有命在天"。不管是圣贤豪杰、英雄人物抑或文化人物,这些人物在表达他们"有命在天"之感时,在说有天命天意加于自己身上之时,是否都是傲慢,实际上是很难断言的。

客观上说,纯理论的讨论是否有天命、天意的存在,是可以有不同理解的。人有这种"天命在我"的体验,都多少具有一种超越而普遍的宇宙情怀,自觉自己是大公无私的,并且自觉其生命存在于世间,是负有某种理想意愿的,如上天交付的使命。在主观上,他必须将其实现于现实世界,而且他也强烈地相信,其理想意愿必然会实现;在客观上,他也坚信宇宙中的人间社会和自然界的事物也当然地并必然地,虽历经曲折,但终将归于因缘和合,以使之完成。对有这类天命感的人来说,人们可以从两个方面给予不同理解。

一方面,这种所谓的"天命在我"只是主观上的自以为是,充其量也只是他个人的主观臆想,客观的社会与自然界本独立于其主观世界之外,不会受人的主观意愿影响。因此,人说自己有命在天,天有一使命必要他完成,纯粹属于毫无证据的臆想。即使是后来所发生的事契合了其主观意愿,也只可以说,是各种因缘和合的结果,而不是其主观意愿所促成的。可以说是纯赖机遇,纯为偶然。简言之,某一事件的完成,是一个实然问题,是由若干实然的因素配合而完成,无所谓当然不当然,因为"当然"只是一个纯粹主观的标准。如果一定要说有天命天意存在的话,充其量也只能说是"如有天助",而不可说天命天意如此。唐先生认为,这就是一般经验主义者和科学家的观点,也是最容易言之成理的说法。

另一方面,人确实可能经验到:他有理想意愿,尽管这理想意愿最初只存在于心中,是纯粹主观的,但是只要他努力不懈想尽办法来实现自己的理想意愿,那么他会发现,这主观的理想意愿或多或少总能在现实世界中得到实现,它由当初的主观存在变成了客观存在。此即俗语所说"皇天不负苦心人"。由此看来,我们也可以说,客观世界事物的变化,多少都契合着人的主观理想意愿。由此往前一步,把客观世界事情的发展看作顺着人的主观意愿

---

① 梁漱溟.梁漱溟往来书信集:下[M].上海:上海人民出版社,2017:1033-1034.

而来，则不妨说，有一个"天"，它在帮助人的理想意愿的完成，人的"理想意愿"与客观世界的"事物演变"之间有因果式的关联。由此再往前一步，则可以说，在"客观世界"与我的"主观理想"之上，必然有一个极高层次的存在，它可以兼顾"客观世界"与我的"主观理想"，使两者自然契合。这个"极高的存在"也就是人所感到的"天命天意"。由此，有人说他对天命天意有感，就并非完全是主观的；而说自己"有命在天""必得天佑"，也就不可说是傲慢。

对于这两种关于"有命在天"的说法，唐先生认为，其非不容易评定，但自己更加倾向于自谓"有命在天，天必佑我"，不能免于态度傲慢的责难。

> 然吾意仍偏向在说人之自谓其"有命在天，必遭天佑"之感，为出于一般傲慢之情。即宇宙确有此上述之天命天意之存在，人亦不当于事先感其存在。于此天命天意之二名，亦当另作别解；然后其奉天命、承天意之事，乃得免于傲慢之罪。①

在唐先生看来，即使宇宙中真有那么一个高层次的存在，能够将"客观世界"与"主观理想"契合，显示其天命天意于人，人也不应当事先就自言他已经知道天命天意，甚至认为天命天意就是要客观世界的事物顺其主观理想意愿而发展。即使其理想意愿是依于"超越普遍之宇宙性的心情"而发，人人都期望"客观世界的变化"契合其理想意愿，我们也只能说，"客观世界的事物"能够契合人的"主观意愿"，乃是人经过一生努力奋斗的结果，不能否认客观事物的出现由各种人为因素和合演变而成。如果一开始就宣称，客观事物的演变必须且必然依照自己的主观意愿，是天命天意如此，则表示其一开始就心存"天必从人愿"的欲求。这无异于要"天"来顺从"我"，要"天"来侍奉"我"个人的意愿。这便显示出对"天"（包括客观事物或自然世界）在态度上的大傲慢。

唐先生强调，人必须清楚，即使生命中具有由内心发出的超越普遍而大公无私的理想意愿，感到它有如天降，如天命于我，觉得自己有某种重大的

---

① 唐君毅. 唐君毅全集：第七卷·病里乾坤［M］. 北京：九州出版社，2016：13.

事件要做，而且希望这重大的事情在世间实现，他的心中也不应该先存"天必佑我""天必助我""非我不能完成"的念头。他应该明白，现实世界需要完成的重大事件不止这一种，而且，重大事件的完成往往需要一步一步实现。否则，当某一天，他真感觉到"天不从人愿"之时，就不知道也不愿意转抱另一事件的完成为理想意愿。"当人之一种意愿理想，未能实现于客观世界，而天不从人愿时，人未尝不可转而抱另一具超越普遍之意义之理想意愿，而亦视之为天之命于我者之所在。"[①]这就犹如，一个怀抱救世理想而不能如愿的人，尽管不能达其志以"兼济天下"，却未尝不能由穷以求"独善其身"。

人如果能够自觉安排其理想意愿，便可以不局限于其所感受到的"天命"只存在于其当初的理想意愿中，也就不会强求其当初的理想意愿非实现不可，或当其不可实现时，就在心中生发"天必助我""天不能不助我"的虚妄意念。"天必助我""天不能不助我"的信念，尽管可以帮助人建立自信，但是，也让人不能免于将"天"看作侍奉自己理想意愿的存在，是为其理想意愿服务的存在，这无异于卑视天命天意，是对"天"的大傲慢。

由此来看，孔子、释迦牟尼、耶稣等圣哲人物，在言行上看来如出于傲慢之一的地方，是否真的傲慢，最后还要看我们怎样解释他们的说法。唐先生提出一个看法，既可以肯定有天命天意，又可以避免他因此给人产生傲慢心的观感：无论在顺境还是逆境，我都以天对我有所命来看，天既对我有所命，我就从天命我处去深入省察，明白这天命并非由外而来，实际上是由我自己的"超越而普遍的大公无私的情怀"中来。既然天命是从"内在超越普遍的情怀"而来，那么"天命"也就与"自命"无异。人也由此而明白，无论客观世界是否从人所愿，其实都未尝违背人的心愿，也就是说，未尝不都是"从人所愿"。由此可见，"天"实际上是无往而不从"人愿"的。

按照这样的方式去省察圣哲人物所说的承受天命天意，我们发现，其根本的意旨不外乎是，不论在任何顺境逆境，都必须以"超越普遍的大公无私的理想意愿"自命。相反，我们切不可将圣哲们所说的话理解为，他们一旦发心而有某种理想，天就从其所愿。

因此，当孔子陷于困境时说："天生德于予，桓魋其如予何？"孔子并不

[①] 唐君毅.唐君毅全集：第七卷·病里乾坤[M].北京：九州出版社，2016：13.

是说有天必然来助我，所以桓魋奈何我不得。孔子不是夸张说自己可以不被桓魋所困，而只是表明，即使受困，也一样无所忧惧，仍然以他"超越普遍大公无私的理想意愿"自命。同样，对于释迦牟尼之言"上天下地，唯我独尊"，也应当理解为释迦牟尼的自命，无论在天地什么地方，都必须彰显其德行的尊贵。而耶稣之所以自称为"上帝之子"，宣称自己由上帝差遣，也只在于表示他将无往而不行上帝之道。

总之，古今中外圣哲自称"承天命""知天意"的言语，看起来好像是傲慢心的表现，但是按照恰当的理解，就可以消除其傲慢之意。

（五）习气、妄念与疾病根源

依照理与事（理法界与事法界）的关系来看，尤其是依据柏拉图式的理法界（理念世界）客观存在的信念，人在病中不能不将应了而未了的事都放下，专心静养其病。唐先生也在这样的信念中病中静养。

在静而养病的过程中，唐先生对自己经验到、体验到的东西进一步反省，尤其是对人心通常都偏向于有事与多事，不能安于无事与少事的原因深入反省，最后发现，人心之所以有这样的偏向，"初不关乎理性的思想，而实源于吾人生活之习气"[①]。也就是说，人平时视为当了或当做之事，往往不是依照理性的思考真的非当了不可、当做不可的事；人们平时视为当了而未了、当做而未做的事，因为"未了""未做"而自以为有所遗憾的，往往并不是真的非了不可、非做不可的事。而人之所以说各种事"当了""当做"，实际上完全是出于人在生活中所形成的习气，是人将一事之"不必了""不必做"者，依照其不自觉的习气而化为"非了不可""非做不可"的事来看待。

1. 习气、妄念与生命力的消耗

人囿于其习气，会将一事之未必当了当做者化成当了当做者看待。唐先生说，这一点，是他向来都知道的，但是在这次罹患眼疾的养病过程中，体验则更为深切。

人们的生活总是在时间和空间中流转。一方面，每个人日常的所作所为，都会反复在时间历程中终而复始，始而复终。另一方面，每做一事又都会连及于其他事，"此事"与"彼事"往往构成关联。由此，在长时间的反复

---

① 唐君毅.唐君毅全集：第七卷·病里乾坤[M].北京：九州出版社，2016：21.

中，就会在人的生活中形成一种习惯性的关联，只要这一件事出现，就会联系到另外一件"相关"事。换言之，人每做一件事，都必然会在心中留存一定意念，以后遇到同类情境时，这个意念就会生起。如果相关的事情同时出现，则两个相关的意念也会同时呈现。人的行为就常常在这样的模式中驱动，这也就是人们生活中的"习气"。如果此事和彼事、此意念和彼意念的一作一随，屡屡如此，不断重复，便会导致习气越来越强。

对于这种心理上同时又影响生理上的"习气"，古今中外的哲人们都有所认知，而且也常常会提出一些破除之道。

在唐先生看来，只要人的心能够自作主宰，对于自己要做的任何事情都能够依理衡量，由此决定自己要不要依随一向的习惯重复去做，那么便可以对由习气而来的习惯做出自主的依理应对，或者让它继续，或者将其砍断。这样，人便可以将由习气而形成的习惯破除，使自己的生命和生活不随习气流转，由此也就可以使自己的生命力量不至于在不断重复的习惯中被浪费。

由此而言，依照"理性"自作主宰，对于人的生命力量的发挥产生极大的作用。相反，如果人不能有这样的自觉，或者说，有此自觉但意志不够坚定，不能完全依理而自作主宰，那么他的生命就可能是习气的自然流行。人如果纯然依照习惯而活动，则他虽然明知不当如此这般下去，但又不能不如此这般下去，因为他的生命已经完全受制于习气。

如果一个人不能自觉，或者自觉而意志不坚定地摆脱习气的控制，他不能依理而自作主宰，那么，在他闲居静处之时，任由习气流行，习气就会在人的心中化为一些无端而起的意念，而意念又会联想出其他意念。如此，各种杂念就会相缘而起，相继不断。而且，在这些杂多的意念中，往往有各种欲念夹杂其中，导致意念与欲念相偕并行。在唐先生看来，这些联想、意念、欲念，纷扰复杂，在心中相续不断；又由于它们都根源于过去的习气，不能表现为当下可见的具体行为，不能通达客观世界而实现其价值与意义，由此，它们只能在心中飘荡，化为一些虚妄的念头，人被这些虚妄的念头所困，从而将生命力不断地浪费。

2. 意念与欲念的妄动及身体的病因

唐先生认为，习气与妄念并非只是在心中飘荡而浪费生命，深一层看它与人的生命的关系会发现，它与生命的疾病具有某种内在关系。因为习气妄念有不同种类，它们动荡着，有不同的方向，而且方向是不确定的。同时，这些妄念有时还互相冲突，不断分裂人的生命力，导致人心灵生命归向统一和谐成为整体贯通的生命变得困难。所以唐先生说，人的生命力量被这些习气妄念所耗费、分裂，乃是"吾人之具生命之身体，所以有生理上之病之一根源"[①]。

人的身体会生病，如何理解身体的病与我们如何理解"身体"本身密切相关。在一般的理解中，我们的身体被理解为一个形体，这个形体是一个整体，有其统一性，由很多部分构成，这些部分各有其机能、作用和活动，身体就是由这些不同部分的作用与活动相互配合而成。换言之，人们都认为，人的身体是由不同功能的部分互相配合而成的，是一个内部和谐的具有统一性的整体。

但是，人不只是有这样一个整体性的形体意义的身体，除生理性的身体外，人还有心理性（精神性）的知、情、意。所以，更加准确地说，人的生命是一个生理性的身体和心理性的知情意相统一的存在，而且，其生理性因素和心理性因素是相互影响的。

当人心中有一意念生起时，就会引动身体的活动，因为意念是有活动方向的，身体的机能受到意念的指挥，使得身体活动有一种倾向。当一种意念引动身体行为之后，人是可以运用其自觉能力使意念停止下来的，身体的活动也就会随之而停止。如此，则此一身体活动便按照原来的方向而"逆回归寂"，不妨碍其另一活动的生起。

身体的各种活动有条理而周流不息，每一个活动都有始终，而且不妨碍其他活动的始终，这样才能保证身体内在的统一与和谐，生命力得以舒展，维持身体健康。反之，如果身体的活动常常为某一意念支配，造成一大习气，就会导致人的整个生命活动只为某一种习气驱动；或者他觉得自己的身体必须有某一种活动；或者他明明知道不应该有某种活动，却欲罢不能，只能继续下去，不能断绝。这就是身体为一种意念所支配而活动，不能"逆回归寂"。如此，人的整个生命活动，就陷入了消耗浪费的过程。

更为严重的是，当身体活动纯粹为意念所牵引时，如果其意念是杂乱的，

---

① 唐君毅.唐君毅全集：第七卷·病里乾坤[M].北京：九州出版社，2016：21.

而且还夹杂着各种欲念，那么其生命活动也一定是杂乱的，各种意念、欲念纷纷跳出来，并各自奔向不同的方向，身体的活动也便随之陷入分裂之中。如此，"吾人之整体之生命，即循不同方向之意念欲念之生起，时在分裂之中，即外若未病，而实已病矣"[①]。

3. 妄念停息与静养功夫

人有身体，身体会生病，身体之病的发生有各种因由。唐先生认为，从将人的生命作为一个生理性与心理性（精神性）生命的统一整体来看，人的生理性身体会被心理性意念欲念所驱动，导致生命的消耗和分裂，从而无法保持作为一个整体生命的和谐，并进而导致身体健康受损。由此，反过来说，如果一个人要保持身体健康，那么使自己的生理性身体与心理性活动经常保持统一和谐状态是非常必要的。而要让生命经常处于统一和谐状态，关键就在于，让各种由心中生起的虚妄意念及与之相关联的欲念等都停息下来。

道家特别强调养生，而道家人物所谓的"养生"，通常强调的就是致虚守静的功夫。所谓致虚守静的功夫，其实就是一个人通过向内观察自己的内心，面对由他自己内心生起的各种妄念欲念，设法使它们停息下来，这就是所谓的"静功"。在唐先生看来，在静中养病，根本上就是从事这种"静功"，也就是静养的功夫。唐先生强调，"由此静功，必有助于身体之康复，吾亦尝信之而不疑"[②]。

唐先生反省和分析自己罹患眼疾与自己生命中习气的关系，认为自己之所以罹患眼疾，与自己平日里读书的习惯不无关系，而且也是读书习气流行所致。唐先生爱读书，确实是他生命中的一大习惯，甚至可以说读书、写书、教书，就是他的全部生命。唐先生反思道："当吾读书之时，吾之目光向书而注视，即目之活动之向书而趋，以与吾整体之身体之活动相离，方有此目之形体自相离散之事。"[③]也就是说，自己读书之习气导致心灵生命的活动完全受困于此习气，眼睛长期专注于书本而向外离散，最终造成视网膜脱落和视觉功能损伤。从纯粹生理性的分析来说，一般医学也会认为，不良的阅读习惯伤害眼睛，这是具有"科学性"的。但是，唐先生在此不是要强调这种不良

[①] 唐君毅. 唐君毅全集：第七卷·病里乾坤 [M]. 北京：九州出版社，2016：22.
[②] 唐君毅. 唐君毅全集：第七卷·病里乾坤 [M]. 北京：九州出版社，2016：22.
[③] 唐君毅. 唐君毅全集：第七卷·病里乾坤 [M]. 北京：九州出版社，2016：22.

用眼习惯与眼睛受伤害之间的纯粹生理性关系，而是要强调这种不良用眼习惯背后的心理性习性的根源性，因为生理性行为作为习惯是由生命内在习性决定的。

唐先生并不是不知道，自己平日读书，内里实际上流行着一种习气；也不是不知道，眼睛太过经常专注于书本，会有损整个心灵生命的统一与和谐。所以，唐先生也曾经尝试用内视及其他方法使心灵活动不外驰而归在腔子里的功夫，努力把平日习气流行的方向逆回。尝试以后，不能说一点功效都没有，但最终还是不免罹患眼疾。

在养病过程中，唐先生想，世上应该有从事静功修炼比较深入的人，自己或可以借助他人使自己的心念归于纯一，进而通过心念的纯一使身体活动也归于纯一，由此祛除自己的身体之病。唐先生想到了道家老子言："圣人不病，以其病病，是以不病。"（《道德经》第71章）圣人之所以很少生病，就是因为他们不想疾病，不想它好，也不想它不好，根本就不紧张它。所以圣人很少生病，有病也好得快。在道家基础上发展起来的道教的养生之道中，也总以"逆反"的功夫为上，目的在于使人平时向四方弥散的生命活动重新归于纯一，从而祛除疾病。

在唐先生看来，道家、道教所推崇的静养功夫，确实能够在一定程度上破除人们日常生活的习气，是有价值的。但是，唐先生对此也保持清醒的理性，那就是，这种特别为中国道家所重的静养功夫，其功效到底如何，既取决于个人静养功夫的深浅，也要看身体之病的轻重如何。有一点是明显的，那就是这种静功在某些情况下是很难运用的，尤其是在"人病甚重，而极感受痛苦之时"[①]。

四、忧患感与处生死、疾病之道

唐先生罹患眼疾之初，未尝有大的忧虑。因为当时心中还隐约坚守着一个臆想：天有意使我失明，让我得以反省默证，最终将使我恢复光明。但是，当初次手术成功三日后视网膜再度脱落，唐先生开始警觉到自己当初心存轻忽，才意识到眼疾能否痊愈实际上是不一定的事，当初说天意要借此眼疾来

---

① 唐君毅.唐君毅全集：第七卷·病里乾坤［M］.北京：九州出版社，2016：23.

使自己进行反省默证的想法，实际上只是个人的幻想。进一步思考发现，这一幻想乃根植于自己少年时代的傲慢心习，趁自己不注意时在当下冒起化成妄见。

（一）忧患感的不同层次

有了这样的反省，唐先生便开始对自称有天命天意降在自己身上的人进行深入的检视，结果发现，凡是自称"有命在天""天从我愿"的人，不得不说都有傲慢心习。这种傲慢心习多是由他对"人"的傲慢转化而来的，由对"人"的傲慢心转化为对"天"以及"客观外在世界"的轻慢心。由此，唐先生明白，人不论在顺境还是逆境，都不应该做一般的"天从人愿"的设想，而是必须明白，自己有其所以自命之道，那就是按照"义之当然"而以此自命，并由自命而见天命天意之所在。而对于他人一时的言语，也不必以为他必然事事都如此想，也就不必因他一时的说话而断定他的傲慢。

1. 现实的当下忧患

由此反省，唐先生进而希望以此来面对自己的眼疾，希望明白其所以自命之道，并由此以自定其心。但是，当真正去依此行事之时，就深感其中知易而行难。

首先出现在唐先生心中的问题：

> 若吾之目疾不愈，我当何以自命，而即于此以见天命天意之所存？[1]

对于这一问题，唐先生想到《中庸》中孔子所说的"素富贵行乎富贵，素贫贱行乎贫贱，素夷狄行乎夷狄，素患难行乎患难"。但是，进一步问，如果自己的眼疾永远不能治愈，甚至眼睛盲瞎，自己当如何行乎其中而又能做到孔子所说的"君子无入而不自得"呢？

唐先生又想到《孟子》中所载孟子之言："天将降大任于是人也，必先苦其心志，劳其筋骨，饿其体肤，空乏其身，行拂乱其所为，所以动心忍性，曾益其所不能。……然后知生于忧患而死于安乐也。"孟子之意，不是说天预先规定生于忧患者必使之死于安乐，以使之成大任，而只是说，人由忧患而

---

[1] 唐君毅. 唐君毅全集：第七卷·病里乾坤[M]. 北京：九州出版社, 2016：15.

有动心忍性的功夫，则自能尽心知性，因而能够有义理悦心，所以能够死于安乐。想到自己罹患眼疾，如果不能恢复光明，又将如何用此动心忍性的功夫，使自己得以死于安乐呢？

唐先生养病的日子越久，用心越深，就越感到人处于忧患而期望安乐实非易事。

2. 可能的深切忧患

唐先生在养病过程中，期望眼疾痊愈，心不敢轻慢，时时寻觅治疗方案，并为眼疾长时间不能痊愈而忧虑。这是基于眼疾现状的忧虑，也是"忧患"一词在唐先生当下境况的基本意涵。但是，进一步深入地看，唐先生认为，自己更大的忧患在于对眼疾将来可能恶劣演变的担忧，这也是"忧患"一词当有的意涵。

就唐先生眼疾的现状而言，左眼虽病，但视力尚未完全失去，右眼健康如常。但是听医生言，但凡一个眼睛视网膜脱落，两三年后，另一只眼睛也有很大可能脱落。如果是这样，自己将遭遇双目失明的可能。想及此，就心生更大忧患。如果真到这一步，自己该当如何？

唐先生说，他曾经自思自念，即使是自己双眼失明，所失去的也只不过是眼睛这一个感官所接触到的世界，自己的耳朵还能听，手还能触摸，心还能思量。只要心还能思量，自己就还可以思考义理世界，可以长期从事反省默证的功夫，有此即一切无妨。自己又曾念及，如来在肉眼之外，更有天眼、慧眼、法眼与佛眼，自己何尝不可以有此肉眼之外的四眼呢？对于这样一些念想，唐先生很快就看清楚，全部只是他心中生出的主观臆想，目的是用来开解自己的忧虑，实际上只是一些浮泛之想，没有深切感，对于真正解除心中的忧患没有什么大的帮助。

进而，自己再转念想，忧患便更多更深了。因为，如果自己真的双目失明，失去的就不只是感官所接触的世界，也不只是看不到事物的形色，还包括"将不能见我所亲所敬之人，与所爱所美之自然，吾将不能自读圣贤之书，亦不能自写书，而亦不能见我自著之书"[①]。还有，将来局势安稳，自己可以还归故乡时，也不能再见山川大地；到父母墓前拜祭时，将不能看见墓的情形

---

① 唐君毅.唐君毅全集：第七卷·病里乾坤［M］.北京：九州出版社，2016：16.

到底如何，而与自己的弟妹同往拜祭时，他们将对哥哥失明而心痛不已，执手而泣。唐先生说，当他念及这种种可能的景象时，自己关于眼疾的忧患感就深切了，这种深切的忧患不是靠着浮思泛想就可以解除的。

面对如此深切的忧患，一系列问题便浮上心头：我将何以抵御这忧患感？怎样解除这忧患感？以什么态度来除此忧患？我在此忧患中该当如何行事？在这样的处境，我真的有相处之道吗？即使真的有相处之道，我又能以道自命而自定其心吗？

3. 终极的生死忧患

为了寻求一种方法来抵御及清除由罹患眼疾而引起的忧患，唐先生说，他沿着因眼疾而引起的深切忧患（念及双目失明后不能看见所亲所敬的人，不能见到所爱的自然，不能读圣贤书，不能见父母墓地的状况而引起悲痛等种种情况）再向前迈进一步，设想自己即将死亡的时候，将怎样对待死亡的到来？因为死亡是人生最大的忧患，如果一个人知道如何应对死亡，则他一定可以知道怎样应对其他的忧患。人如果懂得如何消除面对死亡的忧患，也就可以由此推知如何消除眼疾的忧患。这便是"现行到死中去"的究极哲学思维方式。

当唐先生要思考自己将如何面对死亡的忧患时，他首先想到的是古今圣贤所呈现出的面对死亡之道，因此，孔子、曾子、王阳明、苏格拉底等圣贤人物应对死亡的行事与态度便一一浮现在心头。

首先想到的是孔子咏歌而卒。按照《礼记·檀弓》的记载，孔子晚年，有一天早起，背着两手，拖着手杖，悠闲自得地在门外踱步，口中唱着："泰山要崩塌了吧？大梁将折断了吧？哲人将凋零了吧？"唱罢走进屋里，对着门坐下。子贡听闻此事就来探望。子贡说："泰山如果崩塌，叫我们仰望什么呢？大梁如果折断，哲人如果凋零，叫我们依靠谁呢？听歌中之意，夫子大概要生病了吧？"孔子说："赐，你怎么这么晚才来呀！"于是将夏商周三代灵柩停放的不同告诉他，说其中有不同含义。夏代灵柩停放于东阶之上，那是还把死者当作主人看待的。殷人将灵柩停于两楹之间，那是介乎宾主之间的位置。周人则把灵柩停于西阶之上，那是把死者当作宾客看待的。孔子说自己本是殷人的后代，而且前一个晚上刚好做了一个梦，梦见自己安坐在两楹之间。两楹之间是堂上的最尊位，但世上既没有明王出世，天下有谁会把他当作立于两楹之间的国君那样尊重呢？他告诉子贡，自己大概是快死了。说过这番话以后7天，孔子就去世了。

又想到曾子临终易箦之事。也是《礼记·檀弓》的记载，曾子卧病不起，病情严重。曾子的弟子乐正子春坐在床的下首，曾元、曾申坐在曾子脚边，一个少年童仆手执烛火坐在墙角。童仆说："又华丽，又光亮，这是大夫用的竹席吧？"子春说："住嘴！"曾子听到他们的话，显出吃惊的样子说："哎呀！"那童仆却又说了一句："又华丽，又光亮，这是大夫用的竹席吧？"曾子说："是啊！这是季孙赏赐的，我因病没能将它换下来。元，扶起我来，换去这张席子。"曾元说："您已经病危了，不可以挪动身子。希望能等到天明，再让我们为您换去席子。"曾子说："你对我的爱护，还不如这位童仆。君子爱护人，就用德行来要求他；小人爱护人，只是让他获得一时的安逸。我还会有什么要求呢？我只有能合乎礼制地死去，心里才满足啊！"于是，曾子被扶下床，大夫用的竹席被撤换下来。曾子又被扶回换过的席子上，还没躺好就死了。由曾子临终易箦之事，看到人死得其正道。

又想到王阳明临终言此心光明。嘉靖七年（1528），57岁的王阳明在处理两广总督军务时，旧患咳痢之疾突然加剧。他有很不好的预感，于是在上书请求离职后，不待"廷报"，就自作主张，坐船自梧州经广东韶关、南雄北行。打算一边等待朝廷批准，一边往家赶。当他离粤时，门人布政使王大用害怕路上有变，专门为老师备了副棺材，随在舟后。十一月二十五日，舟逾梅岭至江西南安。府推官周积闻师至，前来拜见。阳明起坐，咳喘不已，自谓"病势危亟，所未死者，元气耳"。由于病势骤剧，阳明在南安一停五日，无法前行。至二十九日辰时，召周积入舟，已不能语。过了许久，睁开眼睛看着周积说："吾去矣。"周积含泪问："先生有何遗言？"阳明微微苦笑道："此心光明，亦复何言！"少顷，瞑目而逝。

又想到高攀龙临终言本无生死。天启六年（1626）二月，崔呈秀假造浙江税监李实的奏本，诬告高攀龙、周起元等七人贪污，派遣缇骑前来抓捕。三月，高攀龙整冠束带前去拜谒先贤杨时的祠堂。回家后与弟弟高士鹤及门生赏花于后花园池畔，谈笑自如。此时有人前来禀告周顺昌已被逮捕，高攀龙闻言神情泰然，笑说："我本视死如归。"归家后与夫人谈笑如常，没有异样。亲笔书信交给两个孙子，交代翌日递给校官，而后闭门遣散诸孙。不多

91

时高攀龙的儿子们感觉异样前来探查,发觉高攀龙已自沉于池塘,时年64岁。据史书记载,他死时,竟然站立在水中,"左手护心,右手傍岸,衣履整齐,污泥不沾身,滴水不入腹。数日成殓,面色如生"。

又想到刘宗周临终言君亲念重。弘光元年(1645)五月,清军下南京,随即兵逼杭州,鲁王潜逃海上。六月十五日,刘宗周在吃饭的时候听说鲁王政权崩溃的消息,"推案恸哭曰:'此余正命之时也。'遂不食",最后绝食而亡。六月二十四日,刘宗周在《示汋儿》中写道:"子职未伸,君恩未报。当死而死,死有余悼。"刘宗周正是因为"君亲之念重"而使他能面对死亡,能超越生死而浩然与天地同流。

又想到苏格拉底临终畅论不朽之理。公元前399年,70岁的哲学家苏格拉底被雅典人以城邦利益的名义判处了死刑,罪名是反对城邦的旧神、试图引入新神和腐蚀青年。临死前,他拒绝了克里托让他越狱逃跑的建议,称不想腐化自己和别人的灵魂,并讨论不朽问题,认为灵魂不死,身体的死亡其实是一种解脱,一个人对另一个人能造成的最大伤害,并不是杀死他,而是腐化他的灵魂,同时请克里托帮他偿还自己欠医神阿斯克勒庇俄斯的一只公鸡。

唐先生说,他在述及这些古圣先贤应对死亡的行事与态度时,都如亲闻其语、亲见其事。尽管各人应对死亡之道不同,但都因给予人启示而值得学习。

> 吾念人之对付死之道,在态度上,固当学圣贤之安详。然行事上,则当学苏格拉底偿还对他人之负欠,了未了之余事,而后人之一生,乃得来去洒然。①

大体上说,态度上应当学他们的安详;行事上,则应当学苏格拉底临死前不忘偿还对他人的欠债,了未了之余事,这样才能见一生来去洒然。

(二)身体、意识与生死

1. 身体和意识关系问题的产生

人要对人对事做"当与不当"的辨析,必须依赖我们的道德意识。道德

---

① 唐君毅.唐君毅全集:第七卷·病里乾坤[M].北京:九州出版社,2016:16.

意识只是人的意识的一种，人的意识还包括政治意识、法律意识、伦理意识等。通常人们认为，人有意识表明人有生命，没有死亡。人死了，就是没有生命了，同时也就没有意识了。

人没有了生命，似乎也就没有了意识。在现实生活中，因为知道自己终将死亡，人可以不去想未来的死亡，而专注于生命中当了当为之事，并以此应对死亡，这也是人们逃遁于死亡之外的重要生活模式。但是问题在于，人最终必将死亡。死亡就意味着没了当下这个现实存在的生命，现实存在的意识也将归于不存在。一般意识都没有了，所谓"道德意识"也将消失而不存在。

人有关于死亡的认知，当然是意识。人知道有死亡，这个"知"就是以死亡为"所知"，而人的意识则为"能知"。这一"能知之知"，似乎不应当随死亡而俱灭。但是，人的"知有死亡之知"，是在人活着的时候发生的知。因此，当生命既死，此知似乎亦未尝不死，未尝不随之而泯灭。如此，则死亡就是生命自己的死，也是"知"自己的死，而不只是知的"所知"对象而已。

如果真的是生自死，而知自死，那么，道德意识也就一念遂泯。如此，则人辨当与不当并宅心于其所当，虽然可以尽生之道，而终不足以尽死之道。

但问题是，"生死"这样的字眼，是用来描述人的身体状况的，那么说"人死了"，是不是也一定包含"意识没有了"呢？身体和意识的关系到底是怎样的？意识和身体的依存程度到底如何？意识是不是一定会随着身体的死亡而消失？人在生（活着）时，意识是不是一定存在于身体之中而不消失？人的身体死了，意识是不是立刻消失了？

简言之，"意识"与它所依存的"身体"到底是一种什么样的关系？这就涉及更深层次上的身心关系哲学问题。

2. 身体可以有生命而无意识

由于治疗眼疾的过程中使用过麻醉剂，唐先生对身体与意识的关系做了深入的考察。最初，唐先生认为，自己的意志力是很强的，非常自信。虽然在道理上知道意识的存在是依存于身体存在的，但并不愿意对此有深入思考。所以，当医生说，眼疾需要动手术，必须全身麻醉剂时，唐先生最初不愿意相信，麻醉剂真能让人的意识暂时停息，因此对麻醉剂的效果还多有担心，还这样安抚自己："此剂对人皆有效，吾亦为人之一，则此剂对吾亦有效，方自去其无效之虑。"①并且，在上麻醉剂前，还勉力想用功夫停止意念，以自求入睡。但是，麻醉剂一旦施用，也就不由得自己想什么了，身体状况随即改变，意识也真的暂时止息了，甚至可以说是"绝灭"了。

唐先生说，他少年时读《楞严经》，其中提到人的眼睛有能见的自性本能，在光明的地方能看见各种形色，而在漆黑的地方则能见到黑暗，其见性始终不减。当时他就想到，即使眼睛的见性不灭，如果人没有见的意识又当如何？没有见的意识，眼睛是否仍有见性？

后来，唐先生读印度哲学的书，其中有一个学派认为，人在夜晚昏睡之后，看似完全没有了意识，第二天早上醒来后却知道自己晚上曾经昏睡。他能知道自己曾经昏睡，就足以说明人在昏睡中虽然没有了一般意识，但是有另一个意识出现，所以醒来后自己知道自己曾经昏睡。唐先生说，当时自己认为，这个学派证明了人的意识长存不灭，并赞叹其学说巧妙绝伦。

但是，有了这次上麻醉剂的经验后，唐先生对于人的意识是否长存不灭有了疑问，觉得有深入探讨的必要。之所以产生疑问，是因为自己在被施用麻醉后醒来的一刻，首先想到的是身体被麻醉前的事情。而且，这种情况并不是自己一个人的体验，其他人也这样说。这就令人不得不问：如果人在施用麻醉剂后"无觉"，即处于无意识的状态，那时是"一般意识"停息而已；如果此时有另一个意识生起，知道自己处于"无觉"（无意识）状态，那么，他醒来的时候，首先想到的应该是他在"无觉"的状态中发生的事；但现在的情况不是这样，醒来后首先想到的，不是自己曾在麻醉中的事，而是麻醉前的事。由此而言，说人在麻醉之时，"一般意识"停止，而有另一意识在活动，于事实上是缺乏证据的。

所以，我们必须承认，在人被施用麻醉剂期间，实际上处于一种绝对无意识的状态，醒来之后知道自己曾经处于一段"无觉"的状态，乃是后来经过一段思考才知道的。

人在昏睡之后再醒来之时，最初想到的如果不是其昏睡前的事，也应当是睡醒时的见色闻声之事，因而不能认为此昏睡是一种"无觉"状态。人想

---

① 唐君毅.唐君毅全集：第七卷·病里乾坤［M］.北京：九州出版社，2016：30.

到自己昏睡时或上麻醉剂时是"无觉"的状态,也只是其醒后回念思考得出的推论:自己被施用麻醉剂前与昏睡醒后,所感受到的世界,好像是间断而不相续的,由此推知自己曾经经历一段"无觉"状态,于是意识到有这样一个"无觉"的状态。很显然,这样一个"无觉"乃起于醒时的回念与构思,不足以证明在昏睡与上麻醉剂之时,人另有一个"无觉之觉"或者"无意识之意识"存在。

唐先生由此指出,在身体仍然处于有生命的状态时,依存其中的"意识"停息如同绝灭,这并非不可能。这就意味着,身体有生命而无意识,这并非不可能。因为身体疲倦而昏睡,以及施用区区麻醉剂,就可以使人的意识归于一时的停止绝灭,那么,人的身体由老而衰而坏而死,哪儿还可能有什么意识的存在呢?人生短暂,而且生命脆弱,意识的存在是如此飘忽而短暂。一般意识如此,何况作为人的意识一部分的"辨当与不当而行之"的道德意识呢?

3. 生命中无意识状态的存在

唐先生认为,这一次的麻醉剂经验使自己体悟到,在人的生命过程中,确实可以有一段是完全"无觉"的。隔着"无觉"这一段的后面的"觉"(意识),承接前面之"觉",仍然是以"觉"承"觉",以意识承接意识,人可以完全不知道中间隔了一段"无觉"状态的空隙。自己在麻醉中经历的"无觉"生命状态,如果不看时钟,别人告诉经历了4小时自己就会相信是4小时,别人告诉经历了40小时自己就会相信是40小时。既然人对这一段没有意识,"实则此中经历千万亿兆年,亦与一瞬无异"[①]。我对这一段没有意识,这一段即非我所知,我也就可以完全不觉得它的存在,而只是以后面之"觉"直接承接前面之"觉"。

人被麻醉了,在麻醉中没有意识。因此,这一段被麻醉的时间,就自己的生命体验而言,基本上可以说与"不存在"没有区别。而相对这一段"不存在"而言的"前觉"与"后觉"的关联与相继,唐先生认为,可以分别由内看和由外看,两者所见有所不同。

由内而言,也就是从被麻醉者角度看,由于他没有感觉到中间有"无觉"

---

① 唐君毅.唐君毅全集:第七卷·病里乾坤[M].北京:九州出版社,2016:31.

这一段生命存在,所以,他所见的,只是承继"觉"而起的仍是"觉",通体都只是"觉",通体都只是意识而没有"无意识"的生命状态。由外而言,也就是从他人角度来看,明明看到麻醉者在"觉"与"觉"(意识与意识)之间确实有"无觉"一段生命存在,麻醉者先是在"觉"的状态,继而是"不觉"状态,最后又处在"觉"的状态。整个过程是一个"觉"亦即意识的断续状态。

由此来看,人们具有生命的身体,其中确实可以有"无觉"、不能觉(不能意识)的时候。人们"觉"或"不觉",与其身体生命的存在状态密切相关。身体本来可以感知外物,但是,如果身体对物不能有所感,比如,唐先生自己眼睛的视网膜脱落导致不能看见(感知)外物。或者,尽管身体能有所感,但神经系统不能将所感者传递到中枢神经;又或者,尽管神经传递无碍,但有其他因素如施用麻醉剂;又或者,中枢神经系统受到损害了。这些情况都可能导致人处于"无觉"的生命状态。

进一步说,即使人有"觉",对外物有所感,他所感的到底是什么,往往也需要看感官与所感之物、传递的神经系统以及中枢神经的状态而定。所以,人即使是有觉者,对这些问题也不可能完全自主。由此而言,"觉"是否可以相续存在,其存在状态到底如何,都没有必然性,而只有偶然及各种可能,它有可能但不一定真正化为实际。即使其已经化为实际,仍然具有不再存在的可能,实际上仍是一飘忽不定之物。

4. 意识"依存"于身体的意涵

由前面的反思可知,对人的生命状态的自觉,有,但并非常有,也不是一定有;无,但并非常无,也不是一定无。人麻醉后,其"意识"经历了由有到无,再由无到有的过程。唐先生通过对这种情形进行内外两方面审视,剖析了身体与意识之间依存关系的实质:通常所说的意识"依存于"身体,未必是指意识不能离开身体而存在。

当我们说意识"依存于"身体时,我们必须明白,这里所说的"依存"不是必然的常依存,它实际上可以不依存于身体;反之,当我们说意识"不依存于"身体时,我们也必须明白,这里所说的"不依存"也不是必然的永不依存,它实际上可以再依存于身体。唐先生说,这可以由施用麻醉剂的情况来加以印证和说明。当医生发现病人处于"无意识"状态时,他可以说,人平时所具有的"有意识"状态并非必然的,乃是无常的。当病人醒了,进入"有意识"状态时，他也可以说，人所处的"无意识"状态并非必然的，乃是无常的。

对于意识与身体的"依存"关系，如果人们可以如前面灵活地看待，那么，对于一个处于昏睡而全无意识的人，我们就不会轻易说，他的意识不会再回来。以此类推，对于一个已经死亡的人，如果其身体已经坏到某种地步，说其意识不可能回来，这是可以理解的；但是，如果说他的意识就此永远消失，这就需要更进一步充分地论证了。比如，唯心论者对此就存有不同的看法。在佛教的唯识学中，也是如此。唯识学者认为，人有八识，第八识为阿赖耶识。他们认为，阿赖耶识藏着心识的种子，只要生缘具足，就可以变起五官（根身）、外界（器界）与心识活动。依照唯识学，众生依存的身体死亡后，它所具有的"能觉之理"依然存在，因此，意识能回来的可能性依然存在。

唐先生说，或许有某些特别的情况，比如，人在接受手术的过程中，正当他进入"无觉"状态时，忽然遭遇大地震，其身体被毁坏，那么此人不能再凭借其身体而再觉（再次呈现意识状态）。如果此"觉"，如唯心论者或唯识学者所说是不消亡的，那么世人见其身体已毁坏便说他已死，就是没有认真思考和分辨，他所死亡的只是身体，其"意识"（或唯识学者说的心识种子）仍然存在。

如果人知道，身体死亡了，意识（心识种子）并未丧失，那么他便可以相信：既然心识种子尚在，只要生缘具足，就可以变现为"实生之我"。即使生缘没有具足，未能见到当前的"实生之我"，也未尝不可以主张：实际上有一"觉"在暗中存在，有心识种子的潜在。

唐先生说，如果人的生命过程真的如此，以此角度来看世间一切已死之人，我们就可以说，只要生缘具足，则他未尝不可以不死；他虽死，也不可否定他具有"觉"的种子。既然具备"觉"的种子，意识就可以再回到身体；只要有身体为其所依，则他就会为人所见。

由此，不论经历的时间有多长，只要到时生缘具足，这一"觉的种子"就可以承继在前的"觉的种子"而生，看起来是"觉""觉"相生，又进入有意识的状态。这中间的时间，即使历经千万年，看起来也如一瞬间。唐先生强调，明白了这一点，我们就不能简单地说，人一死就什么都没有了，没有再"觉"的可能了。

（三）应对死生与眼疾之道

在对照古圣先贤面对死亡的态度和行事后，唐先生回顾自己一生的行事，也曾如苏格拉底一样，在人生的每一个阶段，基本能够做到"有始有终""了然清白"，并自谓这是自己生命中的重要美德，可以为世人作示范。

唐先生17岁离开重庆到北京上学，在中俄大学读书一年，之后转学到南京中央大学。在离开北京时，就将所有遗留的物件一一整理清楚，寄交朋友。自此以后，凡是离开一地，都不是仓促离开，而是从容地将遗留的物件整理妥当并交给他人。1949年2月唐先生在战火纷飞中最后一次离开南京时，也依然将在中央大学宿舍中的杂物整理妥当留下，并且将仅剩的存米用一个畚箕装好放在房间中央，将钥匙交托给当地朋友，然后离开。尽管唐先生叙说此事时已经是17年后，但那"一箕中之米"，依然历历在目，呈现于当下的心灵中。尽管那一箕中之米，早已不知去处。

在唐先生看来，凡是离开一地必把遗留事物整理清楚、安顿妥当，乃是人尽其离一地之道。他由此想到，人不妨将此离一地之道转而用于人离世间之时，"能尽离去一地之道，则亦能尽死生之道。此道无他，不外来去始终之清白耳"[1]。也就是说，依循离一地之道，将遗留事物整理清楚、安顿妥当，我们在面临死亡时尽死之道，也就是将遗留世间的事物一一整理清楚、安顿妥当，做到来时清白、去时也清白，生也清白、死也清白。这正如宋代大儒程伊川所言："能尽饮食言语之道，则可以尽去就之道；能尽去就之道，则可以尽死生之道。饮食言语，去就死生，小大之势一也。故君子之学，自微而显，自小而章。"[2]

人生的忧患莫大于死，其他任何忧患都不足以与死相比。与离别家乡父母相比，死乃是大离别，其他一切离别都只能算小离别。人有其他忧患，表明他还活着，还有不必忧患的。人未死，就表示他还可以有所忧患，而死则表明他想忧患也不可能忧患了。人有其他不同忧患，或不可免或可免，但死则是每个人必不可免的，死的忧患没人能免。茫茫世界中的人，无不是未定

---

[1] 唐君毅.唐君毅全集：第七卷·病里乾坤［M］.北京：九州出版社，2016：17.
[2] 程颢，程颐.河南程氏遗书［M］.合肥：黄山书社，2022.

死期的"死囚"。因此，在唐先生看来，人如果能知道如何应对必然不可免的忧患，即死的忧患，那么他就没有理由不知道如何应对他人可免而我不可免的忧患（如唐先生自己罹患眼疾的忧患）了。

既然知道如何应对死的忧患，则理应知道如何应对眼疾的忧患，那么自己到底要怎样应对死的忧患呢？唐先生对这一问题反复深思，最后发现，人对死亡本身不能有所观想，因为死亡本身无可观。因此，人应对死亡之道，不在观死亡本身，而应该是，当人念及他将死、必死之时，不观死亡本身，而是将其面对死亡之心撤回，回头看当前之生，看看此生之中是否有当了而未了之事，趁自己尚生而未死之际，努力将一切当了而未了之事了却。唐先生认为，人的心念如此，才是人逃遁于死亡之外、不想及死亡的最好方法。换言之，当人面临死亡时，他所要做的，是趁自己仍然在生去整理和了却自己一切应了未了之事。唐先生说：

> 人将如何对付此死之忧患？吾意此初非只是对死而观，以死之本身无可观。此初当在人人之念及其将死、必死，而更撤回其心念以反观其生，而于其生中未了之事，在未死之时，尽力以了之。此即人之所以自遁于死之外之首道也。[①]

唐先生既然领会到自己认为的应对死亡之道应该如此，那么，就可以由此推知，自己如何应对目盲之道。人目盲有目盲的忧患，这是很自然的事。但人的应对之道应该是，人在此时不宜去观想目盲之后种种可能的忧患，而应该是将其观想目盲之心撤回来观想当前，趁当前眼睛还未完全失明，努力将生活中一切该了而未了之事一一整理清楚，安排妥当。

唐先生这样想，也按照这样的方式而行事。于是，便在病榻上仔细检视，自己有什么事需要整理清楚、安排妥当，包括自己还未回复的信件、未完成的文章、未圆满的朋友所托、未应酬的一些人事，然后一一整理清楚，并嘱咐妻子代为了却。同时，又念及自己所写的文章有些内容不够完善，措辞也不够圆满，需要斟酌改正的地方尚多，便勉力修改，使之尽可能少些遗憾。

[①] 唐君毅.唐君毅全集：第七卷·病里乾坤［M］.北京：九州出版社，2016：17.

但是，按照这样的方式继续下去，唐先生发现，自己最大的苦恼便是，这样一些"欲了未了之事，终无了期，宛若苏格拉底之尝负欠人无数之鸡，而终不能还尽"[①]。面对这样一种"终无了期"的状况，自己该当如何自处？面对此一境况，一些人以"不了了之"为答，一些人以"了却多少即多少"为应，但是唐先生不愿意这样轻率从事。因为在他看来，当了之事，终为当了；即使自己力不能及了，也不应该轻率地以"不了了之"或"了却多少即多少"为答。那么，到底应该怎样对待此当了而实际上不能了之事呢？

（四）了事的能力与心愿

唐先生说，人要了却他一切当了之事最好的方法，是先求了解自己有了却当了之事的能力，再去从事当了之事。如此，人在病中，就先当养病，以求有了事的能力。就他本人而言，在当下之境，有病在身，除使病可以医好以求有了事的能力外，似乎没有别的办法。要自己的眼疾能够医治好，当下除专心养病外，也别无他途。既然如此，则当前应做的就是专心养病了。但是，自己心中还是被一个问题困扰：专心养病而最终视力不能恢复，那么，又应当如何应对"当了而未了"之事呢？唐先生一方面专心养病，一方面进一步思考在自己力不能了事时如何应对"当了之事"之道。

唐先生以著述之事为例来说明，认为"专心养病"与"须了一切当了之事"这两件事之间充满矛盾。"吾固可谓在吾养病之时，吾无力加以改正，吾当先养病，以求有此力。然吾亦不可以此而谓此错误之不当改正也。当改正，而吾又以当先养病，故不能加以改正。此即形成当然世界中一不可解之根本矛盾。"[②] 一方面，文章有错误，就应该改正，不能不改正。另一方面，现在为了专心养病，所以不能改正，而且，恰恰是为了有能力来改正，必须耐心而专心地养病。为此便要强调，是为了养病而没有改正文章，养病就是为了有能力来改正文章；不是说不必改正，而是必须改正，应当改正。

这一根本矛盾，在一切人的能力与人所视为当实现的理想意愿不相应时，都普遍存在。而人所视为当实现的理想意愿总是无尽无穷的，也就是说，人所视为当了未了之事总是无尽无穷的。这就意味着，一个人的理想意愿、当

---

① 唐君毅.唐君毅全集：第七卷·病里乾坤［M］.北京：九州出版社，2016：17-18.
② 唐君毅.唐君毅全集：第七卷·病里乾坤［M］.北京：九州出版社，2016：18.

了未了之事与其能力的不相应也必然是无尽无穷的。如此，人从中所感受到的矛盾煎熬也必定是无尽无穷的。

人的能力原本就是有限的。但是，人在健康的情形下，往往并不真正自觉其能力有限。因为，他可以将其无限的意愿理想中若干有限定范围的理想意愿选择出来，而依次加以努力实现。然而，人在疾病的情形下，这一有限的能力自身，先走向进一步萎缩之途。人的能力与其理想意愿之间的矛盾也就尖锐地凸显出来。人在病中，应当以养病为先，这并不只是事所必须，同时也是理所当然。

唐先生指出，虽然他将事情分先后缓急来处理，却始终抛不开一个忧患：如果自己的眼疾最终不可治愈，此改正文章错误之事应了而终未了，该怎么办？人应该依据怎样的道来应对这一情境？为了解开此一缴绕的问题，逼使唐先生的思想走向"永恒的世界"的信念。这关涉"理"与"事"是怎样一种关系的问题。

唐先生由应对死亡之道而悟应对眼疾之道，发现其道在于：将向前观想的心念撤回于当前，趁眼睛还未全盲之际，了却生活中一切应了而未了之事。但是，进一步发现，欲了之事可以无穷，终无了期；既无了期，又该当如何应对呢？而且，当有一天真的确知病不能痊愈，当了之事确实超出了自己的能力，对于"当了而未能了"之事，又当如何应对？

（五）了事之理与功夫

面对人身处如此情境时的矛盾，唐先生思之又思之，顿然发现："柏拉图式之理法界之客观存在之信念，为唯一解决此矛盾之道。"[①]柏拉图认为，理念世界（理法界）是客观存在的世界，可以独立于个体世界，以及独立于事法界。理法界和事法界既分又合，所谓理事无碍法界。其中就包含着人应当如何应对"事当了而力不能了"之道。唐先生认为，人若对柏拉图所说的理法界客观存在有坚定的信念，就足以为解决自己所面临的矛盾提供一个解决方法。因为，既然理法界是客观存在的，那么即使事法界（经验世界）中没有事与之相应，也不妨碍理法界中存在这一事相之理。

唐先生强调："凡是当了、当作之事，皆自具其当如何作之理。此理永恒

[①] 唐君毅. 唐君毅全集：第七卷·病里乾坤[M]. 北京：九州出版社，2016：19.

存在而不改，实吾在力不能了所当了、作所当作时，所当深念、深信。"[1]当人真感到有一事"当了而力不能了"之时，实际上不能不生起"能了多少即多少"或"不了了之"的念头，因为除此之外，实在也没有其他的方法。但是，在此时，最重要的是，不可以轻率地以这些念头为"理所当然"。当他说"能了多少即多少"或"不了了之"时，其心并不是轻率的，他要能够显示出其心灵内部实际上有极大的慎重与严肃，并由此而生起一念的放下。当然，这里所谓的"放下"，只是放下他当前"能了多少即多少"或"不了了之"的念头。实际上，这时的"放下"，不是单纯的放下，而是在"客观永恒存在之理"的面前，将这些"能了多少即多少"或"不了了之"的念头放下。其心在面对"客观永恒存在之理"（理法界）时，非常清楚地知道，凡是当了之事固然有其当了之理，对此理而言，事之了或不了，对"理"都无所损益。而且，事虽然不能了，但对"理"来说，此不能了之事，仍有其当如何了之理。

唐先生以自己因为眼疾而不能修改文章之事为例进行说明。自己所写文章有错误而不能美善，自己因为眼疾又没有能力修改，或者因为要养病而不能费力修改，便唯有将"修改文章"这一念头"放下"。自己的文章应当改正而未能改正，这在"客观存在的永恒之理"面前，虽然欠缺了与"理"相应之"事"，但他心里很清楚，凡当了之事，都有其当"如何了"的理存在。只要这"当如何改"的理存在，那么人就可以依据此"当如何改"之理而改之。因此，只要这"当如何改"之理存在，天地间最终必然会有如此这般美善无误的文章出现。尽管如此美善无误的文章，我自己不能得到，但他人或可得到，或者最终必然会有人能够得到。即使最终没有人能够得到，此"当如何改的理"依然永恒自在。

在唐先生看来，关于理法界客观存在的思想，本来还有很多在理论上需要厘清的地方。但是，在此次罹患眼疾的养病过程中，自己直观强烈地感受到，此理法界的存在真实不虚。因为，只有当人想到理法界真实不虚时，他才可以真正地放下。比如自己，当想到有一"美善无误"如天成的文章自在天壤（理法界），"此天成之文章，吾不能得之，或他人能得之，神灵能得之。纵他人神灵皆不得之，其自身自在，而他人或神灵可得之之理，亦自在"[2]。如

---

[1] 唐君毅.唐君毅全集：第七卷·病里乾坤[M].北京：九州出版社，2016：19.
[2] 唐君毅.唐君毅全集：第七卷·病里乾坤[M].北京：九州出版社，2016：19.

此，自己就可以"放下"当前应改而力不能改的修改文章的念头。此时的"放下"，不是草率的放下，而是在自己直感真实不虚的理法界之前的放下。"吾感一天成之文章，自在天壤，吾乃可放下此改文之事。吾感任何当了当作之事，其当如何了、如何作之理，自在天壤，吾乃可放下一了之、作之之事。"①这完全不同于人们日常草率的"不了了之"的放下。

由此，唐先生想到宋代大儒陆象山与门人的一段对话：

> 一夕步月，喟然而叹。包敏道侍。问曰："先生何叹？"曰："朱元晦泰山乔岳，可惜学不见道，枉费精神，遂自耽搁，奈何？"包曰："势既如此，莫若各自著书，以待天下后世之自择。"忽正色厉声曰："敏道！敏道！恁地没长进，乃作这般见解？且道天地间有个朱元晦，陆子静，便添得些子？无了后便减得些子？"（《陆九渊集》）

在唐先生看来，当象山步月时念及朱子不见道时，他心中未尝不希望让朱子见道；朱子一日未见道，象山的心愿便一日未了。但是，当门人有问时，象山一回念，则其心便将"必须让朱子见道"的念头放下，安于朱子不见道，不以自己不能使朱子见道为遗憾。象山此时的"放下"，并非草率的放下，不是一般人所谓的"不了了之"的放下。象山之所以能够放下，是因为他念及道即在天壤间，不以朱子、象山而增，也不以朱子、象山而减。换言之，道在理法界永恒客观存在，不以人世间（事法界）有没有悟得而有所增减。所以，不管朱子是否得道，都不碍道本身的永恒客观存在。如果不是念及"道"本在"天壤"（理法界），象山未必真能放下。

唐先生在罹患眼疾养病无事能做时，直感理法界的存在真实不虚。但是，在没有罹患眼疾之前，自己虽然对于"理法界"的存在有信念，但总觉得其中还有种种葛藤需要在思想上厘清。在过去的想法中，尽管理法界存在当然之理，人由理法界看没有任何遗憾，但是，事法界欠缺一事，事上就总有欠缺，因此，由事上说就不能不使人遗憾。

比如，象山虽然说道不会因为世上有朱子、象山而增加一毫，也不会因

---

① 唐君毅．唐君毅全集：第七卷·病里乾坤［M］．北京：九州出版社，2016：19.

为世上没有朱子、象山而减损一毫，象山可以因为这一信念而不求朱子非见道不可，他自己也能够以"不了"来了之，将"朱子见道"这一事"放下"。但是，象山不能在事法界使朱子见道，便始终欠缺"朱子见道"这一事，这不能不说是一种遗憾。

又如，自己因为罹患眼疾，不能将美善无误的文章修改出来。尽管我相信此"美善无误的文章"在理上存在，但毕竟在事法界欠缺此"美善无误的文章"，事上终究有所欠缺。既欠缺此一"美善无误的文章"，则留下了一件"当为而未为"的事。即使我能够依照我对理法界的信念而将"未了之事"放下，心中却仍有遗憾。

为什么会有这样理上明白心中却不能满足的遗憾？这样的遗憾又将如何面对？唐先生对此继续深思，终于体会到："求了一当了之事"是理，"不求必了一当了之事"也可以是理。人在病中，真到力所不能了一事之时，就不应当求必了一事，此"不求必了一事"本身，也可以说是理。自己在病中当专心养病，不求必改文章，这本身就是一理。如此，则不仅不欠一理，也不欠一事。由此也可以说，象山不能服朱子，是象山力不足以服朱子；既然力不足以服朱子，就不求必须服朱子，这本身就是理。如果是理上不当有的事却求有此事，便是违背理。反之，当此之时"不求有事"，恰恰可能是顺乎理。由此而言，在某些情境下，如果人"必求有事"恰恰可能违背理，而"不求有事"则可能是顺理。此"不求有事"之事，既是顺理，同时也是事，因此也就不能说此中无事。而且，恰恰是这一"不求有事"之事，是于理无违的。无违，即表明其自是天地间之事，无违即无憾。故而，自己既然在病中养病，就不必求将文章修改为美善无误的文章，这既不违理，也是理法界中的事。

"不求有事"本身即理，"不求有事"即理中的一事。在某些情境下，"不求有事"不违理，而"求有事"反而违理。因此，在某些情境下，人应当以"不求了一事"为"了一事"，"不求作一事"为"作一事"，而不是必须"求了一事"才算"了一事"，"求作一事"才算"作一事"。简言之，应该是以"不了一事"为"了一事"，以"不作一事"为"作一事"。这便是唐先生在"理事无碍"中所悟得的道理。

尽管唐先生感悟到的道理是如此，但其心中的疑虑依然不能由此而完全消除。其心中总觉得"了一当了之事""为一当为之事"，客观上看，总是比只有"当如何了之理""当如何为之理"的存在多一事。因为，以"了一当了之事"为事，这里有一个客观的"事"为人所见，而以"不了一当了之事"为事，则是没有一个客观的事为人所见。所以，"了一当了之事"和"不了一当了之事"相比，是多了些东西，多了些事。比如，"改一文章而得到一完善的文章"和"不改一文章为一完善的文章"相比，是多了一些东西，多了些事；实际上有一完善无误的文章，相较只有一理法界中的文章（天成的文章）而言，多了些东西，多了些事。

但是，这里所谓的"多了些事"是真的多了些事吗？唐先生说，在病中进一步体会和思考发现，"此中之所谓多一事者，实未尝多"[1]。因为，如果从事上来看事，没有事是不毁的。"事无不毁"，是理，亦是事。此即如佛家所言"诸行无常"，事无常性。既然"事无不毁"，那么就最终结果上看，"多一事"无异于"多一毁事之事"。如此看来，"多一事"实际上也就未尝多一事。

对理法界来说，有其理，却未必有其事，理可以无一事而仍在，事之有无或者多少，对理都无所影响。在唐先生看来，所有事法界中的一切事（天下事、人间事）其实都与自己最后一次离开南京时安放那一箕米在屋中央一样。当时放在屋中央的那一箕米，如今何在？不知道。当时自己之所以做这件事，只不过是为了让自己来去清白，是为了求自尽其心而已。由此看来，人之一生做事，除自求尽其心以外，实在是不能再有其他更为根本的事。人自求尽心，便为理所当为之事，而不为理所不当为之事，从人生做事在求自尽其心来看，"多一事"未必就胜于"少一事"，"为一事"也未必就胜于"不为一事"，一切只应当以顺理或违理为准。

但是，人之常情，通常都是偏向有事与多事，以"了一事""作一事"为常，而不明白"不了一事""不作一事"也并非不是常。唐先生强调，依照他自己的经验和体验，他也是知此"理"之当然，但落在实际生活上，仍然是不能安于"少一事"或"无事"。他由此体悟到，人要能够安于"少一事"或"无事"，以"少一事"或"无事"为常，这不是可以单靠哲学思辨或者理论上的论述就可以做到的，而必须依靠人的修养功夫。

---

[1] 唐君毅.唐君毅全集：第七卷·病里乾坤[M].北京：九州出版社，2016：20.

五、当与不当之理及行当然之道

由于眼疾而不能对世事有所用心，唐先生便钟情于默想。在默想中，通过对自己经历和体验的反省，唐先生发现，人们平常所相信的各种事实际上都不足依恃，并由此引发关于当与不当之辨。

（一）"当与不当"及其意涵

在疾病之初，唐先生臆想自己罹患眼疾乃是天命天意，后来发现，天命天意其实不足以依恃，并且体悟到，凡是相信所谓"有命在天，天必助我"的人，其实都不免在心底有傲慢之意。

同大多数人一样，唐先生也相信现代医术的可靠性，相信基于现代科学的医疗技术总能够解决人们的各种疾病问题，包括自己的眼疾。但是，在手术后眼疾又复发，才体悟到，医疗技术也是不足依恃的。

唐先生不得不认真接受疾病的现状，进入养病状态，并相信人们常说的静养有利于疾病恢复。但是，在自己的养病实践中逐步体悟到，静养之道虽然有利于治病养生，但是，并不是在任何情况下都可用并且有效。

进而，唐先生又体悟到，人在病苦之时，求神拜佛期望以此拔除自己的痛苦，尽管是难免的，而且也确实有舒缓痛苦、宁静身心的功效，但是不能期待其有必然的效果。

由疾病中的默想，唐先生发现，天命天意不可妄臆，医疗技术并非必然可恃，静养之功有时也不可用，求神拜佛也并非必然减轻痛苦。但是，这并不等于说，我们可以并且应该否定天命天意的存在，也不等于不承认神佛的真实存在和有拔除人身心痛苦的法力。唐先生之所以强调这些东西的不足恃或不可恃，根本是要强调，人对天命天意或神佛的无边法力，不应该从一开始就有所认定或有所依恃。换言之，唐先生这里所要强调的是，人对所有这些都不当恃，甚至不当有所恃。

既然唐先生将人们在现实中常常自恃的一些东西都视为不足恃、不可恃，并将这种"不足"或"不可"归因于"不当"，亦即人在任何时候都不当有所依恃，那么到底什么是"当"，什么是"不当"？一种行为是"当"还是"不当"，其判断的依据和标准是什么？到底应该怎样分辨？这些问题常常呈现在唐先生的心中。

关于当与不当的辨析，实际上涉及的问题比较复杂，也有不同的层次和方面。唐先生结合自己治病养病的经历以及通常人们在病苦中向神佛求助的事例来加以说明和分析。

关于"当与不当"第一层次的辨析是，人在痛苦无助之时求神拜佛以求解救，是无所不当的。人在极端痛苦而无助之时，祈神拜佛，并祈求以神佛的无边法力化除痛苦，将自己从痛苦中拯救出来，此乃人之常情。但是，正如前面所分析的，求神拜佛以让自己摆脱痛苦，这件事是不可依恃也不当依恃的。不可恃，是因为这件事并不具有必然的效果；不当恃，是为了预防人在其中可能有的大私心。在这里，"人之常情"与"事之当然之理"出现了矛盾。面对此矛盾，人到底应当怎样处理，就成为一个现实的也是理论上的问题。

面对这一困境，唐先生认为，人们或可以提出如下的解决之道。

对于人们日常的祈神拜佛行为，我们可以观察和分析他所祈求的到底是什么事情，也就是看他祈神拜佛的动机是什么。如果祈求之事，很显然是为个己私利打算，那么，我们就说这种祈求是"不当"的。但是，当一个人处于疾病中而极端痛苦无助之时，此时没有其他什么力量可以依靠，祈神拜佛成为唯一可能用来脱离痛苦而自定其心的手段，当此之时，对于祈神拜佛的行为，我们就不必问其动机中是否存有私心或者其他。对于前一种情况，我们是基于我们心中之"义"来进行评说；而对于后者，我们则是基于我们心中之"仁"加以应许，这两者并不矛盾。

关于"当与不当"第二层次的辨析是，人的心思总是容易堕入功利主义。当人在极端痛苦无助之时通过祈神拜佛而求解救之道，我们基于"仁心"而说其"无所不当"。但是，即便如此，我们仍然可以对于"祈神拜佛"这件事本身做更深层次的辨析。如果我们细加分析会发现，一个人在极端痛苦无助之时之所以祈神拜佛，并非因为"祈神拜佛"行为本身有什么独立的价值，而纯粹只是因为这一行为可以帮助自己减轻痛苦。如果真是这样，那么在极端痛苦无助之时的"祈神拜佛"与一般人在日常生活中的"祈神拜佛"以祈求神佛保佑，在"心思"上就没有什么本质的区别，都是将"祈神拜佛"作为手段，而不是目的。

如果将其中的"心思"推到极致，就存在这样的可能：如果神佛最终不能帮助我脱离痛苦，那么我就可以抛弃他，不必信仰他。如果真是这样，那就表明他的心思完全堕入了功利主义的牢笼。

唐先生强调，"当与不当"之辨根本上不只是知识上的分辨，而是人在日常生活中"心思应当如何"之辨。

（二）"当与不当"与义利之辨

既然我们在这个世界上没有什么是"可恃当恃"的东西，那么我们生活于这个世界上，无论是在什么时候处于什么境况，未来将遭遇什么，其实都没有绝对的必然性，而都只能说是偶然。但是，无论在什么时候什么境况，我还是可以认真思考我"所当为"与"当如何"，从而自己安顿自己的心灵生命。这样一种辨所当为、为所当为，并宅心于所当宅的思考与辨析，应该是第一层次的。也就是说，对这样的"当"与"不当"的思考与坚守，应该是在所有偶然的遭遇的上一层面，没有任何偶然的遭遇可以阻止我们在位居其上一层面的心思的运行，从而自求行事合于我们的心思所视为当然。

当然，这并不是说我们在超越偶然际遇这一层面对当与不当的辨析就必然正确无误，我们绝对能够知道真正的当然之所在；也不是说，我们就绝对能够行其所当然；更不是说，我们只要行其所当然就一定有预期的功效。即使没有预期的功效，也不妨碍我们尽可能去辨析当与不当，力求知道真正的当然并践行以自宅其心。只要一念不泯，就一定能够发现，在一切已然、实然、偶然之上必定有某种当然为义之所在。按照这种义之所在的当然去行事，便必然足恃，且无往而不利。

唐先生分析自己，罹患眼疾而求医，这是义；而就医祈求眼疾痊愈，则是利。自己罹患眼疾而求医，并祈求眼疾痊愈，这是理所当然的事情。人患疾病后求医，没有不是以疾病痊愈为目的的，看医生、吃药等只是手段，而不是目的。这里需要考察和辨析的是，对罹患疾病的人来说，如何将自己的心思安顿在当下"治病的过程"上，不让心思超出当前而跑到"疾病痊愈的期望"上。对处在治病中的人来说，让他的心思停驻在当前的"治病过程"而不跑到"病愈的期望"，使得疾病"痊愈"或"不痊愈"的念头不在当下出现，这是否可能？这实际上是有难度的，因为人总是会有各种的转念，而企求疾病的痊愈是必然。但是，如果绝不可能，则表示人的心思会完全跳离当前的过程而跑到将来的结果上去。如此则表明，人的心思不能安驻于"义"，而是必然走向"利"。

唐先生以自己住院治病的经历和体验为例，说明人在日常生活中总会处于各种各样的事情之中，对各种事情，我们都需要有"义"与"利"之辨。这就需要我们对各种所求的"必然""必须"加以认真辨析，通过辨析发现，其实所有的"必"都"未必"，亦即实际上"不可必"。否则，人心中的趋利之心就不会断灭。唐先生强调，人生中的一切义利之辨，莫不同于此。人如果在任何时候、任何境遇下都能够有如此的义利之辨，那么，也就获得了人生觉悟之道。

在现实的各种事情中不仅有"义利之辨"，而且还总是有"当与不当之辨"。这两个方面的辨析是相似且相关的，其中的核心问题：人心能否纯然宅心于"义"而不游走到"利"上去？以此分析人在疾病中"祈神拜佛"以求解脱的行为，说其之所以不足恃也不当恃，根本的意涵即在于，只要人心对此有所恃，他就不能宅心于"祈神拜佛"的行为本身，不能承认祈神拜佛本身即有其价值，乃"义"所当为之行为，他的心就会外驰于"利"之所在，或者外驰于"痛苦解除"这一结果或目标上。

相应地，说"天命天意"同样是不足恃也不当恃，根本也在于，只要人对有所恃，心思就不能安驻于天命天意的"当然"之所，而是对未实现于当下的所谓"天命天意"多推论妄测。换言之，其心就将随时游离于当下之外，外驰而堕入功利的心习之中。

人们在平常行事中，即使面对"义所当为"之事，心思也往往会外驰于事情的结果上，或多或少会盘算此事的利弊得失。由此可见，要一个人无论何时、处于何种境遇，遇事都只见其"当为"，纯然以"当为"之念来安顿自己的心，纯然将其心念安顿于"当然"之一念，实在不是一件容易的事。

不过，唐先生指出，人要让自己的心安宅于当下之一念而不外驰，又并非不可能。关键在于一念不泯的修养功夫。唐先生强调，"吾念吾之所以能有当与不当之辨、义利之辨，要在依于一念之不泯"[①]。只要人不泯其"当然"之一念，其心就可以从一切"已然""实然"和"偶然"的事情之上冒起，并

---

① 唐君毅. 唐君毅全集：第七卷·病里乾坤 [M]. 北京：九州出版社，2016：29.

安顿于"义之当然"之处。因为人有自觉能力，他可以凭借这一"自觉能力"觉察到自己的心思已经跳离当前而外驰，他可以知道自己的心思会在自觉能力稍微懈怠之时趁机外驰。当然，他也可以凭借这一自觉能力，增强自己的修养功夫，让自己宅心于当前之一念。

如果一个人能够昭昭然辨明义利，又能够恒常宅心于"义之当然"而不外驰，当此之时，其心必然是只见道，并常驻于道。唐先生强调，当人见道，心安驻于道，并依道而行，那么在治病养病过程中，其心就可以只安驻于当前之"治病养病"，而不外驰于"将来是否痊愈"的结果上。唐先生自己在养病之时，便以此为用心之道。

唐先生自己用心之道如此，但是眼见医院同住病人，他们的用心之道又如何？由此道，"在此医院中其他之同病者，固不必能如我之用心。其用心之道或高于我，或亦低于我，或竟不知所以用其心。或以病苦之剧深，而更不能有以用其心，以至连求神拜佛，以解脱其苦痛之心，亦无"[1]。唐先生说，他曾经想过如何对待这些同病病人之道，但由于对他们多不认识，所以无法直接给予安慰或帮助。不过，唐先生强调，自己总应该"有一念之待之之道。吾虽不能分别一一的念之、待之道，亦当有统括的念之待之道"[2]。所有这些，都属于自己"义所当为"范围之事。

由此唐先生想到，自己现在能念及医院中的众病人，又能念及如何对待他们，这就表示我对此"欲有所为"。我能"欲有所为"，根本上还是有赖于我仍有一"当然"之念不泯。由此唐先生进一步想到，人只要还能对世事或一己行事做"当与不当"之辨，做"义利"之辨，还能念及怎样待人，根本上都在于自己还有"一念不泯"。因此，只要人尚有一念不泯，那么他就一定能发现，有"当然者"从一切事情之上冒起，为"义所当然"之所在，为"人生之当然之道"之所在。

不过，再进一步默察，唐先生发现还有比"当与不当"更深层次的问题。因为我之所以能对事对己做当与不当之辨、义利之辨，全赖我"一念不泯"。但是，如果我"一念既泯"，又如何？如果一个人知道"一念既泯"会如何，那么他就可以体悟到对待此"一念既泯"之道。

---

[1] 唐君毅.唐君毅全集：第七卷·病里乾坤[M].北京：九州出版社，2016：29.
[2] 唐君毅.唐君毅全集：第七卷·病里乾坤[M].北京：九州出版社，2016：29.

（三）"当与不当"通于生死

通过对"觉与不觉"的深入讨论，唐先生指出："人自外而观他人或自己之意识，或觉其不可说为实有，亦不可说其定无，当说为有而未尝不可无，无而未尝不可有，要以因缘为定。然自内而观，则觉惟继觉而生，意识惟继意识而起，则为定有。"[1] 将这一意识用于"当与不当"的道德意识时，我们就很清楚，人有道德意识，所以对事情有当与不当之辨。人应该常宅心于当然一念，并行其当然。只要当然之念不泯灭，则终将能看到"当然者"冒起于各种已然、偶然、实然的事情之上，为"义"之所在。

但是，有人可以提出，人知道当与不当之辨，宅心于当然一念，只可用来尽生之道，而不足以成为尽死之道。唐先生希望通过对道德意识及意识的进一步反省，说明此道也可以成为尽死之道。

在唐先生看来，人由道德意识而来的能辨当与不当之心，不仅可以用来辨析其所见事情的当与不当，也可以用来辨人的"一般意识"（人心中的一般念头）的当与不当。当人将道德意识运用于"一般意识"之时，则对"一般意识"中之当者，道德意识可以希望其存在；而对于"一般意识"中的不当者，道德意识则可以希望其消失。这是道德意识（辨当与不当的意识）对"一般意识"中的不善者欲其死（消失），而对于"一般意识"中之未出现善者却欲其生（出现）。人的道德意识不仅可以辨"一般意识"的当与不当，更可以对于"一般意识"所依存的生命致以当与不当之辨，并由此或者希望生命继续生存下去，或者希望其生命迅速消亡。也就是说，人的道德意识可以对"一般意识"及其所依存的生命展现其当与不当之辨，当则欲其生，不当则欲其死。

不管是"欲其生"（存在）还是"欲其死"（不存在），都处于人能辨当与不当的道德意识。由此来看，生命虽然是道德意识所依存者，道德意识可以希望其生命继续生，以尽生之道，但也未尝不可欲其死，以尽死之道。唐先生说：

> 人之辨当然与否之意识，又为定其一般意识之是否当有者，因而于其

---

[1] 唐君毅.唐君毅全集：第七卷·病里乾坤[M].北京：九州出版社，2016：32.

有，或欲使之无，欲其无，亦可求其有者。故于一般意识之生者，或欲其死；而于一般意识之死者，或欲其生；更于此一般意识所寄之生命，抑或愿其继续生，以有欲其生之意识，然亦未尝不可愿此生命之死。则此中辨当然与否之意识，虽属于人之生，亦未尝不通于人之死。只谓其通于生为能尽生之道，而不谓其亦通于死而能尽死之道，固非切当之言也。[①]

具体而言，比如，对于人的"犯罪意识"，道德意识皆希望对其加以禁止；对于罪恶的生命，无论是属于人或不属于人，皆欲杀之。当人的道德意识认定自己的一般意识中有犯罪的意识，便会发出禁绝它的力量；当人的道德意识认定自己的生命行事罪恶时，便会发出杀灭它的力量。人可以凭借其辨当与不当的道德意识而认定，即使自行杀灭其生命亦为当然。唐先生说："人果以自己之有罪恶之生命为当杀而杀之，以自己之意识为当绝而绝之，则虽自杀其生命，自绝其意识，亦是为其所当为。"[②]在现实生活中，比如，刑官杀罪犯以消灭其生命，医生以麻醉剂施于病人以停息其意识，人都认为是"当然"。

由此可见，"当然之义，通于生命意识之不存在而绝灭之际"[③]。也就是说，人有辨当与不当的意识，辨义与不义的意识，只要人宅心于"义之当然"一念，那么，这"义之当然"一念不只可用于当前的人生，也可用来禁绝当前的"一般意识"。因此，人心所具有的这当然一念，对人来说，不仅可以尽生之道，也可以尽死之道。

人们或许认为，人的当然之道只通于生不能通于死，只能尽生之道不能尽死之道。他们所持的理由："人只行于当然之道，不足以解决生死问题，亦即不能使人避免死亡。"因为，人行当然之道固然最后可能导致生命死亡，虽然以此绝灭了罪恶，但是人们仍然可以问：人行当然之道的心，会随着生命的死亡而死亡吗？如果行当然之道之心也会死亡，它是自甘于死吗？如果其有死而不自甘于死，或人不愿其死，它的死有遗憾吗？如果此行当然之心不会随着生命的死亡而死亡，它是永恒的，那么我们又如何可以知道它无死而

---
① 唐君毅.唐君毅全集：第七卷·病里乾坤[M].北京：九州出版社，2016：32-33.
② 唐君毅.唐君毅全集：第七卷·病里乾坤[M].北京：九州出版社，2016：33.
③ 唐君毅.唐君毅全集：第七卷·病里乾坤[M].北京：九州出版社，2016：33.

永恒呢？唐先生认为这些问题都需要深入思考并做出回答。当然，核心问题是我们如何知道"行当然之道之心"是否会随生命之死亡而死。

（四）"行当然之道之心"不死

1. 心识不灭，"行当然之道之心"不死

唐先生说，可以借用佛家唯识学之意，先将"行当然之道之心"暂且当作"心识"看。如此则可说，依当然之道而来的行为是善行，此即唯识学所说的"善业"。依照唯识学的说法，人的行业是有迁流的，但是"业种"则潜存而不失。"业种"可以从今生到后世，继续不断，相续无间。其潜存之时，则不见，只要因缘际会，业种就会现行，自当重现，此中千万年如一瞬。所以，我们完全不必担忧其断灭。

不过，善的业种不灭，恶的业种亦然。善业得乐报，恶业得苦报。所以，苦乐报应的业种也是不灭的。唐先生指出，依照唯识学的说法，人的生生世世各种业种杂糅轮流出现，终无了期。而且，人的前生之业，今生未必能够记得；相应地，今生之业，来生是否记得，也未可知。如果今生不能记忆前世，来生也不能记忆起今生，那么"今生之我"就不免会将"前世之我"视为另外一个人，"来世之我"也不免视"今生之我"为另外一个人。这就像年长之人，往往会将其儿时的事情或者年少时候的事情，视同他人之事一样。这样看起来，就好像是"我"死而"彼"自生，"彼"死而"彼彼"自生，在"我""彼""彼彼"之间，似乎没有什么关联。如果真是这样，人就必然会设想，虽然我的"业种"不灭，但是，我的"前世""今生""来世"终不免断成互不相知的数截，终不能避免"断灭见"。如此，便无法慰藉人求永恒存在之情意。

唐先生强调，人要能够由来生的必然存在而自慰其永恒存在之情，必须由其心思所及，能够贯通今生和后世为一个整体，其中没有断截。如此，人就可以用其心思，观想人生没有生死的交谢，由此而生永生的信念。而人的心思是否能够有此观想和信念，是否能够通达于今生与后世，全系于人的德量。此犹如人的心思能否通达自己与他人，全系于人心的德量。人须自求有此大心量，通贯前世今生及来世，将其作为一个整体观想。这本来是人所应当具有的，人力求拥有它，也有所具备此心量的当然之道，为人所当行。否则，人也不能具备这样的心量，以通今生后世为一，从而以后世仍然有生的信念自慰今生的畏死之情。

2. 人"行当然之道之心"见道而不见生死

说"行当然之道之心"不死，也可以从人行当然之道的心情上来说。在唐先生看来，就人行当然之道的心情本身而言，人在此实际上是只见有道，而不见有生灭或生死，也不自见其"行当然之道之心"的生死，而只见其生死皆在道上。比如，世上的忠臣孝子，当其行忠孝之道时，念念只有忠孝，唯忠孝是尽，不会有生死之念浮上心头。如此，则其生为忠臣孝子，其死也仍在忠臣孝子之道上，与生时无别。也就是说，人在尽其当然之道时，是不见生死而忘生死的。此正如人行于地上之道，其行止、往来、进退，皆同在道上，而其或行或止，或往或来，或进或退，也都依道路的曲直而定。这同一条或曲或直之道，既可使我进，也可使我退。同一个当然之道，既可以使我生，也可以使我死，而人可以只见此道而不见生死。

人行于当然之道，固然可以存心求他人之生而免他人之死。既然有"求他人之生免他人之死"的当然之道，人也未尝不可用此当然之道来自保其身，存心自养其生，而求保身养生的当然之道。或许有人会质疑，人以"自保其身自养其生"为当然之道，势必不能忘记生死，必然会以生死为念。这与前面所说的"人在行当然之道时不见生死、忘记生死"似乎是相违背的。

唐先生指出，这种表面看起来的违背，深一层看则并不相违。因为，人以"自保其身、自养其生"为当然之道，并行此当然之道，也是在尽当然之道而求其身可保、其生可养。根本上说，人当前的身体，实际上可以依据当然之道而生，也可依据当然之道而死。这与人行忠孝之道可以生也可以死，是没有两样的。人可以尽其"自保其身、自养其生"的当然之道，而最终却死于不治之疾。他既然是死于不治之疾，其死也可以说是尽其"保身养生"之道而死。根本上，这与不尽"养生保身"之道而忘生殉欲或者玩忽其身而致死，是完全不同的。人在疾病患难之中，自然要尽其"保身养生"之道，他可以尽一切可能去治病，只尽其当然，而不问结果到底会是生还是死。如此，我们也可以说，他不忘"保身养生"之道，心中是只见道而未尝见生死而忘生死。

人如果真的只见道而不见有生死，明白生死皆在道上，那么人在疾病患难中求生不得时，其死也仍然是死在求生之道中。道是永恒普遍的，不仅忠孝仁义之道为永恒普遍，即使是人的求生之道，也一样永恒而普遍。人如果只见此道永恒而普遍，那么即使是死在求生之道上，其心之所系，仍然是此求生之道。此道，是终无死期的。人的心行于当然之道上，"心"与"道"合，此心即可以超生死，也足以自慰其怀生畏死之情。

不过，对一个真见道的人来说，最初并无求自慰其怀生畏死之情的想法。唐先生举例说，宋代著名理学家程伊川先生论学，以见道见理为宗，认为人应当见道见理而不见有生死。在他临终之时，有人给他说，平日所学应当在此时用上。而伊川先生却说："道着用，便不是。"（伊川先生病革，门人郭忠孝往视之，子瞑目而卧。忠孝曰："夫子平生所学，正要此时用。"子曰："道着用便不是。"忠孝未出寝门而子卒。一本作或人乃载尹子之言曰："非忠孝也。忠孝自觉事起，不与先生往来，先生卒，亦不致奠。"《二程遗书》卷第二十一下）唐先生评析道："伊川固以平生所学，唯以见道见理为事，而不见生死，故能临终泰然。然彼固初非为求有此临终之泰然，而后有其所学，以使其临终之际，有以自慰其情。"[①] 因为其平生之学既不见有生死，他自己就先已经没有了一般所谓的"怀生畏死"之情。其见道见理，是为了见道而见道，为了见理而见理，而没有其他任何现实的功利目标。这样的见道见理，自然也就不见有生死。但是，这绝不是为了不见有生死，才去求见道见理。根本上说，见道见理为体，不见有生死是其用。有体自有用，而不是为了求有用而求有体。伊川先生没有为求其用而求有其体，所以才说"道着用便不是"。不过，也切不可反过来说，只有"见道见理"之学，而没有"不见有生死"之用。

3. "道心"永恒普遍没有生死

"行当然之道之心"是无死的，心自见其生，且安于其生。之所以如此说，根本上在于此"心"与"道"契合，人心遂成为道心，而不再只是一般意义上的"人心"。

唐先生认为，人的"见道见理之心"，一定是同时有能自求化除其平日之

[①] 唐君毅. 唐君毅全集：第七卷·病里乾坤 [M]. 北京：九州出版社，2016：35.

心中的非理非道的成分。他只要发现心中还有非理非道的成分未清除，如私欲私见，他便力求将其化除。既然他要化除其心中的非道非理成分，也就无异于要自灭其非道非理之心。人见道见理，而能自行其道以合理时，同时也就能自见其非道非理之心的死，并自安于此心之死。简言之，见道见理之心，必以化除"人心"（私欲之心）为目标。既然是以化除私欲为目标，也可以说，此见道见理之心是以消除其"人心"为目标，并安于消除其"人心"。

如果人自感其平日之心大多是非道非理之心，也应当以求化除此心为念。只是望道而并未实际见道，道即超越于其心之上，而虚悬之外，乍隐乍现。此便是人只求见道，而不及自见其"见道之心"。如此，便只视道或理为永存，而对于人的能见道之心，往往则视其为可有可无、可生可灭。唐先生强调，如果人心果真见道见理，必然是其心中一切私欲都清除了的结果。此"心"既然与"道"合，则此"见道见理之心"必然是能自见其心为见道见理的普遍而永恒之心。当然，要实现此自见其心的永恒普遍，关键在于人要以道眼观其合道之心，而不能以其平日的经验之心观其合道之心。同时，也不能由其平日隶属于其现实存在的、含有非理非道成分的生命之生灭变化，去否定此合道之心的永恒而普遍。

唐先生引用《二程遗书》中所载的一段话，"尧舜至今数千年，其心至今在，何谓也？曰：此只是心之理，今则昭昭在面前"。唐先生指出，这里不能理解为只有一个抽象的"心之理"在面前，而应当理解为，知道与此理合的"尧舜之心"也同样在面前。这里所说的"尧舜之心"，不是尧舜在世几十年的经验之心，而是尧舜见理见道并行此理此道之心。此道既普遍而永存，我心见道，尧舜之心既与道合，此与道合的"尧舜之心"即昭昭在我面前。如果非要问"尧舜之心"在面前何处，则应当说，"即在此道此理之处，亦即吾人之知此道此理之心之处"[1]。除此之外，无处可得。

4."道心"普遍，"天理"普遍

既然"道心"是普遍之心，那么我的"见道见理之心"与古往今来一切人的"见道见理之心"是相契合的，而且我的"见道见理之心"与"见天理之天心"也是相契合的，如此，便是三心合一。在唐先生看来，这是理遍而

---

[1] 唐君毅.唐君毅全集：第七卷·病里乾坤［M］.北京：九州出版社，2016：36.

心遍、理存而心存的直接综合之义。在间接综合意义上，一切联系于此心的一切生命存在也合而为一。这就充分表明，心无所不在，理也无所不在；心无所不遍，理也无所不遍。

既然三心统于一理，人合此三心为一，那么人就不能说，只观我"自己心中之理"就可以了；也不能因为尧舜之心之理即在我之心之理中，就说只观"尧舜之心之理"即可，甚至也不能只观统包一切心、一切理的"天心天理"。因为理乃是以普遍为其本义的，如果不同时观"我心"与"尧舜心"同具此理，则不能明白此理的普遍义，亦即不可能知道有天理与天心。天理即天心，天心即天理。所谓的"天理天心"，原本就是从一切人心中所具的理相互交遍相摄而成的。

唐先生从四个层次在义理上说明了"行当然之道之心"的不死。他强调，这些义理并不是他生病以后才琢磨出来的，实际上自己早已了然于心，只是等待机会印证持守。在这次养病的过程中，他自己又将这些义理"一一体之于己"，并由此更进一步由心遍理遍之义，而体悟到事遍之义。由此也进一步明了人应该具有的观行功夫。

唐先生这里所说的"事遍"，乃是指人依据普遍的"当然之道"而做的具体的事情，其中就有人之"普遍的心愿"潜藏于其中。这一"普遍的心愿"足以使其所为之事的功德业用周遍于宇宙之中，同时，也将潜运于无量后世的人心之中而永无断灭。在唐先生看来，一般人认为事有断灭，主要是因为人在"后事"之中找不到"前事"，于是便认为前事断灭了。但实际上，人在世间的每一言行，都是一有而永有，并不断灭。前事在前一时段，它存在于前一时段，一在永在，只要我们不在后一时段中求见前一时段之事，就不会说前事断灭了。

人依照"当然之道之心"的一切言语行事，必然自觉或超自觉地对他人有一种期望，愿一切人有所觉悟，一切人都在此道上。比如孝子，必然有自觉或超自觉的，期望一切人都成为孝子的心愿，犹如《诗·大雅·既醉》所言"孝子不匮，永锡尔类"，孝子的德行无穷无尽，能够永远感化他的族类。又如忠臣，必然有自觉或超自觉的，期望一切人都成为忠臣的心愿，因此也可以说忠臣的德行无穷无尽，能够永远感化后人。

由此以观，一切人依照"行当然之道之心"行其所当行之事，也必然有心愿潜藏于其中。"事在而心愿具,事不亡而心愿即永不亡。"①心愿无穷无尽,永远感动后世之人。对于其人、其言、其事,尽管后世之人不能亲见亲闻,但是既然其言、其事一存永在,心愿也永不消灭,默默运行于后世之人的心中。因此,虽是千载之前的事,后世之人也可以当下一念及之而一跃而起,直接与千载之前的人心相遇。如此,则人虽千载之隔,由于人同理同,古人言行之中所潜藏的心愿与今人的心愿是相连接的。如此,不管是古人、今人还是未来之人,一切人的心与事互相融摄交遍,结成一体。

(五)对儒者观行功夫的体会

1. 父母师友的期望与自己的感戴之心

人依照普遍的当然之道行事,必然有普遍的心愿潜藏于行事之中,对世人一切人都有一种愿望期求。唐先生说,自己在病中常常念及父母及师友对自己的种种期望,省察自己何以对父母师友的期望时时不忘,并对未能践行落实之而生惭愧之心。最后终于体悟到:是因为父母师友的一言一行中都有一个普遍的心愿,这个普遍的心愿默默地运行于自己的心灵生命之中,只是自己平常未能觉察而已。由此,唐先生在病中对父母师友对他的期望一一回忆,对照中发现自己未能如他们期待全部做到,不免生起愧怍之心。因此想到将父母师友对自己的各种期待一一记录下来,名曰"感戴录"。

2. 古人的嘉言美行与人的心志兴发

由此,唐先生更进一步念及,自己不仅对父母师友的期待未能完全践行而生愧怍之心,对于自己的言行有违昔日先贤的教诲也会心生愧怍。唐先生认为,这也是人之常情。但是问题在于:父母师友乃是我亲自所见,他们对自己的期望也是真实不虚的,对于自己未能达到其期望而生愧怍之心,这在人情上是可以理解的;但是,昔日的先贤往圣,他们并不知道千载以后有我这样一个人,而且他们也没有对我这个人提出过任何一个具体的期望,我为什么会因为自己的言行有违其言行而心生愧怍呢?

唐先生对此深思不已,顿然有所悟及:原来,古圣先贤尽管不知道后世有我这个人,他们也未曾对我说过任何一个具体的期望,但是,在他们的言行之中实际上潜藏着他们的心愿。而我既读其书而知其人,就未尝感受不到

---

① 唐君毅.唐君毅全集:第七卷·病里乾坤[M].北京:九州出版社,2016:37.

他们对我有一种心愿和期望。

既然如此，再进一步推论，唐先生言："古往今来之一切人之嘉言美行中，应同各具有此心愿。"[①]既然一切人的嘉言美行中都潜藏有普遍的心愿，那么，只要我对此有所感悟，我就会明白，他们的嘉言美行无穷无尽，他们的心愿也无穷无尽，而自己的愧怍之心也应该是无穷无尽的。

3. 儒者之观行功夫重在"观"上

进一步反思，唐先生认为，仅仅明白古今之人的嘉言美行无尽，其中的心愿无穷，自己应当生发的愧怍之心也无尽，这是不够的，是不切实的。因为这样并不能直接让古今之人的嘉言美行对我个人发挥切实的启迪与教诲作用。因此，一个人面对他人的嘉言美行应该做的是，切切实实地面对一个一个具体的嘉言美行，深入体会其中潜藏着的心愿，尽可能地使自己的言行与此心愿相符，直至自己面对此心愿无所愧怍而止。

唐先生强调，面对古今圣贤的嘉言美行，如此这般具体去体会落实，其中的功夫本身就是行。尽管其中所应当"观"者是无穷无尽的，但是，我们不应当只在其数量的多少上措思，而应当在其所潜伏的具体心愿上措思，在其各自可以启发自己的良善言行上措思。如此，才谈得上真正切实的学问功夫。唐先生认为，这也就是儒者当有的"观"之功夫。

4. 庸言庸行与嘉言美行同样可观

当说到"嘉言美行"时，或许一些人会认为，必定是超凡脱俗或者特异奇诡的言行。唐先生指出，其实并非如此。即使是常人的庸言庸行，其中也随处都充满着美善。

唐先生举例说，自己在生病期间，常常卧床而不能自由行动，由医生护士帮助自己行动；自己的手不能写，常有人代为书写，这都是美善之行。又如，同在一所医院中的病人们，总是彼此相互以言问询，尽管都只是一些日常话语，其中却充满良情善意。这些平常人日常行为中的真情善意，可感可念、可范可法，与古今圣贤行事所表现的美善，别无二致。

唐先生说，人其实每天都在与那合于当然之道之心相遇，所有这些人心又都在互摄交遍，而依当然之道之心所为的嘉言美行也在互摄交遍。尽管人

---

① 唐君毅.唐君毅全集：第七卷·病里乾坤[M].北京：九州出版社，2016：37.

的合道之心、合道之言以及合道之行看起来都很短暂,但实际上所有这些都是一有永有,一存永存。它们亘古及今,永存不毁,结成一个我们生存于其中的真实生活世界。

六、痛苦消除方法与超越性信仰

在唐先生看来,人在病中,理当养病;养病之要,在从事静功;静功之要,在将我们向四方弥散的心思逆反而归于纯一。而静功的成效,则受制于疾病与痛苦的轻重。因此,唐先生基于疾病中的痛苦体验,进一步深入思考痛苦的化解方式和策略。

(一)痛苦的相貌及静养功夫的失效

唐先生罹患眼疾本身,身体上并没有太多痛苦。但是在手术后,有了具体的痛苦体验,诸如发高烧、肠胃不适等,让自己觉得痛苦。这类痛苦,在以前的患病中也经历过。只是,人在患病时经历的痛苦,大多病好就淡忘了。因此,对"痛苦"本身(主要是指生理性的身体痛苦)到底是怎样一个东西,具有什么特征,就很难注意并细加思考。

从哲学角度来讨论人的各种经验时,有一种经验是很特别的,那就是很个人化的经验。它不能像一般如黑白颜色的感觉可以直接将感觉的性质向人展示,而只能是自己才能体验其"味道"的私人经验。痛苦,就是这样一种个人化的经验。比如,当一个人说"我的头很痛"时,医生不能要人把"痛"展示给他看看,到底是怎样一回事。医生看不到病人的"痛",而只能通过病人的表情和叙述来知道病人的"痛"。当医生说他知道病人的痛时,实际上是自己先有了一种假定,那就是他曾经有过与病人一样在此类处境下的积累感受,他是通过类比而知道病人的"痛"到底指的是什么。

作为一位极具思辨意识又十分善于体验的哲学家,唐先生借养病反思之际,决心在感受痛苦之时尝试着去观察、观想此"痛苦",看看痛苦之为痛苦本身的相貌到底如何。通过观察和观想,唐先生对"痛苦"的相貌有了如下"经验"与发现。

首先,"痛苦"作为一种很个人化的私密经验,难以言说,不像一般有形有色的东西可以描述。仔细观其相貌,勉强而言只能说,痛苦是一没有形体、没有耳目五官、无色无臭的懵懂无知的大怪物。

其次，"痛苦"存在于人的身上，没人喜欢它，它本身即包含着它要被人否定或弃绝。只要它存在，人必然能感受到它的存在，其存在真实不虚。与此同时，当人感受到它的存在时，就想否定它、弃绝它。

最后，"痛苦"对任何一个想否定它存在的人表明，它有能力拒绝任何人对它的否定和弃绝。当人在感受它并努力否定和弃绝它时，往往是通过运用自己的意志转移注意力，希望借此将它淡忘。但是，当人用意志努力转移注意力要将它的存在忘记时，它同时有一种力量能够将人的注意力拉回来，使人的意志力臣服，不得不注意到它的存在。

由于"痛苦"具有以上相貌，因此，当一个人感受到巨大的痛苦时，人的全部生命与意识都将会被这一大懵懂的痛苦吸附和困住。人在此时所感觉到的，除痛苦外，还是痛苦。痛苦使人的心不能有其他所知，也不能做其他的活动。当此之时，一般所言的"静养"功夫，也难以运用。要静以养病，却欲静不能。静养功夫在此时便完全失去作用。

当痛苦的感受特别强烈时，人的全部生命及意识都会被痛苦吸住，因而不能从事其他活动。当此之时，除意识到痛苦是人想要逃避却无从逃避的怪物外，对痛苦本身实在是没有更多的当下认识。在唐先生看来，如果人在极深的痛苦中，"尚能自用其心以求超越痛苦者，即恒须兼超越其生命与意识之自身，以求通达于其他人之意识与生命，或一超越的意识与生命，如神灵之类。人亦若惟赖此可自拔于痛苦之外"[①]。

也就是说，人在极度痛苦中，如果他还能自用其心或者说用功夫，他必然希望将自己的个人的心灵生命意识，通达到某种"超越的心灵生命意识"上。更具体地说，无论人的坚忍能力有多强，在"极度的痛苦"面前，他都会感觉到自己无法挣脱"痛"，最终使祈求有一个"超越的力量"存在，如神灵之类，自己面对此"超越的存在"而全心仰望，祈求它将自己身上的痛苦解除。

人在痛苦之中，总是渴望他人的慰问。这根本上是其生命心灵意识希望与他人生命心灵意识相通达，以减轻一己心灵的孤立无援之感。当自己痛苦

---

① 唐君毅.唐君毅全集：第七卷·病里乾坤［M］.北京：九州出版社，2016：23.

之极而孤独无助之时，就希望有某种超越而无限的生命心灵意识，即超越的神灵能够知道自己的痛苦，并帮助自己消除在这一痛苦中的无助感。这就是为什么一个人在痛苦中更容易趋向于信奉宗教的主要原因，因为他渴望有一个超越的神灵，并愿意相信有一个超越的神灵，它能够发出"神力"来帮助自己，以便将自己从痛苦孤独之中超拔而出。

在唐先生看来，在各种宗教之中，基督教和佛教都是能够充分正视痛苦存在的宗教。

（二）基督教关于消除痛苦的方法

基督教的《新约》记载，耶稣常常为人治病，病人的痛苦乃是耶稣深切同情和体验的。使唐先生记忆深刻的，是自己曾经观看的一部关于耶稣行事的电影，其中呈现了耶稣常常与人们不敢接近的麻风病人接近的场景，他认为其中有非常深切的意义。通常情况下，麻风病人们都是各自分开居住，独居于幽暗的山谷之中，既不互相接近，也没有人来慰问。耶稣对这些麻风病人却一一分别前往探望慰问，唐先生为此而非常感动。

耶稣最后为救人类由原始罪恶所生的痛苦而被钉上十字架，承受巨大的痛苦。在他在十字架上处于极度痛苦的境地而不能忍受时，他就说："上帝！何以舍弃我。"基督教以此显示，耶稣所受的痛苦是真实的，作为上帝之子，耶稣为了赎人类的原始罪恶受尽痛苦，这呼喊声彰显了这痛苦在这世界的真实性。

基督教将耶稣为了赎人类之原罪而自己受罪受苦的痛苦形象，以耶稣上十字架的形象向世人呈现，其意味就在激发人对此的真情意会和领受。在唐先生看来，当人们观看耶稣上十字架的像时，能够感受到那是一个充满痛苦的形象，世人一见，就能够直接感受到他正在为世人担负无穷的痛苦与罪。这就使得看到或者想到耶稣上十字架图像的人意识到，耶稣既然是在担负世人的痛苦，实际上也就是在分担自己的痛苦。

唐先生还举例说，他曾经遇到一位前辈先生，言及他在疾病痛苦之中时，曾经尝试在心中念及孔子和释迦，发现自己的痛苦都没有什么减少，但是在念及耶稣时，痛苦即马上减轻，他对此事大感惊奇。按照唐先生的理解，这或许与耶稣的行事给人的感觉有关，耶稣曾经入山谷以慰他人的痛苦，又曾经自己忍受上十字架的痛苦，这就使得人们一观其像或念及他，即觉得他在分担着自己的痛苦。所以，耶稣上十字架的图像，可以说是一幅要分担见者或念者之痛苦的图像。

唐先生认为，人在疾病的痛苦中向耶稣祈祷，希望其赐予力量，以求自拔于疾病痛苦之外，希望借由念及耶稣代人类赎罪、担负人类的苦难，而感觉到自己的苦难由耶稣为其分担而减轻，这也是人之常情。但是，唐先生强调，"是否人即能由此而会自超拔于痛苦之上，则亦无一定之理由"[①]。这尤其涉及对基督教上帝观念的理解。

在基督教的理解里，上帝是全知全能的，而且是完全无缺的，因此也就没有痛苦。而耶稣则是上帝的化身，是上帝派到人世间来替人赎罪的。既然耶稣来到人间是替人赎罪的，那也就意味着，在基督教的信仰里，耶稣是得到了上帝赋予的全能的，而且这全能是可以直接用到现实世界的每一个人身上的。因此，当一个处在痛苦中的人向耶稣祈祷，甚至只是念及耶稣，耶稣就会代他承受痛苦，或者至少分担其痛苦。如此，则完全有可能，人类可以要求耶稣将自己的全部痛苦一己挑起。也就是说，痛苦中的人向耶稣祈祷，势必将自己的痛苦全部交付给上帝的化身耶稣，让耶稣代为担负。

依照基督教的教义，人向耶稣祈祷，不应该有将自己的痛苦交给耶稣代为化除和承担的要求。但是，实际上人在向耶稣祈祷时，又总不可避免地产生这种想法。在唐先生看来，"此则无异于人之对其痛苦，全不负责，而出自人之大私心"[②]。人的这一大私心，导致他对自己的痛苦之原因不愿深刻反思，不反思原因也就意味着很难找到化除痛苦的方法和路径，这恰恰应该受到惩罚而遭受痛苦。所以，就基督教的教义和信仰行为而言，痛苦的全然化出如何必然可能，实际上是值得怀疑的。

在义理上，基督教对人的痛苦是关注的。但是，基督教更关注的，或者说根本上关注的，不是人的痛苦，而是人的罪。可以说，基督教一眼看到的，是人的罪，而不是人的痛苦。这一点就不同于佛教。佛教对于人的痛苦的关注，是其他宗教不可比拟的，可以说，佛教是最能正视人间疾苦和人生痛苦的宗教。

[①] 唐君毅.唐君毅全集：第七卷·病里乾坤[M].北京：九州出版社，2016：23.
[②] 唐君毅.唐君毅全集：第七卷·病里乾坤[M].北京：九州出版社，2016：24.

（三）佛教关于消除痛苦的方法

依照佛教的义理，人的生老病死皆苦。而苦集灭道四种真理，最根本的都是要人清楚明白，"苦"是真真实实存在的。而且，佛教对苦有非常细密的分析和分类，有二苦（内苦、外苦）、三苦（苦苦、坏苦、行苦）、四苦（生苦、老苦、病苦、死苦）、八苦（生苦、老苦、病苦、死苦、爱别离苦、怨憎会苦、求不得苦、五阴炽盛苦）、无量苦的说法。从佛教对苦的细密分析可以体会到佛的大慈大悲，根本上就是顾念大众之苦，尤其是身心的痛苦。

和基督教信仰不一样，虽然大慈大悲的佛也有分担众生痛苦的意涵，而且佛像本身的宁静也表明，佛的自心已经超越于痛苦之上，因此也像基督上帝一样是绝对完满而无痛苦的。但是，人生痛苦的根源，在佛教的理解中与基督教是不一样的。基督教认为，人类有苦，是源于人类始祖的原罪。佛教则认为，人的痛苦根本上源于个人前生和今生的业障。

由于对痛苦根源的理解不同，所以对于化除痛苦的路径和方法也就完全不一样。在基督教信仰中，由于个人的痛苦与罪根本上源于祖先的原罪，要救赎这一根本的罪，靠自己个人的能力是根本不可能的，根本上，个人要化除这一原罪，只能靠信仰，靠上帝的恩典，即使是耶稣，最多也只是帮人分担苦罪而已。但是，在佛教的义理中，既然人的苦是自己前生和今生的业障造成的，也就是说，苦是自己的行为造成的，既然是自己造成的，当然也就可以凭借自己的力量化除，同时，人也就没有将自己的痛苦全部交付给佛菩萨，由佛力代为化除的理由。所以，佛教反复强调的是"自力"，而不讲"他力"。

就此而言，一方面，唐先生认为，在拔除人的痛苦的问题上，佛教的教义比基督教的教义更为完善。依照佛教的教义，如果一个人要遵循佛教教义解除痛苦，除信奉佛力的加被外，他还必须清楚，必须依靠自己的修行以解除自己的业障，只有自修才可能自我超拔于痛苦世界之外。另一方面，唐先生也承认，由于佛教强调个人自修才能真正解除痛苦，因此，就信仰带给人的信心而言，就不像基督教一般，完全靠信仰和祈祷的一念将苦痛直接分担或者转移给耶稣一样，给人直接当下的信心。只是，基督教信仰给人的这种当下直接的信心，是不完备的，是缺乏说服力的。

唐先生在美国治疗眼疾期间，住在一家基督教长老会的医院。返回香港养病时，最初住在沙田的慈航净苑，唐先生父母的灵位也在慈航净苑的祖堂中。另外，唐先生也曾经在青山的极乐寺养病。在这些经历中，唐先生分别有观基督像和佛像的经历和体验。

将佛像和基督像相比较，唐先生认为，佛像使人心宁静。佛像的形象显示，佛已经超越了世间的烦恼、痛苦与罪业，佛像的这种宁静表示已经是一种果德圆满的状态。这样的佛像，可以使观佛像的人有顿然超越于其苦痛罪业之上的感受。人通过观佛像而使自己心灵得到超升，使烦恼和苦痛顿然消失，这也是一种通过观照而生德的修养功夫。

而耶稣的十字架像，则没有这样使人宁静的效果。耶稣十字架像，一方面表示其本身尚在一个奋斗挣扎的历程中，另一方面也不像耶稣传教或与人相聚的形象，而只表示世人在逐步受到其感化的历程之中，而不是一种已经实现的果德圆满的生命状态，也不是一种已达究极平静的生命状态。唐先生谓，佛像俯视，静穆慈祥，不使人起念；耶稣像在苦难中，更使人不安。这样的基督像，给观像者只能是挣扎受感化的感受，而不可能是超越苦痛的宁静。

不仅宗教圣像意义不同，基督教教堂和佛教寺院作为宗教建筑，也给人两种不一样的感受。唐先生说："基督教之教堂。可供人之礼拜，而不能供人之居住。佛家之庙宇，则可供人之居住，使人得于徘徊瞻礼之余，更有所观，以自修。此即吾之所以养病于佛寺之故也。"[①]

唐先生在佛寺养病期间，不少寺院的僧尼或其他佛教人士多言，拜佛及念佛都是有大功德的。比如，念阿弥陀佛，可以往生西方极乐世界；念观世音菩萨的名号，则可以祛除苦难。因此，也建议唐先生念观世音菩萨的名号，这样一定有助于自己眼疾的治疗与恢复。但唐先生本人，"素无拜佛念佛之习"[②]。

唐先生母亲去世后，曾经在慈航净苑设父母灵位。唐先生的朋友众多，而且不同宗教界人士都有，所以在来拜祭唐先生父母的宾客中也有不少佛教人士，唐先生也不时陪着来祭拜的嘉宾一起礼佛。但是，这完全不同于一般佛教徒祈求佛力相助的拜佛念佛，而只是一种念及自己父母灵位设于此庙宇，大殿的佛为主，自己父母为宾，自己只是出于对庙宇之"主"的尊重之礼才礼佛拜

---

① 唐君毅.唐君毅全集：第七卷·病里乾坤[M].北京：九州出版社，2016：25.
② 唐君毅.唐君毅全集：第七卷·病里乾坤[M].北京：九州出版社，2016：25.

佛，因此也完全没想过，自己要凭借念佛拜佛来帮助自己化解眼疾的苦难。也就是说，对唐先生来说，自己的礼佛拜佛行为并不是一种宗教行为，而只不过是一种表达尊重、崇敬的礼貌行为。但是，唐先生没有礼佛拜佛的行为习惯，并不意味着他不相信世人所信仰的佛菩萨具有无尽愿力与法力。

唐先生不信佛拜佛，并不是因为唐先生完全不信佛，实际上，唐先生对佛菩萨有非常深刻的认识。唐先生对自己关于佛菩萨的认识做了一个大致的梳理：

在幼年时期，唐先生曾经相信满天皆是神佛。

20岁左右，唐先生相信，凡是为人的思想可及的事、物和人，在全法界中也都应该是实际存有。

30岁左右，唐先生相信，存在一个"宇宙性的绝对真心"，这个绝对真心有无数可能的表现；而其每一最高表现，也就同于一佛菩萨的表现；而这个"绝对真心"本身，其实只不过是一切表现"交相摄受而相互依赖而成的同体"。

30岁以后，唐先生思想的一些核心理念再未动摇过，并建构了一套以心灵生命为核心的强形而上学体系。唐先生自己清楚，形而上学可以有不同的建构基础和方式，但他本人更加倾向于以这个"绝对真心"为根基建构。在唐先生的理解中，一方面这个无限的"绝对真心"是超越而内在于人的有限的心灵生命之内的。但是，另一方面，唐先生相信，任何一个有限的生命心灵，比如人，真有能力破除其心灵生命的自我限制，而化同在永存不坏的无限生命心灵之中，而且这个无限的生命心灵可以在冥冥之中与一切生命心灵相感通。也就是说，在唐先生的理论和信念中，存在着一个永恒无限的心灵生命（如佛菩萨），他与有限的心灵生命（如个人和众生）可以相感通。

在唐先生看来，要在理论上说明这样一个永恒无限的心灵生命的存在及其与有限心灵生命的感通，要有许多曲折的论证。但是，在唐先生内心深处，对此是"信之而不疑"[1]的。如果有人说，这个世界上，在无量世界和无量时间中，曾经有众生自破其生命心灵的限制，而成为一个无限的生命心灵，如佛菩萨，而他也能够本其愿力以帮助众生拔苦去障。唐先生说，他听了是会

---

[1] 唐君毅. 唐君毅全集：第七卷·病里乾坤［M］.北京：九州出版社，2016：26.

"应许"的。

一方面，唐先生不否认佛菩萨的存在，也不否认佛菩萨有无尽的愿力与法力可以解救世人的痛苦；另一方面，唐先生又不愿意像世间的佛教徒一样拜佛念佛，以借助佛力的加被而消除苦难。这是唐先生对于佛教在化除人世间苦痛问题的基本态度。

（四）化除生命苦痛的自力与他力

根本上，唐先生认为，由于人生命的有限，其罪业苦难的化除，纯粹是我们个人生命自身的事。依照佛教教义，万事皆有因缘，人的苦难并非无因而生，而是自作自受。尽管我们不能完全觉察明了我们当下苦难的因由，但是，既然苦难是"自作自受"，那么，当我们身处苦难之时，应该将此苦难视为"业报"，是自己造作的。既然苦难是自己造作的，那么化除苦难根本上也应该依靠自力，而不应该力图通过"念佛拜佛"将解除苦难的工作转嫁给佛菩萨。

进一步说，人依靠自力去化除苦痛，其用心处，也不应该脱离人伦日用。人要真面对超越世界、神灵世界以及佛菩萨时，就不能只是止于持念佛号、敬奉佛像礼拜，而是必须清楚，这世界上还有种种事情需要我们去用心。因为"最切近之超凡入圣之道，仍不当离人伦日用"[①]。当然，这并不是否认神圣力量的作用。

唐先生自己在慈航净苑养病之时，作为一个儒者，总是期望自己能够在人伦日用中有所用心。但是，既然是养病，就总有一人独处甚至无所事事的时候。当此之时，唐先生感到，既然自己当下没有人伦日用之事可为，又不能像孔子一样行教于世间，便曾经尝试在心中念想吴道子的孔子行教像。但是唐先生发现，此时念想孔子行教像，感觉与自己当下的生命完全不相干。

既然无所事事，唐先生便在慈航净苑的大殿中静坐，并在静坐之时尝试面对殿中所塑的释迦牟尼像默想。通过这种静坐与默想佛像的实践，唐先生发现，佛像的庄严静穆确实有宁息人心的作用，也有助于自己养病。于是唐先生又念及，人间的鳏寡孤独而无告者，或幽囚疾病者，当在现实世界无所事事之时，也不妨面对这些庄严静穆的佛菩萨像，以自宅其心安顿生命，这

---

① 唐君毅.唐君毅全集：第七卷·病里乾坤［M］.北京：九州出版社，2016：26.

未尝不是一条让自己的心灵生命趋于上达之通途。

人处在痛苦之中时,心灵极其孤独无助,于是容易相信有一种超越的存在,并期望自己与此超越存在感通,借助此超越存在解除自己的痛苦。但是,人在向超越存在提出要求时,不能不先经历充分的自我觉察和反省,不能不先下一番去障去罪的努力与功夫。否则,向超越存在表达的一切祈求,都不可依恃,也不该依恃。这也就是唐先生为什么在自己处于眼疾的痛苦之时,不愿意直接祈求佛菩萨无穷无边的愿力与法力帮助自己拔除痛苦。

(五)超越力量信仰中的非绝对性

唐先生在病痛中不愿意直接通过礼佛拜佛化除痛苦,绝不是他不相信佛菩萨有无穷无边的愿力与法力。根本上是因为,如果我们的苦难源于我们自身的业力,那么我们就应当明白,佛的愿力、法力无边,众生之业力也是无尽的。如果我们不能以自力期求自化其业力,自去其苦难,那么佛力也必然应当是有时而穷的。如果我们只是单纯地相信佛力无尽,从而将一切拔苦转业之事都交付给佛菩萨,这就无异于人完全没有了自身的责任,而只是坐享其成。在唐先生看来,"此正为人之大私心"[①]。既然这是人的大私心,佛菩萨又为什么必须为此自私之人拔苦转业呢?

从实际上看,人根本不可能只是借由对佛的祈求与礼拜就能自拔于苦难与其业障之外,这也正如人只是祈求上帝、耶稣亦不能全拔于苦罪之外一样。根本的原因,不在于神佛本身没有这种无穷无边的法力,而在于神佛不应当有这样的法力,使人不知道用其自力。对那些相信神佛并一心向往祈求神佛无边愿力与法力的宗教徒来说,完全无妨相信神佛确实有这样的愿力与法力。

唐先生总结他对于超越力量信仰的基本立场:"吾人在苦痛患难中,虽可上与神灵求感通,人亦可念彼神灵,或对之祈祷。然此并无必然之效。具无限之全能与无边之愿力、法力之神佛,亦不能使人全不用自力,以自拔于为苦难之因之业力,或其生命中之有限性之外,神佛之所以不能有此力,则唯由其不当有此力,以使人舍其自力也。"[②] 这也就意味着,我们不能认为,一个

[①] 唐君毅.唐君毅全集:第七卷·病里乾坤[M].北京:九州出版社,2016:27.
[②] 唐君毅.唐君毅全集:第七卷·病里乾坤[M].北京:九州出版社,2016:27.

人只要对神佛祈求，就可以使他绝对必然地拔除痛苦患难以及罪恶业障。

正是基于这样的认识和信念，唐先生自己在眼疾最严重的时候，也未尝有纯粹凭仗神佛之力的念想。唐先生承认，人在巨大苦痛中信神念佛，乃是在所难免的，而且，人的此信、此念也确实可以帮助人超拔其痛苦，使其心身宁静，并可以助人养病。但是，唐先生强调，我们在这样相信和实践之时也必须同时承认，这并没有绝对必然的效力。当我们以此为养病之道时，也像其他一切养病之道一样，只是"自尽其心"，是人在养病之时可有且当有的，但我们不能就此认为并相信，这样就可以化除疾病痛苦！

七、痛苦的价值意义与道德心灵

在经验上看，痛苦是真实存在的，这一点没人能够否定。在《痛苦与神佛》一节，唐先生通过自我观照，对"痛苦"做了一个现象学的描述，说痛苦乃是无色无相、无耳无目的大怪物。在此，唐先生要进一步探究的是，这样的"痛苦"到底有什么样的价值意义？为什么人的世界会有那么多痛苦存在？没有这些痛苦可以吗？人为什么要受痛苦的煎熬？承受痛苦有意义吗？有价值吗？

（一）痛苦的普遍性与价值疑惑

唐先生说，他在阅读佛家和叔本华的书时，深切地感受和惊惧于他们所描述和言说的，众生及人类之痛苦如此之多，如此之深。叔本华曾经说，对那些认为这个世界就是最好的世界，不知道这个世界中有痛苦而安于这个世界的人（像莱布尼兹这样的潜定和谐论者）来说，最好的反驳便是带他们亲自到监狱、孤儿院、医院、疯人院等地方去参观，如此，他们就知道自己所安于其中的"最好的世界"，实际上与地狱无异。

唐先生自己幼年随父母住成都锦江街时，家对门就是一所孤儿院。后来赴南京入读中央大学，学校旁边就有四牌楼的监狱，常常看到犯人进出。尽管如此，唐先生说，他自己也未曾与孤儿为友，对于监狱中犯人的出入也是视若无睹。在年轻之时，唐先生没有入住过医院，所以也未能真切体会到医院中病人的真实心情及他们所体验到的痛苦究竟如何。因为眼疾，唐先生两度入住医院，在美国住院半月，在日本住院3个多月。尽管相对有些罹患重病或遭受重伤的病人而言，唐先生所遭受的痛苦远远不及他们，但是唐先生的观察和体验，让他对医院有了切身的认识。

唐先生的眼疾只动过一次手术。但是，在日本医院中，唐先生亲眼见到，与他罹患同样眼疾的住院病人，有的动手术10余次，整整一年都未能痊愈；有罹患麻痹症的病人，双足既残，已经在医院里住了20余年；还有其他断肢破体的病人，更是不可胜数。病人在医院里，有不可外出者，有无力外出者，当其痛苦至极时，即使是亲人在侧，也不能有任何帮助，只能任由病人自己辗转忍受巨大痛苦。医院中的病人，都无异于一个个孤独无告之人。就此而言，说医院犹如地狱，也未尝不可。

一般人去医院，无外乎治病或者探病，否则不会无事前往。即使前往，也不容易见到医院中病人的苦痛，而一旦病好了，也就不会再念及医院，所以对医院中如地狱般的情形往往容易淡忘而无真实感。唐先生强调，只要我们能够不忘自己或亲友在医院治病期间所受的痛苦，并设身处地念及世间一切人所患的不同疾病、所受的不同手术治疗、所经历的不同的痛苦，就不会否定人间的医院犹如地狱的说法。唐先生以自己的经验和观察说，自己在日本住院时，发现医院供奉有地藏王菩萨，最初颇为诧异，后来突然体悟到，医院实际上便是人间的地狱，所以才会在此供奉原本住在地狱的地藏王菩萨。

人世间存在痛苦，这是不容否定的基本现实。那么，这些痛苦的存在有价值或意义吗？抑或它们根本就没有任何价值和意义？唐先生认为，要弄明白这个问题，有一些思想的葛藤需要厘清。

1. "痛苦有价值"的疑难

如果说痛苦是有价值的，那么人就不应该有去除痛苦的想法，人世间许多帮助人消除痛苦的医疗技术和药物都不应该有。比如，麻醉剂就不应该发明出来，发明出来也不该用。而事实上，如果没有麻醉剂的发明和使用，世界无数医院中的病人所受痛苦将增加多少，简直不敢想象。麻醉药不仅减轻了病人的痛苦，也减轻了战士的痛苦，而且减轻了一切能感受痛苦的动物之苦。唐先生说，好友牟宗三先生曾经说，发明麻醉药的人无异于大菩萨，他自己闻言也深感肃然。并且因为自己罹患眼疾动手术时，深受麻醉药减轻了手术痛苦之益，深切地体会到，发明麻醉药的人真乃大菩萨。

如果痛苦本身是有价值的，那么，发明麻醉药反而成为无价值的了。如此，发明麻醉药的人也就无功于世，而不应该称其为菩萨。依此类推，似乎一切为人类造福去除人类痛苦的人和事，也都无功于世，都是无价值的。

于此，人们必然会反问：人们想尽办法去发明消除痛苦的东西，他们真的在做一些不该做的事吗？麻醉剂的发明真的不是善好的事吗？如果不是善好的东西，那么，人们为什么又要称颂麻醉剂的发明者为菩萨，感激他们为人减轻痛苦呢？实际上，只要人们稍加思考就清楚，在麻醉剂没有被发明以前，面对痛苦，人们毫无办法，由此所承受的痛苦是难以想象的。所以，我们很难说麻醉剂这样帮人减轻痛苦的发明是没有价值的。

2. "痛苦无价值"的疑难

我们也不能说痛苦是完全没有价值的，而只有去除痛苦的行为才有价值。否则，我们完全无法理解那些为子女、同胞甚至世人造福而自甘受苦的人的行为。如果痛苦是没有价值的，我们就只能说这些自甘受苦的行为纯粹是愚昧无知，世人也完全没有必要对他们的行为表达敬意。由此看来，人们宁愿受苦而为其所当为、行其所当行，不能不说他的受苦是有价值的。

那些为他人造福而自甘受苦的人其功劳在帮助人减轻或者去除痛苦，而其自身则甘愿受苦，其德行也正体现在他的甘愿受苦。或许有人会说，痛苦本身真的有价值吗？甘愿受苦者难道不是在无可奈何的情况下才不得不受苦的吗？在一般情况下，在自由的情况下，人是不愿意自主选择受苦而抛弃快乐的。这就证明，与快乐相比较，痛苦本身是没有价值的。世上确实有人为了子女、同胞或者世人的福祉而甘愿受苦，但这并非因为痛苦本身有价值，他们接受痛苦，不是目的，而只是手段。

唐先生指出，认为苦难毫无价值，实际上是不成立的。即使人未必是为了行其所视为当然之道而甘愿受苦，只是能够忍受苦难本身而不惧不忧，人们往往也会称赞其行为勇敢、伟大。这就是卡莱尔所说的"能受苦即伟大"的意涵。在这里，受苦的伟大乃是由痛苦本身导致的。如此，我们就不能说痛苦全无价值。

3. 痛苦到底有无价值的大困惑

唐先生指出，如果认为去除痛苦才有价值和意义，那么就应该说，凡是由去除痛苦的行事而最后并没有去除的痛苦，就都是没有价值和意义的。比如，如果说用麻醉药去除病人的痛苦是有价值和意义的，那么似乎就应当说，那些没有被施予麻醉药的病人的痛苦就是毫无价值的。可是，在现实生活中，没有施用麻醉药而病人又不得不承受的痛苦，可谓多矣。难道这些痛苦都没有价值意义？

世间之人，或享乐，或受苦，如果都没有价值意义可言，那么享受快乐者倒也无所谓，而那些承受痛苦的人岂不白白受苦了？可是，这世间为什么会有人必须承受众多痛苦，而其他人却未必受苦或者只是享受快乐呢？如果受苦没有任何价值意义，都只是白白受苦，这个世界便是全无道理的世界，如此，人生于此世间，又何必追求和期望自己的行为都应该是合理的呢？在这样一个全无道理的世界中，为什么又会有那么多力求其言行合理的人呢？这样的人又何必要生活于这样的世界中呢？面对这样一些由自我反省推论出的关于痛苦有无价值的疑惑，唐先生觉得"皆辗转不可解"。综合归纳这些问题，主要是两个方面的内在张力所形成的两难："一方是痛苦之无价值意义，似为人所共认。一方是痛苦之必当有一价值意义，亦似为人之所要求。此两难实不易突破也。"[①]

（二）痛苦的消极价值

唐先生认为，要突破关于痛苦到底有无价值意义的两难，关键是对价值意义本身做出积极和消极、正面和反面的区分。由此，我们可以说痛苦本身没有正面积极的价值意义，但是有反面消极的价值意义。

关于痛苦有反面消极的价值意义，主要有三种说法。一种是基督教的说法，认为人是有原罪的，使人受痛苦乃是上帝对人类犯罪的惩罚，而痛苦的价值意义就在于可以消极地赎罪。第二种是佛教的说法，认为人的前世或今生有恶业罪业，受痛苦乃是其业报，痛苦的价值意义在于可以消极地使其恶业减轻。第三种说法是心理学的或常识的认识，认为痛苦是对人的错误行为的一个警戒，痛苦的价值在于消极地使人不再重蹈致人痛苦的错误行为。

唐先生认为，这三种论说，都很难从正面的、积极的意义上对痛苦的价

[①] 唐君毅.唐君毅全集：第七卷·病里乾坤[M].北京：九州出版社，2016：40.

值意义加以肯定，便不直接强调痛苦本身有什么独立的价值，转而从反面消极的意义上来强调痛苦的价值，说痛苦有使人得以赎罪（赎）、解除恶业（报）或者纠正错误行为（警戒）的价值意义。这三种说法都不直接说痛苦本身有什么价值，而是强调痛苦的价值在于它有消除人的人格负面价值的作用。由此而言，痛苦不是没有价值，只是应该从消极方面来说。

1. 痛苦具有让人免于重蹈错误行为的警戒性价值

之所以说痛苦有对人起到警戒的作用，是由于人在做了某件事后，发现结果是带来痛苦，当他屡试不爽后，为了避免痛苦，他便不再做某类事情了。这就是说，人的痛苦经验，有制止人去做某一类事情的作用，甚至有制止人心中生起某些意念的作用。

唐先生指出，对于人要靠痛苦的经验来制止他做某类事，这表明那个人的道德意识还处于模糊不鲜明的状态。只要人的道德意识足够鲜明而强烈，他就会明白，一切罪恶的行为、错误的行为或不当的行为都要自己加以制止，而不必靠痛苦的经验来制止。这也就是人类社会要有法律性的惩罚，它是借着将痛苦加到某个人的身上来防止他做不应该做的事，这也是苦行者要把痛苦施加到自己身上的原因，他是想借此痛苦来将心中生起的欲念或冲动平息下去。

痛苦之所以有这样防止再犯的警戒作用，并不是因为痛苦是人的意念行为之外的某种他物，特别具有这样的作用，而是因为痛苦本身自始就是由于人的意念行为受到阻碍、挫折、摧抑或制止自己生发出来的。人的意念行为在某种情形下曾经受到制止，下次在同一情形下就有自加制止的趋向。如果屡受制止，受苦次数愈多，或者说制止者的力度愈强，受苦愈深，那么以后自加制止的趋向也就愈强，从而就会形成一种自加制止的习惯，使其未来不易再有以往的意念行为。与此同时，在其意识中，也同时能够更加自觉到以往的这些意念行为乃是不当有的罪恶。由此可见，痛苦经验之所以有防止犯罪和警戒未来的价值，根本上是因为，此痛苦经验本身是由意念行为被制止而产生，而不是痛苦有额外的制止作用。

2. "痛苦源于罪恶"及原罪说和前世业障说

为什么说痛苦有使人得以赎罪或消除业障的作用呢？唐先生指出，这涉及"人之所以会有痛苦"的说法：人有痛苦或必须受苦，根由在于人有罪，有恶业。这种说法预设了"痛苦源于罪恶"的主张。换言之，由"痛苦源于罪恶"的主张，可以推演出因为人有罪恶所以有痛苦的产生。但是，这种说法还比较粗疏，人们不易从中看到"罪恶"与"痛苦"有直接关系。因此，如果要人们接受这种观点，就必须将罪恶必然产生痛苦的关节细加说明。

要人接受"痛苦源于罪恶"的主张之所以需要将"罪恶"产生"痛苦"的关节说清楚，主要是因为人们在现实生活中所观察到的现象并不必然如此。唐先生指出，人的罪行理应受到制裁而受痛苦，以作为对此恶行的惩罚，这乃是出于人的求正义之心。但是，人们在生活中所看到的，有很多正在受苦的人未必是因为他有什么罪行。天真无邪的儿童，没有做过什么罪恶之事，却有的出生就处于病苦中。世上的善人受苦的也不在少数。人们见到的事实如此，而"痛苦源于罪恶"的说法与此并不相符。由此，除非人要刻意掩其耳目，否则，人不能不怀疑"痛苦源于罪恶"的说法。

尽管事实为大家所目睹，但是说"痛苦源于罪恶"的人不认为自己的主张是错误的。他们为了解除其中的矛盾和困难，便对"事实"提出新的解释。他们提出，天真无邪的儿童以及我们在世上所见的善人，尽管没有看到他们在现实生活中因为罪恶行事而受苦，但是他们之所以受苦，是因为他们前生有罪恶行为或前世有恶业。他们甚至推论更远，说人当前的受苦根源于其祖先，甚至是根源于人类的祖先。他们将自己的说法进一步扩展，便认为，人今世有罪行而未遭受苦报，只不过是将痛苦的惩罚延至来世而已。简言之，如果人不肯将"痛苦源于罪恶"的主张废弃，又不漠视当前所见到的人遭受痛苦未必来源于他有罪恶的事实，为了自圆其说，便有了"原罪说"及"前世业障说"的提出。

（三）痛苦的道德与存在性根源

主张"痛苦源于罪恶"而又发现世上实在有人没有罪恶行事却遭受痛苦的现实，为了自圆其说便提出"前世业障说"或"原罪说"。这样的宗教解决办法，在唐先生看来，实际上是将人当前遭遇痛苦的因由推到自身之外。尽管这依照理性方法解决了逻辑上的疑难，但并不是解决疑难的唯一方式。

唐先生指出，假定一个主张"痛苦源于罪恶"的人，他当前受尽苦难，而自省自己一生又不曾有任何罪恶行事，但是如果他的道德意识特别强烈而鲜明的话，他完全可以不将他当前受苦的缘由推给其祖先曾经有犯罪行事或者他的前世有业障。他自己可以在当下受苦之时，自认为实在有罪过或有恶业在身，只是自己察觉不到而已。他可以自责，说自己实际上有罪过在身，只是这罪过隐藏得很深很深，以至于自己怎样反省省察都无法看到。

在唐先生看来，道德意识特别鲜明而强烈的人，一定不会将罪过推给祖先或前世，他不仅仅说自己实际上有罪过而隐藏甚深，甚至会将世人的一切痛苦也视为是自己的罪过造成的。世上必有些道德意识极强烈的人，他们不废弃"痛苦源于罪恶"之说，他们也不会说自己无罪而受苦，必然会说自己罪恶太深。并且，世上也必有人不忍看到他如此自苦自责，对他的这般自苦自责心生感动和敬佩。

以耶稣上十字架为例，道德意识强烈的基督教徒会说，耶稣上十字架是无可奈何之事，他会慨叹天理何在，但不会将他要受此苦难推给人类祖先。在唐先生看来，人们可以将"痛苦源于罪恶"视为必然的道理而相信它，只要他的道德意识强烈，就不会一见人有痛苦的遭遇，便推论认为，其如果不是今世有罪恶行事就是前世有罪恶行事，或祖先有罪恶行事。所以，人如果真正懂得耶稣，不会说耶稣受苦难是因为他自身有罪，或是因为人类祖先有罪。他会说，耶稣受苦乃是代人类"赎罪"。但这只是说，耶稣乃是出于鲜明而强烈的道德意识而为世人承担罪过。由此看来，犹太基督教的"原罪说"是可以成立的，但它并不是非成立不可，而唯识宗的"前世业障说"也是如此。

唐先生强调，人们说到痛苦时，说"痛苦源于罪恶"，这种说法并非不能成立，但是，需要将其中涉及的诸多疑难解明。犹太基督教的"原罪说"和佛教的"前世业障说"实际上就是为解明其中的疑难而提出的。换言之，"原罪说"和"前世业障说"原则上可以成立，但并非必然成立。因为并不是只有"原罪说"或"前世业障说"可以解明其中的疑难。

如前面所说的，道德意识鲜明而强烈的人，虽然一生无罪恶行事而受尽苦难，也仍然可以主张"痛苦源于罪恶"的学说，但不采取"原罪说"或"前世业障说"。

又如，基督教徒说耶稣是上帝的儿子，是上帝派来世间代人类受苦、为人类赎罪的,完全可以视其为一个道德意识很强烈的人,自愿担负世人犯了罪过而带来的惩罚。如此,则基督教说的耶稣受苦是为人类"赎罪",这"赎罪"一词就不必要由"原罪说"来解释。因而,一个真正懂得耶稣的人,就不一定要视之为神。在唐先生看来,将耶稣视为神,就不会看到耶稣所具有的强烈的道德意识,就不会说他凭借这一道德意识来为世人担负苦难。如果不视之为神,就可以视之为圣贤,与世上许多为人类担负苦难的圣贤一样。

唐先生强调,圣贤之为圣贤,根本上在于他以其强烈的道德意识而担负众人的苦难,这苦难并非由于自己的错误,或者是由于众人的错误。所以,圣贤若有痛苦,其痛苦也应当说是源于他有强烈的道德意识,而并非源于他有什么罪业。如此,我们则应当说:"痛苦源于道德意识。"

由此,唐先生认为,人的痛苦与人的德行是可以互相关联而说的。痛苦与人的德行可以关联而论,主要是两者有相得益彰的关系。这一点,我们可以从人们对世上越是受苦就越坚忍的人所生出的敬佩之心中体会到。《三国演义》中的关云长为毒箭所伤,华佗替他医治,为了刮毒要割肉至骨,云长在刮骨疗毒的过程中好像无事一样,饮酒自在,谈笑自若。人们读到此情节情境时,往往会在心中生起敬佩之情。一般来说,人们对于遇到痛苦而能坚忍的人,总是会将其视为德行极高的人物,而并不一定理会他面对痛苦如此坚忍到底是为自己还是为他人。

由此,唐先生指出,将人受苦之事看成只与罪恶有关,这并不是一种普遍必然的看法。在某些情况下,人完全可以凭他能忍受痛苦本身以显示其高尚的德行。在人忍受痛苦而表现德行之时,这里的"痛苦",很显然不宜将其作为一个与人的罪恶行为有关的事来看待。

如果一定要将"痛苦"与"罪恶"关联来说,我们必须有另一种解释,揭示其更深一层的意义。对此,唐先生强调,说"痛苦源于罪恶",这里所谓的"罪恶",我们不妨理解为,意在指出人是一个"有限性的存在"这一事实。如此,则"痛苦源于罪恶"的意涵不过是指出"痛苦源于人的有限性"。人有痛苦,因为人是"有限性的存在"。这一命题在根本上指出了人作为一种现实的生命存在的一个普遍事实。因为人不是一个无限性的存在,他是有所欠缺的,不能免除某些东西,如不能免除痛苦。换言之,无限者完美无缺,它是没有痛苦的,如上帝就没有痛苦;有限者不完美,它不免有痛苦,如人就是有痛苦的。

将"痛苦源于罪恶"理解为"痛苦源于人的有限性",这不是要人抛弃"痛苦源于罪恶"的说法,只是进一步强调,这里所谓的"罪恶"不是指道德意义的罪恶,而是指一种形上意义的罪恶。确切地说,这里所谓的"罪恶",只是指"善的缺乏"。因为就形而上学意义上的存在论来看,在所有存在者中,必定有一个"终极的存在",可以称之为"太一"或"太极",此"太一"或"太极"如太阳光芒的射出,无所不照。它照射万物,万物则依照其能得到光芒照射量的多少而分成若干层界,最后总有光芒照射不到的地方。准确地说,所谓"光芒照射不到的地方"并非阳光不能到达,而是此处根本无物存在,它是一个大虚空。

从存在论意义上看,如果作为"终极存在"的太一(太极)为至善者,那么"至善所不及处"即"一丁点善也分配不到之处";如果作为"终极存在"的太一(太极)为无限者,那么"无限性所不及处"即"一丁点无限者的性质也分配不到之处"。如此,按照这样一种存在论模式,就可以简单地说,世上一切真实存在的事物,都只是"非无限者",只是其有限性的程度有所不同而已。

唐先生将"痛苦源于罪恶"放在"痛苦源于人的有限性"的意义上来理解,根本上是要强调,世上的任何事物,只要它是存在的,就必然分配到无限者的一点性质或至善者的一点性质;如果说有一事物一点也没分配到无限者或至善者的性质,则这样的事物是根本不存在的。对"无限者"或"至善者"来说,一个完全没分配到"无限者"或"至善者"性质的事物,充其量也只是一个"虚无"而已,因此,也就不能直接说它是"有罪恶者"。

在唐先生看来,说人是"非无限性的存在"或"有限性的存在",这并不等于说他是"罪恶的存在"。说人是"有限性存在"不包含说人就是"有罪恶者"。如果根据人是有限的,就直接说人是有罪恶的,这样的推论乃是一种过分的推论。至于因此而说人有罪恶乃是由其祖先传下来或由他前生的业障而来,这样的推论更是一种过分的推论。

总之,说人是一个"非无限性"或"非至善"的存在,这纯粹只是表示它有所缺乏,它缺少无限性,缺少至善,仅此而已。如果要以此为前提而推论它就是罪恶者，则其中还有诸多关节需要予以说明。对唐先生来说，人由自身作为"非无限者""非至善者"变而成为"有罪恶者"的关键在于，作为"非无限者""非至善者"的人，竟然欲求自身及其活动不受限制，他欲求自己像"无限者"或"至善者"一样，罪恶便因此而生。至于有限者之所以由罪恶而产生痛苦，根本上是因为他的活动与其有限的存在互相冲突矛盾。这种互相冲突矛盾的结果，便是痛苦。

由人为有限性的存在而说人有罪恶及痛苦的发生，这在唐先生早年著作《道德自我之建立》一书中已经有所言及。唐先生在该书中说到，任何一个属于某一特定时空的生命存在，不能欲求自身继续存在于其他时空，否则，便是欲求自身有限的生命存在可以无限化，这必然导致自身与其他时空中的有限生命存在遭遇而产生冲突矛盾，罪恶必然产生，痛苦就会随之到来。如今在治病期间的反省，对"痛苦"与"罪恶"的关系能有深一层的认识，对于人的痛苦、罪恶与其生命有限性的关系能有深一层的体悟，都是因为在医院时，目睹人在疾病中的痛苦，并对他们的痛苦有较深入的体验。

唐先生以人在病中的情况加以具体的说明。人有疾病，源于人的生命有了分裂，而且这一分裂又为人自己确实感觉到了。生命存在本身是由诸多部分组成的，每一部分都各有其机能，相互协调和谐，维持生命系统的存在。当其中有一部分的机能要自求独立时，人便感到其生命存在内部的分裂，生命存在本身是统一的，当感到其部分要分裂时，便想去融合它，想去融和而又不能办到时，便有痛苦之感的产生。换言之，人的身体有某一部分欲求独立，而生命存在本身欲将它融和而不能，便有痛苦之感的产生。

唐先生将这种情况做了进一步的深入分析。人的生命存在的某一部分机能欲求独立化，也就是说，它不想受人整体的生命存在本身的调配，它的求独立化也就是求无限化，这样的结果，最终必然会造成生命存在本身的分崩离析。如果生命存在本身极力求融和而仍不能制止其分裂，那么生命存在本身就会归于解散。如果生命存在本身真的全体解散，那么，痛苦之感也就随之消失。因此，确切地说，人感受到痛苦，这一痛苦之感实际上是发生于生命存在的某一部分欲分裂，而生命存在本身欲将其融合而未能，虽不能却又未至于生命存在本身完全解散这个时候。

对于这样一种关于疾病与痛苦源于生命存在自身的分裂的形而上学解

读，唐先生以人的身体遭受病菌感染或身体被物件所伤的情况来加以说明。病菌或伤口会引起身体的组织机能发生变化，因而使身体的某一部分有另一种活动出现。人的疾病有一些不是直接由外来物件造成的，比如，视网膜脱落或者癌症等，它们是身体的组织机能变化或本身的细胞分裂而造成的。不过，生命存在自身（身体）的某一部分组织的分裂是否必然使人感受到痛苦，这乃是由人感觉的敏感性决定的，毕竟"痛苦"不是事物的性质，而是人私密的经验感受。比如，一些神经错乱者、人格分裂者，就未必会感受到痛苦；人接受了麻醉剂后也不会感受到痛苦。人能感受到痛苦，根本上在于他有求统一融和各部分的"整个生命"，离开这样的"整个生命"，人是不会有痛苦感受的。

（四）痛苦的根本价值与心灵开拓

对于人在生病时遭受的痛苦，唐先生依照人"整个身体生命"不能维持其统一，有部分欲独立，从而发生了生命存在的内部分化来给予形而上学的说明。在此要进一步讨论的问题是，人在疾病中有痛苦，这是真实不虚的，问题是，这痛苦本身是否有价值的存在？

在唐先生看来，生命存在自身的一部分欲求分化，生命存在本身欲使之融和而又不能，这才产生了痛苦。但是，从另一个角度看，生命存在本身分裂而感受痛苦的同时，也是生命全体内部自我开拓的过程。在生命存在本身分裂而人感受到痛苦时，实际上也同时在收获生命开拓的果实。痛苦是生命想超越及克服其全体本身之限制的结果，它有打破存在生命全体本身之限制的趋向。所以，人有痛苦，这并非无价值意义。痛苦的价值就在于，它使生命有内在的开拓。

说痛苦的价值在于让生命有内在的"开拓"，根本的意思是说，它可以使人从日常的自矜自是、自私自利的心思中超拔出来。人在痛苦中，必然期求他人能知道自己的生命状态，期求他人能与自己的生命体验有所感通，这时，他必然明澈地意识到自己之外有他人的存在，他人有一种自己在日常生活中完全忽视的重要性。由个己的痛苦而期求他人能知道自己的痛苦到底是怎样的状态，期求他人能够真正感受到自己所经历的痛苦，这时就可以破除自己平常生活中的"沉沦"状态，并从中超拔出来。生命在日常的"沉沦"状态，是一种完全不期望了解他人、不期望与他人同情共感的自矜自是、自私自利的生命状态。由这种状态超拔出来，期望实现自我与他人生命的真正感通，就是对自我心灵的一种"开拓"。

客观上说，痛苦确实有开拓人心灵生命的价值。只不过，开拓人心灵生命的这种效用，并非人最初感受到痛苦时即自觉到的。如果人一开始就知道了痛苦有这种开拓人心灵生命的效用，那么我们可以设问：为了开拓心灵生命，人是否可以自造痛苦情境呢？

对于这样的设问，唐先生强调，人不可能希望自己有这样的痛苦以达到心灵生命有所开拓，因为没有人遇到痛苦而不期望离开的。人世间确实有承受巨大痛苦的伟大人物，但是他们所承受的痛苦，都不是他自造而故意去忍受的，他只是期望能够避免这些痛苦。当他们期望避免痛苦而不能时，便自觉地去忍受这些痛苦而不是惧怕和逃避。也就是说，他们最初都不是有意要期求痛苦，希望以痛苦来开拓自己的心灵生命。

所以，真实的场景和体验应该是，生命存在本身发生分裂，而人因此感受到痛苦，于是才把心灵打开，对他人的存在也才会细加认识体验。人对生命自身的痛苦有真切的感受，便自然开拓了自己的心灵生命，这种心灵生命的开拓，绝对不是故意将自己置身于痛苦中而获得的开拓。

虽然痛苦有开拓心灵生命的作用，但人不会任由自己或他人处于痛苦之中而不施救。一般来说，人们都会认为，要尽力去消除人的痛苦、减少人的痛苦，这才是正确的做法。对于一些因为备受极端的痛苦煎熬而选择自杀的人，人们虽然不认为这就是正确的选择，但是也都不忍心去责备这种选择。战士在战场上伤重无法救治的时候，面对死亡而同时又要承受剧烈痛苦时，有时会要求同伴将自己杀死以减少或消灭自己的痛苦，而对于杀死同伴的行为，人们并不认为是绝对的过错，往往会认为那是基于人道。

对于以上这些行为，或许有人会说，既然说痛苦有助人开拓生命的价值，这样一些消除或减少他人痛苦的事，岂不是使他人失去了开拓自己生命的机会？因为自杀而死的人，固然是自我剥夺了开拓生命的机会，而在战场上帮助同伴早些脱离痛苦，岂不是假借人道之名而剥夺了同伴借助经受痛苦而开拓生命的机会？

唐先生认为，这样的问难，的确不容易回答，而且确实可以引人深思。

一方面，人不能否定痛苦可以使人开拓生命；另一方面，人们也很难决断地说，不论痛苦剧烈到什么程度，人的生命都不可毁弃。在唐先生看来，这个两难处境似乎告诉我们，必须将痛苦分为两种：一是无望的痛苦，一是有望的痛苦。"无望的痛苦"指生命存在自身有一部分在不断地分裂，生命存在自身期望将其统一融合而又不能，这就有如人的身体受伤太严重，没办法医治，人在此时所受的痛苦便是无望的痛苦。"有望的痛苦"指生命存在有一部分在分裂，但生命存在自身能将其统一融合，这就有如身体受伤比较轻的人，可以经医治而愈，人在此时所受的痛苦便是有望的痛苦。

对于人的"有望的痛苦"，人们不会因为它是"有望者"，便故意要它延长，人们都自然而然地期求快速消除痛苦。如果人们知道这痛苦对于他开拓心灵生命有助益，便会对他加以鼓励和安慰，我们就说这是"爱人以德"。对于人的"无望的痛苦"，人们不会因它无望，便故意要他快些踏上死亡之路，但同时也不会完全漠视它是"无望者"，就不会用对"有望者"的方式来对待他。对于处于极度剧痛中的病患者，人们当然不会鼓励他自己毁弃其生命，但也不能阻止他自行毁弃其生命；人们不会鼓励士兵枪杀其不能救且承受巨大痛苦的同伴，但也不能阻止战士枪杀其受剧烈痛苦而无望救助的同伴。

在唐先生看来，之所以难于否定这种但求消除剧烈无望的痛苦的行径，是因为当此之时如果把"由感受生命分裂而来的痛苦"与"生命自身求统一融和"详加对照，我们就只见到人在极度痛苦中，而见不到此痛苦有开拓生命的作用。既然如此，那么人在此时的自杀，就只是在绝弃这"无望的痛苦"，而不是不合乎理性的行为。

依据痛苦的价值在于它对人的心灵生命有开拓作用这一论点，当人处在极度痛苦中时，如果此痛苦是无望的痛苦，于是自求断绝生命，由此去除其无望的痛苦，他人难于说此行为不当，相反，应该判定人在此时的行为是依据理性的正确行为。不过唐先生强调，人依照这一准则判定人并非不可以选择自杀，但这绝没有鼓励他人这样去做的意思。

唐先生由此进一步反思：如果人忍受着的是"无望的痛苦"，他没有解除此痛苦的任何方法，他忍受此剧烈痛苦到最后一刻而自然死亡，难道他忍受这无望的痛苦就是完全没有价值的？唐先生不这样认为。因为人在此时忍受痛苦，虽然不能达到生命求统一融合的目标，但是他的意志中实际上有求统一融合的目标存在。因而，即使期求统一融合的目标最终没有达成，期望借由痛苦以拓展生命的意义未尝就不存在，此"痛苦"对心灵生命的开拓作用仍然存在，只是它中止于开拓生命的过程中而已。

在唐先生看来，人有必要证明，人即使忍受无望的痛苦，也不是没有价值的，否则承受剧烈的苦痛而不自弃生命，就变成了毫无价值的行为，这样的受痛苦行为也就成了"白受"。说这个世界上有人应该白白承受痛苦，这是没有道理的。世界如果如此，就是一个无道理的世界。而唐先生的信念是，人应当相信世界是一个有道理的世界！

在唐先生的信念中，世界不可能是一个无道理的世界。否则，众生（包括人）便都可以不依道理而生活了，人的思想也都可以不依理而进行了。但是，就人目前所经验到的来看，事实并非如此。所以，世界应当是一个有道理的世界。唐先生强调，人应该持守这一信念，并凭借这一信念，为人世间有痛苦存在的事实找寻痛苦之所以要存在、要人忍受的理由，唐先生说痛苦的存在意义在于使人由此开拓生命，就是要为此提供一个答案。而之所以要开拓生命，则是因为生命存在本身的有限性，生命的有限性决定了它必须开拓自己。

因此，我们不能说痛苦对个体生命只具有消极性作用。因为，它不只有对有罪恶者的惩罚或警戒价值，它对于作为有限性存在的人也具有开拓其生命的意义。唐先生凭此而对痛苦有了新的体悟，那就是，人不应该只视痛苦为人前生罪恶行为的业报，不应该只视痛苦为人类祖先有罪而来的惩罚，不应该只视痛苦为对生命个体的警戒。最低限度，人应该视痛苦为可以使人自觉到个体生命的有限性，其心灵生命经由此痛苦而破除自矜自是、自私自利之心，痛苦的价值就在使人超拔于自矜自是、自私自利之外。如此，生命的有限性便可以被打破，心灵生命可以得到充实。

综合而言，唐先生关于痛苦的究竟意义的讨论，最重要的贡献就在于，指出痛苦有使人对生命的有限性加以破除的作用，指出痛苦对生命的开拓有正面的积极意义。唐先生将痛苦放在形而上学存在论意义上来考察，对痛苦的价值意义提出了一个完整的形而上学说明。

尽管唐先生将痛苦的意义在形而上学层面进行了说明，但是，他也很清楚，在现实生活中往往有诸多无奈。痛苦的感受会逼使人只顾念当下而不进行其他思考与观想，痛苦会使人强烈地意识到自己此时此刻正在承受痛苦。而痛苦又是一极其私密的个人感受，人大多只有自己承受痛苦的煎熬，甚至最后使自己泯失在痛苦之中。

唐先生曾经说，他自己曾经自观痛苦的相貌，发现痛苦是无耳无目的，是没有任何形色的"大怪物"。在这里，唐先生进一步指出，痛苦的感受尽管是其被逼而忍受的，但它同时也有使其心灵生命得以拓展的功能。因此，唐先生强调，人只要对痛苦的意义与价值有自觉的了解，那么他在感受痛苦时必然更能够坚忍，在坚忍中体验他心灵生命的另一种面貌，并借着痛苦的煎熬，可以使渺小的生命变成为伟大的生命。

唐先生借用卡莱尔的一句话说"能受苦即伟大"。这表明，人欲行其当然之道于天下，欲求有功于人世间，欲求人的理想实现于现实世界，都不能没有忍受痛苦的能力。一个人如果能够在痛苦中保持坚忍，不惧不忧，人们便称之为勇敢的人、伟大的人。世上的圣贤英雄豪杰，都是能忍受极大痛苦的人物，他们在坚忍痛苦的长久过程中成就其伟大。

（五）痛苦与道德心灵的境界

一般而言，一个人面对他人或众生的痛苦时，往往很自然地就会直接心生恻隐关切之情。恻隐之情源于人的天性，而不是源于人的思维。人知道痛苦有开拓心灵生命的意义与价值，那是人用思维探索"痛苦"之存在而提出的一套理论解说。因此，人们可以根据他的思维能力，知道痛苦有开拓生命的意义与价值，因而使自己增强忍受痛苦的能力。但是，人们也完全可能依据自己的思维所得，使自己成为一个冷漠无情者，因为他既然认为痛苦有开拓人内在生命的意义与价值，便可以认为他人承受苦痛乃是当然之事，于是等闲视之。

对此，唐先生强调，人不应该纯粹用思维去面对他人遭受苦痛的现实，以"痛苦可以开拓生命"为理由，使自己变成一个冷漠无情的存在，以至于让自己在面对他人或众生痛苦时漠然视之。虽然在实际上，或许不会有人如此。客观上说，一个人见到他人或众生处在痛苦情境时，心中最先跳出来的并不是"痛苦有开拓生命意义"的念头，而是对人的痛苦生起同情共感，与他人的痛苦心情通达相会，并期求其痛苦能够尽速消除。在道理上说，人应该清楚，在这世界上生存的芸芸众生，当他身处痛苦中为痛苦折磨时，除渴求脱离痛苦之外，不能再有其他任何想法。

1. 大悲心

在唐先生看来，当人真正感受到在痛苦世界中的众生完全无告，而以恻隐之心与此痛苦的世界相接相遇，如果对此痛苦世界的关切之心足够深切，便可生起无穷无尽的悲悯之情，这就是佛家所说的大悲心。佛家常说，大菩萨当发大悲心。

人有了大悲心，面对处在苦海中的众生，便会生起为其"拔苦济生"的念头。人虽然有大悲心，却又不能单单凭借此大悲心就可以对世人有实际上的拔苦济生行事。在佛教的教义中，佛菩萨可以依其无尽的悲愿而生起无尽的法力，进而为众生拔苦济生。至于一般人，既然没有佛菩萨的法力，那么即使渴望为众生拔苦，也力有所不能。面对这样的处境，人们或许会生出这样的疑难：既然有大悲心的人对处在痛苦中的人无力救助，那么有这样的大悲心也是徒然的，还不如将这样的大悲心舍弃。在唐先生看来，提出这样疑难的人，并不是让人不要生起恻隐之情。

唐先生以自己的亲身经历谈道，自己面对这样的疑难也是感慨颇深。唐先生住院时，相邻的病房住了一位小女孩，这个小女孩一只眼睛已经因为罹患癌症于4年前摘除，现在剩下的一只眼睛也因为罹患癌症必须割除。女孩与母亲相依甚笃，母亲安慰女孩说，她的眼睛肯定会有复明的一天。小女孩非常聪慧机敏，说她自己知道，两只眼睛都将割去，不可能再见这个世界了。唐先生说，他每念及这两母女，就感到她们所受痛苦之深难以用语言描述，内心不禁为之恻然。对于这两母女，唐先生说，他曾经自问，自己到底能为她们做些什么？怎样才能使母女俩真正得到慰藉？当此之时，他心中固然有恻隐之情生起，甚至也可以说，这时并非没有大悲心生起。关键是，有这样的大悲心生起又如何？这样的大悲心能够帮助母女俩减少她们的痛苦吗？有大悲心而不能有一点实际的作为来减轻他人的痛苦，这就让人真正感受到，徒有这样的大悲心而毫无助益。

唐先生说，他由此母女俩的遭遇想到，医院中的病人不少，自己对其他众多病人不能说没有关切之情，心中实际上也有大悲心生起。可是，生起又如何呢？唐先生对此提出一个可以化解疑难的说法：大悲心为人所有，虽然对人的痛苦没有实际的助益，但是也不应该将它的价值完全否定。因为，大悲心不只是人在情上实有，而且也是人在情上当有；既然是人在情上当有，那么它对人有实际上的助益最好；如果它对人没有实际可见的助益，那么我们可以再想想，它或许有其他方面的作用。

2. 祈愿心

在现实世界，实际上有很多有大悲心而又能对人实际有所助益的事情，譬如医生为人治病。医生对他的病人，大悲心乃是其情上应当有的，他可以凭借此大悲心而有实际的助人之事，比如，将他的病治好，消除其病苦。

但是，一般人有大悲心，实际上却不能像医生一样帮助他人消除病苦。比如，唐先生自己对邻室小女孩，尽管有深切的同情之心，实际上却不能有所助益。但是，唐先生强调，我们不可，也不会因此就将大悲心禁绝。在唐先生看来，我们可以不批评"因为大悲心不能有利于人便将其抛弃"的想法，因为这样的批评完全是功利主义的推论。真正值得我们去留意和思考的或许是，人可以由大悲心不能对人有实际助益这样的情境想到，大悲心的最高价值，大有可能不对人有"实际的助益"，而是缘此大悲心而有"超越的行事"，以及由此"超越的行事"带来"超越的效益"。

在唐先生看来，人有大悲心，当它不能实际对人有所助益时，它大可发而为"超越的行事"。所谓"超越的行事"，也就是宗教人士所说的，为他人或众生发出我的"祈愿"。唐先生指出，人之所以会为他人或众生祈愿，最初的缘由乃是，人对他人或众生当前的生活生起了恻隐关切之情，他期望为他人或众生提供实际的有所助益的行事而又做不到，既然期望对他人有所实际助益而不能，便转而为他人或众生生起"祈愿"的行事。

人面对他人或众生，眼见他们在痛苦中，期望有所作为而又不能，便转而为在痛苦中的人祈愿。这样的"祈愿"当初只是出于主观情感上的不能自已。因为他的不能自已之情而发出祈愿，起初或只是独自进行，后来或逐渐有了更多的人参与。这样的祈愿行事既然是发自人情上的不能自已，那么它必定是真诚而纯一的。既然此情真诚纯一，那么最后必然不只是止步于人的主观心情，而是可以离开人的主观之心，直接趋于其所关切的人身上，让主观之心化为客观之情。随着这一关切之情由主观向客观的转化，关切之情也越来越深、越广，甚或可以直入于为他所关切的生命存在之中。这种能直透入人的生命存在之情，在唐先生看来，也就是佛家所说的，人依大悲心而生的具有普遍客观意义之情。

很显然，人既可以依大悲心（对他人关切之情）发而为救助他人的实际行事，也可以依大悲心发而为他人的祈愿行事。前者救助他人的行事，是在实际的世界中进行；而后者的祈愿行事，则是在超越的世界进行。这两者可以平行并进，但是一般来说是有先后的。唐先生强调，依照人的关切之情，通常是以实际的行事为先，实际的行事通过身体的动作来引起外物的变化，从所关切者的身体变化进而使其心灵感受起变化，由此达到帮助他人拔苦济生的效果。而祈愿的行事通常应该是后于实际的行事，往往是人把一切想到的能拔人之苦的实际行事都已经做了，却仍不见成效，感觉到已经是山穷水尽，但是拔人之苦的大悲心仍然不减，当此之时大悲心乃退而处内、更而向上，化而对他人发出超越的行事，这便是"祈愿"的行事。

在唐先生看来，这两种由大悲心发出的行事，一个在实际世界，一个在超越世界。如果可以用形象的比喻来说，期望对他人有实际助益的行事就像是我自开生命的前门，而前往敲他人生命的前门，使我的生命存在之力与他人的生命存在之力可以互相感通；而我对他人祈愿的行事，就像是我力不能敲开他人生命的前门，便退而自开生命的后门，而前往他人生命的后门呼唤，期望进入他人的心灵生命而与之感通，以使他人的生命感受有所改变，以合乎我的祈愿。

由大悲心发出的这两种对他人的行事，都是人的大悲心期望与他人生命存在有所感通、期望对他人当前痛苦的遭遇有所救助而产生的不同行为方式。期望由前门入而有所不能，便退而寻求由后门而入，这完全是出于人情的不容已，是依理当有而且必有的事。

人有祈愿，是人想借此敲开他人或众生的心灵生命之门，使"我"可以与他人的心灵生命相感通，由此达到拔其苦而济其生的效果。可问题是，祈愿行事是否真有这种力量？心灵生命存在是否真有前门及后门？

对此，唐先生由"心灵生命存在自身"的意涵来进行论说。唐先生认为，所谓"心灵生命存在自身"，除包含生命存在已经表现的活动之外，还包含种种尚未表现的活动。这样的区分，可以借由哲学意义上的"潜能"或"种子"来进行说明。单就人的意识活动而言，除已显现为人可见的意识活动外，尚有未显现、未为人见到的"潜意识",这"潜意识"应该归属于个人的"心灵生命存在自身"。我有一意识活动,如果我自觉到它,我就说它为我所意识;如果它在"潜意识"中,我不能自觉到它,就不会说它为我所意识。

人的"祈愿"行事,大有可能包含着一种效能,那就是它存在于一切众生(包括人)的潜意识中,要怎样把它显现出来,使它为我所自觉,则非我所知。至于问,人是否有力量来将它显现,亦非我所知。我既不能肯定说,借"祈愿"或"祈愿之力"可唤起我潜意识中之能力,并通到他人的潜意识中,完成拔其苦而济其生之效应,也不能否定这事情之可能性。唐先生说,只要这是可能的,它非不可能,且在我为他人祈愿时,我分明自觉此情充沛之极,可超离我主观心,为他人所感,我既有此真实之感,感其真实,则我理应相信我与众生之心都不是封闭的,我不妨信人之心灵生命有前门、有后门,甚至有很多扇门,让他人的心灵生命在必要时进入,如通过祈愿之力即可进入。

人有祈愿的行事,此祈愿行事应说是世间的一个秘密,非一般思议可及,人之祈愿力之大小,亦非思议所能定。佛教说佛菩萨之愿力无穷,人或以世间尚有业力未除而表示怀疑。我们可说,只因世间众生之业力亦故无穷,令佛菩萨之愿力无法显著,如此则佛菩萨之愿力无穷的事实,也就不能否定。故而,有人病了,我祈愿其病早愈,但其病不愈;世界乱了,我祈愿世界太平,但世界不太平。这都不足以证明我之祈愿没有效用。人可说,若缺此祈愿则病人之病会更重,世界之乱会更甚。

唐先生强调,人有祈愿的行事,应说此祈愿之行事为人所当有。至于祈愿之行事是否具有效力及效力之大小,此都不应理会。之所以说祈愿之行事为人所当有,全因祈愿本出自人对他人的关切之情之不容已。人有关切他人之情,都热切期望对他人有实际的助益,真能做到拔其苦而济其生。当人欲为此而不能,其关切他人之情便化为对他人之祈愿之行事。人只要明白,祈愿之行事本来就是一种超越的行事,它根源于人关切他人之情,因未能对人有实际的助益而转化出来,故人在祈愿时,不应考虑祈愿有无实际效果。

3. 感慨的祈愿心

唐先生认为,世人之一般祈愿,都在求拔人之苦而济其生。此祈愿之行事之所以有,就根本上说是因见他人苦而生起悲悯之情而来,它可说是出于大悲之心。大悲心之极,在使一切众生咸登极乐。使众生咸登极乐世界,可说是由人之大悲心发出来的最高宏愿。但唐先生认为，发出此大宏愿的大悲心未必称得上是人的最高道德心情，由大悲心发出的宏愿也未必是最广之宏愿。

之所以说由大悲心发出的宏愿未必是最高的宏愿，那是就此大悲心是否能遍施及一切生命存在，为一切生命存在所接受来说。唐先生说，此大悲心遍施众生，所及虽广，却未能遍施及一切生命存在。因为大悲心之生起，根源于与在痛苦中之众生之同情共感，及由此而生起之关切之情，此关切众生之情以悲悯他人为本质。但人须承认，世间在忍受痛苦的人并非个个都是不能逃避痛苦而欲人悲悯者。世上有英雄豪杰及圣贤人物，他们在忍着比常人大数倍之痛苦，但都不是为了自己。对于这些为他人而忍受着极大痛苦的人物，世人面对他们之时，心中生起的不是悲悯，而是崇敬，人们并不容许自己对他们表示哀怜。若有人见到这些在痛苦中的伟大人物，心中生起的只是哀怜之情，这只表示他只以大悲心来对待他们，他这时是将自己提到比圣贤人物更崇高的地位，这与藐视其崇高无异。如此，是将自己变成一大傲慢者而不自知。

英雄豪杰及圣贤人物之所以伟大，是因为他们为他人或众生担负痛苦。他们在痛苦中开拓道德生命，自有一崇高的人格表现，人应仰望他的崇高节操。对一道德人格崇高的人物，人不会哀怜他，也不敢哀怜他，只会尊崇他。唐先生说，何止圣贤人物，即使是人日常所见愚夫愚妇，只要他有高尚节操，人们都会尊崇他，佛菩萨也不例外。

宋代大儒陆象山曾说，佛菩萨发大悲之心，其哀悯之情可遍及世上一切众生，但儒家的圣贤人物不在其哀悯之列。其意在指出，儒家的圣贤人物是人们崇敬的对象，不是人们哀怜的对象。亦可说，儒家的圣贤人物固然不在佛菩萨之大悲心哀怜之列，愚夫愚妇之有崇高志节者，也不在佛菩萨哀怜之列。唐先生说，人之大悲心可广大无边，却不能遍及一切众生，世间的英雄豪杰与圣贤人物都超出其外。大悲心虽广大，实不足以成为人之最高的道德心情。故依大悲心而来的宏愿，尚不足以成为人之最高的超越的情怀。

怎样的心才是最能遍及一切众生之心？唐先生说，此应是一"充量的悲悯心"与"崇敬心"结合而成之"感慨的祈愿心"。"充量的悲悯心"可深广化而成大悲心；"崇敬心"则是人对一切英雄豪杰及圣贤的人格，乃至对一切愚夫愚妇之有节操者自然生起的肃然崇敬之心。此一崇敬心不只遍及现在尚存在的人物，亦遍及一切超越的神灵。

由此"充量的悲悯心"与"崇敬心"合成的"祈愿心"，不是充满悲悯之情的祈愿心，而是充满感慨的祈愿心。此心感慨人之有种种可敬之德行者竟遭受此世间之痛苦，并感慨在此痛苦之世间仍有这么一个个德行高尚者。人在这时有祈愿的行事，既由感慨的祈愿心发出，则他对遭痛苦者，就祈愿他速速离苦，他求能拔他人之苦而济其生；亦祈愿一切神灵圣贤都来襄助他，使他早成此为人拔苦济生之事；又祈愿一切在痛苦中的众生能在痛苦中开拓生命，一转而具备崇高人格而成圣成贤。

唐先生说，由此"感慨的祈愿心"而出之行事，是人之最高的道德心灵发出来的行事，世人当发此感慨祈愿心。至于问：沿此祈愿心之所及，是否有具体之事见于世间？唐先生说，"此则神而明之，存乎其人；默而存之，不言而信，存乎德行"。

第三章　生命自觉与死亡准备

——《晚年日记》的生死学诠释

公元1978年2月2日，农历丁巳年十二月二十五日，凌晨5时30分，现代大儒唐君毅先生因肺癌病逝于香港的家中。若依公历计算，唐先生已度过70寿辰（1月17日），享年70岁；若依农历计算，则唐先生还差一日（12月26日）才满70岁。

唐先生是一位有着强烈生死体验和终极情怀的思想家，同时对生死哲学又有自觉而系统的理论建构。这样一位思想家是如何面对和准备自己的死亡的？或者说，死亡作为一个生命事件，对唐先生晚年的生活与生命产生了什么样的影响？唐先生作为一位自觉的儒者，他对死亡的准备具有怎样的生命意义？本章以唐先生晚年罹患癌症直至去世的日记为基本材料，结合唐先生自己的生死哲学建构，从生死学维度诠释唐先生作为一位儒者的死亡准备及其生命意义。

一、生命不息，日记不止

唐先生从15岁开始立志向学、希圣希贤，也是从15岁开始了他终生无一日间断的日记生涯。唐先生言，"吾年十四五时，即已有为学以希贤希圣之志"[1]。在此年生日，遥念先圣之德，更念及自己对华夏文化的重光之责，当有以自任。遂含泪赋诗述志，"孔子十五志于学，吾今忽忽已相埒。孔子七十道

---

[1] 唐君毅.唐君毅全集：第七卷·病里乾坤[M].北京：九州出版社，2016：3.

中庸,[①]吾又何能自菲薄?孔子虽生知,我今良知又何缺?圣贤可学在人为,管他天赋优还劣?"[②]此番立志,对唐先生一生的志业走向具有很重要的生命安顿意义。又言,"吾自十五岁始为日记,至十八岁,日记共数十册,十九岁南下时,存友人映佛法师处。彼后取而阅之,与我一长信,大加赞赏。大约吾三十以前,几日日有所思,亦日日有所记"[③],而且自己"对此诸日记,亦甚自珍惜"[④]。

但是,唐先生的日记,却两次遭遇不幸,前半生的日记已经全无。

第一次发生在青年时期。1928年春天,应未婚妻刘志觉女士邀约,唐先生从南京赴上海相会。没想到在火车上遗失了日记。从15岁开始记日记所积累下来的思想情感,因此而完全佚失,无异于将当下的自己与过去的自己完全割裂了!因为对情感饱满、思想敏锐的唐先生来说,自15岁起日记日记,自己所思、所想、所感、所受全部在这些日记里面。唐先生自谓,15岁至30岁,"此十五年中乃学问最进步之时,日记中所记之生活反省及思想皆最详,札记中则包含30以前之思想系统,此皆我过去最宝贵者"[⑤]。因此,这件事当时对唐先生的生命情感和心理带来的冲击是可以想象的,直接导致严重的身心困顿以至于与未婚妻的恋情结束,在晚年撰写《生命存在与心灵境界》述自

[①] 本诗为唐先生夫人谢廷光整理旧物时从旧纸片上抄下来的,在唐先生《日记》1956年6月30日"廷光代笔"中有如此说明,"今天已是六月三十,后天我们要搬家了。在此生活了六年余,临别不禁依依。虽然桂林街时代,我们甚穷,但穷中有乐,有我们生活的意义,有时三人一同读诗唱词或听毅兄讲读书为人之道,我们的生活十分愉快,在扰攘的环境中,我们的精神是宁静的。几日来毅兄清理杂物,发现了他少年时的诗章写在零零碎碎的纸上,特为钞记于日记中"。在大陆简体字版《唐君毅全集》中又同时以"少年诗作十五首"为题收录于《早期文稿》。原诗第二句在《日记》中的抄写是"孔子十七道中庸,吾又何能自菲薄"。编入《早期文稿》也保持原样。但是,在与王康先生反复讨论后,引者认为,此句应该是"孔子七十道中庸,吾又何能自菲薄"。这一点也得到王康先生的认同,同时得台湾学者潘朝阳教授的认同。因为孔子视"中庸"为至德,自言七十"从心所欲不逾矩",这种"从心所欲不逾矩"的境界也就是"中庸"境界。因此,说"孔子十七道中庸"很难成立。同时,唐先生时年十五,如果孔子十七即"道中庸",那么后半句"吾又何能自菲薄"也不合适。因此,笔者推论,此句或者是唐先生写时笔误,或者是谢廷光先生抄录时笔误,故在此处引用时改为"孔子七十道中庸"。

[②] 唐君毅.唐君毅全集:第一卷·早期文稿[M].北京:九州出版社,2016:1.

[③] 唐君毅.唐君毅全集:第二十六卷·生命存在与心灵境界(下)[M].北京:九州出版社,2016:354.

[④] 唐君毅.唐君毅全集:第二十六卷·生命存在与心灵境界(下)[M].北京:九州出版社,2016:354.

[⑤] 唐君毅.唐君毅全集:第三十二卷·日记(上)[M].北京:九州出版社,2016:113.

己思想之缘起时，唐先生还强调"此我之日记之失，使我不得自见其少年思想之发展，亦不无遗憾也"①。

第二次则发生在中年时期。1954年3月3日，在香港的唐先生收到四妹寄来的信函，四妹回四川双流彭家场过问唐先生所存于刘家的大量书籍资料，得知因为刘家是地主而被没收，唐先生深感遗憾。在4日的日记中记载此事，并言"我十五至卅五年之日记与札记诗稿等，皆已无踪迹矣。……唯闻父亲之日记手稿尚多存于宜宾云，此则可慰"②。（遗憾的是，唐先生父亲的日记、手稿也从此渺无踪影！——引者注）唐先生夫人谢廷光在唐君毅日记刊行记中言，"以抗战时期避日机轰炸，将日记、札记与家中藏书和他父亲文稿一并寄存成都附近之双流县刘云家中，刘乃他父亲学生……故所寄存之藏书，父亲文稿，和他的日记、札记、诗稿就不知去向了。言下不胜唏嘘"③。

现存编入《唐先生全集》之《日记》（上）、《日记》（下），是由谢廷光校对整理的唐先生到香港后的日记。除因病或旅途不便而由夫人代笔外，其余均是唐先生亲为。记事自1948年5月31日至1978年2月1日逝世前一日。

唐先生的日记或记事或议事，特别是一些重要观点的雏形和人生节点的总结，均首见于日记中。对于这部分日记，唐先生夫人言，"在香港日记，则无大的价值，不过对他个人则有极大之历史意义"④。正因为有这样一份"无一日间断"的，对唐先生个人生命具有"极大之历史意义"的唐先生后半生日记，我们才可以真真切切地了解到唐先生作为儒者面对死亡、准备死亡的真实历史与心境。

本书所言的唐先生"晚年日记"，是指唐先生罹患肺癌直至逝世期间的日记，即从1976年8月7日至1978年2月1日，近一年半时间（合计545天）的日记。由于唐先生被诊断出罹患不治之症，在这段晚年岁月中，相当一部分时间都在住院治疗，也是在直面死亡，因此，此期间日记也是"廷光代笔"最多的。署名"廷光代笔"的唐先生晚年日记共四次，如下：

---

① 唐君毅.唐君毅全集：第二十六卷·生命存在与心灵境界（下）[M].北京：九州出版社，2016：354.
② 唐君毅.唐君毅全集：第三十二卷·日记（上）[M].北京：九州出版社，2016：113.
③ 唐君毅.唐君毅全集：第三十三卷·日记（下）[M].北京：九州出版社，2016：359.
④ 唐君毅.唐君毅全集：第三十三卷·日记（下）[M].北京：九州出版社，2016：359，363.

1976年8月22日至12月5日（合计106天），唐先生第一次到台湾检查治病期间；

1977年2月1日至4月25日（合计84天），唐先生第二次到台湾检查治病期间；

1977年12月24日至12月31日（合计8天），唐先生癌症复发后在香港圣德肋撒医院检查治病期间；

1978年1月20日至26日（合计7天），唐先生在生命最后阶段入香港浸信会医院检查治病期间。

在唐先生罹患癌症到逝世的545天里，有205天的日记是由夫人谢廷光代笔的。换言之，在这545天的患病期间，有205天，唐先生都是在检查和治疗"重病"之中，在与死神的面面相觑之中！

"廷光代笔"的日记，基本保持唐先生自己的日记风格，简单明了，对于唐先生当天生活中最主要的生活事件、人际交往、阅读写作做最简洁的记载。当然，也有与唐先生自己所记日记不同的地方，那就是作为妻子观察到的唐先生于病中的一些身体、心理反应。恰恰是这些妻子视角的观察和简单记录，弥补了唐先生日记在罹患不治之症后的晚期生命的重要内容，让我们可以细致地了解，作为一位儒者，唐先生是如何面对艰难的"终末期病人"生活，是如何在为死亡做准备。

由于在唐先生生命最后的这一年多时间有四次住院治疗时期，这就将唐先生的晚年生活直接划分成了几个阶段。因此，为了呈现唐先生这一阶段生命的"历时性"和"生命事件"的交互作用，我们将唐先生罹患肺癌到逝世期间的晚年生活分为如下几个阶段：发现罹患癌症、第一次赴台湾治疗、间歇的休息与工作、第二次赴台湾治疗、病情稳定后的工作与生活、癌症复发与临终。在以下的内容中，我们将按照日记的顺序，结合其他相关文献，按照生命教育及安宁疗护的全人生命观，以"叙事"的方式梳理每一阶段唐先生生活所呈现出来的几个主要方面，以唐先生自己的生活"经验"告诉我们，他在如何面对和准备死亡。在此基础上，我们再结合唐先生自己的生死哲学理论，对他的"死亡准备"做一些理论上的反思和概括。

二、身心疲累，罹患绝症

在香港被诊断为癌症前后（1976年8月7日—21日，15天）

唐先生的后半生一直是新亚的中坚。自新亚书院成立之初，唐先生即担任教务长，至1961年卸任，前后凡12年；自新亚成立之初担任哲学教育系（后于1960年改称哲学社会系，又于1967年改称哲学系）主任，至1968年由谢幼伟先生接任，前后凡19年；不计新亚书院兼任文学院院长的时间，仅自1963年新亚书院加入香港中文大学之时担任文学院院长，达10年之久；自1968年接替吴士选先生担任新亚研究所所长直至去世，也有10年之久。无论是创业的艰难，还是理想的荣光；无论是行政"庶务"，还是精神求索，作为主要灵魂之一，唐先生始终与新亚荣辱一体。世人尝言新亚诸君，别人"内圣外王"，唯唐先生"内圣外忙"也。而这种"内圣外忙"的新亚"亚圣"生活状态，在唐先生退休后反而成为摧毁他身体的最主要力量。

1974年秋，唐先生从香港中文大学退休，专心办理新亚研究所。但是，作为唯一还在岗的新亚书院创办人，香港中文大学的改制和新亚书院的发展与命运，却仍然是唐先生心中最大最重要的事。

1976年，富尔敦委员会报告书发表，建议香港中文大学由联邦制改行单一制，将一切权力交与以大学校长为首的中央集权行政机构。5月28日，唐先生在阅读完富尔敦委员会第二次报告书后，已经认识到中文大学的改制结果是完全违背自己所坚持的新亚理想的，在日记中反省自己，"十二年来，我为有关新亚教育理想而争之事，一为十二年前之悬挂国旗之事，二为七八年前至二年前新亚研究所在大学之存在地位之事，三为二三年来为保存新亚之组织之事，凡为此等而争之事，大皆失败，然亦必至山穷水尽而后已。今对新亚之组织之保存之争，亦将至山穷水尽之时矣，看来名义上新亚之文商社会诸科并存之形式能保持，但若干组织制度权力上之事则难保存，即得保存，而新亚内部之人无力气亦保存不了。我对此一切之事与诸同仁所共同奉献之力，在客观上无甚价值，在主观上则做到问心无愧而已"[①]。

此一结局，尽管已在唐先生的预料之中，但念及自己与钱宾四、张丕介诸先生创校之艰难，背负历史文化使命之重大，而且正期此一教育事业之可

---

① 唐君毅.唐君毅全集：第三十三卷·日记（下）[M].北京：九州出版社，2016：304.

大可久，不料于自己退休未及两年，新亚书院的自主权力即被褫夺，令人伤感。而且，争持的过程也使唐先生与中文大学当局之间产生了极大的嫌隙。其间所引发的口舌、是非、恩怨极多，识时务者，均择木而栖，唯唐先生身处其间，直如身处炼狱，身体和心灵皆受到巨大伤害。心兵之决荡，事势之煎迫，几无一日停息。尽管千挫万折，唐先生未尝动其心，但亦是心力交瘁，难以承受。老佣人金妈常私下说："先生越来越不成话了，常常半夜起身，在厅里唏唏嘘嘘的！"① 连续的身心煎熬，唐先生极度疲惫，咳嗽不止。

8月7日下午，唐先生咳嗽服药不愈，至聂医生处检查身体，医生主张照X光检验。10日，照X光线。11日，医生通过X光片观察，认为肺部有问题，希望再另请专家诊断。12日上午至张公让医生处，下午又由赵潜同学陪同往卢观全医生处复诊。根据X光片，两位医生皆言肺有肿瘤现象。卢医生认为是恶性肿瘤，主张立即动手术治疗，张医生则介绍一些中医单方，一时间很难决定。

当唐先生意识到自己罹患癌症后，所做的第一个决定便是立即给台湾学生书局张洪瑜打电话，请其速排《生命存在与心灵境界》一书，以便到台湾治病时校对。② 面对死亡威胁时，作为一位儒者，唐先生关心的不是疾病和死亡本身，不是肉体生命的痛苦，而是关注生命本身的完成和人生的无遗憾。而此刻，唐先生一生最重要的著作还在出版社排版中，他不希望留下"未完成遗著"这样的人生遗憾。诚如孔子所言，"未知生，焉知死？"死亡的意义不是由死亡本身来界定的，而是由完成生命的人来决定的。而人生的根本目标对于儒者来说就是"闻道"，所谓"朝闻道，夕死可矣"。而对一位思想家来说，"闻道"还必须通过自己的文字将它呈现出来，这才是自己的著作。从这个意义上说，《生命存在与心灵境界》一书的出版，关乎唐先生生命意义的自我确认，关乎唐先生对"道"的领悟、阐释与践行，此比他的肉体生命的病痛更为重要。该书最终在唐先生第一次赴台治疗期间，于9月8日在做癌症手术的前一天完成全部校对，于1977年底在唐先生逝世前正式出版，成为唐

---

① 唐君毅.唐君毅全集：第三十七卷·纪念集（上）[M].北京：九州出版社，2016：393.
② 唐君毅.唐君毅全集：第三十三卷·日记（下）[M].北京：九州出版社，2016：308-309.

先生贡献给这个世界的最重要著作，也让唐先生可以走得没有遗憾。①

12日当晚，唐先生与夫人一夜未眠。面对突然而至的死亡威胁，以死观生，唐先生反思了自己的生命与学问，念及自己学问功夫，谓"念自己之学问，实无工夫，实庸人之不若，如何可至于圣贤之途？今日下午与廷光谈我所见之理，自谓不悟。但智及不能仁守，此处最难，望相与共勉，应视当前困境作吾人德业之考验"②。

唐先生见夫人精神恍惚，情绪反常，乃与之细说生死之道。这是一位伟大的生死哲学家在面对自己的死亡时所呈现的独特的豁达与智慧。唐先生告诉夫人，儒家的伟大之处，是从道德责任感出发来讲生死，生则尽其在我，死则视死如归，故居恒夙夜强学以待问，怀忠信以待举，若生与仁义不可兼时，则杀身成仁舍生取义。同时，儒家承认鬼神之存在，人死幽明相隔而精神相通。下手功夫亦略有次序，首先要超语默，即应说即说，不应说即止；其次要超去就，若义理所在赴汤蹈火在所不辞；最后要超生死，吾人能从超生死处来谈生死，则我为主死生余事也。同时，儒家承认鬼神的存在，人死幽明相隔而精神相通。③在这里，唐先生以其儒者的豁达和哲学家的睿智，将他理解的儒家生死哲学向夫人做了简要阐释，主要论点：（1）儒家讲生死非自然生死而论，而是从道德责任感来说生死，生则尽责，死则如归；（2）儒家承认鬼神存在，人死并非如灯灭，人的肉体生命的死亡只是生命改变了存在方式，生者与死者尽管幽明相隔却精神相通；（3）真正的儒者需要有超越生死的

---

① 唐先生曾自言，"三十余年前，即欲写此书"。在《人生之体验》一书中的"自我生长之途程"、《心物与人生》一书中的"人生之智慧"、《人文精神之重建》一书中的"孔子与人格世界"、《人生之体验续编》一书中的"人生之艰难"等篇，唐先生尝以带文学性的语言和宛若天外飞来的独唱、独语方式，涉及此书的根本义旨在人生方面的表现，并言"此乃吾一生之思想学问之本原所在，志业所存"。1964年，唐先生在母亲逝世后，曾经决定废止一切写作，也包括此书在内。1966年，又罹患眼疾，更有失明之忧。在日本住院治病期间，时念义理自在天壤，而此书亦不必写，以此自宁其心。又尝念，如果自己果真失明，亦可将拟陈述于此书的义理，以韵语或短文写出。幸而眼疾未至失明，唐先生方可以继续完成此书及其他著述。1968年，由春至夏到8月初，4个月时间，唐先生撰成此书初稿50万余字。此时，眼疾加剧，旋至菲律宾就医看病。在医院中，唐先生更念及初稿应改进之处甚多。1970年初，又以五月之期，将全书重写，并自谓"此重写者较为完备，俟以后再改正"。在之后的七八年中，唐先生写《中国哲学原论》四卷六册之余，又陆续对自认为的疏漏之处不时加以增补，似已较为完善整齐。因此，此书的写作，从1968年正式动笔到1977年完稿交付出版，历时十年。

② 唐君毅.唐君毅全集：第三十三卷·日记（下）[M].北京：九州出版社，2016：309.

③ 唐君毅.唐君毅全集：第三十八卷·纪念集（下）[M].北京：九州出版社，2016：484.

修炼和修养，包括在言说上的可说不可说、行为上的义利去就、生死上的豁达自然；（4）如果一个人可以从超生死的视域来谈生死，那么不管是生还是死，都不是什么大不了的事，重要的只是我当下的道德主体性的确立和尽当下的人生使命，亦即个人的天命。面对死亡威胁这样一种"理性"言说，唐先生真正做到了他自己所说的以"超生死"的方式来言说生死。这既是对自己的生命安顿，也是对处于焦虑与惶恐中的夫人的生命安顿。

德性生命上的超越与安顿，使得唐先生面对死亡威胁时可以更好地现实应对。第二天，即8月8日早上，唐先生决定去台湾治疗，请研究所的赵潜同学代办手续，并致电在台湾的逯耀东同学安排一切。与此同时，唐先生开始不停地处理各种事件，安排相关事宜，做当下应该做的事情。虽然一向性情较急，现在却变得从从容容、遇事不乱、临危不惧，对夫人则更是轻言细语，多方安慰，使精神几乎崩溃的夫人也想振作起来做点应做的事。直到8月14日，唐先生照常去学校处理事务，并向赵潜同学做各种交代，又清理办公室的书物和信件。唐先生夫人亦感到事情未做完心中不安，去国乐室找到黄树志同学，把《普庵咒》最后两段的弹法告诉他，才算告一段落。

唐先生赴台动手术前，连日有同事、学生来探望。唐先生见面就不停地讲话，并赠送著作，犹如在留永别纪念。唐先生对唐端正同学讲义道的重要，谓仁为本，无所不包，但行义更为重要；去就取舍是非判断，其间有成全、有牺牲，故行义之事，最重要亦最难。又对李杜同学讲安身立命、修心养性的重要，言下只说要赴台检查身体，态度一如平常，使人不起惊动。若棠同学去问疾，唐先生全不谈生病的事，开口就说人生有三方面的事，并以自己作为例子说明，首先是成己方面的知识和思想大体已见到想到，其次为人方面的社会教育文化事业，亦算尽力而为，但是最重要的第三方面安身立命修心养性的功夫全未做到，这样一切学问都是假的，所以望大假以数年闭门思过痛下功夫，但求人不知而不愠，梦魂时在清明中。刘伍华同学来看疾，劝唐先生以后不要再为一些不值得费精神的行政事务操心，有精神写点自己想写的文章，但唐先生言，眼前的事不能不管，应当尽心，虽然所做和想做的事得不到人的理解与同情，但孤心长悬天壤，真理自会与有心人感应相契。[1]

---

[1] 唐君毅.唐君毅全集：第三十八卷·纪念集（下）[M].北京：九州出版社，2016：486.

孙国栋同学来探望，当时茶几上放着一本小册子，是《论少年马克思思想》。唐先生遂由少年马克思思想开始，谈到内地的形势，进而论及中国文化问题，最后提到他所写《中国文化花果飘零》一文。言谈之间，唐先生两眼湿润、泫然欲涕。[1] 唐先生自谓，一生对人、对事、对朋友、对后辈，总算尽了一些心，不为人谅解的事亦有，但不必计较。但前辈如欧阳竟无、熊十力、梁漱溟诸位老先生对自己的爱护，一些朋友、后辈对自己的了解，永远记得。这些与学生的交谈，既是在家中"授课"，也是自己以死观生的人生总结，同时还是对后辈学者的殷切期待。但这一切，都关注在德性生命的成就上，而无关乎他自己的自然肉体生命的疾病治疗与保全。这是一位真正儒者面对生死时的闻道、体道、修道、践道的意义呈现。

8月14日，唐先生夫妇去慈航净苑拜祖先父母。[2] 17日，唐先生夫妇到律师楼立遗嘱。20日，唐先生出席新亚董事会小组会，并接见快报记者，谈中大改制事。8月21日，自谓"二三年来我尝念人于死无所畏惧之道，在念对此世界而言，昔之圣贤豪杰吾之父母及先辈师长，皆无不离此世界而去，则我有何德当久存于斯世乎，每一念此，即于吾一生之生死觉洒然无惧矣。吾若欲求延其生之寿，亦只以有其他尚存之人之故而已，每念他们失去了我的悲哀，我实不忍离开爱我而尚存的人"[3]。次日，唐先生与夫人到台湾治病。

在离开香港赴台湾检查治病的最后一夜，唐先生在日记中的这段反省，让我们可以更加明晰地了解和理解一位真正儒者面对生死时的真实感受和意义境遇。唐先生此时已经意识到自己身患绝症，对于去台湾治疗的结果，自己没有任何把握，离开自己在香港的家还能否再回来，自己也未可知。因此，心里所想的，便是接受一切"自然的"结果，接受天命，当下只是全然处理好一切可以处理的"后事"。但是，死亡不只是一个"事实"，它作为一种"意识"总会扰动当下的生命存在。犹如唐先生此处所说的，"二三年来我尝念人于死无所畏惧之道"。此对人于死无所畏惧之道之"念"，即证明死亡随时存在于唐先生这个现实的个体生命的身边、心里和灵魂中。只是，恰恰是这一"念"，将死亡昭然若揭，"不过尔尔"，因此想到"昔之圣贤豪杰吾之父母

---

[1] 唐君毅.唐君毅全集：第三十七卷·纪念集（上）[M].北京：九州出版社，2016：182.
[2] 唐君毅.唐君毅全集：第三十八卷·纪念集（下）[M].北京：九州出版社，2016：484.
[3] 唐君毅.唐君毅全集：第三十三卷·日记（下）[M].北京：九州出版社，2016：309.

及先辈师长，皆无不离此世界而去"这一生命事实，那么作为一个个体生命，也就可以坦然接受，"于吾一生之生死觉洒然无惧矣"。这是就个人的生死而言，个人可以超生死地看待之，从而超越死亡带给个人的威胁。但是，对儒家来说，个体生命又不只是"个体"的，更重要的还是"人伦"的。由此，作为生命存在的一个部分的死亡，也就不只是"个体"的死，而是关乎"人伦"的一个生命事件。所以，唐先生此处特别念及和放心不下的，是个人的死亡带给亲人的伤痛与悲哀，"每念他们失去了我的悲哀，我实不忍离开爱我而尚存的人"。正因为个体生命的死会带给亲人无比的悲哀，所以儒家从不轻言放弃生命，除非"杀身成仁""舍生取义"。所以，面对疾病带来的死亡威胁时，一方面从个人角度不畏惧死亡，另一方面从人伦生命角度又应该积极现实地面对和治疗。

三、直面癌症，积极治疗

第一次赴台湾治疗（1976年8月22日—12月5日，106天）

1976年8月22日，唐先生与夫人自香港抵台北，在香港有李国钧夫妇送机，到台北有逯耀东、徐志强夫妇来接。此次在台湾的治疗一直到12月5日回香港，前后计106天。唐先生在台湾的106天治疗，按照病情确诊及治疗方式，大体可以分为几个阶段：8月22日至31日，入院检查确诊病情；9月1日至9日，确诊病情后准备手术及手术；9月10日至22日，手术成功后医院观察治疗；9月23日至11月7日，在医院进行放射治疗；11月8日至12月5日，出院在剑潭中心疗养。这106天的检查治疗，唐先生直面癌症、积极治疗，日记则全为"廷光代笔"。透过夫人代笔的日记，我们可以看到一种儒者面对具有死亡威胁之疾病时的生命样态。

（一）生理生命的治疗与关照

1.8月22日至31日，入院检查确诊病情

唐先生住院的第一个星期，基本上是在非常频繁和辛苦的检查中度过的。22日，早上从香港到台北，直接入荣民医院，在门诊部做初步检查后即住入中正楼第九楼四十二病房第六病床。次日，验大小便、痰和血，并做十分辛苦的气管镜检查，午后做心电图检查。24日，再次抽血化验。25日，再次做

X光线检查。26日，再次做气管镜检查。经过几日多项指标的反复检查，26日晚，医生告知各项诊断检验工作已经完成，等待会诊，再决定治疗方式。27日，唐先生频频咳嗽，并吐出不少鲜血。医生为唐先生打了止血针，夫人又给他吃了白药。医生要他躺床休息，但唐先生急于校对《生命存在与心灵境界》一书，坚决不肯。唐先生知道自己的病严重，更是拼命地校对书稿，不盥洗，甚至早餐亦可不吃。28日，主任医师告知会诊结果，肺癌已经很严重，决定手术治疗，切除肺上的患部。由于主治的卢光舜大夫，要一两日才能由国外返回台湾，须等候他回来后动手术。

2.9月1日至9日，住院准备手术及手术

接下来的一个多星期，一方面是为了等主治医生，另一方面也是为了让唐先生的身体做好接受重大手术的准备，唐先生在医院做相应练习。9月1日，主任医生告知病情，唐先生病在右肺上叶，若能切除上叶而根断病源则最理想，但此要在手术时才能决定，若发现有蔓延现象，整个右肺均要切除亦说不定。9月4日，卢大夫返台，决定9月9日动手术。医生希望唐先生练习深呼吸，这样可以帮助手术后吐痰，并说每天至少要练习400次。8日，护士来为病人做一些次日动手术的准备工作，包括睡前灌肠并给病人吃睡药。9月9日晨，唐先生见夫人和女儿心情沉重，特安慰她们，说自己的身体可以经得起这次手术，望大家放心。上午7时，夫人和女儿护送唐先生入手术室，母女心急如焚，相拥而泣。逯耀东同学全天陪伴，并不断去打听手术情况。中午后卢大夫到病房告知，唐先生治疗时间太晚，癌细胞已有转移现象，虽说应切除的地方均已切除，但令人担心的是，癌细胞常常远处移植，使人无法发现，所以待病人伤口好后还要做其他治疗。下午4时多，唐先生从手术室回到病房，并言自己没有什么不舒服，只觉疲倦而已。

3.9月10日至22日，手术后医院观察治疗

自手术后，唐先生完全不想吃东西，身体毫无力量，无力行深呼吸，痰吐不出来，后来只好用抽痰机抽痰。晚上亦睡不好，空虚难过，呼吸急促，抽血化验，大夫说血内氧不足，故有虚脱现象，应当使用氧气罩。医生说应当多活动，多吃东西，伤口才易恢复。唐先生便勉强下床，在大家扶助下慢慢行走，但仅仅走到病房门口，就气喘吁吁，虚汗淋淋，不能支持。至14日，

仍然是每到半夜，唐先生即言心中难过，白天稍好，但始终无胃口，见食物就有反胃现象。幸而这些现象，一日减轻一日，体力也渐渐恢复。18日，医生建议要多吃东西，恢复体力，准备做钴六十放射治疗。主任医师告诉唐先生夫人，如此严重的病，有现在的情况，实在是很不容易，做钴六十治疗，起到一种防备作用。至19日，唐先生身体已有比较大的进步。

4.9月23日至11月7日，医院放射治疗

经过10余天的身体恢复与调节，唐先生的身体状况略有好转。从9月23日开始，唐先生开始接受长达一个半月非常辛苦的放射性治疗。在此期间，唐先生同时进行牙科治疗，女儿安仁则做痔疮手术，夫人也做全面身体检查。9月23日，唐先生接受第一次钴60治疗。其后的若干日，唐先生在医院的生活基本是上午去牙科治疗牙齿，晚上做放射性治疗。因为连续放射治疗，唐先生感到口味大不如以前，不想吃东西，心情也比较差。直到10月7日，唐先生的口味恢复一些。当日还发生了一件夫妻之间的"小情绪"事件，也彰显了作为儒学爱情学大师的唐先生夫妇间甜蜜的婚姻爱情。当日，学生徐志强又如往常送来汤，汤中有粟米，唐先生知道夫人喜吃粟米，一定要夫人吃，彼此相让，推来推去，夫人也不吃，以至于唐先生最后发了脾气。唐先生夫人言及此事，"实觉内疚"。直到11月5日，照最后一次钴60，总共照27次。对于放射治疗的效果，唐先生和夫人也只是"听天任命"，谓"不知效果究竟如何"。在做放射治疗期间，唐先生和夫人阅读薛光前先生自述患胃癌经过，谓服西洋参果皮汤，可减轻照钴60后的反应，又说云南白药有抗癌作用，决定试用。陈修武、周文杰来，说台中有中医可治癌症，唐先生和夫人也拟出院后往访。7日，开始清理杂物，准备出院。

5.11月8日至12月5日，出院剑潭中心疗养

11月8日，唐先生办理出院手续。从8月22日入院至此时，唐先生在荣民医院住院治疗79天。承宋时选先生的美意，唐先生出院后入住剑潭青年活动中心疗养。在疗养期间，唐先生和夫人不时去花园散步，园中有一水池，内种白莲，二人常坐池边石上，把手谈心，觉得宇宙间一切都是美丽的。但是，照顾唐先生的身体仍然是第一要务。8日晚饭后，唐先生忽然感到喉痛，夫人犹如惊弓之鸟，非常紧张。直到13日，唐先生喉痛稍好，但感到身体空

虚，拟看中医调补。也正好由于一些机缘，唐先生疗养期间便主要通过中药调理身体。

14日，唐先生夫人到一中药店打听台北有名的中医，正好有人购药，买了许多包。待购药人离去，唐先生夫人即问店家，那些药有什么用处，得知是治癌症的，一共两味即白花蛇舌草（二两）与半枝莲（一两）。唐夫人心喜，立即买了数包，又购一电炉，午后即照店家告诉的方法，煲与唐先生饮用。23日，侯靖远陪唐先生夫妇去新竹工业研究院，在那里张锦得先生专门研究由中药材提炼而出的抗癌药物，据称已经有相当成效。但是，他不是医生，不能随便给人用药。后经唐先生夫妇详细说明病情，并登记了唐先生的病况，答应给药试用。

因为手术后身体虚弱，唐先生在疗养期间还出现了一些小的意外。11月24日，晚饭后唐先生起身离座时，不知何故跌倒地上，不断呻吟。夫人大惊，赶紧给唐先生服用白药，按摩伤处，并贴狗皮膏药，然后才慢慢扶唐先生起身。接下来几日，唐先生都因为此跌倒而腰疼，而且心情不好。夫人似乎也受到唐先生情绪的感染，心中不安。由于身体上的伤痛严重影响了心情，而病人的心情又影响了身边照顾的亲人的心情。唐先生夫人在29日的"廷光代笔"中感叹道，"病人易发脾气，陪侍病人的人往往不能体贴病人心情，诸多疏忽"。这是一种心疼对方到极致的自我觉察，如果没有这种觉察，很可能导致病人和亲属都受到不良情绪影响，进而出现生活上的疏忽。唐先生的治疗和恢复情况良好，以至于最后的生命时间远远超过医生的预估，同时还享有较高生活品质的终末期病人生活，深受唐先生生命与学问影响而具有真切儒家气质的唐先生夫人的悉心照顾，可谓厥功至伟。

到了30日，唐先生的身体已经恢复得较好。由此，开始计划返回香港。经过几日的准备，到12月4日，唐先生要做的事已完，轻轻松松，并要夫人弹弹琴。因为两月后要回台北检查，所以决定许多东西存放于徐志强处，连唐先生夫人的琴也不带回香港。12月5日，唐先生和夫人告别台北返回香港。离开前，唐先生夫妇又到花园走走，"觉得一草一木与我们都有感情"。徐志强、逯耀东夫妇送至机场，李国钧夫妇在香港机场接机。

应该说，唐先生这一次长达106天的检查、手术、放疗和疗养，是非常成功的。尽管在两个月之后的复查中发现了癌症的扩散与恶化，但是因为唐先生肺癌发现时已经是晚期，能够通过手术和放疗解除了最直接的生命威胁，并通过中药调理恢复了基本的身体健康，已经算是效果显著。在这个过程中，唐先生的积极配合和夫人的悉心照料，对唐先生的治疗与康复具有最为直接的现实生命意义。

（二）德性生命的超越与反省

对唐先生来说，身体生命永远不是生命的主体，"我们从来不曾为身体存在而求身体存在。我们只是凭借身体之存在，以成就我们之生活，与我们之精神之活动"[①]。因此，尽管到台湾是为了治疗身体上的癌症，但是唐先生首先关注的，亦如他在刚得知自己罹患癌症的信息时一样，是自己的精神生命、德性生命。在台湾治疗期间，因为客观的治疗情势的需要，唐先生不可能有更多的精力、条件来从事其精神生命的创造，但是他依然在这方面给我们做出了一位儒者可能做到的典范。

1. 校对完《生命存在与心灵境界》

作为一位思想家、哲学家，特别是一位对生死有深刻而系统思考的思想家，面对死亡时，似乎死亡挑战的不是他的肉体生命，而是他的灵性生命；他首要安顿的似乎不是肉体生命上的疾病，而是灵性精神生命的超越和完成。我们知道，在得知自己得病后，唐先生做的第一个决定便是立即致电台湾学生书局尽快排版《生命存在与心灵境界》，由此可见该书之于唐先生独特的生命意义。唐先生此次到台湾治病，尽管有少数学生和朋友知道，但他们并不知道唐先生病情严重。但是，唐先生和夫人已经知道唐先生罹患癌症，是直面死亡的严重疾病。尽管是到台湾治病，但对于结果如何，内心也不清楚。唐先生本人或许内心已经"将生死置之度外"，全然考虑的是要在生命结束前尽快完成他对《生命存在与心灵境界》的校对。8月22日唐先生夫人代笔的日记这样记载，"李国钧夫妇送机，他们并不知道毅兄患了严重之疾，此行是去治病的，廷光心情实在沉重。在飞机上见毅兄不在乎的态度，廷光纵有千言万语，亦只好默默无言"。22日到达台湾办理入院手续后，23日即不断催夫人电话张洪瑜先生，要他尽快送书稿来校。24日午前，张先生送来《生命存在与心灵境界》一书的校稿，从此每天除医生盼咐应做的事外，唐先生即

---

① 唐君毅.唐君毅全集：第七卷·人生之体验续编[M].北京：九州出版社，2016：86.

"付出所有时间,亦可以说付出他的生命校对他的书稿"。在这样一种校对书稿的状态下,唐先生就能够提起他的全部精神,以至于夫人为了缓解内心的焦虑及为唐先生的病情,有空即念《大悲咒》和《心经》时,唐先生还笑她"临时抱佛脚"。

8月27日,在频频咳嗽并口吐鲜血的情况下,唐先生依然继续校对书稿,他左手拿着一叠草纸,接着一口一口的鲜血,右手拿着笔杆一心一意校对书稿,还向夫人说,"不要怕,我不觉有什么痛苦,我如不校对书稿,恐以后就无时校对了"。很显然,唐先生是在与死神抢时间,他必须在死神来临前,完成他最伟大的灵魂之作。由于病情严重,唐先生一直胃口不好,不想吃东西,心中只有他正在校对的书稿。28日廷光代笔记载,"昨夜二人睡不成眠,但今日起身特早,他知道他的病严重,他拼命地校对书稿,不盥洗,早餐亦可不吃,护士为他量血压亦等了许久"。诚如最了解他的唐夫人在29日的日记中所言,"文章胜过他的生命。大概生命的意义他认为就是付出生命。世间亦必须有这样的人,宇宙的真理才能显现的"。

因为要等主治医生回台湾再手术,所以给了唐先生相对"宽裕"的校对书稿的时间。9月1日,当医生详细告知唐先生的病情及严重性后,唐先生夫人心情甚为沉重,但唐先生自己则全不畏惧,夫人感叹,"不畏惧病与死,可能就是他抗病的精神力量"。当晚,唐先生夫人与在美国的女儿安仁电话,提醒她归来一切应注意的事项。7日,安仁小姐由美国经香港赶抵医院,一家人悲喜交集,念女儿一路辛劳,唐先生夫人把唐先生病况说得较轻,而唐先生则是三言两语后,便仍伏案校稿。9月7日,唐先生与在香港的赵潜通电话,再进行相关交代,说万一不幸,这就是最后遗言。唐先生并言,治病养生之事,亦当如人生其他学问事功,只当问耕耘不问收获,若有一念从结果上去想而存贪生畏死之心,即罪戾所在。从9月1日到8日,除最基本的生存需要满足和安排相关事务外,唐先生都"一心一意在校对《生命存在与心灵境界》书稿",甚至医生要求的深呼吸练习,他也不肯做。到9月8日,手术前一天,中秋节,《生命存在与心灵境界》一书已大体校完,完成了唐先生直面死亡威胁时最想完成的伟大工作。唐先生自谓,心愿已了,可以安心治病了。

2. 超越个我关注家国天下的心灵功夫

疾病总是会让人的心灵受到冲击，何况是直面死亡的疾病。尽管有成功的手术，但是因为治疗时间太晚，不能保证癌细胞是否已经扩散，因此唐先生不得不继续住院放疗。放疗是一个漫长而又十分辛苦的治疗过程，不仅对人的身体是巨大考验，对心理和灵性精神也是很大的煎熬。超越当下的疾病和治疗状态给病人带来的精神与心理束缚，是需要一番心灵功夫的。唐先生在这期间的功夫就在于，一方面，将更多的心思用在关心夫人的健康上，另一方面则关注发生的国家大事上。

尽管手术后初期，唐先生的身体非常虚弱，但是只要他稍微好转一点，即不忘心灵功夫的修为。9月14日午睡后，唐先生说，他觉得舒服一点，这让陪伴左右的夫人和女儿都特别高兴。唐先生与女儿安仁开始聊天，从人生志趣到读书为人，甚至谈到死生幽明之理。唐先生谓，"孔子曰，大哉死，君子息焉。所愧自己全无修养工夫"。9月20日，唐先生收到弟子唐端正的信，其中对唐先生的时代贡献做出了很高评价，并希望唐先生保重身体，"……吾师近年来为中国文化而战，老而弥坚，始终不懈，其精神魄力，超越常人远甚，惟时代病痛，非朝夕可改，而老成人在今日尤为可贵，故希吾师善自珍摄……"[①]这尽管是弟子对老师的"赞誉"和期待，但也点出了唐先生生命存在的本然状态。

10月1日，曾昭旭、王邦雄、袁保新、廖锺庆诸君到医院看望唐先生，谈新亚、论国事、说人生，偶及今人为学，多在知解上用功，因说先儒践履不可及。然后唐先生郑重地说，"在做一个圣贤的事业上，依我这几个星期以来的反省，我给自己打不及格"，又言"自己在病中才反省到自己全无修养工夫，只是摸索到应走之路而已"。王邦雄先生对于唐先生如此自我反省的态度十分感叹，谓："我们素知先生年十四五，即怀希圣希贤之志，故这句话由他的口中说出，显得何等庄严，一时之间我们竟无言以对。由是自己才了悟，作为一个儒者，成就光辉的道德生命，是何其不易。"[②]其实，这一态度和立场，我们在唐先生于8月12日被确诊罹患癌症当天的日记中，就可以读到类

---

① 唐君毅.唐君毅全集：第三十三卷·日记（下）[M].北京：九州出版社，2016：315.
② 唐君毅.唐君毅全集：第三十七卷·纪念集（上）[M].北京：九州出版社，2016：324–325.

似的自我反省的表达，这是一位儒者修为无终点的态度和立场。

10月1日，宋时选先生带来蒋经国先生赠送的两万元台币。唐先生不想接受，但盛情难却，只好暂时收下，将其移作他用。11月21日，宋时选先生来看望唐先生，唐先生将蒋经国先生所赠的医疗费两万元台币交宋先生，作为专上学生奖学金。

10月3日，沈亦珍先生从香港到台湾参加"国庆"，特到医院看望唐先生，并谈到中大改制之事，言及新亚董事孤军奋斗，当然失败，不过人事已尽，于心无愧，但唐先生对此"失败"还是耿耿于怀，因为这毕竟是其理想的失败。

到了10月中旬，唐先生住院已经快两月。夫妇俩的生命状态，也从最初的惊惧，继而是唐先生夫人的疲乏、唐先生的烦躁，到如今"二人皆可随遇而安了，尽其在我，成败由天"。唐先生在精神好时，便看看书稿，唐先生夫人则可以偶尔出去看看自己喜欢的画展。如日记记载，10月17日，唐先生在医院"校阅书稿"，而唐先生夫人则"往参观张大千画展"；10月31日，唐先生夫人又往参观书法展览及韩画展览；11月3日，唐先生终日校阅书籍。

10月18日，汤承业同学到医院看唐先生，谈及算命看相之事。唐先生谓，此等事不能深信，借此提高警觉，要做的事，早日做好，亦有意义。如以前算命人谓，唐先生只有62岁寿命，故在62岁前，唐先生便将父亲迪风公与母亲陈太夫人的遗文、遗诗编校付印，把应做的事亦大体做了。这是典型的儒家对待"命运"甚至生死的基本态度，即以道德责任感来面对现实人生中的一切，尽其在我。

除超越自我关注他人的心灵功夫外，真正能够激发起唐先生精神的，还是超越于个人的家国大事。10月10日，唐先生夫妇通过电视观看台湾双十"国庆"，"精神为之一振"。19日，报载丁肇中荣获诺贝尔物理学奖。20日，报载中国科学家吴健雄、陈省身在美国获赠科学奖。23日，报载李卓皓博士由脑下腺中发现天然止痛剂，效力较吗啡强40倍，据云此开拓了生命科学新领域，又是中国人的优越成就。唐先生对这些事都感到异常兴奋，一方面，对一个儒者来说，个体生命当然需要格物致知诚意修身，以道德自我自作主宰，做好当下该做的一切事情；另一方面，还必须将个体生命推广出去，齐家治国平天下。因此，国事、天下事乃个人生命的分内事；国事昌盛，当然也是个人生命价值感和意义感的体现。正因为此，唐先生在看到国逢喜事时，便由衷兴奋。

3. 超越当下不忘生命客观化的文化事业

唐先生的病情在手术和放疗后稍微稳定，心中便随时牵挂他付出全部生命的新亚文化事业。11月12日，唐先生精神稍好，即挂念新亚研究所的学生，并回信与翟志成、陈宁萍、郭少棠、王家琦、易陶天诸同学。夫人有时劝唐先生不要做太多事，唐先生则言，"有事不做，见事不管，就是自私"。其后方东美、牟宗三、黄振华、曹慎之、刘孚坤均到医院看病问疾。逯耀东劝唐先生在台湾多休养一段时间，不要忙着回香港。但是，一方面，在台湾毕竟不是家里，也有不便之处；另一方面，唐先生更挂念新亚研究所，因为牟先生也来了台湾，研究所的哲学组学生缺人指导。所以，考虑短暂休养一段时间即回香港。13日，学生书局张洪瑜来谈印书事宜。15日，雷家骥同学来，说唐先生精神还好。晚上，徐志强送鱼汤来。当日，唐先生对夫人说，近一二年来，已有老的感觉。以往晨起，总感觉清明在躬，志气如神，文思如泉涌。如今，这样的现象就少了。22日晚，吴森来。黄振华陪方东美先生来，劝勉唐先生养病重在心境宽畅，并告知现有一派医学家不重药物治病，而重心理治疗，心理健康即能抵抗疾病。23日，程先生带来星云法师口信，欢迎唐先生南下高雄佛光山修养。24日，黄振华陪着曹慎之、牟宗三、刘孚坤等来，唐先生一时兴趣，说话太多，夫人感慨"实有违养病之道"。25日，唐先生夫人与女儿安仁电话，甚至责怪她久未来信。女儿安仁的同学唐冬明来信，说他们要做生意。唐先生和夫人都认为，只是权宜之计，同时也由此想见他们在异国生存的艰难，并希望他们做生意不只是以赚钱为目的。

（三）社会生命的协和与充实

依照儒家的理解，一个人的生命绝不只是"个体"生命，更是人伦的、社会的生命。个体的自然肉体生命是精神生命、社会生命的载体和工具。因此，一个完整生命的价值实现和意义呈现，一定包括其社会生命的协和与充实。而在个人的社会生命中，来自最亲密关系的亲人的关切，是个人社会生命充实协和的基础，而友朋的关爱则是其社会生命扩大充实的体现。唐先生既是一位德性生命极为自觉和高俊的大生命，也是一位社会生命极为充实和协和的大生命，这在他住院治疗期间更得到充分彰显。

1. 亲人的生命关切

在面临死亡威胁时，亲人作为最直接的生命链接，具有最真切的生命感通，因而也是最基本的心灵安顿。唐先生的父亲在唐先生读大学时就已经去世，母亲也已经逝世，弟弟和妹妹都在内地，而唯一的女儿则在美国读博士，身边的至亲只有与唐先生相依为命的夫人。但毕竟，父母、兄弟姐妹、儿女、夫妇是一个人最基本的人伦关系，也是一个人社会生命的最具体呈现。这对一个自觉的儒者来说，更是如此。

在确诊罹患癌症后，8月14日，唐先生夫妇即去存放有父母灵位的慈航净苑拜祖先父母，[①]领受祖先父母的恩德，实现生死幽明的感通。8月17日，两人又到律师楼立遗嘱，完成现实的亲情交代。

除了身边的夫人，唐先生唯一的女公子唐安仁当时正在美国完成博士论文。在检查出罹患癌症后，唐先生夫妇也第一时间与安仁小姐打长途电话。在电话中，唐先生夫人告以疾病的严重性，应有心理准备，彼此情感大痛，泣不成声，结果还是由唐先生说些宽心话，加以解慰。[②]之后，19日、21日、24日、31日又分别与安仁长途电话，并于28日书信一封。9月7日，女儿安仁由美国经香港到台北荣民医院，次日中秋节，《生命存在与心灵境界》一书已大体校完，晚上唐先生义子徐志强先生夫妇送来大堆佳肴美果，五人围坐，共度佳节，人月团圆。女儿在医院陪伴唐先生整整一个月，给唐先生极大的心理安慰。10月5日，因为女儿安仁准备离开台湾回美国完成学业，父女二人当日谈话很多，涉及的事也很广，有时父女二人又读诗唱词，唐先生夫人感到其中有无限的离情别绪。10月8日，闰八月十五，女儿安仁准备于次日经香港回美国。晚饭唐先生夫人特别添加了两味菜，一家三人吃得很开心。不过，想起女儿明日即将离去，千万般离愁别恨不禁涌上心头。10月9日早上，唐先生夫人送女儿至机场，唐先生也送至医院大门口。女儿和夫人上车回头望时，唐先生一直站在那里目送。车子转弯后，女儿啜泣着说，"已看不

[①] 唐君毅. 唐君毅全集：第三十八卷·纪念集（下）[M]. 北京：九州出版社，2016：484.

[②] 唐君毅. 唐君毅全集：第三十八卷·纪念集（下）[M]. 北京：九州出版社，2016：485.

见爸爸了"。14日,安仁平安抵美。此次一别,也成为永别。① 回到医院,唐先生对夫人说,如今交通方便,见面容易。夫人明白,这是在安慰她,可自己却无言安慰唐先生。

唐先生得知自己罹患癌症后,也给在内地的二妹唐至中、六妹唐宁孺电话告知得病消息,两位妹妹均希望他回内地医治,唐先生言,一人生命的事太渺小了,仅复一电云,"归不易"。并且,于8月15日、18日、28日又分别给二妹、六妹信函,除告知病情,希望不必挂念外,更多的则是讨论唐先生心目中更重要、更有意义的事件。比如,18日给二妹的信中,只有一小段简单言及自己的病情,"我的病你们可放心,六妹打电话来很担心,可要她放心,我亦写信去。如此地不能医治,可至他处",后面的全部内容,都是在介绍海外及港台的熊十力先生文献以及内地(大陆)应该如何保存熊十力先生文稿的事情,并言"熊先生已成为世界哲学界公认的哲人,其历史地位已确定,其书籍之流传于海外已不必担心。在内地能尽量保存固佳,即万一不能,迟早其书印本亦要回流到内地的(梁先生书亦然)"②。

2. 友朋的生命关爱

此次到台湾治病,唐先生夫妇并未通知好友,但渐渐亦被好友知道了。因此,手术前后,在台湾的朋友、同学,随时来医院看望唐先生者多,唐先生夫妇也因此获得了很多生活上的方便和心理上的安慰。

8月22日从香港飞台北,在香港由李国钧夫妇送机,而在台北则有逯耀东、徐志强夫妇来接机,由斐文风先生直接陪同到荣民医院。当日,宋时选先生即来看望。之后,逯耀东夫妇几乎是随时到医院看望,而徐志强夫妇则是随时送来鸡汤或其他有益于病人恢复身体的各种补汤。如日记记载,26日,

---

① 40年后,唐安仁在为大陆简体字版《唐君毅全集》特别撰写的纪念文章中,对此记忆犹新,感叹不已。"我在父亲手术前两天抵台。步入病房时,父亲正忙着写文章,神色安静。次日中秋,是我们一家团圆过的最后一个中秋。九月九日母亲与我送父亲到手术室门前,凄惶不已。逯耀东先生整天陪伴并安慰我们。手术过程顺利,但父亲手术后身体虚弱,常常有痰而无力咳出,每天诊病并做化疗之外,就忙于修改文章,难得休息,也从未听他说苦痛。母亲想劝他多休息又怕惹他生气,十分为难。父亲以清瑞一人在美,频催我回去。我终于十月九日离开。父亲送我到医院大门,甚(什)么都没说。出租车开走,我回头望见父亲仍立在门前,微仰着灰白的头。没想到竟成永别。"唐君毅.唐君毅全集·纪念集:第三十八卷(下)[M].北京:九州出版社,2016:568.

② 唐君毅.唐君毅全集:第三十一卷·书简[M].北京:九州出版社,2016:4-5.

徐志强夫妇送来牛肉汤。28日，徐志强再送汤来。30日，徐志强又送汤来。9月1日，志强夫妇送来鱼汤。8日，徐志强先生夫妇送来大堆佳肴美果。10日，徐志强则送汤来。13日，晚徐志强夫妇送来冬菇汤。16日，徐志强送来鸭汤。17日，徐志强送来牛肉汤。21日，晚徐志强又送汤来。10月2日，徐志强送汤来……

到医院来看望唐先生的，有学界前辈也有学界晚辈，有老师也有学生，有政界名人也有医院大德，有世俗名流也有宗教领袖。唐先生本就是一个社会生命极为协和与充实的大生命，他与各类人都能够打上交道，各类人对他都格外尊敬，因为他对各类人也都有人格上的尊敬。日记中记载，几乎每天都有"新人"或"旧人"来医院探望。下面所列名单，可以呈现一个大概：宋时选、徐志强夫妇、逯耀东、斐文风、潘振球、侯靖远、赵潜、冯爱群、陆达诚、梅广来、李国钧、陈修武、廖钟庆、曾昭旭、王邦雄、袁保新、吴经雄夫妇、蔡仁厚、何启民、程兆熊、吴士选、曹仕邦、徐枫、黄振华、周文杰、严灵峰、刘季洪、柯树屏、郑通和、吴思远、方东美、牟宗三、黄振华、曹慎之、刘孚坤、张洪瑜、雷家骥、吴森、星云法师、曹慎之、刘孚坤、甘家馨……唐先生夫人感慨，"远近友好对我们的关心，真使人感谢难忘"。

住院和疗养期间，唐先生还不断收到亲人、学生、朋友的书信问候，唐先生则以带病之躯一一回复。如8月23日，与女儿安仁及赵潜各一函。28日，与王家琦、赵潜、二妹、六妹各一函。9月7日，与赵潜一信。11月13日，收到翟志成、郭少棠、陈宁萍等来信，午后即各复一函。12月4日，与王家琦、易陶天信……

宋时选先生曾任蒋经国私人秘书，后为国民党"大佬级"人物。从唐先生赴台住院治疗，便多次到医院看望唐先生，并带去蒋经国先生的两万台币。11月7日，在唐先生出院前，宋先生又特别来恭贺唐先生出院，并欢迎唐先生夫妇移住剑潭青年活动中心，希望不要客气，乐于为唐先生服务。这为唐先生的疗养提供了巨大方便。至11月26日，唐先生夫妇到剑潭中心已经20天。唐先生夫人感慨，"好像这里已成了我们的家，尤其那园中的花木，池中的白莲已成了我们的伴侣，还有那池边的石凳，我们常坐那里休息谈心"。11月30日，唐先生通过电话与主治医生卢大夫等联络，允邀餐叙，唐先生夫妇亲自送请柬到医院。当日，宋时选先生还给唐先生赠送花瓶及瓷制寿桃。

第三章 生命自觉与死亡准备

12月2日晚,唐先生夫妇于翠华楼宴请卢光舜、王丕延、乾光宇、陈光耀、詹兆祥五位大夫,及潘振球、宋时选、斐文风、侯靖远、江新鹏、逯耀东诸位先生,席间由徐志强夫妇陪客。此一宴请,算是为唐先生第一次赴台湾治疗画上圆满的句号。唐先生带着身体的病痛及死亡的威胁来到台北,经过106天的治疗和休养,不仅完成了自己最伟大著作的校对工作,实现了精神生命的圆满,聚会了大量各界朋友、学者、学生,实现了社会生命的充实和谐,而且在生理生命的疾病治疗上也达到了基本目的,可以带着感觉上的健康回到香港,回到自己当下的日常生活和工作中。12月3日,唐先生在给王家琦的回信中,大致总结了此次台湾治疗的经历和成果:"我来台在荣民医院检查身体后,发现肺部有初期肿瘤,竟是毒性的。乃于医院住半月,将一稿子校改完结,小女由美国回台后二日即动手术。是由新自欧洲开会回来之名医卢光舜大夫动的。进行甚为顺利,已算根本割治。为防再发,医生亦有其他放射治疗为辅助。现在精神已全恢复,只是体重减了十余磅,尚未恢复。明日即将回港,再加调养。医生说我之病幸而发现得早,可谓不幸中之大幸。希释念。因此病把四十多年的烟癖戒掉了。吸烟不特害健康,且是一束缚心灵生命的习惯。好多年前就想戒,都未能下决心。现在以病而戒掉,正如《易传》所说'小惩而大戒'。虽病中受些罪而能戒去此恶习,以回复我生命心灵之清洁,还是值得的。"[1]

四、间歇休息,身心调整

在香港家中养病(1976年12月6日—1977年1月31日,56天)

1976年12月5日,在经历了106天的治疗后,唐先生从台北回到香港的家中。一直忠诚在家的老工人金妈见到久未谋面的主人,喜极而泣。家中虽一切依旧,但已有隔世之感。当日回家后,唐先生打了许多电话,给朋友、学生答谢,唐先生夫人则清理杂物。次日,即开始重校《生命存在与心灵境界》一书。

因为两个月后将再赴台湾做复查,因此在香港家中的两月,是唐先生经历大病治疗后难得的休养调整时期。但是,这种"调整"对儒者唐先生来说,

---

[1] 唐君毅.唐君毅全集:第三十一卷·书简[M].北京:九州出版社,2016:374.

171

只是回归到他极为正常的工作和生活：上班、授课、读书、与朋友交。这期间的日记是唐先生亲自所记，呈现的主要内容，无外乎工作、朋友探病和阅读。

就工作而言，基本上每天上午，唐先生都会到研究所办公或者上课。而新亚改制之事仍然牵动着唐先生的心。1977年1月3日，新亚书院董事愤慨政府背信弃义，强行通过中文大学改制法案，唐先生与李祖法、钱宾四、沈亦珍、吴俊升、徐季良、刘汉栋、任国荣、郭正达诸先生，联署在报纸上刊登《新亚书院董事辞职声明》。声明中写道："同人等过去惨淡经营新亚书院，以及参加创设与发展中文大学所抱之教育理想，将无法实现，自不能继续在新亚董事会任职，徒滋内疚。特辞去董事及因董事一职而兼任之其他一切职务，以谢过去曾以心思财力贡献于创办及发展新亚书院之个人与机关团体，以及毕业校友，与在校师生。中大改制之是非功罪，并以诉诸香港之社会良知与将来之历史评判。"中文大学改制的事尽管已经过去，但唐先生不免有时仍有感触。陈特、李天命同学来看望，唐先生勉励大家，不管在任何环境之下，我们自己总可以做学问，并可以站在教育立场培养一些特立独行有挺拔之气的学生，尤其学哲学思想者更应有立场，做顺民东偏西倒摇摆不定，以顺应环境，是永远无出息的。[①]

就与朋友交而言，一方面因为到台湾住院治疗3个多月，所以刚回香港的一段时间，来访的朋友和学生特别多。朋友和学生们都从关心唐先生健康出发提出各种建议，李幼椿先生叮咛不要再写长文章，孙德智先生讲上高楼省力的方法，虞兆兴先生教静坐方法，全汉升夫人为唐先生在慈航净苑许愿，吴士选先生设宴乐宫楼祝贺唐先生康复返港。一些同学因为知道唐先生爱说话，怕唐先生受累，就不敢来看望，只是私下问询或以书信代候。而唐先生的视力亦日有进展。另一方面，唐先生也抽出时间拜访朋友，或者参加一些研究所的集体活动。比如，1977年1月1日，中午参加大专校教授的聚餐。2日，下午至赵潜处省视其病。5日，唐先生夫人次日生日，晚与李国钧夫妇同吃晚饭。8日，约李幼椿、吴士选、胡欣平夫妇晚饭，饭后参加研究所琴社音乐会。9日，中午约琴社同仁于庆相逢饮茶。15日晚，研究所宴柳存仁夫妇及前日参

[①] 唐君毅.唐君毅全集：第三十八卷·纪念集[M].北京：九州出版社，2016：496.

加琴社表演之数先生。

除日常的工作、交往外，唐先生的主要时间便用在阅读上，阅读几乎是唐先生终身的习惯，也是他生命最重要的营养剂和能量源。在短短近两月的休息调整期，唐先生除校对自己的著作外，主要阅读的是文学诗词类著作，兼及其他著述。从读书的数量和种类看，唐先生这两个月的阅读，几乎可以称得上是如饥似渴。唐先生自己日记记载的阅读情况如下：12月6日至16日，花了十天时间，重新校对了即将付印的《生命存在与心灵境界》一书。18日至21日，又花四天时间，校对早期重要著作《人生之体验》重排本。12月17日，阅新文丰书局所出版的《欧阳先生遗集》。22日至24日，阅杂书及《宋人轶事汇编》。25日，阅《吴芳吉先生遗书》。12月30至1月11日，几每日阅《石头记》，花十三天读完。1月30日至31日，阅芝园《宋词选讲》及陈伯谷《宋诗选讲》。12月27日至29日，读《智者语录》及杂书。1月6日下午阅 Encyclopedia of Philosophy 中论量子物理学之一章。1月12日、13日、18日、19日、21日、27日、28日，皆阅杂书。1月17日，阅 Waisman the Principle of Linguistic Philosophy 二十页及杂书。

五、病情恶化，直视骄阳

第二次赴台检查治疗（1977年2月1日—4月25日，84天）

1977年2月1日，唐先生按照第一阶段治疗的要求，特别是做了较长时间放射性治疗后，定期到医院复查治疗效果及病情。但是检查发现，唐先生的病情恶化，不得不在台湾多待了一段时间。此次赴台治疗共84天，大体可以分为两个阶段：1977年2月1日至3月1日，复查并最后确诊结果；3月2日至4月25日，在台湾休养及进行保守治疗。

（一）等待复查结果的身心煎熬与疾病生命根源的省思

2月1日，唐先生夫妇从香港到台湾。在香港，李国钧送机，并有徐志强夫妇同行，到台北逯耀东、斐文风先生来接，直赴荣民医院，一切手续皆由斐先生代办。刚到医院，唐先生即被告知，方东美先生也患癌在此治疗。唐先生和夫人都十分惊讶和难过，并立即赴方先生病房看望。方东美先生尽管十分平静，但方师母言，西医已绝望，现服中药，希望有奇迹出现。唐先生夫妇将带在身边的白药和抗癌灵送方先生服用，除此之外，也不知如何安慰方先生。

当日不做检查，医生让唐先生好好休息。接下来的一周时间，几乎每日都做检查，抽血、照X光、做心电图、注射疫苗、做肝脏检查。除了检查，其他事情也比较少，唐先生和夫人便常常到医院的庭院散步。小小的庭院直通天空，唐先生夫人言有与天地相往来之感，唐先生则言，只要用心，处处可得益处。到2月10日，因为各种检查都已经做过，唐先生和夫人很想知道检查结果，但卢大夫总说，各方报告尚未收齐。唐先生言，他在病历上看见记录，似乎大夫们对他的病况很有怀疑，这使得唐先生夫人提心吊胆起来。为了安顿等候复查结果的焦虑的内心，唐先生夫妇共读宋词。12日，唐先生便又开始服用新竹张博士提炼的抗癌中药。

2月13日，农历丙辰年十二月二十六日，是唐先生69岁生日。唐先生夫人买了蛋糕和唐先生喜欢吃的猪脚为唐先生贺寿，祝唐先生从即日开始万事如意。次日，医院大夫告知，因为等综合结果，唐先生可以随时出外探访朋友，只是不要超过4个小时。唐先生夫妇也觉得在医院等检查结果也没有特别的意义，而且又逢春节将至，于是决定搬到剑潭青年活动中心住，继续吃中药疗养。对于中医中药，唐先生和夫人有共同的认知，16日的日记中"廷光代笔"言："中医诊病是以生命与生命接触，由生命的感通以了解病者之情况，且重培元固本增加病人抵抗力量"。

17日是大年除夕，晚上到徐志强家吃了团年饭。在这样一个应该阖家团圆、辞旧迎新的特殊日子，唐先生夫妇却因为疾病而"有家不能回"，不免惆怅。在当天的日记中，唐先生夫人反省道："回想是最不幸的一年，毅兄大病，被人误解，安儿他们撞车，不如意的事很多。吾人只有反省、思过，责己恕人。"次日为丁巳年春节，一年开始，万象更新。早餐吃年糕，中心总干事及各组长均来贺年，上午潘振球先生、蒋彦士先生和他的老师沈宗瀚老先生都来看望唐先生。晚上，李国钧夫妇也专程由香港来与唐先生夫妇共度春节。唐先生夫人感慨："许多浓情厚意，使有病不能归家的人，实在得到无限的温暖。"是日阳光普照，唐先生一时高兴，难得与夫人拍照留念。

过去的一年，确实是唐先生生命中极不平静的一年，不如意的事很多。当然，最重大的事便是唐先生的大病和因为中文大学改制之事受伤且被人误解。唐先生的身体一直很好，精力也很充沛，很少生病。此前最严重的一次生病，是1967年的左眼视网膜脱落差点导致眼瞎。恰恰也是在该次于日本治疗眼疾之时，唐先生于病榻上深刻反省自己的生命而断断续续写下了一篇4万多字的长文《病里乾坤》。这是由唐先生生命里流淌出的文字，牟宗三先生曾赞叹此作为"滴滴在心头，而愧弗能道"，是"唯唐先生为能道的文字般若；对一切发心立志去求道行道，却因而历尝行道途中的艰险苦痛的人，是最精警的提撕与最深切的抚慰"，"直可视之为《人生之体验续编》的再续编"。①1976年，唐先生为支持一群年轻人初创的儒学刊物《鹅湖》，特别交给该杂志发表，对于提升《鹅湖》的声誉产生了重要影响。这一"事件"也具有独特的隐喻意义，因为透过此时发表的《病里乾坤》中唐先生对疾病的一些反思，我们可以更清楚地理解唐先生对生命、死亡、疾病等的基本立场。

疾病，既是《病里乾坤》产生的机缘，也是该文切己反思的重点，同时也是唐先生由此引出儒学治疗学和生命教育的基点。唐先生认为，疾病来自生命的分裂，"身病"与"心病"都是肇因于生命分裂的现象。他不仅从形而上学的立场来看待"心病"，也以科学的观点来解释"身病"，将"身病"与"心病"加以统合，建立出自己关于疾病的"生命自身分裂"说。"人之疾病之不由外来原因而引起者，如吾之视网膜之剥落之疾病，以及令人所最畏惧之癌症等，即无不显然由于此身体自身之组织、细胞自身之分裂而变形所造成，亦即当是由生命自身之分裂所造成也。"②唐先生认为，作为"生命之自身内在分裂"的疾病之所以会发生，在相当程度上源于人被习气牵引而不能自作主宰、依理行事。唐先生并以此反省他自己所得眼疾，也是源于自己看书时形成的一些"习气"："吾此次病目疾，更念吾之受病之原，正由平日读书之事，实亦多是一习气之流行。当吾读书之时，吾之目光向书而注视，即目之活动之向书而趋，以与吾整体之身体之活动相离，方有此目之形体自相离散之事。"③

唐先生在这里用"习气"和"生命自身分裂"来解释心理和生理疾病的产生，当然并非完全从褒贬意义上说，而只是基于自己"体验"而做的"生命学"的阐释。如果我们依照唐先生自己对疾病的基本观点，唐先生得眼疾

---

① 唐君毅. 唐君毅全集：第七卷·病里乾坤 [M]. 北京：九州出版社，2016：2.
② 唐君毅. 唐君毅全集：第七卷·病里乾坤 [M]. 北京：九州出版社，2016：46.
③ 唐君毅. 唐君毅全集：第七卷·病里乾坤 [M]. 北京：九州出版社，2016：22.

是其太喜欢读书之习气导致的生命自身的分裂，那么唐先生罹患癌症又根源于唐先生生命中的何种习气呢？此次罹患癌症确实严重影响了唐先生身体健康和生命力，连日记都只能"廷光代笔"，所以我们也无机缘读到唐先生如《病里乾坤》般在眼疾时所留下的般若文字。但是，我们可以依照唐先生自我反省的思路，大致看看是何种习气会导致唐先生的"生命自身分裂"如斯以至于罹患绝症！

唐先生自己曾经在第一次赴台湾治疗返回香港前给王家琦的信中反省过自己吸烟的"恶习"，并言"虽病中受些罪而能戒去此恶习，以回复我生命心灵之清洁，还是值得的"。在与夫人的交流中，也做过类似反省："三十年前熊先生即当面责我之不应吸烟，为此习惯束缚，每念其言而生愧，但终未下决心去戒，……我一生无其他习癖，今去吸烟之习癖，顿觉无异回复了一心灵生命之原始的清洁。"① 但是，此种因为疾病而对某种不健康的生活方式的反省或调整，是常人皆可为之事，也只是生活方式上的"习气"，谈不上唐先生对于疾病的"生命学"理解意义上的反省。

何一教授的《悲情儒者与儒者悲情：唐君毅生平、学术研究》一书，以"殉道"来标示唐先生的生命悲情，此悲情当然不只限于罹患癌症，而是唐先生一生的存在样态。何一对唐先生生命悲情的分析是有道理的："唐先生终其一生，积郁着极深的生命焦虑。而这种焦虑的内缘，是他生命展现其间的当下之境与生命追求的形上之'道'之间的巨大张力。……唐先生的人格就是人必从道，道在必行的'执'，亦即'以道殉身'；其志业即在'以身殉道'。"何一认为，"在唐君毅的生命世界里，悲情地执于道，亦即所谓'殉道'，并非朱子之'以死相从'，而是指'儒者悲情'，它不是一个事件，而是与唐氏相伴一生的命运。它源于三个因素，即性情：肫挚悲悯的宗教情怀；身份：书生志业与理想主义；处境：羁海外的'遗民'情结。或可概括为性情之悲、书生之悲（或曰使命之悲）和遗民之悲（或曰命运之悲）"②。"使命之悲"和"命运之悲"多少都与个人生命的"外在"相关，而不完全是"自身生命本身"，从唐先生自我解剖的"生命学"意义上说，唐先生生命中固有的"性情之悲"

---

① 唐君毅.唐君毅全集：第三十八卷·纪念集（上）[M].北京：九州出版社，2016：495.
② 何一.悲情儒者与儒者悲情：唐君毅生平、学术研究[M].北京：光明日报出版社，2011：371-372.

或许便是其罹患此不治之症的"习气"所在。霍韬晦先生曾经将唐先生的性情归纳为恻隐、立志、忠孝、信义、力学、伤时、谦逊、真切、光明、通远十个方面。①何一强调,"形成这种性情特征的基本原因有两个:肫挚悲悯的宗教情怀和殉道信徒的终极天志"②。一方面,唐先生有基于肫挚悲悯生命情调的宗教情怀,虽说学理上他并不信奉宗教教义,一生也未曾皈依任何宗教或教旨,但理性上超越、信仰、牺牲、悱恻、悲剧等宗教情愫,却一直贯穿于他的精神世界。另一方面,唐先生又有对终极天志的"执着",对于人之于客观外在世界的价值、生命的高贵与尊严、对心之超越性和涵射万物的虚怀有着极深的体悟和自信。"这种性情既成就了他一代哲人的智慧大业,也因每每呈现主观与客观的龃龉,而陷入人生的无尽烦恼。"③

这种"无尽烦恼"在唐先生年轻时候就已经呈现。比如,他在给女友谢廷光的信中坦言自己的苦痛有三:"根本在我把过去未来与现在分不清楚,想象与事实分不清楚,这其实是一种神经上的病我很了解。但是我自己不能治我这种病。……我第二种苦痛是我爱两种极端相反的人格的心态,一是非常丰富经过各种矛盾而综合成完整体的人格心态,一是纯洁朴素玉洁冰清的人格心态。我是近乎前一种,然而我企慕着后一种人。……第三种苦痛是我的神性与人性的冲突,在我的神性一面我真对于人类有无尽的悲悯,我可以原谅人之一切。但是神却是普爱众生,不能与任何人有特殊关系的,如果我要尽量发展我的神性,只能当一普泛人类爱者,一宇宙的情人。如果我要与任何人发生一种特殊的人的关系,那人性中的弱点便与我离不开。"④

按照唐先生在《病里乾坤》中的分析,人的生命在时间流逝中,每经历一件事情,就会有在以后类似情境下再做此事的趋向,这就是"习气"。如果某事被多次重复,则习气就会增加而呈"习惯",此"习惯"会进一步影响人心当下的判断。如果我们的心能够自作主宰,依理行事,那么习惯习气可以帮助我们节约生命力;如果人心不能自作主宰,习气就会自然流行并进而产生很多不当有的习惯行为;即使不在具体行事上产生现实的不当有的行为,

---

① 霍韬晦.唐君毅著作选导读[M].香港:法住出版社,2012:13-25.
② 何一.悲情儒者与儒者悲情:唐君毅生平、学术研究[M].北京:光明日报出版社,2011:372.
③ 何一.悲情儒者与儒者悲情:唐君毅生平、学术研究[M].北京:光明日报出版社,2011:378.
④ 唐君毅.唐君毅全集:第三十卷·致廷光书[M].北京:九州出版社,2016:158-159.

也会产生种种无现实意义的意念欲念甚至妄念而浪费生命力；更为严重者，这些习气产生的诸多妄念种类不同、方向不同，时有冲突，会导致生命力的分裂，如此生命不能和谐贯通，这就会导致生理的疾病。而唐先生性情中"胝挚悲悯的宗教情怀和殉道信徒的终极天志"，一直存在于唐先生生命的底层，始终左右着他的行事方式、行事风格，进而成为其自言的"习气"和"习惯"行为，从而导致自己的生命不能和谐贯通，浪费了生命力并导致严重的生理疾病。唐先生早在1939年自己30岁时给女友的信中即自语谶言了自己的这一宿命："他自己造成他自己的矛盾冲突，他自己造成他自己的苦痛，他的性格决定他悲剧的命运。"[①]

结合中医的理解，中医情志分七，即喜、怒、忧、思、悲、恐、惊，故又称为"七情"。适度的七情，是人类正常的心理活动；反之，七情失度，就会引发疾病，需要治疗。当外界刺激突然剧烈或长期持久，超过人体所能适应调节的限度，往往导致神志高度协调统一的状态遭到破坏，使脏腑功能紊乱，经络不利，气血运行失调，而百病丛生。"七情"的变化是根于"五脏化五气"的功能之上的，五志与五脏的关系如《素问·阴阳应象大论》所言："心在志为喜""肝在志为怒""肺在志为忧""脾在志为思""肾在志为恐"。忧、悲，在五行属金，在五脏属肺。换言之，肺主忧，多忧伤肺。唐先生性情中不可抑制的"胝挚悲悯的宗教情怀"，使得他随时都在忧国、忧民、忧天，以致"花果飘零"成为其性情呈现的文化情状和生命情状。用唐先生的话语来说便是，当其"忧"之时，即让肺向所忧之天下、文化事业而去，即肺的活动向天下、文化事业而趋，而与自己整体之身体的活动相离，如此方有此肺之形体自相离散的癌症之事的发生。

既然疾病是由自我生命的分裂所导致的，那么如何面对疾病或者"养病"呢？唐先生认为，养病当先从事于静功，而此静功当始于求妄念之停息，以拔除习气。在破除人的习气的过程中，或许我们不容易找到下手之处。唐先生通过自己的体证，认为我们可以从如何治人的轻慢心处下手。这种不易去除的"轻慢心"的一个主要表现为，以为事物的变化可以不经过我自己的努力而发生，自然地按照我的个人意愿演变，"凡人之自谓我生有命在天，天

[①] 唐君毅.唐君毅全集：第三十卷·致廷光书[M].北京：九州出版社，2016：45.

必不违吾愿，其根源皆在此种慢心"。唐先生强调："实则人之自谓有命在天，必有天佑，正为人之傲慢心之一种表现。此乃人所未必知，而亦吾之昔所不知。"[①] 强调"天从吾愿"，实际上是"贪天之功以为己力"，是卑视天意、天命之广大，是对天或客观世界之一大傲慢。有了这样的"理论准备"，我们便可以清楚地理解，当唐先生在得知自己病情恶化被宣布"只有三个月"的情境下，将如何面对自己的疾病和可以"看见"的死亡。

（二）病情恶化情境下直视骄阳的中医保守治疗

3月1日，农历正月十二，主治医生卢大夫电话唐先生夫人，不直说唐先生的检查结果，而是希望他们与徐志强联络，唐先生和夫人已经感到情形不妙。唐先生夫人立即电话通知徐志强，并心情焦急地在中心大门等候他。徐志强到达中心后告知唐先生夫人，他早已知唐先生病情恶化，治愈希望甚微，只是医生说，先不要告诉病人，以便让病人过一个快乐的新年，并希望唐先生留在台湾，最好住在医院附近，方便照顾。徐志强还告知，卢大夫还说，唐先生生命最多可有3个月，而且痛苦很大，他们要尽量减轻唐先生的痛苦……唐先生夫人在与徐志强谈话间，看见唐先生向他们走来，内心升起极大的不忍，"真想抱他痛哭"。他们不敢把实情完全直接地告诉唐先生，但是，即使不讲唐先生也已经意识到了。唐先生说，他要去医院感谢卢大夫他们的关切。作为一位内心真诚的儒者，唐先生就如他在《病里乾坤》中所强调的一样，在面对"天命"时放下自己的傲慢心，决不"贪天之功以为己力"而自认为"天从吾愿"，也不"怨天尤人"而将自己所得疾病归之于"命运不公"，而是真真切切地接受"天命"，直面现实，"直视骄阳"。

1. 调整心情，接受现实

自得到病情检查结果恶化后，唐先生夫人给女儿安仁写了一封信，感叹"真是有苦难言"。唐先生连续两晚，每到午夜即说梦话。唐先生夫人"很清楚地听见他在与已死的人和尚在的人讲话，俨如死去的人就在我们房中"，感到毛骨悚然。按照唐先生夫人的理解，大概唐先生是在"怀念值得他怀念的人"。尽管如此，早上起来，还是打起精神，面对现实，开始静坐。考虑到唐先生近年来特喜读佛书，晚睡时，夫人将两本佛经放在了唐先生的床前柜上。

---

① 唐君毅.唐君毅全集：第七卷·病里乾坤［M］.北京：九州出版社，2016：11.

3月2日，女儿安仁打电话到医院，直接与卢大夫讲了话，已知唐先生病情恶化。在与唐先生通电话时，声音凄切，夫人不忍闻，亦不知应讲什么，只阻她不要立归，但应有准备，并忍不住放声大哭。唐先生则拿过电话筒安慰了女儿又安慰夫人。

3月4日，是正月十五上元佳日，唐先生特地与夫人正式谈了他对自己疾病的想法。唐先生谓，昨夜想了很久，他的病是不会好的，不过他相信他还可以拖一段时间，他希望在台能有一小屋，自己有屋，就可以少麻烦人，台湾是自己的国土，死亦应当死在这里，又说"我们应买一块墓地，不必太大，只要能葬我二人就够了，我们生在一起，死亦要在一起"。唐先生要夫人与弟妹写信，不要写得太严重，徒增远念。夫人听后情绪激动，满怀辛酸，愁肠欲断，只点头表示同意，并把当天的报纸放在唐先生手中，希望转移一下激动的情绪。中心早上吃汤丸，还特为唐先生买了两张藤椅供在阳台使用。午后，即顺唐先生之意，徐志强陪唐先生夫妇出外看了几处较为便宜的房子。不过，后来因为到屏东看中医，买房子的事就放下来了，而由于唐先生的病情在吃中药调养后逐渐稳定，并回到香港工作、生活，在台湾买一块墓地的想法也暂时没有去落实。但唐先生这个愿望也算是一份"后事交代"，在他去世后最终也得以实现。①

2. 死是暂终，生命不死

唐先生可以如此坦然地接受和面对自己的死亡，这与他作为一位生死哲学家和儒者对生死的理解密切相关，他的生死智慧贯注于他当下的现实生命，便有视死如归的心理准备。

在唐先生看来，"人的生活与精神活动之逐渐成就，而由不存在走向存

---

① 1978年2月2日，唐先生逝世。2月17日，在唐先生去世半月后，唐先生夫人和女儿到台北为唐先生选购墓地。几经比较，决定在观音山山腰地方朝阳墓园内买一块墓地，该地背山面水，气象宽阔，在两山环抱中，十分宁静，使人有舒适之感，且可以西北望故乡。3月11日，由李国钧、孙国栋、唐端正、赵致华（潜）、李杜、苏庆彬、逯耀东、霍韬晦诸同学护送唐先生灵柩赴台湾落葬台北观音山朝阳墓园。行前先绕新亚书院在农圃道的校址一周，并设祭台送别。3月13日，唐先生灵柩抵台后，由台湾当局"教育部"主持在台湾大学法学院礼堂开追悼会。由李元簇先生主祭，程兆熊、黄振华先生报告唐先生生平，孙国栋同学代致谢辞。是日，蒋经国先生亲临吊唁，并赠"痛怀硕学"挽额。3月13日，唐先生大葬之期。是日，风雨如晦。但冒雨送葬者络绎于途，其中很多人只读过唐先生的书，素不相识。唐先生的灵柩落葬于俯瞰淡水河的台北市观音山朝阳墓园的一块墓地。唐先生的长眠之地，俯瞰淡水河，面对七星山，视界开阔，有山有水，形势景观都很好。

在；即依于人的身体与自然生命，由存在以走向不存在之上。此二者是一切人生所同时具备，而方向相反，并相依并进之二种存在动向。在此二存在动向中，人以其身体之走向不存在，成就其生活与精神活动之走向存在"[1]。所以，"死非人生之消灭，而只是人生之暂终"[2]。当然，要真正超越对死的恐惧，说明身心皆不死，还必须超越身体工具化的思考向路，由此唐先生提出了独特的"身心呼应说"。

在唐先生看来，心灵志愿犹如乐曲，我们的身体则似弹奏乐曲的乐器，在没有弹奏行为时，乐曲和乐器都可以说是处于寂静的状态，而弹奏行为本身，既是乐曲对乐器的"呼"，也是乐器对乐曲的"应"，一呼一应，才呼即应，这便是弹奏行为的实质。相应地，心灵志愿与身体的关系，也是这样一种呼应关系，心灵志愿一起动便是对身体的召唤（呼），身体马上回应以相应的行为（应），心灵与身体之间，一呼一应，才呼即应。在这样一种身心呼应关系中，由于心灵志愿的"呼"，都可以得到身体行为的"应"，所以也就不存在没有实现志愿的遗憾。至于最后人的死亡到来，犹如弹奏乐曲的乐器破烂了一样，尽管当下的乐器坏了，但弹奏出的美妙乐曲已经自在天壤，其他乐器可以继续弹奏；人的身体虽然死亡了，但是经由人的身体行为实现出来的心灵志愿，已经存在于人类历史文化之中，存在于其他人的心灵之中，其他人自然也可以再次弹奏这份心灵乐曲。"身心呼应说"将人对"死"的关注与恐惧转移到了对自己"生"的关注与落实，只有自己在一"生"中，随时都能够身心呼应，做当下该做的，完成自己当下的心愿，实现自己当下的理想，才可能成就毫无遗憾的人生，才不会将"死"当成可怖可悲的一件事。

这样一套生死哲学为唐先生自己直面死亡和理性化地应对当下生活，提供了最坚实的学理支撑和生命信念。唐先生也恰恰立足于此，做当下该做的，以积极心态面对当下的身体疾病，完成自己当下的心愿。

3. 积极心态，中医治疗

在得知唐先生病情恶化后，学生徐志强就积极打听台湾有名的中医师，得知屏东有一位邱开逢中医师，曾治愈不少癌症病人，便积极主张唐先生去

---

[1] 唐君毅.唐君毅全集：第七卷·人生之体验续编［M］.北京：九州出版社，2016：87.
[2] 唐君毅.唐君毅全集：第七卷·人生之体验续编［M］.北京：九州出版社，2016：87.

屏东看病。诚如唐先生夫人所言，既然西医绝望，自当回头求救于中医中药。唐先生接受了这一建议。宋时选先生得知唐先生夫妇准备去屏东看中医，便立即通知澄清湖那边的青年活动中心，为唐先生安排住处。

3月6日，又至张礼文医生处开了一张可以长期服用的膏药方，张礼文医生劝唐先生不要生气、不可感冒、注意饮食。7日，徐志强陪同赴屏东，逯耀东夫妇到机场相送，并带来徐复观、吴士选先生致唐先生的信函，以及严耕望先生所介绍在台湾的中医姓名地址。8日，由李宏炽带路，中心人员驾车和做翻译，赴屏东长治乡。邱医生把脉断症确十分高明，并说他能治唐先生的病，又希望唐先生服药后要忌生气和防感冒。唐先生觉得这个医生很有个性，唐先生夫人则暗暗希望"医者与病者有特殊的缘分"。当日，即服药两剂。但是，当夜唐先生辗转反侧，不时呻吟，无法入眠。尽管知道服药见效不会如此快，但是，唐先生的症状让唐先生和夫人"俱有空幻之感"。次日，唐先生小便不畅，并感到身体发热，不想吃东西。"夫妻二人相对无言，心情沉重，不免有些感伤。"

接下来几天，每日皆服两剂邱医生的中药。到3月10日，唐先生基本可以入眠休息，心情也较好。可是，午前沐浴时，却不慎滑跌浴盆中，幸未受到伤害，吓得夫人一身冷汗。因为卢大夫曾经特别叮嘱，唐先生不可跌跤，以防引起瘫痪。至11日，夫人先到湖边走走，归来时发现，唐先生已经独自在户外做柔软操，大出意料。午前服务人员来清洁房子，为唐先生夫妇搬出两张藤椅，两人排排坐上，欣赏湖畔风景。来此数日，今日才发觉此间风景的美，不觉一起诵诗唱词，"霎时间忘去了人间的一切"。邱医生的药已服了八剂，看不出有什么特别反应。唐先生只言，感到痛处由胸背移到腰部。由于要服邱医生的药，唐先生即停服了原来一直坚持的白药及新竹工业研究院所制的中成药，12日夫妇商议决定，又一并服用，希望能够"加强治疗效果"。唐先生夫妇彼此安慰劝谏，夫人劝唐先生安心养病，不可操之过急。唐先生则劝夫人，凡事要想得通，看得开，逆来顺受。在病中，唐先生特别思念在大陆的妹弟，又念及女儿安仁尚未成家立业，以及他自己的身体不知能够撑持到什么时候，一切责任皆由夫人承担，因此特别心痛夫人太辛苦了。夫人回应，"夫妻要共患难，不能只共安乐"。

至16日，唐先生感到身上痛的地方范围缩小了。夫人想，或许是邱医生的药见了效，心中暗喜。唐先生此时一面服张礼文先生培元的药方，一面服邱医师的抗癌秘方，张礼文医生的药对他气喘有效，邱医生的药已控制了他身上的疼痛。另外还兼服用张锦得、圆林宁先生的药，以及白药，相辅相成，唐先生痛感亦有所降低，颇见成效。因为唐先生近几日的情况令人满意，所以夫妇心情轻松，唐先生夫人心中也浮起一线光明，但亦不敢太过高兴。3月25日，宋时选先生来看望，说唐先生气色好，健康有进步。唐先生略述此次赴屏东治病的经过，并谓"身体发肤受之父母，有病应当尽心治疗，实不可治，于心亦安"。

4月5日，唐先生到花园散步，已经可以感到散步时腿比以前有力些。7日，去市立中兴医院访熊凡院长，熊院长认为，唐先生在台湾的一切治疗，可谓已尽够人事。二人又至崇俭化验所验血并做心电图，往参观晓云法师等举办的丛林文化特展，晤吕佛庭先生。大家称赞，唐先生的签名秀润有力，表示身体已康复。唐先生自己在服药之外，每日不避辛苦，坚持做柔软体操，因此，体力日有进展。

4.各界慰问，安顿心灵

自唐先生复查发现病情恶化继续留台湾以中医保守治疗后，各方朋友不断来看望，程兆熊、彭振球、逯耀东、黄振华、刘孚坤、吴经熊、黄季陆、陈大毅、陈修武、李焕、侯靖远、张洪瑜、曹慎之、文守仁、何启明、晓云法师、星云法师、吴森、郭文夫、傅佩荣、蔡仁厚、曹慎之、崔美仪、卢玮銮、陆婉仪、梁尚勇、毕泽宇、牟宗三唐端正、曾昭旭、王邦雄、袁保新、吴贻、潘柏世、庄秀珍、朱健民、李淳玲、胡以娴、何淑静、尤惠贞……这些朋友的安慰和陪伴，给予唐先生夫妇极大心理安慰。

3月12日，佛光山星云和尚来电话，欢迎唐先生夫妇去佛光山休养，希望唐先生以精神力量克服一切，并祈佛佑庇保护。13日，星云和尚又专程前来看望，表示欢迎唐先生到佛光山休养的诚意。24日，唐先生写信与星云法师表达谢意。

13日，赵潜同学由香港专程来看望，19日才返回香港。连续几日赵潜一直陪伴在唐先生身边，"侍奉汤药，如同子侄"，唐先生夫妇得到无限的安慰。

3月18日，蒋经国先生又赠医疗费两万元台币，只好暂时收下。

4月8日，唐端正由香港来看望唐先生，并带来其他在香港学生的问候，唐先生甚是开心。唐先生告诉唐端正，他的病已好转，要唐端正返港后告诉李杜、霍韬晦等不要来台了。10日，唐先生约请台湾新儒家青年才俊曾昭旭、王邦雄、袁保新、吴贻、潘柏世、庄秀珍等《鹅湖》诸君子与唐端正相会，恰好台湾大学的同学朱健民、李淳玲、胡以娴、何淑静、尤惠贞也来看望唐先生，大家聚在一起，开了一个"盛会"。聚会中，唐先生说话很多，大家都兴奋地听唐先生说，等于上了一课。这天，唐先生在师道之尊而外，又表露了长者父执的慈蔼之情，在屋旁的庭院草地上，对每一个人殷殷垂询学问上的进境，大伙儿围着唐先生拍下了不少的照片。中午，唐先生在餐厅准备了一桌饭菜，邀大家入席，他说："过去，每日清晨我总是灵思泉涌，思想灵活；现在就自觉大不如前了，常是浑浑沌沌，心思不清明！"[①]11日，唐先生还专门陪同唐端正访孔庙，参拜先贤，购朱子字赠唐端正，与唐端正谈学论道，直至下午4时，唐端正离台返港。

4月23日，牟宗三先生、程兆熊先生及黄振华先生来看望。见到老友，唐先生喜说话，牟先生建议，"养病不要多说话，更不要谈道理"。

5. 病情稳定，返回香港

4月17日，宋时选先生希望唐先生夫妇可以去青年活动中心的其他地方住住，如日月潭、溪头、金山等地方，非常宁静，宜于休养。因为金山比较近，当日即乘中心车赴金山，住中心竹林别墅。这里的青年活动中心靠近海边，风景颇佳，中心的尤总干事又殷勤招呼，饮食也很合口味。中饭后，乘车游野柳、石门，司机为唐先生夫妇拍照。唐先生还告诉夫人，可以把照片寄与亲友，使亲友放心他的病已好，已可以游山玩水了。次日，虽然天阴较凉，但唐先生兴致好，夫妇一起去林间、海边散步，互相拍照。因为活动多，心情愉快，所以吃饭也觉津津有味。19日，又一早即去海边欣赏气象万千的海上日出，中心的尤总干事陪唐先生夫妇出游，参观军事要塞基地。20日，唐先生一早即去散步，并告诉夫人，他走得很远，又说这个地方真好，实在不想离开了。唐先生夫人谓，"在金山中心，前后住了五日，是我们最快乐的日子，我们常去林间小径，徘徊散步，唱诗唱词，有两日凌晨即跑去海边观气象万千的海上日出，晚上我们坐在阳台看海上远近荡漾的灯火，那是打鱼

---

① 唐君毅.唐君毅全集：第三十七卷·纪念集（上）[M].北京：九州出版社，2016：326.

回家的船。总干事又陪我们参观一军事要塞,要塞在一突出的山头上,上望青天,下临沧海,风起后松涛海潮之音不绝于耳,真是人间胜地。你说这里地方真好,不想离开了,你这愉快天真的样子,是平常不易见到的"[①]。

从3月8日开始,唐先生服用邱医生的药,至少平均每日服一剂,已服40多剂。唐先生谓,邱医生药对他最有效。由于唐先生在服用中药后病情趋于稳定,身体状况也得到恢复,便决定回香港。21日,回台北剑潭。22日去张霁天医处咨询,医生云,既然邱医生药有效,建议不必转医换药了,不过,仍然给唐先生留下了他香港的地址。24日,潘柏世、庄秀珍夫妇来教唐先生夫人做黄鱼胶,谓病人服此最为相宜。25日晚,唐先生夫妇同李国钧返香港。逯耀东夫妇、曹敏先生、张洪瑜先生、刘孚坤先生、徐志强夫妇均至机场送别。到香港有张浚华、赵致华、黄树志、梁丽云、岑咏芳等同学接机。回到家中,老佣人金妈悲喜交集。

六、病情稳定,忘我工作

在香港的休养与工作(1977年4月26日—12月23日,242天)

被医生视为只有不到3个月生命时间的唐先生,经过直面现实的心理调整和积极的中药保守治疗,不仅突破了"3个月"的魔咒,而且身体有了明显的恢复。唐先生既然强调"身心呼应",人生不留任何遗憾,那么"3个月"后的生命时间,便必然会投入新的心灵召唤之中,去做他认为最应该做的事情,而不是被疾病和死亡操控。

从1977年4月26日回到香港,到12月23日癌症复发住进医院,唐先生又"健康地"生活了242天,这"多出来"的8个月生命时间,便是唐先生用他的"心灵志愿"和精神力量从死神那里抢过来的。在这8个月里,除第一个月多有友朋来访而必须应酬外,唐先生的生活内容就像他的整个生命历程一样,主要便是工作与阅读,犹如疾病和死亡都与他无关一样。基本模式就是,上午到研究所办公、上课,下午休息、阅读,或者偶尔接待客人。

(一)阅读成就生命

这8个月的生活,特别值得一提的是唐先生的阅读。唐先生在反思自己

[①] 唐君毅.唐君毅全集:第三十八卷·纪念集(下)[M].北京:九州出版社,2016:503.

得眼疾之时，曾经说过自己读书是一大"习气"。可是习气之为习气，便总是难以改变的。哪怕是在重病之中，阅读始终是唐先生生命极为重要的内容。这8个月的阅读，除最初和中途个别时候读杂书、杂志或其他书籍外，基本以读佛教书籍为主。

1. 阅读佛学著作

欧阳竟无先生《释教》一文，5月9日—11日重阅。

宋代赜藏《古尊宿语录》凡四十八卷，5月12日—6月10日阅完。

阅沈介山所译《佛教与基督教之比较》，5月16日阅完。

程兆熊《论大地边缘人物》，5月19日阅。

吴经熊《禅学的黄金时代》，5月20日阅。

《宗密答斐休问禅门师资承袭图》，5月22日阅。

南怀瑾《禅海蠡测》，5月24日、6月1日阅。

张钟元所译《传灯录》，5月17日，6月11日—17日阅。

永明《万善同归集》，6月19日阅。

Barnett 编的 *Suzuki* 选集，6月21日—28日阅完。

Suzuki 的 *Zen Buddhism*（禅学论集）第一、二、三集，6月28日—7月9日阅完。

李世杰所译 *suzuki*（《禅佛入门》），6月30日阅完。

隋代慧远《大乘义章》凡十四卷，7月28日—8月3日阅完。

窥基《法苑义林》及慧诏《法苑义林章补阙》，8月4日—9日阅完。

Suzuki 的 *Outline of Mahayana Buddhism*，8月18日—20日阅完。

牟宗三先生《佛性与般若》，8月22日—24日阅完。

宋代了然著《大乘止观法门宗圆记》五卷，10月8日—21日阅完。

2. 其他阅读内容

美国人 Thomas A Metzger 的书 *Escape From Predicament Neo-Confucianism and China's Evolving Political Culture*，此书为墨子刻[①]赠送唐先生，其中有专

[①] 1977年9月1日，墨子刻先生在台湾开会后，特别到香港探望唐先生。虽于事前没有联络，不知能否相遇，亦必要到香港，以了心愿。结果与唐先生叙谈许久，临别还要了唐先生一张照片，并说天天见到这照片，对他必有所启示。

章评述唐先生近年来论文化的著作。6月18日，7月13日—17日连续阅完。

Waisman 所著 The Principle of Linguisti Philosophy，7月20日—27日连续8天阅完。

《礼记学记》篇注疏数种，《礼记注疏》《礼记集注》，11月8日—19日为备课用。

《经学通志》及其他经学书，8月15日—21日阅。

校对《生命存在与心灵境界》一书印本，看最后改正之错字是否已改。10月27日—11月7日，连续多天，至7日校对完毕。

学生笔记、论文的阅读与修改，9月3日—15日。

《诗联新话》《哲学与文化》杂志，徐进夫所译《东西人我观》及其他杂书、杂志、日记所记几乎有20天是如此阅读。

（二）工作升华生命

唐先生自返回香港后，不停地见客、回信、办公、上课及处理种种事情。唐先生平时不分日夜地工作，一进办公室即伏案处理文件，闻铃声响又赶到课室上课，通常连续讲授两小时，仍不肯依时下课，待下一科的老师来了，才不得不离去。下课后总是大汗淋漓，显得十分疲累，但待换过衣服，擦干了脸，又向替他抄写文稿的同学索稿校改。返家后，往往直奔书房，继续写留在书桌上的稿。除非有客人到访，须要陪坐，否则很少单独坐在厅里休息。吃饭时，总要夫人三催四请才从书房出来，匆匆吃完，又转回书房去。

唐先生以上的工作态度，并未因病后体弱而改变，反而好像知道自己来日无多，更是分秒必争。一次，新亚教育文化会开会，会前，唐先生给学会秘书孙国栋同学电话，声音极微弱，大异于平时，他一面喘气，一面断断续续地说："我今天不能参加会议，把我的意思转告各位，文化会应该再办一份杂志，以少年中学生为对象，中国文化的意识应该从少年时就培养起来，纵然马上不能办，亦应在这方面注意。"会后，孙国栋同学因事忙未立即回复唐先生。两日后，孙国栋同学去向唐先生报告开会情形，唐先生一面咳嗽一面说："文化会的工作不应停在此阶段，应该力求开展。中学虽然渐上轨道，但中国文化的气味仍觉不足。我身体恐怕支持不了，大家要多费点力。……我们必须觉悟到中国文化必有极可宝贵者在。"他说这话时，声音忽然升高，疲惫的眼神中又闪出光彩，嘴角微微上翘，表现一种无比的信心与庄严。①

9月5日，新亚研究所开学，唐先生仍坚持开两门课程，一为《中国哲学问题》，一为《中国经典导读》，每周上课3次，每次2小时。为了克服病痛和气喘，唐先生还发明了爬上四楼不伤气的方法，便是绕"之"字形行走，上一层楼梯后，步行到楼梯另一头再上楼梯。

12月14日，是学期结束最后上课日。唐先生"上课一时半，自今日起停课"②。本学期，唐先生《中国经典导读》授《礼记》，从日记中可以看到，唐先生还不断阅读《礼记》的相关注疏，认真为上课做准备。上课时，唐先生咳嗽不时发作，步履不稳，显示健康一天不如一天。同学们都为唐先生身体担忧，劝他停课休息，但唐先生坚决拒绝，一个星期又一个星期，从未缺席。由经学史、学记、冠义、婚义、乡饮酒义，至学期终结为止。

（三）疾病耗损生命

在唐先生于家里养病、工作的这8个月期间，前半段，身体状况基本良好，未发生大的问题。从日记看，5月下旬出现了一次腰部发斑疹，8月下旬有几天失眠。如日记记载：5月26日腰部发斑疹，27日—29日发斑疹处作痛，30日身上斑疹如故，夫人以六神丸调醋敷患处，到31日身上的斑疹似有转好，到6月3日身上斑疹虽减少但仍痛。因此，6月4日—6日便因病在家休息。8月26日记载，因前两夜均未睡好，上下午均睡。

但是，到9月下旬出现了病情发作和加剧的情形。9月25日，言"在家休息，咳嗽已三周矣"。10月15日，学生郭少棠的父亲为中医，唐先生决定到郭医生处看病，之后每周一次到郭医生处看病，直至12月10日。日记记载的时间分别为10月15日、22日、29日，11月1日、5日、13日、20日、27日，12月4日、10日。

但是，在郭医生处的看病治疗，并没有缓解病情，至12月11日"咳嗽加剧"。12月23日，唐先生便到另外一位中医黄汉卓医生处看病，黄医生建议，住院做详细检查。次日，唐先生罹患肺癌后第三次入院治疗，被确诊为癌症转移复发，唐先生的肉体生命没能扛住病菌的侵袭，进入最后的临终阶段。

---

① 唐君毅. 唐君毅全集：第三十七卷·纪念集（上）[M]. 北京：九州出版社，2016：183.
② 唐君毅. 唐君毅全集：第三十三卷·日记（下）[M]. 北京：九州出版社，2016：352.

七、临终准备，君子息焉

癌症复发及去世（1977年12月24日—1978年2月2日，40天）

唐先生生命的最后40天，因为两次短期住院治疗，自然分为四个小阶段：病重入香港圣德肋撒医院治疗（1977年12月24日—1978年1月1日，7天）；在家治疗、休养与工作（1978年1月1日—1978年1月19日，19天）；病危入香港浸信会医院治疗（1978年1月20日—1978年1月26日，7天）；在家临终及逝世（1978年1月27日—1978年2月2日，7天）。在由这四个小阶段构成的临终日子里，唐先生依然秉持他的生死哲学信念，做当下最该做的事情，让人生没有遗憾。

（一）入香港圣德肋撒医院检查治疗（1977年12月24日—1978年1月1日，7天）

12月24日，午后关展文先生送唐先生夫妇入医院检查，随即做心电图及照X光等检查。唐先生对夫人说，他已看见肺上有一大片白色影子，夫人心中十分沉重。晚上医生来，谓此种情形是肺炎的成分多，但须治疗数日才能断定究为何病。但是，唐先生夫妇自己心中有数，两人"无可奈何地彼此说些安慰话"。恰好这天是耶稣圣诞节，唐先生夫妇一进医院门即听见护士们在唱圣诗，诗声感人，也使人觉得似乎精神在上升。

次日，医生告知心脏无问题，血压不是太高，可放心。当夜，唐先生睡得还好，亦未咳嗽。但是，26日起床后唐先生又咳嗽得厉害，唐先生还是勉强到阳台做柔软运动。医生发现后，不主张多活动，应当完全静养，尤其要避免受凉感冒等。医院里一位熊医生是唐先生女儿安仁培正中学的同学，很关切唐先生夫妇，他刚好在此负责X光片的鉴定。唐先生夫人便去咨询唐先生的X光照片情形如何。熊医生只是说，已经有报告送交治疗医生，却并未答复所问。唐先生夫人感到，自然是情形不好，但还是尽量保持镇定的态度。等医生走了，唐夫人已经无法平静地保持自己的情绪，而是必须寻找新的释放，于是大声诵读唐先生带到医院的一本宋明儒家写的诗集《濂洛风雅》。听到夫人的诵读，唐先生也随着夫人低声吟诵。刹那间，两人当下均忘记了病魔的威胁，而"沉入诗中的境界"。

12月27日，农历丁巳年十一月十七日，是唐先生夫人的生日。因为唐先生的病情，已经不再有生日的喜乐。但是，多年与唐先生共同生活积累的儒家情怀和生活场景依然在。唐先生夫人一人回家，先拜祖先父母，然后给唐先生带鸡汤燕窝等回医院。28日，唐先生咳嗽加剧，而且晚上不能安眠，夫人时闻唐先生的咳嗽声与叹息声。29日，唐先生更感到腰酸痛。30日，唐先生咳嗽时突然痰中带血，见此情景，夫人内心十分沉重，已经感受到唐先生病情的严重性，于是决定继续给唐先生服台湾邱医生的中药和白药，中西医同时治疗，希望能够绝处逢生。

12月31日，唐先生再次拍摄X光检查肺部。晚上医生来告诉，不是肺炎，仍是肿瘤，并主张唐先生去台湾请原来的主治医生治疗比较好。医生的这一"结论"，使唐先生夫妇"几日所抱的希望全部幻灭了"。不是肺炎，是癌症复发。这意味着，唐先生手术后剩下的肺部已经被癌细胞侵袭和破坏，癌细胞大面积扩散成为现实。如此，生命危矣。当夜，唐先生夫妇就在医院中相依为命、相互安慰，默默地度过。次日，便从医院返家。当天尽管是1978年的第一天，但对唐先生来说，已经是肉体生命的倒数日，全然没有新年新希望的感受。

即使是病入膏肓，唐先生也没有丢下他手里的工作，依然做他当下该做的事情。24日入医院时，唐先生就带了即将再版的《中国文化之精神价值》一书，住下来即开始校读，住院7天，唐先生自校全书一次。原本24日中午唐先生是要约请从台湾来香港的端木恺先生及研究所同仁吃饭，因为不得不进医院而不能奉陪，但仍亲自电话与各同仁联络，安排端木恺先生吃饭事宜。住院几日，徐复观夫妇、李国钧夫妇、赵潜夫妇、端木恺、关展文、麦仲贵、张浚华、孙德智、洪客侠等不断来医院看望唐先生。

（二）在家治疗、休养与工作（1978年1月1日—19日，19天）

1978年1月1日，唐先生夫妇接受了癌症复发这一严峻现实，也没有再打算去台湾做"过度"治疗，上午即自医院返家，继续做自己认为当下最该做的事情。

1. 回复朋友书信

1月2日复刘文潭一函，4日复周开庆、王家琦各一函，5日复吴士选信，6日与王家琦一函，7日复冯爱群一函，10日复陈启恩一函、伍廉伯一函，15

>>> 第三章 生命自觉与死亡准备

日复二妹、六妹各一函，17日与黎元誉、柯树屏各一函。只是很可惜，这些关于唐先生生命最后阶段的书信并未能够全部收入《唐君毅全集》的《书简》之中。

在给周开庆的信中，唐先生表彰周开庆先生"一二十年来，由四川文献一刊开始，而搜辑四川县志重印，刊行四川丛书，今又负责成立文物馆；由涓涓之功，积成江河，其对乡邦及国家之贡献大矣"，并告知"弟贱恙近转有咳嗽及气喘现象，曾入医院检查，住院八日。检查结果，知前病并未断根，故转为他病"①。

在给王家琦的信中，唐先生言，尽管知道自己癌症复发的严重性，但是因为自己"已动手术一年又四月，看来复发之现象亦进行甚慢"。所以对于继续治疗还是抱有希望，并且犹豫是到台湾还是美国，甚或尝试王家琦自言发明的"用非放射性同位素治癌新法"②。

在给吴士选先生的信中，唐先生言："贱恙住法国医院，检查情形不甚佳，在X光片上有转移至左肺现象。该院医生又介绍至养和医院一癌症专家检查，拟下周再去。看来此病断根恐无望，只望能止住其发展，保持现状。但医生又谓此乃不进则退，无中立余地之事，未知毕竟如何。"③同时多言及新亚发展之事和国际学术会议相关事项。

在给陈启恩的信中，陈启恩因读唐先生书希望拜唐先生为师，唐先生对"师"做了独特的阐释：

> 知你因读我其他的书，有所感奋兴起，立志作人，承继中国文化。此甚为难得。你由此而要以我为师，此意亦甚善。但须知无论是今人或古人，相见过或不曾相见，只要其人有可为我佩敬效法之处，皆可以之为师。故孟子说"圣人，百世之师也"。所以我们之师，应当包括很多人，不必限于一二人或少数人。又师有两种，一种是能在精神上提携自己的志气，启发自己的智慧者。这种师只是把我们自己所本有的志气与智慧，提携启发出来。一种师则重在与我们一些外在的知识，或训练我

---

① 唐君毅.唐君毅全集：第三十一卷·书简[M].北京：九州出版社，2016：173.
② 唐君毅.唐君毅全集：第三十一卷·书简[M].北京：九州出版社，2016：376–377.
③ 唐君毅.唐君毅全集：第三十一卷·书简[M].北京：九州出版社，2016：157–158.

们某种特殊的技能，前一种师古称为人师，后一种师即古所谓经师。我们今之学校中之教师，多是经师。或者你是以人师待我。假若是如此，则我要坦白告诉你，我并不能给与你什么，只能由我之言语或多多少少对你原有志气与智慧，有一些提携启发之作用而已——而这些都是由你之内心的反省，亦可以逐渐发现的。我的言语，有许多都用文字写出。我想你能多看我写的书，亦就算以我为师了。[①]

2. 撰写《中国文化之精神价值》第十版序

1月14日，唐先生为其重要著作《中国文化之精神价值》一书拟改的新版写一短序。这应该是唐先生生前写的最后一篇学术性文字，是一篇极为重要的"序"。其中不仅明确标示出该书在唐先生自己心目中的独特价值，而且以此为基础对自己的学术著作做了分类，并将自己不同阶段的重要著作都与本书建立起内在的义理关系，以此彰显本书之于唐先生思想学术的独特意义。唐先生谓：

> 此二十五年中，吾在港、台所出版之著述，约分四类。一类为吾在内地之时已出版或已成书，泛论人生文化道德理性之关系之著。如《人生之体验》《道德自我之建立》《心物与人生》及《文化意识与道德理性》等。第二类为来港以后表示个人对哲学信念之理解及对中西哲学之评论之著。如《哲学概论》及《生命存在与心灵境界》二书。此二类之书，皆可谓为本书之纯哲学理论之基础所在。第三类为与本书同时，或继本书而写之评论中西文化，重建人文精神、人文学术，以疏通当前时代之社会政治问题之一般性论文。此共编为《人文精神之重建》《中国人文精神之发展》《中华人文与当今世界》三书。皆由引申发挥本书最后三章，论中国文化之创造之文中所涵蕴之义理，并讨论其所连及之问题而作。第四类为专论中国哲学史中之哲学问题，如心、理、性命、天道、人道之著。此即《中国哲学原论》中之《导论篇》《原性篇》《原道篇》《原教篇》之所以著。而此诸书，则可谓为对本书所只概括涉及之中国哲学之基本

---

① 唐君毅. 唐君毅全集：第三十一卷·书简[M]. 北京：九州出版社，2016：400.

观念，而据之以论中国文化者，作一分析的思辨，与历史的发展的论述。故二十五年来吾所出版其他之著，无不与本书密切相关。本书之论述哲学与中国文化诸问题，自不如吾其他之著之较为详尽。然自本书所涵蕴之义理，并连及之问题之丰富，而富启发性言，则此吾之他书皆不如此书。①

3. 阅读《圆觉经》

从医院回到家中，唐先生依然无法改变他坚持终身阅读的"习气"，读书仍然是他最重要的精神生命之寄托。从1月2日到1月19日，唐先生除2日阅《禅学论文集》外，其余时间几乎每日都在阅《圆觉经》和宗密的《圆觉经疏抄》，这也是唐先生生前最后的阅读内容。从2日到10日，《圆觉经疏抄》前四卷大体读完，并声言"以后者不拟看"。但是，14日、15日阅《圆觉经》，之后又继续读《圆觉经疏抄》第五卷，至19日生前最后一次入医院前一天，阅完卷五。

《圆觉经》，全名《大方广圆觉修多罗了义经》，又名《大方广圆觉经》《圆觉了义经》，一卷，唐代佛陀多罗（觉救）译。"大方广"意即又大又方又广，"圆觉修多罗"的意思是圆觉摩尼宝珠的智慧，"了义经"就是彻底究竟义的经，合起来就是"大方广圆觉摩尼宝珠的智慧、彻底究竟义的经"，简称《圆觉经》。圆觉，是圆满的觉性。本经是回答文殊师利、普贤、普眼、金刚藏、弥勒、清净慧、威德自在、辩音、净诸业障、普觉、圆觉、贤善首十二位菩萨与佛陀的问题，而宣说大圆觉的妙理，并为不同根机众生开示各种修行方法，使众生能随顺悟入圆觉。《圆觉经疏抄》为宗密所著。在宗密以前，此经的注疏已有四家，宗密皆反复研味，认为"各有其长，慈邈经文，简而可览；实述理性，显而有宗；诠多专于佗词，志可利于群俗"。自宗密疏出，文义精朗，以前各疏即均晦佚无传。

4. 上课到最后时刻

1月9日，新亚研究所开课。尽管身体已经非常虚弱，但唐先生仍坚持去办公和上课，只是将上课和办公地点由四楼改为二楼图书馆。1月9日、11日、

---

① 唐君毅.唐君毅全集：第九卷·中国文化之精神价值［M］.北京：九州出版社，2016：7-8.

13日、16日、18日，分别于上午上课两课时。每次上课，唐先生夫人都一直到教室陪伴并等候其下课。唐先生在图书馆上课，夫人坐在阅览室仍听见讲课声音很大，心中不忍，没想到唐先生病成这样还有这样的精神。但转瞬间又顿然体悟到，当唐先生的生命与自己见到的道理合而为一时，天命天理已寄托在唐先生身上，理所在之处，亦气之所在处，道理在呼唤，人亦必大声疾呼，这是不容已的事，这全是精神生命的活动现象。①

1月18日，唐先生咳嗽严重，觉得气不顺畅，但仍去了学校，上课两课时。这是唐先生生前上的最后一堂课。据当日听课的吴甿所记：

> 一月十八日"经子导读"，轮到我讲解《礼记》的乡饮酒义，由唐先生批评指点。当时临时改作课室的图书馆内，忽然寒气四起，凝聚不散，大家正襟危坐，一堂肃然。唐先生脸色苍白，声音微弱而发音异于常时，一面喘息，一面说："乡饮酒义要旨在尊贤养老，叙长幼、敬长老、排辈分。若从功利的观念说，是因为中国是农业社会，特重经验之故；若从伦理哲学的观念，则是后辈人对前辈的一种承奉，是向往一种长久、敬仰一突出高出于自己的生命，在乡饮酒礼中忘掉世俗功名事业，达到每人对生命个体之认同安顿……政治不能是纯政治，西方以宗教约之，柏拉图主以哲学为政治之基础，中国孔子则以礼教为政治之本。政治的基础在社会，以尊贤为本。尊贤风尚须在社会上培养。尊贤养老，不以地位功名为取……"呜呼！此竟是唐先生几十年教学生涯的最后一课。②

5. 身体总是被最后照顾

因为是癌症复发，病入膏肓，也没有找到其他更加有效的治疗方法，因此，在家养病期间，唐先生的主要精力基本没有放在身体和疾病上，但并不是完全置之不理，有机会也抱常人皆有的"侥幸"心理，愿意尝试新的检查——唯愿肺上新的阴影是肺炎而不是肺癌，也愿意尝试一些缓和医疗。

1月11日，由关展文陪同往关肇硕医生处检验，关医生认为，X光片上

---

① 唐君毅.唐君毅全集：第三十八卷·纪念集［M］.北京：九州出版社，2016：510.
② 唐君毅.唐君毅全集：第三十八卷·纪念集［M］.北京：九州出版社，2016：438-439.

灰白影子不一定是癌肿，可能是照钴60留下的辐射现象。12日，与关展文又同往曹戴熹医生处检验，亦不肯定就是癌肿。因为一年前的2月在台湾检查出癌症复发时，医生即断定唐先生寿命只有不到3个月，可是事隔一年，不知何以专家尚不能认出肺上阴影到底是不是癌肿，这也引发了唐先生夫妇的疑惑和某种"侥幸"。比如，1月20日唐先生在给王家琦的信中即言："我近请数医生检查，对近我病哮喘之事是否与原病复发有关，意见不一致；对X光片之检查亦意见不一。如哮喘不与原病有关，则以先治此哮喘为是。故一时尚不能即决定来美与否。"[①]唐先生夫人怀疑，阴影或许是服食中药使得癌肿受到破坏所致，因此准备将X光片送台湾检验。

为了让唐先生在家养病稍微舒适一些，唐先生夫人为唐先生买一安乐椅和氧气筒，但不敢告诉唐先生真实的价钱。因为，每每在自己身上多用了钱，唐先生就反对，但在别人身上用钱就很大方。但即使这样，也无法让被病痛折磨的唐先生感到舒适，不得不再次入医院。

（三）入香港浸信会医院检查治疗（1978年1月20日—26日，7天）

1. 再次确诊癌症

1月20日，唐先生咳嗽更加厉害，见唐先生咳嗽气喘走路亦很吃力的样子，夫人只恨自己不能代为负担半分。唐先生想去研究所，幸好学生赵潜来，看到唐先生的样子，学生和夫人都劝唐先生先去看病，然后再去研究所。在赵潜陪同下，唐先生夫妇到吴士选先生及关医生介绍的曾鉴泉医生处检查。医生做了心电图后即说，唐先生应当住院，留在家中不大好。于是，午后即由赵潜送唐先生夫妇到浸信会医院，马上进行各项检查。晚上曾医生来说，须经两三日检查才能确定治疗方式，望病人不要着急，好好静养。

1月22日，医生来说，检查结果明日即有详细报告。因为医院距家近，金妈每日送来汤及邱医生的药。唐先生完全没有胃口，什么好吃的东西都不大想吃。唐端正来，唐先生夫人告诉他，医生说唐先生不可以再上课了。唐先生则不以为然，他说："坐而论学是可以胜任的，如话亦不说，课亦不上，精神不能与人相通，只求一生命的存在，那有什么意思呢。"唐先生夫人感慨唐先生"精神力量特强，常忘去了他的病。可能是使他生命超出卢大夫的估

[①] 唐君毅.唐君毅全集：第三十一卷·书简［M］.北京：九州出版社，2016：377.

计的主要原因"。23日，医生告知，检查结果不令人满意。专家一致认为，肺上影子是癌肿，且癌细胞已侵入淋巴结，血液沉淀度数很高，并认为唯一的办法就是试用抗癌素针，但后果不能预断。唐先生很了解自己的病况，唯有接受医生的办法，听天由命。次日即注射抗癌素针，医生说用药的分量是依照中国人的体质，大概不会有太大的不良反应。唐先生夫人送医生至病房外，医生告知，唐先生病愈的希望甚微，希望夫人应当有所准备。

2. 回家缓和医疗

1月25日，唐先生咳嗽不止，气喘亦加剧。医生认为，咳嗽多的原因可能是针药已破坏了癌细胞，被破坏的细胞侵入气管，所以增加咳嗽，于是给服止咳平喘药。但是，当夜唐先生咳嗽仍多，医生说不能完全止咳，因为要使脏东西咳出来。26日，感觉到自己身体快被癌症导致的咳嗽、气喘折磨得难以承受，唐先生提出回家休养。医生同意病人回家休养，只需定期到他的诊所接受注射即可。当日即从医院回家。返家后，唐先生写了不少贺年卡以代书信。在回复远方同学的贺年卡上，均题"努力崇明德，皓首以为期"或"努力崇明德，时时爱景光"相勉。

在住院检查治疗期间，唐端正、李杜、霍韬晦、胡健为、赵潜、岑咏芳、黄树志、何敬群、徐吁、王韶生、吴森、孙国栋、许涛、陈克文、胡应汉等学生和好友都不断来医院看望。23日，张曼涛先生来信说，要将唐先生四篇文章放入他所编的《现代佛学丛书》中，唐先生马上回信表达意见，只要接触到学问的事，就一点不肯马虎。唐先生夫人感叹："当他执笔写信时，真看不出他是一个病危的病人。"张先生另一信又说，要选唐先生做哲学会会长，唐先生言带病之身，在此遥领，徒成笑柄，故立即复函辞谢。24日，女儿安仁来电话，说她的论文已作好了，要唐先生放心，她因为居留的事，等待移民局接见，不能马上回来。问候唐先生的病情时，唐先生夫人只有轻描淡写，免她远念。当时唐先生正在休息，父女并未通话，终成永诀。

（四）临终在家（1978年1月27日—2月2日，7天）

唐先生生前的最后一个星期，是在家度过的。这一周，在忍受身体疾病折磨的同时，唐先生为自己的死亡做好了最后身体、心理、灵性精神以及社会生命上的准备。

1. 自然生命的安顿

1月29日，可能因为打针的反应，唐先生胃口不开，咳嗽哮喘仍旧，并且感到气闷。唐先生自己感到"身体上下不相连"，其身体已经到了极限，这种情形下，不能再去注射抗癌针了。医生同意暂时停止注射，但告知，如果针药不能控制癌细胞发展，恶化下去，心脏受压迫，病人随时都有发生意外的可能。

1月31日，唐先生请夫人为自己理发，并自行洗头、洗澡。唐先生或许是要遵循先儒的精神，"身体发肤不敢毁伤"，必须以干净轻松的身体向自己的祖先报到。

2. 社会生命的交代

1月28日，唐先生复二妹、六妹信，报告自己病情，并复贺年片，这是给内地亲人最后的交代。唐先生的弟弟妹妹都居内地，时代导致他们兄弟妹离散的悲剧，即使病危也只能心心相系而不能相拥安慰。

2月1日，与王家琦一函，这是唐先生生前写的最后一封信，在信中，唐先生叙说了自己最近的病情：

> 最近三周情形是四月来已有之咳嗽气喘加剧。行一二丈路，都要休息，否则气喘。已就二医院各住一星期，经四个医生检查，说法不一。或说是钴60照射之反应，或说是肺炎气管炎，或说是旧病由右肺转移左肺，或说是左肺新肿瘤。最后一说乃经切片检查结果，似最可靠。今即照此曾医生办法注射抗癌素，已打一针，反应是略呕，并胃口几全无。看打二三针后，咳嗽及气喘是否好一些，如不好，则其诊断可能错。①

当日，唐先生日记记下了这件事："与王家琦一函。"这也是唐先生日记写下的最后几个字。

2月1日中午，赵潜同学到寓所请唐先生签署几项重要文件，唐先生首先交代几件事情，请赵潜返回研究所后即刻办理：

---

① 唐君毅.唐君毅全集：第三十一卷·书简[M].北京：九州出版社，2016：377.

（一）将研究所最近出版之书（包括唐师之书在内），检出两套，分别寄台北钱宾四师与美国余英时学长。（二）唐师最近接一捷克哲学家来信，请求唐师赠近作，故嘱我将最近几年研究所出版有关哲学的书，每种寄一册并须挂号（来信再三叮嘱）并且附上一函。（三）报载内地已经恢复孔夫子地位，这是一个值得高兴鼓舞的消息，唐师嘱我将其近作，检出两套，分别寄赠北京大学图书馆、南京大学图书馆，并且要我附上一封信，说明作者原是北大、南大（原中央大学）的学生，离校已经数十年了，并无寸进愧对母校，现特将近作数册赠母校图书馆，藉作纪念等语。（四）明天研究所新年团聚，今年特别请了几位先生的太太，同时又是酬谢《新亚学报》《中国学人》的编者与作者，我们的菜式，应该要稍为丰富一点，座位也要稍宽敞一些，不要太寒酸。①

3. 灵性生命的安顿

2月1日，再过两天便是农历十二月二十六日，是唐先生70寿辰。接下来便是农历春节。为了喜庆，唐先生夫人请黄树志、梁丽云两位同学帮忙贴春联，其一为"室有山林趣，人同天地春"，另一为"读书何必求甚解，鼓琴亦足以自娱"。两副对联均由唐先生集前人句子而成。翌日新亚研究所聚餐，唐先生亦准备参加，并嘱唐端正同学届时前往接他。

当天下午，唐先生向夫人忆述三位前辈。唐先生夫人回忆道：

时间已不早，我催你去睡，但你说不想睡，你向我讲三个人的事，今记于此，以志不忘长者风范。

首先，你谈William Hockeng老先生，你说你一九五六年应美国务院邀请访问，老哲学家远道来访你，见面就说知道有一东方哲人来美，特来相见，希望能解决他心中一直困扰的问题。他说他热爱中国文化，他曾与中共领袖去信讨论唯心唯物的问题，周恩来有信回他，言中共已决定采取唯物论，不再讨论唯心的事了。老人对此一直耿耿于怀，拟再与中共领导去信，特来问你意见如何。你说老人说话时热泪盈眶，令人感

---

① 唐君毅.唐君毅全集：第三十七卷·纪念集（上）[M].北京：九州出版社，2016：301-302.

动，你无法解答他的问题，你只说去信可以，但结果如何就很难说。你叙述至此，你为老人的无私心悲悯心难过不已。你说人类的无私心悲悯心是最高的道德感情，没有国别种族界限。

其次，你谈到日本前辈宇野哲人老先生，你说是一位有儒者风度的老人。十多年前你到日本特踵门拜候，见到中国伦常之礼，充分地表现在他家中。雍雍穆穆的气氛，使人生敬，但我们的国家礼乐之教，大家已不注意了。你唏嘘慨叹，你聊以自慰地说，只要能保存于天下，什么地方都是一样的。你又说宇野哲人老先生相貌与你父亲相似，你情不自禁就哭起来了。

最后，提到梁漱溟老先生，梁先生是你父执辈，你十七岁去北京读书，当时梁先生亦在北大教书，以办文化事业需筹经费，故公开讲演连续五次，每次收费大洋一元。开始两次你去了，后来经不起"左"派同学对梁先生的攻击，第三次讲演你就未去参加。梁先生以为你无钱买门票，特要人转送五元大洋给你，你想着前辈对后辈这种关怀爱护之情，你又感动又伤心。你说这些事情常在你心中，你要一一写成文章，才对得起这些古道热肠的前辈。①

唐端正对唐先生临终前几小时给夫人讲的这几个"生命故事"这样评论道：

以上三个故事，都是在君毅师去世前几小时自述的。在感念畴昔之中，都洋溢着对国家民族历史文化的深厚感情，这是君毅师一切学问的根。君毅师在《中华人文与当今世界》的序言中，说明附录之部所载的几篇怀乡怀友的文章时，有谓："我对中国之乡土与固有人文风教的怀念，此实是推动我之谈一切世界中国文化问题之根本动力所在。"君毅师的学问，虽然气象万千，到底归本于性情，在艰深的背后，其实也是很简易的。②

---

① 唐君毅.唐君毅全集：第三十八卷·纪念集（下）[M].北京：九州出版社，2016：513–514.
② 唐君毅.唐君毅全集：第三十七卷·纪念集（上）[M].北京：九州出版社，2016：257–258.

4. 安详离世得善终

2月2日，凌晨三时半，唐先生咳嗽气喘，不能安睡。用氧气筒后，虽然好些，但毫无睡意，乃与夫人讨论静坐之法。夫人谓，有时静不下来，便观想圣哲之像。唐先生谓，此时观佛像最好，因佛像俯视，静穆慈祥，不使人起念；孔子像远视前方，使人有栖栖遑遑、时不我予之感；耶稣像在苦难中，更使人不安。稍后，夫人在昏沉中入梦。

凌晨5时30分，唐先生突然气喘大作，自言不行了，难过得很，夫人给氧气筒，亦不肯使用，直奔客厅坐在椅上。唐夫人让金妈陪着唐先生，急电医生求救，并电话李国钧夫妇过来帮忙。就在两个电话之间，唐先生一时接不上气，已瞑目不动，对夫人无数声的呼唤，均无反应，只听得喉间有痰声。待救护车赶来将唐先生送至浸信会医院时，已返魂无术。医生并言，唐先生这样安静地过去是幸福，否则来日的痛苦是求生不得，求死不能。

时维公元1978年2月2日，丁巳年十二月二十五日。若依公历计算，唐先生已度过70寿辰（1月17日），享年70岁；若依农历计算，则唐先生还差一日（12月26日）才满70岁。

对于唐先生最后临终之际的情况，唐先生夫人在《忆先夫唐君毅先生》一文中有非常细致和充满真情的回忆和说明：

> 二月二日凌晨三时半，你说你很难过，上气不接下气，身体又有上下分开的感觉。想大便，我陪你去厕所，大便不通，用了甘油球才便出来，扶你回睡房为你使用氧气，你说好些了，我们又再睡，但你清清醒醒毫无睡意，我们还讨论静坐养生之法，你问我是否能够静得下来，我说有时静不下来，我就观想圣哲之像，你说观佛像最好，因佛像俯视静穆慈祥，不使人起念，若观孔子像则静不下来，因孔子像远视前方，是栖栖遑遑、时不我予的不安态度。至于耶稣像仰望上苍在苦难中，更使人难安。我感到疲倦，我说不要再说话了，我们好好睡吧。我昏昏沉沉似入梦中，忽然惊醒听你说，不行了，难过得很，我翻身起来，那时是凌晨五时半，你又要上厕所，我扶着你去，见你气喘得可怕，我把氧气筒搬到厕所给你使用，你推开不要，回到房中再为你使用，你亦不肯，你就直奔客厅坐在椅上，你脸色十分难看，要金妈陪着你，我急电医生

求救,并电话国钧夫妇过来帮忙。想不到就在两个电话之间,我回到你身边时,你就静静地闭着眼睛,我叫你无数声,你一声也不应,只听得你喉间有痰声,我惊慌失措,若天崩地裂,与致华一电话后,就随着救护车与国钧夫妇送你到浸信会医院,在急救之下,医生证实你已死亡,我哀求医生再想想办法,医生说已返魂无术,劝我节哀。并说唐先生这样安静地过去是幸福,否则来日的痛苦是求生不得,求死不能。[1]

八、丧殡葬祭,生命不死

唐先生的去世,在香港和台湾各界引起了巨大反响,悼念和纪念文章之多甚至被誉为"唐君毅现象"。

(一)在香港的丧礼与祭悼

1978年2月12日,在香港九龙世界殡仪馆举行唐先生大殓,牟宗三先生报告唐先生生平,徐复观先生撰写唐先生生平事略。是日,苦雨凄风,吊祭者有新闻界、文化界、教育界及各界人士两千余人,社团数十。"其中不仅是唐教授的亲友和他的学生,还有社会各界阶层人士,也有和他素不相识而敬慕他的人格和言论的社会青年,还有佛门的僧尼。"[2] 挽联花圈,挤满礼堂。部分挽联内容如下:

牟宗三先生:

> 一生志愿,纯在儒宗,典雅弘通,波澜壮阔,继往开来,智慧容光昭寰宇;
>
> 全副精神,注于新亚,仁至义尽,心力瘁伤,通体达用,性情事业留人间。

徐复观先生:

> 通天地人之谓儒,钜著昭垂,宇宙贞恒薪不尽;

---

[1] 唐君毅.唐君毅全集:第三十八卷·纪念集(下)[M].北京:九州出版社,2016:514.
[2] 唐君毅.唐君毅全集:第三十七卷·纪念集(上)[M].北京:九州出版社,2016:40.

历艰困辱以捍道，尼山巍峙，书生辛苦愿应偿。

程兆熊先生：

　　病里乾坤，据君所论，生命本长存，万代千秋君当重返；
　　变中世界，由道而言，心灵开九境，六通四辟道必大行。

吴俊升先生：

　　桂林街、农圃道，创校护校，二十年艰苦共尝，文化幸留一脉，弘教正仗先知，奈何天夺贤哲；
　　崇圣学、育英才，经师人师，三千众菁莪同仰，赋别仅经四旬，噩耗忽传远海，可堪我哭良朋。

罗香林先生：

　　论学笃实光辉，著述刊世界之林，立言不朽；
　　为人聪明正直，心灵通阴阳之理，浩气长存。

李璜先生：

　　菩萨心肠，圣贤抱负；
　　精神不死，教泽长存。

许孝炎先生：

　　巫峡起文豪，博古通今，名山事业昭来日；
　　香江辍弦诵，怀人感事，太学风光忆旧时。

程石泉先生：

我与大阮同学，道义相期，谂知学究天人，不遑问百世名山，千秋竹简；

君于圣贤思齐，悲悯为怀，自然痛切慧命，却留恋五湖皓月，一点梅花。

严灵峰先生：

著作等身，居无忝所生，堪称孝子；
文章报国，死不留遗憾，可谓完人。

柯树屏先生：

结知交于年华少壮之时，当日同游，忆钟阜秦淮，雅兴幽怀尝与共；
宏绝学于世运艰屯之际，斯人遽逝，望香江台海，谈经论道更何从。

劳思光先生：

赤手争文运，坚诚启士林，离明伤入地，震垠感重阴，直论求全切，前期负望深，尘箱检遗札，汗背涕沾襟。逼眼玄黄血，人间患作师，曹随宁自画，杜断旧相知，儒效非朝夕，才难况乱离，平生弘道志，成败莫轻疑。

深密宣三性，华严演十玄，众长归役使，孤诣摄通圆，坚白观儿戏，雌黄付世缘，江河终不废，百卷视遗篇，五百摧名世，天心未易求，说难人藐藐，穷变事悠悠，司马无私语，春秋重复雠，骑箕悦回首，遗憾望神州。

陈立夫先生：

笃学励行，守死善道，四十年文字因缘，最早知君莫如我；
抱璞怀宝，成功弗矜，五千载道统阐述，而今继起属何人。

刘季洪先生：

> 永逝痛斯人，术道宏文开世运；
> 微言析大义，殷忧启圣系苍生。

黄少谷先生：

> 继往哲而立言，著书渊穆信儒宗，百卷丹黄开闾奥；
> 穷其力以传薪，琢玉嵯峨钦户牖，频年鼓铸说功深。

黄麟书先生：

> 岭表正梅开，农圃菊花惜先谢；
> 司马以文胜，卧龙经济许同彰。

任卓宣先生：

> 遗言葬台岛青山，从知海外宣勤，系心宗国；
> 精爽托等身钜著，共钦驰名当世，垂教来兹。

沈亦珍先生：

> 相期老当益壮，共恢张新亚精神，如何腊鼓声催，遽报逍遥归帝所；
> 为问天竟难凭，况值此中原溃洞，不意文昌星陨，怅无遗憝把轮扶。

潘重规先生：

> 艰难志业真儒学；
> 忧患文章烈士心。

程文熙先生：

> 有肉眼，有天眼，有慧眼，有法眼，有佛眼，现新儒身；
> 说名理，说玄理，说空理，说性理，说物理，是大菩萨。

王韶生先生：

> 自孟轲以来，正气凛然传道统；
> 溯西蜀既往，清标邈矣重人伦。

萧立声先生：

> 风谊感平生，记廿年艺事知交，赏我牝牡骊黄之外；
> 精神应不朽，待他日哲人画像，位君濂洛关闽之间。

蔡仁厚先生：

> 香江云天，遽陨山斗，哀仰情何限，赖有哲士盈庭，永续慧命；
> 蓬岛客馆，屡接音容，启沃意特多，今唯青灯含泪，常诵遗书。

张曼涛先生：

> 十数年前，扶桑问眼疾，病榻余情，与公畅谈三千诸法谛；
> 二阅月来，隔海传手书，讲筵不断，示我犹叙台贤别教圆。

陈修武先生：

> 辟邪说，导佞辞，敷衍文字般若，悲天悯人，苦口婆心，更欲事业以济之，客境艰难，洪水猛兽，其实大多乎孟轲；
> 立民极，弘圣道，体证精神菩提，致知格物，居仁由义，不因否塞

而馁者，先生怀抱，青天白日，可真无愧乎宣尼。

余英时先生：

> 当年哀花果飘零，道本同归，仁为己任；
> 百世重人文教化，我岂异趋，久而自伤。

孙国栋先生：

> 忧国忧时，海内大儒；
> 立德立言，一代宗师。

唐端正先生：

> 发乎情，止乎义，感乎时，全副精神，尽瘁当今世界；
> 据于德，依于仁，游于艺，满腔理想，无愧百代宗师。

李杜先生：

> 博通于古今中外，取远取近，独尊孔孟，开新儒学；
> 兼究乎老释耶回，希天希圣，同存朱陆，为百世师。

赵潜先生：

> 传道为儒林之宗，复兴中华圣学，崇明德，作新民，鞠躬尽瘁，死而后已；
> 著述惟仁爱是本，重振人文精神，放淫辞，辟邪说，沐雨栉风，老而弥坚。

陈耀南先生：

百卷挽狂澜，欣浊浪终回，暮鼓晨钟匡末俗；
一身传道术，哀哲人长往，凄风寒雨悼先生。

霍韬晦先生：

花果飘零，世间眼灭；
人极既立，君子息焉。

麦仲贵先生：

泪下哭先生，江汉秋阳征气象；
心丧持弟子，杏坛洙泗仰遗风。

梁瑞明及郑捷顺先生：

哲人其萎乎，朗朗千秋后；
夫子何为者，栖栖一代中。

陈荣灼先生：

九境心灵，育才满门，涵养飘零花果，悲怀弥宇宙；
三向生命，著书万卷，彰现光辉中华，慧识启乾坤。

邝健行先生：

花果飘零，卅载艰难诲后学；
江山寂寞，几人卓绝继先生。

梁燕城先生：

湛若水岭表儒宗，鹿洞幸追随，风范感人，喜有芒编传万古；
庚子山江南物望，华阳留小住，仁心爱众，更余桃李满人间。

唐先生夫人谢廷光女士：

结发逾卅载，亦师亦友，君今去矣，扶灵榇东归祖国，营斋营葬，强承遗志恸何言；
存书有万册，移性移情，儿其勉哉，尊义理常怀父训，修德修文，盖衍全归德有知。

唐先生二妹唐至中先生：

六十年手足悠悠，往事悲痛欲绝；
五千里山川漫漫，长路奔赴何从。

唐先生女儿唐安仁小姐：

昊天罔极。

唐先生义子徐志强先生：

义父竟长辞，对业已枯双泪眼；
犹子将何报，临风空结九回肠。

国立中央大学同学会：

师法古今，能立乎大；
学通中外，已见其徵。

新亚书院校友会：

倡仁义，传圣道，化雨频沾，高山可仰；

轻权势，距异端，典型遽逝，后学焉依。

新亚研究所：

为新亚精神开道路，为中华学术开风声，大雅仗扶轮，久矣世仰儒家，士尊泰斗；

是东方人文之前驱，是君党蹈厉之矩范，鞠躬今尽瘁，定知身骑箕尾，气作河山。

新亚书院哲学系：

析心物，建立道德自我，原性原道原教，洋洋数百万言，先生岂好辩哉；

论中华，痛惜花果飘零，怀乡怀土怀国，默默一片悲情，夫子不得已也。

此外，挽联、挽轴、挽诗、唁电、唁函、花圈、奠仪尚多。

（二）归葬台湾观音山

2月17日，唐先生夫人和女儿到台北为唐先生选购墓地。几经比较，决定在观音山山腰地方朝阳墓园内买一块墓地，该地背山面水，气象宽阔，在两山环抱中，十分宁静，使人有舒适之感，且可以西北望故乡。

3月11日，由李国钧、孙国栋、唐端正、赵潜、李杜、苏庆彬、逯耀东、霍韬晦诸同学护送唐先生灵柩赴台湾落葬台北观音山朝阳墓园。行前先绕新亚书院在农圃道的校址一周，并设祭台送别。

3月12日，唐先生灵柩抵台后，由台湾当局"教育部"主持，在台湾大学法学院礼堂开追悼会。由李元簇先生主祭，程兆熊、黄振华先生报告唐先生生平，孙国栋同学代致谢辞。是日，蒋经国先生亲临吊唁，并赠"痛怀硕学"挽额。

3月13日，农历戊午年二月初五，唐先生大葬之期。是日，风雨如晦，但冒雨送葬者络绎于途，其中很多人只读过唐先生的书，素不相识。唐先生的灵柩落葬于台北市观音山朝阳墓园的一块墓地，实现了唐先生归葬台湾的遗愿。唐先生的安葬地，俯瞰淡水河，面对七星山，视界开阔，有山有水，形势景观都很好。唐先生夫人言，唐先生会喜欢的，"就不知何年何月才可以迁葬你于家乡先人之墓地"[①]。一位为中国文化、人类理想而劳瘁一生的大儒，除其智慧容光、性情事业长留人间外，其为人间承受种种痛苦的生命，至此乃得到永恒的安息。

（三）继志述事的怀念

唐先生去世后，除悼念活动外，学者、学生、好友及各界社会人士，发表了大量的纪念和回忆文章，发表文章之多，回忆纪念之热烈，甚至形成了独特的"唐君毅现象"。其中，也有个别文章是对唐先生的某一方面持批评立场的，而唐先生的学生又有以回应文章进行辩护者，由此又形成所谓的"悼唐风波"。

如今来看，所有的这些纪念与回忆文章从多个角度反映了唐先生的历史地位、思想学术、文化事业、教育教学、生命人格、家国情怀及生活态度。

梁漱溟说：

> 唐君毅先生，最近一代贤哲之士也。[②]

治丧委员会（徐复观）评价：

> 先生之学，体大思精；长于辨析，善于综摄，驰骋于东西哲学之中，而一归于中国圣贤义理之学。其著作奥衍浩瀚，驰骛八极，要以立足于人生，开辟生命之本源，建立道德理想之人文世界，以启导我民族无限向前向上之生机为其鹄的。其一九七六年秋在医院亲做最后一校之《生命存在与心灵境界》，凡一千二百余页，乃其平生学思之综化，亦即其思想体系之完成。涵摄广大而一以儒家之尽性至命为归极。其造诣所至，

---

① 唐君毅. 唐君毅全集：第三十八卷·纪念集（下）[M]. 北京：九州出版社，2016：519.
② 唐君毅. 唐君毅全集：第三十七卷·纪念集（上）[M]. 北京：九州出版社，2016：5.

著作所及，我国"哲学"一词成立而有专科之研究以来，盖未尝有也。①

牟宗三说：

> 唐先生是"文化意识宇宙"中之巨人，亦如牛顿、爱因斯坦之为科学宇宙中之巨人，柏拉图、康德之为哲学宇宙中之巨人。吾这里所谓"文化意识宇宙"与普通所谓"文化界"不同，文化意识不同于文化。这一个文化意识宇宙是中国文化传统之所独辟与独显。它是由夏商周之文质损益，经过孔孟内圣外王成德之教，而开辟出。此后中国历史之发展，尽管有许多曲折，无能外此范宇，宋明儒是此宇宙中之巨人，顾、黄、王亦是此宇宙中之巨人。唐先生是我们这个时代此宇宙中之巨人。唐先生不是此宇宙之开辟者，乃是此宇宙之继承与弘扬者。没有科学传统，不能有牛顿与爱因斯坦之为科学宇宙中之巨人。没有希腊哲学传统，不能有柏拉图与康德之为哲学宇宙中之巨人。同样，没有中国文化传统，亦不能有唐先生之为此时代所需要弘扬之文化意识宇宙中之巨人。唐先生之继承而弘扬此文化意识之内蕴是以其全副生命之真性情顶上去，而存在地继承而弘扬之。"彼其充实不可以已。……其于本也，弘大而辟，深闳而肆；其于宗也，可谓调适而上遂矣。"吾再重述此数语以为唐先生生命格范之写照。他是尽了此时代之使命。②
>
> ……唐先生可以作事，亦有作事之兴趣。但是他作事不是政务官之作事，亦不是事务官之作事，亦不是革命家之作事，而乃是立于文化意识之立场来作事。他之参与新亚校政以及承担了新亚后期之痛苦奋斗与悲剧结束，皆是以文化意识之弘扬为背景。参与新亚校政者多矣，不必皆有此文化意识，即或有之，亦不必能如唐先生之真切与充其极。故到后来，几等于只唐先生一人承当了这痛苦的奋斗与悲剧的结果。痛苦之所以为痛苦，悲剧之所以为悲剧，即在一般人之立场与唐先生之文化意识有距离，甚至可以说有冲突。……一般人之立场大抵皆是事便、利便、智巧、恩怨之立场，很少有能忠于原则、忠于理想者。唐先生身处此种

---

① 唐君毅. 唐君毅全集：第三十七卷·纪念集（上）[M]. 北京：九州出版社，2016：1.
② 唐君毅. 唐君毅全集：第三十七卷·纪念集（上）[M]. 北京：九州出版社，2016：17.

冲突中，其奋斗之痛苦可想而知，其为悲剧之结束亦可想而知。唐先生可以作事，而其作事竟陷于此种局面，此亦可说在如此之现实中是注定的。盖他本不是事业宇宙中之巨人，而只是文化意识宇宙中之巨人。……唐先生之文化意识可以表现而为新亚事业，但不等于新亚事业。此一意识可以在新亚表现，亦可以在别处表现，亦可以其他方式表现。他之对新亚一往情深，只是忠于原则，忠于理想。若客观言之，问值得不值得，这不是唐先生所顾及的。他之不考虑此值得不值得，而承当此痛苦与悲剧，正反映其文化意识之强烈。他在痛苦的奋斗中耗损了其有限的生命，然而其文化意识宇宙中的巨人身份却永垂于不朽。①

金耀基说：

唐先生是二十世纪一位非常重要而杰出的中国哲学家，他不但承继，而且进一步发展、扩大了中国的哲学传统。他在中国哲学史上将占一崇高而稳固的席位。唐先生也是当代一位伟大的知识分子。唐先生的眼睛、心灵所注视、所扣系者不限于抽象的知识观念，而毋宁更是天下苍生与文化慧命。他站在政治之外，却立于社会之中。他本其所知、所信，对社会人生的大问题负责而勇敢地发表了他的意见，这是中国传统书生伟大风格的表现。唐先生对新亚来说，更是一位极可尊敬、为学不厌、诲人不倦的教师。他与新亚有无比的深厚关系，他与钱宾四、张丕介两先生创办新亚，二十余年来，唐先生一直是新亚教育事业辛勤的播种与耕耘者。他的讲堂风采和居常论学待人的形象无不深烙在大家的心中，他的贡献已成为新亚历史不可分割的一部分。②

唐端正说：

君毅师之最后遗著《生命存在与心灵境界》，乃其平生学问的结穴。目的在融哲学、宗教、道德为一体，以成一学一教之道。他认为人可由

---

① 唐君毅.唐君毅全集：第三十七卷·纪念集（上）[M].北京：九州出版社，2016：18.
② 唐君毅.唐君毅全集：第三十七卷·纪念集（上）[M].北京：九州出版社，2016：185.

哲学的思维，以知理想有一必然趋向于实现的动力，如是实见得一切不善者不合理想者终当被化除，而趋向于非实在、不实在；而一切善者合理想者，终当获得实现，而趋向于实在。如是我们便可形成一只有善的合理的才是实在，恶的和不合理的都不实在的绝对信心。人依于此绝对信心而成的盛德大业，亦可反过来证实这信心。如是形上学的信心与道德上的行为互证，即成中国儒者天人合一之教。这种融哲学、宗教、道德为一体之道，其核心即本于好善恶恶的本心本性。此一本心本性，实为一足以旋乾转坤的天枢。但人若自觉生命力微小，而思慕有一宇宙性的神圣心体，这便趋向于一神教。人若不观此一宇宙性之神圣心体，而遍视一切不合理想者皆出于生命的妄执，其本性皆虚幻而空，随而彰显潜隐的真实，这便趋向于佛家。这两型的宗教思想，都不是中国传统性情之教的核心，但又非不为儒家思想所多少涵具，而视为人所当有。但依儒家观点，人对于具全体大能之宇宙性神圣心体，与出于生命妄执的一切虚幻，只当取其消极的超拔卑俗与破除断见的意义，不应使人只作希高慕外之想而忽略当前尽性立命之事。人若真依内心之实感，见一善善恶恶的性命之原，至诚不息，充内形外，以成其盛德大业，即步步见有不合理者之自化自空，终至完成灭度，亦步步见此合理者之彰其德，终至全德全能，实不必先肯定一缘生性空之宇宙性的寂灭本体，与全德全能之宇宙性的神圣心体。君毅师以儒家践仁尽性之教，天人合一之教，大开大阖，终于融通基督教与佛教，其智慧之高，魄力之大，悲愿之弘，可谓得未曾有。君毅师的生命，即此便可以不朽了。①

李杜说：

　　唐先生的学问确是博通于中外古今。他的《哲学概论》《中西哲学思想之比较论文集》《人文精神之重建》《文化意识与道德理性》《心物与人生》《人生之体验》《道德自我之建立》等书是通中外古今以为说，其他看似专论性的书，如《中国哲学原论·原性篇》《原道篇》《原教篇》《生

---

① 唐君毅.唐君毅全集：第三十七卷·纪念集（上）[M].北京：九州出版社，2016：258-259.

命存在与心灵境界》等亦是通中外古今以为说。①

……唐先生在世时曾被称为人文主义者、新儒者、道理的理想主义者、文化哲学家、超越的唯心论者等；逝世后更有"文化意识中的巨人""大儒"等推尊。此等称谓或推尊皆表现了唐先生的思想或人格的一方面。我们由此可约略地知道他是怎样的一位哲学家。

称他为人文主义者是一种很相应的称谓。因为他不仅写了《人文精神之重建》与《中国人文精神之发展》二书以倡言人文主义，更与钱穆先生、张丕介先生和其他爱好中国文化与维护学术自由的人士共同创办新亚书院推行人文主义的教育……

称他为新儒者亦是很相应的称谓。因为他不但对孔子、孟子与传统儒家的圣贤人物有崇高的敬意，他的学术思想亦以儒学为归宗。他的思想本甚广博，于中国儒家之外其他各家的思想无不注意，中国之外的印度与西方的哲学亦一生用力研究。但他由对儒家以外的哲学思想的注意与研究中而了解到它们多有可为儒家思想所涵摄之处，他亦常借对它们的比较与讨论，尤其对西方哲学思想与儒家的比较与讨论，以引发传统儒学的新义理。他对于宗教形而上学、逻辑、知识论、科学知识等无不用心，但他在对它们从事分辨与了解之后，最后皆纳入儒学中去，而成为以道德心灵为主导的儒学所应具有的内容。因此他对儒学的论述不是抱残守缺的论述，而是相对于现代人类学术的新成就而来的新开展的论述。宋明儒者相对于宋明两代的新的学术环境而从事儒学的新阐扬，后世称他们为新儒者。唐先生相应于现代的学术的新成就以阐扬儒学而使其有更进一步的开展，亦应被称为新儒者或新新儒者。

称他为道德的理想主义者亦是很相应的称谓。他自从肯定了一"道德自我"为他的哲学的中心观念之后，即一直在说明此一观念，并依此而建立他的道德的理想主义的哲学。他的《道德自我之建立》《人生之体验》《心物与人生》《文化意识与道德理性》是对此一理想的肯定与展示的书，他的《生命存在与心灵境界》亦是以道德的理想为归宗而显示"学在成德"成其"一学一教之道"的书。

---

① 唐君毅.唐君毅全集：第三十七卷·纪念集（上）[M].北京：九州出版社，2016：269.

称他为文化哲学家则是从他所肯定与倡导的人文主义的文化理想、儒家的文化理想，或道德的理想主义的文化理想上说的。他所著的《人文精神之重建》《中国人文精神之发展》《文化意识与道德理性》《中国文化之精神价值》，以及其他的著作所一再表现的人文世界、人格世界、价值世界等亦皆是由人的仁心善性或人的道德心、道德理性以建立一理想的文化哲学，以说明人生的意义与人生的价值所在。

称他为超越的唯心论者则是就他由人的超越的心灵以建立他的哲学系统上说的。他曾由此心灵以反省人所经历的不同生活，亦由此心灵以辩论心物与人生的关系，以说明心灵的先在性及人生的意义。前面所已说过的《道德自我之建立》是他依超越的心灵的反省活动以肯定其自己的表现，《文化意识与道德理性》则是依此心灵的活动以见道德理性的分殊表现。于此外，他对于上面所说有关人文主义的文化理想，儒家的文化理想，道德理想主义的文化理想，理想的人格世界、价值世界等的论述亦皆为由人的超越的心灵的反省、肯定与开展等上说的。他的《生命存在与心灵境界》的心通九境论的系统的建立更是由超越的心灵的活动而来对心灵与客观事物的个体、类、因果关系的了解，对心灵自己反省其自身所表现的感觉活动、理解活动、道德实践活动的了解，以及对心灵反省其超主客的向往而显示或为归向一神，或为去除我法二执以向往一涅槃境界，或为由尽心知性以知天以上达于天德流行的境界而写成的巨著。

唐先生既是如上所说的人文主义者、新儒者、道德的理想主义者、文化哲学家、超越的唯心论者，则他不应被误解为一位狭义的中国文化本位者。但由于唐先生于其著述中常流露出一种对民族文化爱护的深厚感情，故容易被误解为一位狭义的文化本位者。但如我们在前面所多次提到的，唐先生虽然有深厚的民族感情，亦有清明的理智。在他本他的超越的心灵或道德的理性去了解问题时，中西哲学思想与人类文化问题皆成为他心灵了解的对象。它们的是非得失、归向所在皆依理性了解的自然归向而定。他对中国古圣先贤的推崇为本于人的道德理性而来的要求，对西方知识问题的疏论亦为依于人的理解而来的辨别。因此，就唐先生哲学所依以建立的中心观点来说，他对中西哲学与文化思想的论述没有先在的偏见，任何文化与学术都同等地看待，皆为世界学术思想的一部分。中国的学术文化亦成为人类文化或世界思想的一部分。依唐先生论述《生命存在与心灵境界》的意义上说，即成为表现人的超越的心灵活动的了解的一部分。

唐先生既不是狭义的民族文化本位者，自然亦不是受西方思想影响甚深，以西方的概念去曲解中国传统学术的人。我们不否认，唐先生更肯定，中国传统学术有其特殊的意义。要对此一特殊的意义有了解，自然要顾及形成此特殊意义的历史环境、地理因素、民族气质、社会形态、思考方式等。但我们却不能因此而将所要了解的意义永远特殊化，而不可普遍化，和不能用普遍的概念去了解，此处所说的普遍的概念，在其初被用时虽或是西方的或中国的，但当其被大家熟悉，而为人的理性所应用以从事了解时，则不再为任何一民族所私有，而成为公共的概念。因此，我们不能以唐先生运用很多西方的概念以论述中国传统的学术思想问题，而即认为他曲解了传统的中国学术。事实上，任何一学术传统所用的概念、词语都不断在生长。就中国传统来说，魏晋时人所有的概念与所用的词语已不同于两汉与先秦，宋明理学家更是融会了佛学而获得了新的概念与应用新的词语去开拓儒家。没有任何人要对传统的学术有继承与发展而不运用新概念与新词语的。唐先生对传统学术，尤其是对儒学的一大贡献，正在通过现代学术的观念去重新肯定与发扬传统的儒学含义，为其开新面目，而建立一新的儒家哲学系统。[1]

司马长风说：

唐先生对祖国的深情。中国的大地山河，五千年的历史文化，本是客观的存在，但是必须以恢宏情怀的涵育，伟大生命的体现，崇高智慧的照耀，在人文史上才能呈现生机与活力。唐先生在二十世纪五十年代和二十世纪六十年代，在无数篇章里，都洋溢着这种深情和智慧，个体生命与祖国命运，浑然一体的悲忱和忧患。这些文章多数收辑在《人文

---

[1] 唐君毅.唐君毅全集：第三十七卷·纪念集（上）[M].北京：九州出版社，2016：272-275.

精神之重建》《中国人文精神之发展》《人生之体验》及《中华人文与当今世界》诸遗著中，中国除非永远颠倒沉沦，否则异日复兴机运来时，无数的仁人志士，必将从这些书中，获得智慧和勇气。①

谢廷光说：

> 我跟唐先生两人虽是夫妇，不过，我当唐先生是我的老师。同时，我觉得我们是朋友。在夫妻关系方面，唐先生也很能够对我体贴。此外，他总是希望我在精神生活方面，有一点修养。比如，弹琴、写字、绘画，这些都是他鼓励我去学的。他又时常希望我去看一些浅近的哲学书籍。此外，艺术的书和文学的书，他都希望我去看。他的目的是要培养我在精神方面有一点生活的情趣。他让我看四书、《近思录》《维摩诘经》《约翰福音》《柏拉图对话集》和马志尼的人的义务。还有希腊的神话故事，他都希望我去看。此外尚有陶诗啦，杜诗啦，苏东坡和辛稼轩的词，泰戈尔的《新月集》《飞鸟集》等。他要我看这些书，无非是要提高我的精神生活的境界。在这方面，他好像老师一般地教我。我觉得很幸福。其次，我有什么缺点，有什么亏欠的地方，唐先生总是从旁规劝我。我小的时候在家里给宠惯了，所以很容易生气。对人的猜疑心也很重。面对困难的时候，我没有什么意志力，好像很软弱的。唐先生就在这几方面给我劝导和鼓励。从智育和德育这两方面看，唐先生可以说是我的老师，也可以说是我的朋友。所以我说我很幸福。②
>
> ……唐先生是重视祭祀的。他不只供奉祖先，也供奉天地圣贤。换言之，古往今来的圣人他都追思。牌位上刻的就是"天地祖宗圣贤神位"几个字。东海南海西海北海都有圣人，都在他祭祀范围之内。当然，诸位圣贤之中，他最尊敬孔孟。至于释迦、耶稣等，亦未尝不包括在他的祭祀对象之内。他也没有遵从一定的祭祀仪式，就是喜欢早晚上一炷香。如果有空的话，就在祖先牌位对面的沙发上，默坐一段时间。至于民间通俗宗教流行的烧纸衣、纸钱这一套，唐先生和我都没有这个习惯。唐

---

① 唐君毅. 唐君毅全集：第三十七卷·纪念集（上）[M]. 北京：九州出版社，2016：146.
② 唐君毅. 唐君毅全集：第三十八卷·纪念集（下）[M]. 北京：九州出版社，2016：524.

先生不注意这些事情。他只求在祭祀当中，有一种"祭神如神在"的心情，仿佛与前人的精神互相感通。如何能够与前人沟通呢？就要觉得我所祭的人是存在的，这样做才能与前人的人格互相交感。你一定要用很虔诚的心情来进行这种祭祀，认定前人的精神永恒地存在。①

九、视死如归，完善不朽

人皆有死，这是一个基本的生命学、生死学真理。因为，死亡是人生的唯一"目的地"。甚至我们可以说，人的一生，就是在为自己的死亡做准备，以便让自己可以"死而无憾"。不过，通常生死学意义上的"死亡准备"，并不是哲学意义上的使自己"死而无憾"的"准备"，而是面对即将到来的生命终点时的"生命作为"。从这个意义上说，作为一位儒者，唐先生在从被诊断罹患癌症到最后去世这一年多的生命作为，就是具有十分独特的生死学、生命学意义上的生命作为。

（一）先行到死的生命自觉

说到关于直面绝症与死亡的理论，人们最常提到的便是库伯勒·罗斯（Elisabeth Kübler Ross）的"哀伤五阶段"理论，这一理论甚至成了现代临终关怀的理论标准。按照库伯勒·罗斯1969年出版的《死亡与临终》一书中提出的模型，临终的病人常常会经历五个情绪阶段：否认、愤怒、讨价还价、抑郁和接受。（1）否认期。当病人直接或间接听到自己可能死亡时，病人第一反应就是否认，他们会说"不可能""我不会死""他们肯定搞错了"。这时病人的心理就是想尽一切办法努力否认其有可能死亡的诊断信息，他们到处找医生，总是希望通过第二、第三、第四个医院的诊断来否认自己得了绝症。这时，病人往往要向你诉说各种情况，认为可能是医生错误的诊断，他们企图逃避死亡这一现象，表现心神不定。（2）愤怒期。当病人经过短暂的否认期，确实了解到自己不可能治愈时，自然地产生一种愤怒情绪，"为什么不幸要落在我的身上""苍天待人太不公平"。于是就产生愤怒、狂想、怨恨、嫉妒的情绪，常常发泄在医生、护士和自己亲人身上，甚至训斥、谩骂，不配合治疗。（3）讨价还价（协议）期。其心理特点由愤怒转入讨价还

---

① 唐君毅. 唐君毅全集：第三十八卷·纪念集（下）[M]. 北京：九州出版社，2016：528–529.

价，并且提出一些相应的要求。他们会说，"为什么是我""为什么现在发生""能不能推迟几年"。病人的这种心理特点，常常是暗自进行的，如果不仔细观察往往会被忽视。(4)抑郁（绝望）期。病人协议要求过去了，感到自己日益接近死亡，心情明显忧郁、深沉和悲哀，有时流泪，有时沉默不语，考虑后事，有时情绪焦虑。知道一切努力都无济于事时，便陷入消沉、冷淡、沉思、忧愁、抑郁的时期。(5)接受期。在经历一段时间的忧郁后，病人的心情得到了抒发，要办的事已办完，病人的心情可能稍微平静下来，无可奈何地听从命运安排。他们在事实上已接受死亡了，并且变得昏昏欲睡、疲倦、衰弱、孤独，逐步走向死亡。

对照唐先生从得知罹患癌症到最后去世的经历和日记记载的情绪表达来看，罗斯的这一"哀伤五阶段"理论就显得非常缺乏说服力。因为，唐先生似乎并未经历明显的"否认期""愤怒期"，也许有内心的挣扎并且如罗斯所描述的"协议期"与"绝望期"的某些情绪反应，但我们从唐先生的生命行为中更为直观地看到的是，他似乎很快就直接进入了"接受期"：以相对平静的心情去办完要办的事，然后即听从命运的安排。比如，得知病情后，先是祭拜祖宗父母，然后与夫人去预立遗嘱；第一时间打电话给学生书局让其尽快排版《生命存在与心灵境界》；到台湾入院检查治疗时，抓紧时间以全副生命在手术前一天完成《生命存在与心灵境界》的校对，然后以轻松平静的心情接受癌症手术。又如，当第二次赴台湾复查发现癌症复发时，被医生告知只有不足3个月的生存期，唐先生的决定是，一方面，要在台湾买一块墓地；另一方面，接受学生和朋友的建议在台湾寻求中医保守治疗。再如，在最后一次入院检查后，发现是肺癌转移复发并无特效治疗手段后，唐先生选择了回家休养。

唐先生何以可以这样"超然"地对待自己的死亡呢？这与他作为一位自觉的生死哲学家对生死、疾病有"先行"的理性思考密切相关，也与他作为一位大儒所坚守的核心信念密切相关。一方面，唐先生是一位非常早慧的思想家，十几岁就开始思考死亡问题，并且将生死问题视为自己思考的核心问题，在不同阶段都有比较深入的理论思考，我们在早期的《人生之体验》、中期的《人生之体验续编》、晚期的《生命存在与心灵境界》等著作中，都可以看到唐先生的相关思考和理论探讨，甚至对于疾病也有在罹患眼疾后所著的

《病里乾坤》进行深入思考与讨论。对这样一位已经不断"先行到死中去"的思想家来说，死亡随时都在与自己"照面"，因此他转而做当下该做的事而让生命无所遗憾。因此，当真实的死亡到来之时，他不至于因为"不了解"而恐慌、否认、拒绝，也不至于因为死亡带来的"虚无化"而生出巨大的焦虑和遗憾。另一方面，作为一位信奉儒家思想与生活的大儒，相信天命，相信鬼神，相信祖宗与自己生命的内在连接，相信"未知生焉知死"的生死大道，因此，他的主要用心是在当下生活中做最该做的事情，时刻为死亡做好准备；同时，他认为死亡并非"空无"，而可以幽明感通，所以死亡本身并不是生命的消失，而只是生命的暂终，所以并不可怕。因此，唐先生可以直面死亡的威胁而坦然接受。

（二）道德自觉的生命超越

由于唐先生有"先行到死中去"的生命自觉，因此，他将自己的全副生命用在当下该做的事情上，而不是用在思考和恐惧疾病和死亡本身上，并以此实现了以道德自觉为基础的生命超越，让自己的生命在任何时候都不留遗憾，任何时候都可以"死而无憾"。

做一个如儒家圣贤一样的真正的人，是唐先生很早就有的志向。他曾自言："吾年十四五时，即已有为学以希贤希圣之志。"[1] 这样一种"希贤希圣之志"所确立的人格理想是什么呢？20多岁的唐先生在其《柏溪随笔》中这样写道："一个伟大的人格，任何小事都可以撼动他的全生命。好比一无涯的大海中，一小石落下也可以撼动全海的波涛。一个伟大的人格，任何巨大的刺激，他都可使它平静。好比在一无涯的大海里，纵然是火山的爆裂，也可随着来往的波涛而平静！"[2] 很显然，在唐先生看来，圣贤的人格是真性情的、伟岸高卓的。伟岸高卓的人格是可以大中见小、小中见大、大小圆融、天人合一的。

当然，在"希贤希圣"的人生旅途中，唐先生也有过诸多艰难、困顿。但是，这些艰难、困顿没有成为他放弃"希贤希圣"的理由，恰恰成为他历练自己生命、提升自己人格的动力。为了安顿自己的生命，他将文学、哲学、

---

[1] 唐君毅.唐君毅全集：第七卷·病里乾坤[M].北京：九州出版社，2016：3.
[2] 唐君毅.唐君毅全集：第一卷·早期文稿[M].北京：九州出版社，2016：111.

宗教等各种中西方人文思想作为自己学习、思考、反省的对象，并结合自己的生命体验，试图用文字来表达自己对生命、人生的理解，由此成就其早年的《人生之路》十部曲，特别是《人生之体验》《道德自我之建立》两书。在这两本书中，唐先生建构起自己终身坚守的生命意识、生命信仰：一念翻转做当下该做的，过道德的生活。在唐先生看来，只要我们"当下自我一念自觉"，我们便可以由"自然的生活"进入"道德的生活"。我们之所以不能进入"道德的生活"，根本原因在于我们陷溺于"现实的自我"，被我们自己过去所流传下来的盲目势力如本能、冲动、欲望等支配。所以，我们要完成自己的"道德自我"进入"道德的生活"，唯一的方法就是让自己摆脱本能、冲动、欲望的支配。我们"一念"至此，便当对自己下命令并遵循自己"道德自我"的命令去摆脱它们。这种"道德的生活"无他，就是将人生实践回归到我们自己"心"本身的当下"自觉"上，"自觉"地做我们当下的"心"觉得"该做的"。唐先生强调："人生之目的，唯在做你所认为该做者，这是指导你生活之最高原理。"[①]

这一"做当下该做的，过道德的生活"最高人生原理，也是指导唐先生做"死亡准备"的最根本原理。正因为有这一原理的坚信，所以唐先生可以坦然面对疾病的痛苦和死亡的威胁，而唯一可能会让自己不安的，便只是是否做了当下最该做的。因此，当他认为，当下最该做的是保证自己在死亡到来前完成《生命存在与心灵境界》的校对，他就不顾疾病带来的剧烈痛苦，一手拿着纸巾擦口吐的鲜血，一手却在校对书稿；当他认为，当下最该做的是自己应该给学生上课，他就可以不顾气喘和咳嗽而照例给学生大声讲课；当他认为，当下最该做的是回家休养静待天命，他就离开医院回家休息、看书和工作。当他做了所有当下之"心"告诉他该做的一切事情后，死亡的来临对他来说，就只是一个"当下"的生命事件，他完全可以从容接受，并进入下一个生命历程。对唐先生来说，疾病和死亡只是一个提醒他当下应该做什么事的生命事件，而不是操控他生命行为的"重大事件"，他已经完全超越了当下疾病和死亡对他生命的"掌控"。

[①] 唐君毅.唐君毅全集：第四卷·道德自我之建立[M].北京：九州出版社，2016：27-28.

（三）宗教变道的生命安顿

唐先生最后一年不管是在重病住院治疗期间还是在家休养和工作期间，阅读始终是他"习以为常"的日常生命行为，甚至如他自己所说的"习气"。只不过，这一阶段的阅读呈现两个明显特征：一是阅读不再是为了研究和写作，而只是安顿当下心灵的纯粹阅读；二是阅读内容上偏重佛教和佛学。在台湾住院治疗期间，唐先生夫人即言，唐先生近年喜读佛教书籍，所以特别在床头摆上两本佛经供唐先生阅读。在回香港家中休养、工作的9个多月时间里，尽管也偶尔读"杂书"，也读西方学者送他的哲学著作，但主要阅读的是佛学和佛教著作，尤其是禅宗的语录和经典。在最后一段相对"健康"的日子里，唐先生所读的是《圆觉经》和《圆觉经疏抄》。

作为一位大儒，唐先生为什么在最后直面死亡的岁月里以读佛教和佛学书籍为主呢？这与唐先生自己对宗教的态度以及生命的常道、变道的理解密切相关。

生死问题似乎历来都是宗教的核心问题，大多数哲学家也不将生死问题作为自己思考和研究的对象，好像这个问题"本来"就应该属于宗教一样。唐先生是哲学家、思想家，而不是宗教家，更不是宗教信徒，但是其生死哲学的建构，具有强烈的宗教"味道"。在唐先生看来，不管是基督教还是佛教，抑或其他人间宗教，都不如儒家圆融、高明、广大、悠久。因此，一方面，他将各种主要宗教文化的超越性信仰涵摄于其思想体系中，将基督教、佛教作为"归向一神境""我法二空境"列入"超主客观"的生命境界；另一方面，他又强调，宗教的超越性信仰只能够居于"阴位"，只能够在"消极意义"上发挥作用，只能是人之现实生活处于"变道"之时的应变之策，而不能将其居于"阳位"，在"积极意义"上作为生活之"常道"应用。

当一个人遭遇生活的"变道"，感觉到自己的生命力量渺小而无可奈何时，基督教通过设定和召唤一个无所不能、无所不善、无所不知的"上帝"，个人凭借观想、思慕、崇拜"上帝"的全能大德以扫除一己生命力量的渺小感；佛教则教人明白，一切皆由人自己的贪嗔痴慢等妄执引起，只要知世间万法皆为虚妄，本性即空，就可以有智慧破除生命力量的渺小感。唐先生认为，尽管基督教与佛教都提出了助人破除生命力量渺小感的方法，也有其合理的地方，但是他更加强调，依中国传统圣哲之教，人有心而能反躬自察，只要反躬自察即可发现自己的"好善恶恶之情",此"好善恶恶之情"是人之"性",将此"性"充内形外,即成德业事业。因此,对于自感生命力量渺小者,不必先教他相信有一全知全能的"上帝"会助他成就理想,由此破除其自我渺小感,也不必先教他遍观世上一切不合理事都出于人之妄执,教他生智慧而破渺小感,而是可以直接将中国传统的相关思想扩大,依其核心之义融会二教。唐先生是要以儒家的尽性立命涵摄基督教和佛教的"超越信仰",将宗教的超越信仰置于生命存在"阴"的一面,而将儒家性情之教置于生命存在"阳"的一面。不过,当一个人的生命遭遇巨大的现实困境,当下无力直接以直通性情的"阳"的方式应对时,在短时间或者过渡时间,以"超越信仰"的"阴"的方式借助"外力"增加个体生命面对当下困境的力量,在唐先生的理论系统中是被允许和成立的。面对死亡的威胁和疾病带来的巨大身体痛苦,当然不是生命存在的"常道"和阳面,而是生命存在的"变道"和阴面。当此之时,通过阅读佛教强化自己的精神力量,甚至如唐先生临终前给夫人所言,通过观佛像来凝聚自己的生命力,是最切己的"变通之道",因为佛像俯视,静穆慈祥,不使人起念;孔子像远视前方,使人有栖栖遑遑、时不我与之感;耶稣像在苦难中,更使人不安。

(四)居家临终的生命善终

"善终"在学术意义上被界定为"尊严死亡",日常话语中也叫"好死"或"优死",是中国古人所企求的五种幸福之一,被视为完美人生的必要组成部分。《尚书·洪范》谓"五福":"一曰寿,二曰富,三曰康宁,四曰攸好德,五曰考终命。""考终命"即"善终"。在现代医学技术非常发达的情境下,死亡往往不掌握在个体生命自己手里,而是取决于医院、医疗和医生,因此,对于现代意义上的"善终"即"尊严死亡"的追求,对由生到死的"死亡过程"的研究和讨论,已经成为一门大学问,不仅在纯粹学术意义上有"死亡学""生死学"等,在医学、护理学层面也有"临终关怀""安宁疗护"等专门学问。将西方"死亡学"和中国传统的生死哲学智慧相融合而创立华人社会"生死学"概念的台湾著名生死学者傅伟勋先生,曾经从理想条件和起码条件两方面来理解死亡的尊严或者说现代意义上的"善终","就理想条件而言,我们都希望能够避免恐惧、悲叹、绝望等负面精神状态,能够死得自然,没有痛苦。……就起码条件而言,……至少能够依照本人(或本人所信任的亲属友朋)的意愿,死得'像个样子',无苦无乐,心平气和"①。这样的死亡不但能让终末期病人可以平静地安排自己人生最后宝贵的时光,而且也可以因此减轻生者的悲痛,不至于为死者的死亡而痛不欲生。

但是,在"现代医学情境"下,因为医疗技术的发展和医学本身的异化,终末期病人往往遭遇着失去"死亡尊严"的尴尬处境,人们似乎越来越得不到"善终"。王云岭教授在《现代医学与尊严死亡》中指出,伴随各种"生命维持疗法"如人工呼吸装置、起搏器、鼻饲或静脉营养装置、透析仪、心血管药物等的应用,现代社会中的终末期病人常常处于这样的生存状态:身上插满管子,身体极度衰弱,床头的心电、脑电监测仪器时刻向医护人员报告着他的生理指标,鼻饲管供应着他赖以为生的营养,呼吸机给他提供着氧气;他不能活动,哪怕一个微小的翻身动作也不可能;周围没有亲人陪伴,除非在很短的时间里得到医院的特许。这就是所谓的"ICU病人形象"②。很多人这样孤独地死去,而这正是多数身处现代工业社会的人们的死亡群像。针对现代医学情境下个人死亡的无尊严现状,王云岭认为,在现代医学情境下,"优死"或者说"善终""好死",最为主要的内涵有两个:一是死亡时刻没有痛苦;二是死亡之前未曾受病痛折磨,特别是长期的病痛折磨。如果可以更进一步界定死亡过程中的尊严问题,则可以说:

> 一种死亡被视为优死,首先,意味着这种死亡是没有痛苦的,包括没有身体的疼痛以及精神的恐惧和压力。其次,意味着在这种死亡中,主体经历了精神的内在成长,这包括面对死亡的态度与选择死亡方式的意志。这种精神的内在成长是个体生命成长的重要组成部分。最后,意味着在这种死亡中主体获得了死亡的尊严,即或者因这种死亡赢得了他人的尊敬,或者在这种死亡中未曾遭受来自现代医学的侮辱,或者两者兼有。③

---

① 傅伟勋.死亡的尊严与生命的尊严[M].北京:北京大学出版社,2006:23.
② 王云岭.现代医学与尊严死亡[M].济南:山东人民出版社,2016:80.
③ 王云岭.现代医学与尊严死亡[M].济南:山东人民出版社,2016:181-182.

唐先生对死亡的过程有非常自觉的准备，这些准备不仅是在灵性精神的自觉方面，甚至包括死亡场地的选择、死亡方式的选择、死亡时刻的选择。唐先生在发现癌症复发后没有再进行极端的治疗，而是选择了中医保守治疗以减少痛苦；唐先生在病魔还没有导致其身体如医生所言"求生不得、求死不能"的"迫生"状态前，选择回家"等待""自然死亡"；唐先生选择了生命最后阶段的居家临终，在亲人陪伴中而不是在孤独的ICU中安然离开这个世界；唐先生临终的最后时刻，是自己走到椅子上坐下来，在夫人打两个求助电话的短暂时间平静死亡。在唐先生的"死亡准备"过程中，我们可以看到：首先，基于自己的生死智慧和生命自觉，他没有强烈的"精神恐惧和压力"；其次，他还在这一准备死亡的过程中经历了"精神的内在成长"；最后，因为唐先生在临终前选择了类似于当代的"居家安宁疗护"的方式回家休养和保守治疗，因而"未曾遭受来自现代医学的侮辱"，也没有经历剧烈的"身体疼痛"而导致自己失去尊严。因此，不管是从现代医学情境下的"尊严死亡"角度看，还是从中国传统社会所期待的"善终"来说，唐先生"死亡"这个生命事件，都可以称得上是"善终"。

（五）完善不朽的生命永恒

对生死问题的体验和意识关切，贯穿于唐先生一生的生命与学问。他在生命成长的早期，经历并深刻体验了好几次生死离别等重要事件。这些事件带给他的生命体验是如此深刻，以至于唐先生在写他一生最宏伟的著作《生命存在与心灵境界》后，还特别在"后序"中对它们一一记述；在他躺卧在病床上深刻反省自己的生命经验之时，也将它们梳理出来作为自己生命经历的重大事件；而在他于香港中文大学的退休演讲中，这种生死经验的回忆仍然是重要主题。而其终身的理论研究和思考，在相当程度上，都是带着这一问题意识的，并围绕这一问题意识展开自己的理论建构。为了解决他自己和现代人的生死困顿，唐先生立足于儒家生死观的基本立场，整合佛教及西方哲学的生死理论，提出了以实现"不朽要求"为目标，以"心灵生命"为基石，以"立三极"（人极、太极、皇极）、"开三界"（人格世界、人伦世界、人文世界）、"存三祭"（祭天地、祭祖宗、祭圣贤）为归旨，以"生死呼应""生死感通"为根本的一套性情化的生死哲学理论。

这样一套影响他终身并指导他"死亡准备"的生死哲学理论，用唐先生在26岁时发表的《论不朽》一文的话语来说，是一种确证生命永恒的"完善不朽论"。从青少年时期的生死体验与感悟，到30岁左右撰写的《人生之路》十部曲（包括《人生之体验》《道德自我之建立》《心物与人生》三书），再到50岁左右撰写的《人生之体验续编》《病里乾坤》和《中国文化之精神价值》等著述，及至晚年的结晶之作《生命存在与心灵境界》，唐先生在理论上建构起了这样一套"完善不朽论"的生死哲学。这套生死哲学以"心"为生命存在的依据，此"心"作为本体，既源于超越的"天"，又内在于每一个人的"性情"，是一种普遍存在于每一个个体生命之内，又连接于生命和世界的本源之"天"的超越性。此"仁心本体"的超越性表明，它不会随着肉体生命的死亡而成为"非存在"，所以是不死的；"仁心本体"的超越性会不断向自我发出超越性的自我命令，即提出理想志愿，而这种命令本质上也就是"天命"；人的身体和心灵以"呼应"关系，共同不断实现这些心灵志愿，创造新的"属人的"人文精神生命。由此，人的肉体与心灵一起，因为此人文生命的永存而永存。所以，每一个个体生命尽管有身体的死，其生命却是"死而不亡"的。不过，这样一种"死而不亡"的生命，必须建立在生者自己不断自觉地自我超越，以"义所当为"来要求自己"自觉地做自己该做的"的基础上，也就是说，生命存在必须充分发挥其"用"，此"用"也就是每个人"生活理性化"的过程。与此同时，每个人依照自己的"心"行"义所当为"之事，必然包括对其他个体生命的体认，亦即对人与人之间"精神空间"的确认，此精神空间也包括对"死者"之"余情"的体认。由此，生者与死者之间，通过"情志感通"建立起了通达的道路，"死者"以事实上的情意存在，生活于生者的生活世界，"洋洋乎如在其上""洋洋乎如在其左右"，生死世界成为一个整体通达的世界，这个世界涵射在我们的"理想"亦即"性情"之中。

唐先生生死哲学的核心意味，是要人领会到，一个人的"心"，是有旋转乾坤的力量的，只要你跟着自己基于"性情"的"心"走，使自己的生活不断"理性化"，你的生命即"一有永有"而进入"完善的不朽"。而面对自己的死亡，唐先生同样禀受天命，自觉地做自己该做的，使自己面对死亡的生活仍然是"理性化的"，亦即"道德的"生活，从而实现由生到死的真正的"尽性立命""天德流行"。可以说，唐先生以其全副生命实践着他自己生死哲学所倡导的"生活理性化"目标（尽性立命的道德生活），并以真切的行状给人们呈现了一种真正的"生活理性化"的生命样态。唐先生实际上是在通过自己的理论思考和生命实践，双重地建构自己让生命永恒的"完善不朽论"生死哲学。

附录1 转折与安顿

——唐君毅生命中的一九四九年

1949年,是现代中国社会的一个大转折,也是唐君毅人生的一个大转折。通过梳理1949年前后唐君毅生命中的一些重要事件及其思考,我们可以从生命哲学视域体会到一个儒者生命转折与安顿的思想智慧。

一、从聚散到离合:家庭亲情的转折与安顿

抗日战争结束后,唐君毅任职的中央大学于1946年秋天由重庆迁返南京。唐先生先被华西大学社会系借聘半年,到11月,始返南京授课。此时,五弟唐君实在南京工作,其余家眷则都还在成都。

1947年7月,唐先生从南京返回四川省亲。在宜宾老家,他与家人承接先辈遗风,将家中田地,全部免费托交表亲陈家人氏等佃农代种。他在这次老家短暂停留后,便急返南京,从此就再也没有回过故乡老家。

是年,中央大学哲学系人事纠纷达到至为激烈阶段。几经周折,唐先生受聘江南大学,中央大学允许唐先生请假一年,在中大所开课程,明年补上。当时,江南大学文学院院长为钱穆先生,研究所所长为许思园先生。在江南大学的工作安定下来后,秋天,唐先生母亲陈太夫人和夫人谢廷光等家眷便都移居无锡,唐先生得以侍奉母亲以尽孝道。

1948年秋,一方面,唐先生返回中央大学授课,同时在无锡江南大学兼课;另一方面,又分其心力于恢复鹅湖书院的工作,非常繁忙。母亲、夫人、小妹等家眷一并到南京,二妹则留无锡工作。中秋前,母亲、幼妹到无锡,二妹至中提议中秋去苏州游览。母亲担心唐先生届时到无锡而不欲去苏

州,妹妹谓,哥哥有嫂侄在南京,不会来无锡,于是同去苏州。等到次日返回无锡,发现唐先生果然来过。母亲知道唐先生来而复去,不得见母及妹妹,必甚失望,十分后悔苏州之行,并告诉二妹至中:"记得民国三十年在宜宾乡下时,哥哥尚未结婚。暑假中,廷光来玩,与之同去眉山看谢姻伯。回来我以'久望毅儿不至书以示之'一诗与看,他顿时神色黯然。"① 平日,母亲心中稍有不快,唐先生常常最先感到,并总是想尽办法安慰,直至母亲心情舒畅为止。

11月中旬,因为时局变化,唐先生决定与家人从上海坐船返回四川。19日下午,五弟、夫人廷光、女儿安仁、五弟夫人成蕙同车赴上海。20日,唐先生与母亲、六妹赴上海。因为时局稍好,且路费不足,并念行期太匆忙,母亲、廷光、成蕙、六妹等皆不愿在乱时分离,故决定暂不行。之后,因为没有船返回四川,便又陆续回到南京。

12月初,时局极度紧张,唐先生迁居中央大学宿舍大钟亭二十四号。11日,与母亲乘民俗轮抵上海。14日晨,民俗轮开行后,唐先生返回学校上课。在与母亲临别时,唐先生告诉母亲陈太夫人:"儿未尝为官吏,亦不隶任何政党,唯儿上承父志,必以发扬中华文教为归,今世乱方亟,以后行无定所,今有妹等侍养,望勿以儿为念。"当时母亲答曰:"汝必欲与中华文教共存亡,则亦任汝之所之矣。"②

1949年1月18日,唐先生送四妹、五弟登上江泰轮。船上极为拥挤,劳顿不堪。考虑到有老人,有已病的姐姐及小孩,照料实在困难,便写一封信至汉口转五弟,嘱咐路上不要着慌。送走亲人后,唐先生一人留无锡、南京。尽管战争迫在眉睫,仍然每日读书写作。此时正撰写《文化意识与道德理性》一书,每日几千字,到2月13日,完成论道德部分约36,000字。

2月下旬,广州华侨大学校长王淑陶先生约唐先生与钱宾四先生赴广州讲学。但是,学校及学生都挽留唐先生及钱先生,因此赴粤之事颇感困难。3月2日,给王淑陶先生去信决定暂不去粤。

4月4日,与二妹及钱先生同赴上海。5日,与二妹赴杭州访牟宗三先生。4月7日,与钱先生同乘金刚轮赴广州。11日抵广州,王淑陶先生派人来迎接。

---

① 唐君毅.唐君毅全集:第三十八卷·纪念集(下)[M].北京:九州出版社,2016:585.
② 唐君毅.唐君毅全集:第八卷·哲思辑录与人物纪念[M].北京:九州出版社,2016:29.

6月7日夜，与二妹及钱宾四先生乘船抵香港，一起任教于沙田大围铜锣湾的华侨工商学院。当时谢幼伟先生与张丕介先生也在香港，唐先生与他们时有往还。

随着唐先生在香港暂时落脚，为了生活方便，母亲命唐先生夫人谢廷光也到香港，与唐先生共患难。但路途周折，直到8月19日，夫人谢廷光才与六妹一起到达香港。二妹至中则于7月18日乘飞机返回重庆，陪伴母亲。

1950年2月1日，二妹自汉口来信，知道二妹已经与母亲、女儿安仁出川赴无锡，甚感欣慰。

1950年6月21日，六妹与胥灵臣在香港结婚。23日，与夫人谢廷光、六妹、胥灵臣回拜数位客人。但是在访完二友后，胥灵臣忽然不愿同去了，唐先生很是生气。24日夜，与六妹与灵臣说回拜的理由，言"人不能太小孩气太任性"，并自谓："我喜教人，常使人不快，以后宜少责人。"[1]唐先生对六妹和胥灵臣多有教诲，仍然希望他们勿忘学问，但是深感难以有效。日记中感叹："习俗环境宜人，我亦无法。对家庭中人与亲戚只能望之能生存，甚难勉以道义，往往用力多而成效少。学问事业之相勉皆只能求之于师友，此点我以后当记住，以免自讨烦恼，浪费精力。"[2]

唐先生到香港后一直十分惦记母亲。日记中言"我常念母亲，但不能返内地"[3]，于是希望接母亲到香港一同居住。六妹宁孺在港与胥灵臣先生结婚不及半月，即返内地迎唐先生母亲陈太夫人及唐先生之女公子安仁小姐来港，因为时局不定暂缓。11月15日，六妹终于接到母亲一起到达香港。当时桂林街住址狭窄，母亲陈太夫人乃与其六女同住，唐先生每隔二三日即往问起居，并视母亲是否长胖，然后出游。

二、从江南到新亚：教育事业的转折与安顿

1946年秋，中央大学由重庆迁返南京。唐先生于11月返南京授课。

1947年，中央大学哲学系人事纠纷达到激烈阶段。系内要解除牟宗三与许思园两位先生的教授职务。唐先生为抱不平，屡屡仗义执言。只是，即使

---

[1] 唐君毅.唐君毅全集：第三十二卷·日记（上）[M].北京：九州出版社，2016：40.
[2] 唐君毅.唐君毅全集：第三十二卷·日记（上）[M].北京：九州出版社，2016：40.
[3] 唐君毅.唐君毅全集：第三十二卷·日记（上）[M].北京：九州出版社，2016：42.

舌敝唇焦，亦无法劝解。无锡江南大学初创，学校创办人荣德生先生聘请唐先生、牟先生、许先生为江南大学教授。为了体现对朋友的道义支持，唐先生接受了江南大学的聘任。但是，江南大学不允许唐先生同时兼任中央大学教席，并要唐先生出任教务长之职。唐先生本不愿意担负教育行政工作，唯以朋友相劝，终无法推辞。而中央大学方面，又不肯让唐先生走，为此唐先生感到十分为难。母亲曾经给小妹信中说到此事："汝兄太不忍拂人之意，致优柔寡断。此次于中大、江大两校之去留问题上，汝兄精神上受损不小。"① 几经周折，中央大学才允许唐先生请假一年，在中大所开课程，明年补上。

1948年夏，唐先生亲往鹅湖书院，筹备复校。唐先生认为，书院教育不失为良好的办学方式。所以，自抗战胜利复员伊始，即企图恢复宋代朱陆曾在那里讲学的鹅湖书院。鹅湖书院在江西省铅山县北15华里处的乡间，当时由程兆熊先生在该处开办信江农业专科学校，后扩充为农学院，并为国民政府国防部代办两班青年军屯垦职业训练，学生千余人。唐先生往访，为学生讲孔子、耶稣、释迦牟尼、苏格拉底，并在此撰写《文化意识与道德理性》一书。唐先生当时与程先生相约，先由农专附设鹅湖书院，然后逐渐改为由鹅湖书院附设农专。此事不仅得程先生赞成，钱穆、牟宗三、李源澄、周辅成诸先生亦赞成。唐先生得此鼓励，乃积极安排相熟朋友到信江农业专科学校工作，为重建鹅湖书院做准备。是年秋，一方面，唐先生返回中央大学授课，同时在无锡江南大学兼课；另一方面，又分其心力于恢复鹅湖书院的工作，非常繁忙。

是年6月中，唐先生辞江南大学教务长职，并感叹"下期摆脱教务，当可较闲也"。6月19日在日记中自言，"深感处人办事，必须处处沉着，见侮不辱，并且须要出语斩截，方能有力。自问为人过于仁柔，苦口婆心，用之于教育则宜，用之于办事，则太啰唆，使人不得要领，无所适从"②。

11月初，与徐复观先生谈时局。唐先生认为，其时之中央政府必迟早崩溃。未来政府，唯有一方面行社会主义，一方面保存国家民族意识，方能存在。故曾欲发动一文化思想运动，一面标举民族国家大义，一面主张平均财富，不惜两面受敌，并准备自我牺牲。

---

① 唐君毅.唐君毅全集：第三十八卷·纪念集（下）[M].北京：九州出版社，2016：584.
② 唐君毅.唐先生全集：第三十二卷·日记（上）[M].北京：九州出版社，2016：2.

1949年2月下旬，广州华侨大学校长王淑陶先生约唐先生与钱宾四先生赴穗讲学，但学校及学生挽留唐先生及钱先生，赴粤事颇感困难。3月2日，给王淑陶先生去信决定暂不去粤。4月4日，与二妹及钱先生同赴上海。7日，与钱先生同乘金刚轮赴粤。11日，抵广州，王淑陶先生派人来迎。

6月7日夜，与二妹及钱宾四先生乘船抵港，同任教于沙田大围铜锣湾的华侨工商学院。8月10日，李稚甫先生到港，欲办一孔学院。当时，预料到共产党解放全中国可能成为现实，担心中国文化将断绝，颇为感慨，又当孔子2500年纪念，故欲成立孔学院，但此事最终未成。唐先生连续几日撰写纪念孔子文《孔子与世界圣哲》，及孔孟人禽之辨、义利之辨、王霸之辨、夷夏之辨新释等文。

8月24日，唐先生返广州，宿李稚甫先生家。其时，广州已临近解放，无党无派且在经济上甚至赞同社会主义，只因在哲学观点上不认同唯物主义的唐先生，怀着万般复杂的情绪，于9月10日再度赴港。从此，唐先生就再也没有回过内地。

10月10日，与钱宾四、张丕介、崔书琴、谢幼伟、程兆熊、刘尚一诸先生创办亚洲文商夜学院，钱先生为院长。夜学院初只租赁九龙佐敦码头附近伟晴街华南中学内3间教室上课。另在附近炮台街租一四百尺左右楼宇为宿舍，内除杂陈八九张铁架床做学生宿位外，另有容一行军床、一桌、一椅的房间，作为钱先生的寝室与办公室。此即亚洲文商夜学院大本营，此外毫无其他设备。后程兆熊先生由台湾招来10多位学生，炮台街无法安置，正当情势窘迫之际，上海商人王岳峰先生挺身而出，给予经济上的支持，乃在香港北角英皇道海角公寓内租用若干房间，做临时的宿舍和教室用，白天上课，晚上作为宿舍休息。如此，草创时期的亚洲文商夜学院，也有了分校。当时，正校与分校学生合共50人左右，由钱先生教中国通史，唐先生教哲学概论，张丕介先生教经济学，崔书琴先生教政治学，刘尚一先生教国文，还有一位夏先生教英文。谢幼伟先生则去了南洋，程兆熊先生去了台湾。

当时，唐先生与钱先生均往来于沙田、九龙、香港之间。每当唐先生与钱先生均在九龙有课时，唐先生即在炮台街宿舍内与学生同睡铁架床，于梦寐之中，常有"天呀！天呀"的呼喊。唐先生最初和程兆熊先生同住于友人所办的华侨中学内，在一间教室，把课桌合起来睡。他常在睡梦中叫天，把程先生吵醒。随后，唐先生夫妇与程先生隔房而居，程先生在夜间，每每隔壁听到他梦话。① 唐先生当时的心境，由此可以想见。

1950年2月28日，由于得到王岳峰先生经济上的支持，亚洲文商夜学院改组为新亚书院。唐先生日记言："今日下午迁移桂林街新校舍。学校由夜校改为全日上课之书院，此实赖王岳峰先生之资助。"② 王先生慨然以发展海外文化教育事业为己任，认为新亚书院应为一所现代性的国际大学，内设文、理、法、商、医务学院，故其规模绝不小于香港大学。唯大处着眼，小处着手，故初步发展，租用九龙深水埗桂林街六十一、六十三、六十五号三、四楼，作为校舍，除四楼用作教室外，三楼则用作办公室、学生宿舍及教员宿舍。由此，唐先生等到港后的教育事业，总算有了一枝之栖。

改组后的新亚书院，钱先生仍任校长，唐先生任教务长，张丕介先生任总务长。新亚书院初期原设文史系、哲学教育系、经济学系、商学系、农学系及新闻社会系。农学系第一年开设后，因未能设立附属农场，中途停办。新闻社会系在第一年开设后，因校舍不敷，亦停办。文史系主任由钱先生兼任，哲教系主任由唐先生兼任，经济学系主任由张丕介先生兼任，而商学系系主任由杨汝梅先生担任。唐先生、钱先生、张先生三人均在三楼分住一房间，彼此朝夕相处，相依为命。

新亚书院办学旨趣，在其招生简章中有概括说明。内云：

> 上溯宋明书院讲学精神，旁采西欧大学导师制度，以人文主义之教育宗旨，沟通世界东西文化，为人类和平、社会幸福谋前途。本此旨趣，一切教育方针，务使学者切实了知为学、做人同属一事。在私的方面，应知一切学问知识，全以如何对国家社会人类前途有切实之贡献为目标。惟有人文主义的教育，可以救近来教育风气专门为谋个人职业而求智识，以及博士式、学究式的为智识而求智识之狭义的目标之流弊。

新亚书院注重为人与为学相统一的通才教育。其"校训"是"诚明"。"诚明"二字见于《中庸》。《中庸》曰："诚者，天之道也。诚之者，人之道

---

① 唐君毅.唐君毅全集：第三十七卷·纪念集（上）[M].北京：九州出版社，2016：52.
② 唐君毅.唐君毅全集：第三十二卷·日记（上）[M].北京：九州出版社，2016：36.

也。""自诚明，谓之性。自明诚，谓之教。诚则明矣，明则诚矣。"诚是德性行为方面的，明是知识了解方面的。诚是一项实事，一项真理；明是一番知识，一番了解。其校徽是根据汉墓出土"孔子问礼于老子"画像设计，中间镶上"诚明"校训二字。

新亚书院的校歌歌词为校长钱穆先生所作：

> 山岩岩，海深深，地博厚，天高明，人之尊，心之灵。广大出胸襟，悠久见生成。珍重珍重，这是我新亚精神。十十万里上下四方，俯仰锦绣，五千载今来古往，一片光明。万万神明子孙，东海西海南海北海有圣人。珍重珍重，这是我新亚精神。手空空，无一物，路遥遥，无止境。乱离中，流浪里，饿我体肤劳我精。艰险我奋进，困乏我多情。千斤担子两肩挑，趁青春，结队向前行。珍重珍重，这是我新亚精神。

新亚书院还有独特的具有中国传统文化气息的24条《学规》，由钱先生、唐先生、张先生以及吴俊升先生共同讨论拟定：

> 凡属新亚书院的学生，必先深切了解新亚书院的精神。下面列举纲宗，以备本院诸生随时诵览，就事研究。
> （1）求学与做人，贵能齐头并进，更贵能融通合一。
> （2）做人的最高基础在求学，求学之最高旨趣在做人。
> （3）爱家庭、爱师友、爱国家、爱民族、爱人类，为求学做人之中心基础。对人类文化有了解，对社会事业有贡献，为求学做人之向往目标。
> （4）祛除小我功利计算，打破专为职业、谋资历而进学校之浅薄观念。
> （5）职业仅为个人，事业则为大众。立志成功事业，不怕没有职业；专心谋求职业，不一定能成事业。
> （6）先有伟大的学业，才能有伟大的事业。
> （7）完成伟大学业与伟大事业之最高心情，在敬爱自然，敬爱社会，敬爱人类的历史与文化，敬爱对此一切的知识，敬爱传授我此一切知识的师友，敬爱我此立志担当继续此诸学业与事业者之自身人格。

（8）要求参加人类历史相传各种伟大学业、伟大事业之行列，必先具备坚定的志趣与广博的知识。

（9）博通的知识上，再就自己材性所近作专门之进修，你须先求为一通人，再求成为一专家。

（10）人类文化的整体，为一切学业事业之广大对象，自己的天才与个性，为一切学业事业之最后根源。

（11）从人类文化的广大对象中，明了你的义务与责任，从自己个性的禀赋中发现你的兴趣与才能。

（12）理想的通材，必有他自己的专长，只想学得一专长的，必不能具备通识的希望。

（13）课程学分是死的，分裂的；师长人格是活的、完整的。你应该转移自己目光，不要尽注意一门门的课程，应该先注意一个个的师长。

（14）中国宋代的书院教育是以人物为中心的，现代的大学教育是以课程为中心的。我们的书院精神是以各门课程来完成人物中心的，是以人物中心来传授各门课程的。

（15）每一个理想的人物，其自身即代表一门完整的学问。每一门理想的学问，其内容即形成一理想的人格。

（16）一个活的完整的人，应该具有多方面的知识；但多方面的知识，不能成为一个活的完整的人。你须在寻求知识中来完成你自己的人格，你莫忘失了自己的人格来专为知识而求知识。

（17）你须透过师长，来接触人类文化史上许多伟大的学者；你须透过每一学程，来接触人类文化史上许多伟大的学业与事业。

（18）你须在寻求伟大的学业与事业中来完成你自己的人格。

（19）健全的生活应该包括劳作的兴趣，与艺术的修养。

（20）你须使日常生活与课业打成一片，内心修养与学业打成一片。

（21）在学校里的日常生活，将会创造你将来伟大的事业，在学校时的内心修养，将会完成你将来的伟大人格。

（22）起居作息的磨炼是事业，喜怒哀乐的反省是学业。

（23）以磨炼来坚定你的意志，以反省来修养你的性情。你的意志与性情将会决定你将来学业与事业的一切。

（24）学校的规则是你们意志的表现，学校的风气是你们性情的流露，学校的全部生活与一切精神是你们学业与事业之开始。敬爱你的学校，敬爱你的师长，敬爱你的学业，敬爱你的人格。凭你的学业与人格来贡献于你敬爱的国家与民族，来贡献于你敬爱的人类与文化。

新亚书院成立之初，共聘请专任教授8人，各支月薪500元，连同房租与杂费，学校全年预算将近10万元，这是一笔庞大的数字。因为得到王岳峰先生在经济上的支持，人人相信新亚将有一番光明的前途。当时校内师生固然非常兴奋，校外人士亦为之欣羡不已。但是，开学两月后，由于王岳峰先生的企业受到致命打击，无法继续支持新亚，经费来源断绝，新亚书院立即陷入极度危险的深渊。当时唐先生与钱、张两位先生同为学校负责人，均焦急万分。教授薪金可以拖欠，课程却必须继续，房租必须按月支付，工读生的生活费亦不可减，更不能停。新亚当时从学生处所收到的学费，只占书院总开支的20%，远不足够。为了维持新亚书院的运转，只好如张丕介先生所形容的，学习"武训"行乞办学的精神，四处劝人募捐。一方面，校长钱先生到台湾筹募捐助；另一方面，教师暂缓领薪酬，四处张罗。香港、九龙两地朋友，莫不热心协助。只是，相识者多为两袖清风，逃亡来到香港的知识分子，他们多半自顾不暇，捐助一两次，便无能为力。于是，唐先生等人只有不停向报纸、杂志投稿，领取微薄的稿费，拿稿费补助书院，虽是零星收入，亦聊胜于无。以至张丕介先生把夫人的首饰都拿出来典当以支持新亚。是年冬，钱先生赴台北募款见蒋介石，得到蒋介石答应从台湾当局领导人办公室办公费中节省，每月支持新亚3000元。

在桂林街时期，新亚书院的学生大多数是从内地流亡来港的青年，他们向往中国文化传统，有强烈的国家观念和民族观念，他们把学校当作一个大家庭。在生活极端困顿之下，人人努力学习，对师长衷心崇敬，在课程之外，锻炼自己，承担传承文化的使命。当时学校不雇工人，实行工读制度。由于学校无医药设备，对一些贫病交迫、举目无亲的学生，学校亦要接洽私人医生，为他们免费治疗，而所谓"新亚精神"，亦因此逐渐形成。

是年冬，新亚书院创办文化讲座，由唐先生主持其事。于每星期日晚邀请学者来校进行公开的专题讲演。文化讲座的听众，来自四面八方，讲后热烈讨论，充分表现出学术自由与思想自由的精神；文化讲座的讲者，虽无报酬，然共叙一堂，讨论学术，亦可略慰寂寞的流亡生活。这一文化讲座从是年冬天开始，共举办139次，持续3年之久。讲座内容涉及新旧文学、中西哲学、史学、经学、理学、各大宗教思想、中国传统艺术、戏剧、绘画、诗歌、社会学、经济学等。3年中，皆由唐先生主持其事。这些讲演的内容，后由孙鼎宸先生收集不完整的笔记，请原讲者修正补充后，编印成《新亚书院文化讲座录》（以下简称《讲座录》），成为新亚教育的重要文献之一。据《讲座录》所载，讲演者除专门学者外，包括儒、佛、耶、回诸教人士，除唐先生本人外，计有钱穆、罗香林、饶宗颐、林仰山、牟润孙、简又文、吴克、张纯温、黄天石、杨宗翰、刘百闵、徐庆誉、谢扶雅、印顺法师、融熙法师、彭福牧师、张性人、梁寒操、吴俊升、王书林、何福同、章辑五、曾克端、余雪曼、罗梦册、余协中、张丕介、沈燕谋、伍镇雄、张云、程兆熊、张公让诸先生。由此亦可见唐先生与当时学人交往之一斑。

三、从人生到人文：思想学术的转折与安顿

唐先生是十分勤奋的学者，但在抗战最艰难的时期，也很难尽心做研究写作。在1945年11月10日给夫人谢廷光的信中，唐先生写道："我在此一月半中写了中国哲学史10万字。三四年来均未写文，……我想即以此十万字与你作生，好不好？"[①]1946年，唐先生发表《宋明理学之精神论略》《易经经文所启示之哲学思想》《略辨老庄言道之不同》《佛学时代之来临》《汉代哲学思想之特征》等文，1947年，唐先生再发表《中国古代民族之凝合意识》《中西文化之不同论略》《论墨学与西方宗教精神》《王船山之性与天道论通释》（上、中、下）、《朱子之理先气后义疏释——朱子道德形上学之进路》（上、下）、《中国科学与宗教不发达之古代历史之原因》等文，这些关于中国哲学史的学术论文，大概就是他撰写的"中国哲学史"的一些内容。这为唐先生后来在香港撰写《中国文化之精神价值》《中国人文精神之发展》及六大卷《中国哲学原论》等著作打下了坚实的基础。

随着时局的变化和发展，唐先生的思考也在超越纯粹书斋，开始关注社

---

① 唐君毅.唐君毅全集：第三十卷·致廷光书［M］.北京：九州出版社，2016：212.

会文化问题。在1947年发表的《当前时局之回顾与前瞻》就是一篇典型的思考这方面的文本。《当前时局之回顾与前瞻》是一篇反省国共内战而表明自己立场的独特政论文章。在此文中，唐先生通过对国共两党斗争历史与现实的分析，通过对国民党、共产党的政治主张和理论主张的分析，一方面基于现实提出了内战将继续的"悲观想法"，另一方面又基于理想提出了国共整合国家统一富强的"乐观想法"。

一方面，唐先生认为，国民党政府与共产党的战争，根本上是两种社会意识，两种客观的社会政治理想分途发展、各走极端，进而抹杀另一面之重要的必然结果。而这两种社会政治理想，一为国家民族之独立与统一，一为社会主义经济制度的实现，本来是可以不冲突的，之所以导致如此冲突，根本上是由于数十年来中国社会政治思想始终未能真正建立起健全的国家观念、国家意识。[①] 在唐先生看来，除非这两种政治理想能趋于融合，中华民族求独立、求建国的运动与社会主义经济改造运动能合流；除非求国家统一的社会意识与求平均财富的社会意识凝而为一；除非中国人能以国家政治的力量，一面重建中国文化，一面改革经济；否则中国的内战将必然继续下去。即使是一方全胜，如果这两种意识未趋统一，一方的势力就仍将顺着两种意识的分化而分裂，战事就仍将再起。这是唐先生对于当时中国时局的绝对悲观的看法。

另一方面，唐先生又认为，从整个中国文化与历史来看，中国从古至今的文化理想中，都明显同时肯定国家与社会主义经济。孔子与整个儒家文化传统，即一方要讲春秋大义，一方要讲平均财富。而这传统源远流长，根深蒂固，结在中华民族的心里。现在社会主义意识与民族国家意识，根本是从此传统流出互相分裂而成的两种意识。因其分裂而各走极端，遂亦忘其本，于是造成社会意识的自相矛盾，以致形成战争。然而，我们只要真知此存在于中国历史文化长流中，则知分裂之流终将汇合。而各走极端的政治理想，终将自觉其本同而趋于统一。唐先生强调，这是他关于中国时局与前途绝对乐观的想法，也是应该有的根本出发点。正是基于这一根本出发点，唐先生非常自信地宣称：

---

① 唐君毅.唐君毅全集：第十五卷·东西文化与当今世界［M］.北京：九州出版社，2016：142.

> 我可以斩截地断定，社会主义之实现与中华民族之求独立与国家之统一，在理论上绝无不相容性。将来在中国实行的社会主义必须接上中国之历史文化，而化为中国式的。所以我们说中华民族之求独立与建国之运动与社会主义之经济制度之实现，在理论上必可统一。①

而且强调：

> 在当前的情形下，谁先认识先实践此一条大路，谁胜利。如真都认识了，则亦用不着战争。如一方不认识而只专恃武力则纵然此方在军事上一时胜利，其自身亦将再分裂，而最后胜利者只是在此大路上走的人。这是我对于中国政治前途的预言。②

相似的观点和态度，唐先生在1948年11月初与徐复观先生谈时局时也谈到。唐先生认为，未来的政府，唯有一方面行社会主义，一方面保存国家民族意识，方能存在。因此，唐先生欲发动一场文化思想运动，一面标举民族国家大义，一面主张平均财富，不惜两面受敌，并准备自我牺牲。

其时，唐先生的主要学术精力都在撰写《文化意识与道德理性》一书，每日几千字，到1949年2月13日，完成论道德部分约36,000字。在日记中记载道："此书全部之成约30万字，再作一附论，教育、法律与历史文化之全体者，即可完成。"③当年发表的《道德意识通释》《论家庭之道德理性基础》两文，即《文化意识与道德理性》其中的两章。

唐先生的思想特点一直是"人"与"文"的相互诠释，这在《柏溪随笔》这样的早期文本中就已充分体现出来。只是，青年时期完成的《人生之路》十部曲及由此出版的代表思想成熟的《人生之体验》和《道德自我之建立》，更多的还是以讨论人生问题为主，"人"是主题，"文"是适应"人"的需要的副题。这就是唐先生所说的"立人极"。但是，随着社会政治局势的变化，

---

① 唐君毅.唐君毅全集：第十五卷·东西文化与当今世界［M］.北京：九州出版社，2016：144-145.
② 唐君毅.唐君毅全集：第十五卷·东西文化与当今世界［M］.北京：九州出版社，2016：146.
③ 唐君毅.唐君毅全集：第三十二卷·日记（上）［M］.北京：九州出版社，2016：17.

唐先生思想学术中对"文"的关注和思考也越来越占据主要地位，社会文化成为其思想探索的中心议题，而"人"则退居为副题。这就是唐先生后来所说的"立皇极"。《文化意识与道德理性》一书便是这样一种过渡。

在这样一种"人文观照"的视域下，即使是对纯粹学术史、思想史的探讨，也被赋予了极强的当下社会文化意义。比如，本年发表的《王船山之文化论》《王船山之人道论通释》两文（后编入《中国哲学原论原教篇》的第二十三章、二十四章、二十五章），在思想文化层面，重在梳理王船山的人道论和文化哲学思想。但是，唐先生之所以强调王船山文化思想的重要性，更看重的是其现实社会文化意义："在中国则欲救清儒之失，不以考证遗编，苟裕民生为已足，而欲建立国家民族文化之全体大用，则舍船山之精神，其谁与归。"①

同样，本年发表的《从科学的世界到人文世界》《人文世界之内容》两文（后编入专著《人文精神之重建》第一部之二、三），唐先生则明确提出了自己理想的"人文世界"：

> 我理想的世界，我不名之为联合国的世界，不名之为社会主义的世界、共产主义的世界，而名之为以德性为中心而人文全幅开展的世界；不名之为一大同的世界，而名之为一太和的世界。我理想的世界中之人生，不只名之为人人能各尽所能、各取所需的人生，人人都能满足其欲望，不断地享幸福的人生，而名之为德慧双修的人生，福慧双修的人生，而一切幸福皆从德慧来。②

唐先生在原则上反对只以政治经济的范畴划分世界，认为只有先跳出这些从政治经济的范畴来划分世界的观念，才能了解理想的世界，实现理想的世界。唐先生理想的世界是全幅开展的人文世界。人文中包括政治经济，但主要内容是艺术、文学、宗教、道德、科学、哲学。政治经济只是人文的最外部一层、最表面一层。理想的世界是以德性为中心而全幅开展的人文世界。

---

① 唐君毅.唐君毅全集：第二十二卷·中国哲学原论·原教篇[M].北京：九州出版社，2016：547.

② 唐君毅.唐君毅全集：第十卷·人文精神之重建[M].北京：九州出版社，2016：21.

在此世界中，每个人生活的重心，在了解真理、欣赏美、实践道德上的善，而与天合德，与神灵默契，这中间有无限的天地。

在唐先生看来，"人"与"文"是共生的。人文润泽人生，人文充实人生；人文表现人性，人文完成人性。脱离人文的人生，是空虚的人生，是自然的人生，是只表现动物性的人生。违背人性的人文，是片面发展的人文，是桎梏人生之人文。片面发展的人文乃人性之片面发展所生。片面发展人性所成之人文之固定化，即脱离整个人生要求而桎梏人生，湮灭人性。在人文的世界，人不仅是人，而且必须自觉他是人，异于禽兽、异于物，自觉求表现其人性，以规范限制超化其动物性、物性之表现。人之异于禽兽主要在其心，所以人文世界之人，必重人的哲学、心的哲学。基于这样一种人文认识，唐先生提出了他人文化的社会理想：

> 在我们理想之社会，人人都有较高之文化意识与德性，但我不相信一种绝无人我之分别、无家庭之分别、无国家之分别之浑然一体之世界，可以实际的实现，而且即是一最好的世界，如许多人所想。因为如果此世界实际上真成如此，则一切人成为一个人。人与人间无差别，亦将无感通精神之必要。人如无可私之一切，亦将无逐渐化私为公之道德的努力，无由狭小的自我逐渐扩大，以爱家庭，而国家，而天下之历程。如果我们再想一理想的世界，其中一切人，均只有一个想象、一个意志、一个情感，过着同一文化生活，再无一切之差别；则人之思想之交流莫有了，情意之互相关切莫有了，文化活动之互相观摩、欣赏、互相砥砺、批评，与互相影响、充实、互相提携引导之事都莫有了。这将只是人文世界之死亡，而不见有人文世界之存在生长。所以我们理想的世界，不是无异之人与人同之世界，而是有异而兼容、相感、相通，以见至一之世界。异而相感相通之谓和。所以我们不名我们理想世界为大同之世界，而名之为太和之世界。和与同之不同，是我们所最须认识的。[1]

当然，"人"与"文"的相互共生、相互促进，既是在生成越来越完美的

---

[1] 唐君毅.唐君毅全集：第十卷·人文精神之重建：[M].北京：九州出版社，2016：43.

"人"，也需要人不断实践真实的"文"，这需要豪杰精神而至于圣贤。而孔子则是"文质彬彬"的这样一种"人""文"共生的典型代表。

1950年，唐先生在《民主评论》上发表的《孔子与人格世界》（后收入《人文精神之重建》一书）一文，可以看作唐先生这一阶段思想转折与安顿的最好注脚。

在《孔子与人格世界》一文中，唐先生将中西方人格世界综合论述，列出了六种人格类型：（1）纯粹之学者、纯粹之事业家型，如康德、苏格拉底等，此种人物堪崇敬者甚多；（2）天才型，此指文学艺术哲学上之天才，如贝多芬、莎士比亚、歌德、李白等；（3）英雄型，此可谓一种在政治上军事上创业之天才，如刘邦、唐太宗、亚历山大、拿破仑等；（4）豪杰型，如屈原、墨子、玄奘、鲁仲连、荆轲、马丁·路德等；（5）超越的贤圣型，如穆罕默德、耶稣、释迦牟尼、甘地、武训等；（6）圆满的贤圣型，如孔子及孔子教化下之圣贤等。唐先生强调，在这六种人格类型中，居于后者的价值，尽管不必都比在前者高，却可以依次加以解释，如此可以逐渐凑泊到对孔子人格的了解。

论及豪杰精神，唐先生谓：

> 豪杰之士，其豪杰性之行为与精神，则自始即能自作主宰。真能自作主宰，亦可兼为英雄。然为英雄者，不必能为豪杰。又豪杰性之行为与精神，通常不先见于其积极的外求有所表现有所成之动机，而见于其能推倒开拓，不顾世俗毁誉得失，而独行其是上。故其行径，常见其出于不安不忍之心。在晦盲否塞之时代，天地闭而贤人隐，独突破屯艰而兴起，是豪杰之精神。积暴淫威之下，刀锯鼎镬之前，不屈不挠，是豪杰之精神。学绝道丧，大地陆沉，抱守先待后之志，悬孤心于天壤，是豪杰之精神。学术文化之风气已弊，而积重难返，乃独排当时之所宗尚，以涤荡一世之心胸，是豪杰之精神。

> 其他一切人——无论名见经传与否，凡有真知灼见，真担负，而不计得失、毁誉、成败、利钝，独有所不为，或独有所为者，皆表现一豪杰之精神。豪杰者，个人之自作主宰之精神，突破社会与外在之阻碍、压力、闭塞与机械化，以使社会之客观精神，重露生机；如春雷一动，

使天地变化草木蕃者也。天才与英雄，不能不表现自我，故不能免于求人之知之，求人之附和，遂不免功名心。而豪杰之士，则常忘世俗之毁誉得失，初无功名心，而只是一独行其是。①

……

豪杰之士，"其人虽已没，千载有余情"。故奋乎百世之上，百世之下，闻者莫不兴起。"千载而一遇，犹旦暮遇之也。"今人喜言个人主义之精神，而不知推尊天才英雄豪杰之士，而只以一般个人之政治上之权利为言，实不足。唯个人无待于外之创造性的自由精神，乃真有无待于外之价值。而豪杰之士有真知灼见，真担当时，以一人之百折不回之心，使千万人为之辟易，乃真表现创造性的自由精神，为天地正气之所寄。斯真堪尊尚已。②

以上一段文字，在唐先生去世后，陈文山先生在其悼文中引述，可作为唐先生全副真性情、真肝胆的自然流露，其足以表达唐先生生平之气象与行状，胜过他人千万首挽词。

论及孔子圆满的圣贤人格，唐先生谓：

孔子之大，大在高明与博厚。释迦耶稣之教，总只向高明处去，故人只觉其神圣尊严。孔子之大，则大在极高明而归博厚，以持载一切，肯定一切，承认一切。所以孔子教化各类型的人，亦佩服尊崇各类型之人格。他不仅佩服与他相近的人，而且佩服与他似精神相反的人。③

……孔子之精神，乃御六龙而回驾，返落日于中天。融生命之壮采，咸依恃于仁体。任云兴而霞蔚，乐并育于太和。唯此德慧，上友千古，下畏后生。则哲人往而长在，逝者去而实留。德慧其而永恒在斯，大明出而虚空充实。斯悠久以无疆，即至诚而如神。大地不必平沉，山河何须粉碎？皆永恒之大明之所周布矣。现实世界，由此得被肯定有所依，而参赞化育曲成人文，利用厚生之事，皆得而言。此即孔子大明终始，

---

① 唐君毅.唐君毅全集：第十卷·人文精神之重建[M].北京：九州出版社，2016：170.
② 唐君毅.唐君毅全集：第十卷·人文精神之重建[M].北京：九州出版社，2016：171.
③ 唐君毅.唐君毅全集：第十卷·人文精神之重建[M].北京：九州出版社，2016：180.

云行雨施，厚德载物，含弘光大之精神，所以为圆满。①

"豪杰精神"和"圣贤人格"，便是唐先生为其"理想的人文世界"所准备的人格力量。从1949年到香港，到1978年去世，在香港的近30年生命历程中，唐先生秉承这种人格力量，在新亚书院的教育事业中，在对中西印三大思想系统的融合中，在对人文社会理想的探索中，在对生命存在境界的追求中，披荆斩棘，超越社会的病痛和自己身体的病痛，开启了独特的"唐君毅之中国文化运动"，实现了其"完善不朽论"所追求的人生不朽的目标。

---

① 唐君毅.唐君毅全集：第十卷·人文精神之重建［M］.北京：九州出版社，2016：182.

附录2 沉淀与突破

——唐君毅生命中的一九五七年

成为一个什么样的思想家,当然是一个思想家终身学养、内在信念、思维方式、时代背景等因素综合决定的,这些因素综合作用的方式具有必然性,也具有一定的偶然性。由此,在一个思想家的成长历程中,便总会有一些时间点和空间点,成为促使他成为他那样的思想家的"关节点"。对这些"关节点"的把握,不管是思想史研究还是文化史研究,都可以从中寻到一些我们可能忽视掉的重要线索。

唐先生作为"他之为他"的独特思想家,其生命历程中也有这样一些"关节点",1957年便是其中十分重要的一个。唐先生此年度跨越亚、欧、美的环球游学及其自我反思,对于唐先生甚至整个现代新儒家的独特思想意义、学术意义和文化史意义:一方面,它直接催生了《中国文化与世界》宣言的产生和现代新儒家群体正式登上历史舞台,在一定程度上改变了中国现代思想文化和学术谱系;另一方面,它导致了唐先生个人思想学术方向的转向和深化,促进了其个人在哲学层面融通中西印三大文化,建构"三极并立"的哲学思想体系,使他真正成为一个世界级的大思想家、大哲学家。

一、生命经验:怀抱传统的第一次出国经历

唐先生早年没有留学经历,甚至还因此在大学和社会中受到贬低和排挤。在唐先生近"知天命"之年的时候,他有了第一次也是时间最长、意义最为重大的一次出国经历。此时,唐先生不是作为"学生"去向西方学习,而是作为"思想家""哲学家"去体验、观察、体会、反思西方文化,并验证自己

思想中已经建构起来的中国和世界文化重构的基本信念。

1957年2月10日至8月29日，唐先生应美国国务院邀请，首次出国进行考察访问，历经近7个月，遍游日本、美国及欧洲各地。此次出国从香港出发，一路向东，经日本到美国，以美国为主，然后继续向东，经英国、比利时、法国、瑞士、德国、意大利到土耳其，最后经印度回到香港，是一次完完整整的环球行。

2月10日，唐先生乘机至东京，胡兰成、池田、清水、小林、和崎等人到机场迎接。在日本，唐先生曾拜访及游览日本外务省、亚细亚大学、日光、东照宫、明治时代孔庙、神宫、奈良东大寺、奈良博物馆、京都大学、日本皇宫、四天王寺等，并开展多场学术讲座活动。

2月23日，唐先生转赴美国檀香山，开始美国行程。2月26日，飞往旧金山，展开连串的访问活动。唐先生此次访美，共5个月，在Annapolis前后7周，在芝加哥、New Haven（纽黑文市）、纽约各约3周，在华盛顿约住两周，共12处。除为新亚书院向亚洲协会接洽捐书，交涉韩裕文遗书赠新亚，向美国国会图书馆及芝加哥图书馆交涉与新亚交换书籍及与雅礼协会人士接触外，另赴哲学会2次、远东学会1次、对中国留学生讲话3次、在哲学班谈话3次、雅礼协会讲话1次，另写《中国文化与世界宣言》4万余字，阅读西方哲学书籍五六册。

访美期间，参观主要大学22所，参观博物馆6处，同时，访问国民日报、少年中国日报、金山时报、中华总馆等华人生活与工作所在地。

访美期间，与美国哲学家William E.Hocking，Bland Blanshard，Charles Moore，Henle，Burtt Ross（Berea）Garnett，Hook，SusukiNichur等晤谈。与美国治中国哲学的学者——陈寿荣、陈寿祺、Wright、萧公权、李芳桂、施友忠、Lessing、Buelde、Goodrich、Hummel、Shaduk、Holyman、Creel、Kracke、梅贻宝、胡适之、洪煨莲、Raichaner、柳无忌、Lanterette、庄泽宣、袁同礼等晤谈。与新亚各地同学孙述安、王明一、董保中、余英时、朱学禹、罗荣庄等晤面。[①]

7月23日，唐先生由纽约乘飞机赴欧，遍游英国的伦敦，比利时的布鲁塞尔，法国的巴黎，瑞士的日内瓦，德国的慕尼黑，意大利米兰、罗马、庞

---

① 唐君毅.唐君毅全集：第三十二卷·日记（上）[M].北京：九州出版社，2016：202.

贝、梵蒂冈，希腊的雅典，以及土耳其等地。在伦敦曾访问大英博物馆、图书馆、伦敦大学、东方研究学院。在比利时曾凭吊滑铁卢古战场，在庞贝参观遗址及博物馆，在梵蒂冈参观博物馆及斗兽场，在土耳其参观伊斯兰教教堂。

8月27日下午，唐先生由土耳其乘机经印度加尔各答返回香港，于本地时间29日晨到达香港。

唐先生8月27日日记记载："此行共二百日，历地二十五处，上下飞机三十次，平均留一地只一周即又赴他处，故殊感劳顿。"[1]回香港途中，便甚感疲劳，回家后伤风增剧，咳嗽不已。夫人谢廷光以川贝蒸梨吃数次，稍有所愈。但连日客人来访不断，颇费精神，咳嗽一直未好。9月3日、4日、7日、8日、11日，多次出外就医，才逐渐好转。9月16日，学校新学期开课，由于劳顿、咳嗽，唐先生在教学中时感疲倦。直至11月18日，唐先生的咳嗽之病仍未完全痊愈。[2]

此次出访美、欧，对唐先生具有重要影响，既让他直接感受了西方社会对中国文化的无知甚至误解，又让他更坚信了自己对中国文化的信心，并直接催生了标志港台新儒家走上历史舞台的《中国文化与世界宣言》。

二、旅途感受：切身体会的东洋智慧自觉

唐先生第一次出国之行，目的地虽然是美国，却先到日本待了10多日。在给钱穆的信中，唐先生说，在日本期间，深感日本人"皆有礼乐，而吾人只有已往之历史及抽象之哲学可讲，中心惭赧，匪可言宣"。同时深感"日人对中国人之注意不仅过于中国人对日人之注意，亦过于中国人对中国人之注意"[3]。在给夫人谢廷光的信中谓："日本人当然有许多缺点，如心胸窄，但对礼乐之重视，即现代中国人所不及。"[4]

在日本期间，唐先生受邀发表了多场演讲。日本亚细亚问题研究会编辑刊行了《唐君毅教授滞日讲演特集》，焦作民先生曾将其中三篇演讲翻译为中

---

[1] 唐君毅.唐君毅全集：第三十二卷·日记（上）[M].北京：九州出版社，2016：207.
[2] 唐君毅.唐君毅全集：第三十二卷·日记（上）[M].北京：九州出版社，2016：211.
[3] 唐君毅.唐君毅全集：第三十一卷·书简[M].北京：九州出版社，2016：28.
[4] 唐君毅.唐君毅全集：第三十卷·致廷光书[M].北京：九州出版社，2016：220.

文，刊发于1957年8月1日的《人生》第十四卷总一六二期。

《东洋文化的优点——在日本亚洲问题研究会讲演辞》一文指出，尽管处于东洋的中国和日本分别因为分裂和战败而陷入民族苦难之中，但是，从文化角度看，却不应该丧失自信。

首先，东西方文化本是两种不同的文化，东洋人完全不必因西方文化某方面的优势而丧失自己的文化自信。因此，唐先生说："无论中国陷入如何的恶劣状态，我也一定要高声夸称：'我是一个中国人！'同样，我也希望所有日本人，无论在任何困难的局面之下，也都能保持一种'我是一个日本人'的自尊自信的精神。"①

其次，"人类最大的智慧，却常常是从失败和分裂之中，或是从一种极端贫苦的境遇之中产生出来的"②。因此，中国和日本完全可以从自己的分裂和失败中产生出新的文化创造力。唐先生强调，我们所要采取的自强之道，绝不是模仿或打倒，而是要把自己的本身锻炼起来。换句话说，就是要先从自己的本身放出光辉来，而后再来吸收对方的优点，才有把它加以融化的功夫。只从打倒对方，或攻击对方的缺点上入手，绝不会产生什么美满的结果；必须力求发挥自己的优点，才可以获得更高一层的成就。

最后，真正的文化创新必须是新旧融合一体的创新，而不是割断过去、现在与未来的"无中生有"。唐先生说：

> 人之所以不同于其他动物的地方，就在于他们能够常常地想到他们的过去，他们也能够不断地想象他们的将来。我们追忆从前的文化和历史，并不就是复古，也不是复古；我们若能确认过去的种种优点，把它用到将来的建设上去，那么它已经不再是古旧的了——而是一种新的东西。回想过去，就是丰富现在；因为我们把"过去"都忘记了，所以现在就变成一种极贫困的状态。这已经不再是"新""旧"的问题，而是一种"优""劣"的问题；我们必须把劣点除掉，把优点保存下来。③

---

① 唐君毅.唐君毅全集：第十五卷·东西文化与当今世界[M].北京：九州出版社，2016：40.
② 唐君毅.唐君毅全集：第十五卷·东西文化与当今世界[M].北京：九州出版社，2016：40.
③ 唐君毅.唐君毅全集：第十五卷·东西文化与当今世界[M].北京：九州出版社，2016：43.

《东洋的智慧——在"丸之内"财政界集会上的讲演要旨》一文则进一步从东洋的智慧角度,从人、神、物三观及生活实践方面阐释了东洋文化的优点。

就"人"而言,东洋思想的特征,始终是以"人"为中心思想的。东洋这种"人"的观念,是与天地相通,与他人相通的。西洋的"人"的观念,则没有这种"通"的意味,只有一种"对"的观念。所以西洋的思想,"对"天,则有信仰和宗教的产生;"对"地,就是科学。因此,西洋人对于天,就有原罪的意识,把自己变成了极卑小的存在;对于地——人类的存在,在科学世界的面前,仍然还是极微小的。从前对于神的卑微,现在在科学面前的渺小,这就是西洋的"人"的存在。[①]

就"神"而言,尽管东洋也有宗教,但与西洋的宗教不同。西洋宗教里的神是独一的,东洋宗教的神数目可以增多;东洋宗教还有一个"人也可以成神"的特征,西洋的神和人则是绝对隔绝的,这是彼此极端不相同的地方。

就"物"而言,西洋对于物的思想,就是"生产";可是东洋对于物的思想,则是"分配和受用"。在西洋一谈起这两样事,就要惹起种种烦恼的问题,在这一点上看来,西洋的智慧,似乎远不如东洋的智慧。唐先生强调,必须能够懂得分配、受用——例如,日本的"茶道",就是讲求饮食上的美感——换句话说,就是对于物要能达成艺术的自觉,然后人类才不会像西洋那样受到物的世界的压迫。所谓"物的艺术化",就是在对物持有一种亲近感的同时,还要设法观赏它,这样保持一点距离,就可以获得一种轻松的余裕。如果只是站在利用物的立场上,那么人类就只有遭受物的压迫了。

就"生活"而言,一方面,唐先生认为,生活上的艺术,日本是最出色的。无论是在饮食、衣服,还是在居住上,日本人的生活都有一种极优美的情调。具体一点地说,就是在日本的生活中,有用的东西很少,无用的东西很多。另一方面,唐先生强调,人和物要保持相当的距离;人和人之间,也要有一个一定的距离。这个"距离",在东洋的"礼"和"敬"上,是最重要的。由此,唐先生认为,东洋的智慧,不但在人、物之间有了调和,在神的方面也没有压迫。天地两方面都没有压迫,所以"'东洋人'才实在是一个顶天立地的自由人"[②]。

[①] 唐君毅.唐君毅全集:第十五卷·东西文化与当今世界[M].北京:九州出版社,2016:45.

[②] 唐君毅.唐君毅全集:第十五卷·东西文化与当今世界[M].北京:九州出版社,2016:46.

《人类的进步和自觉——在日本亚细亚大学讲演辞》一文，从中日关系说到人类进步的真正含义及人类自觉的重要性。

唐先生认为，在尊敬孔子、崇奉儒教这一点上说，中国和日本，本来应该是一种故人的关系，可是在事实上，却因为战争变成了一种不幸的关系。唐先生认为，这实在是东洋的一个大悲剧！但是，中日关系不应该也不会停留在这种不幸阶段。如果用辩证法来解释中日的关系，那么"故人的关系"是"正"，"战争的关系"是"反"，以后再和睦起来，就是"合"。将来的中日关系，应该走上"合"的阶段。

唐先生认为，"进步"并不只是单纯的"变化"，为了寻求进步，不但必须先有一个目标，而且还必须先有黑格尔所说的那种"超越的保存"的概念才行。"物质的变化"既没有目标，也没有"超越的保存"的意义，所以物质的变化永远是变化，绝不能成为"进步"。从"超越的保存"这个概念上来说，只有在生命世界里，才可以谈到进步。生命世界之所以有进步，在于它能够保存从前的那个阶段。精神上的保存，就是记忆；因为有记忆，在精神世界里才有进步。同样，在人类社会里也有进步。不过，"生命世界的进步和精神界人类社会的进步有着绝大的差异：生命世界进步的目标，是没有自觉的；精神界人类社会进步的目标，乃是一种有自觉的决定"[1]。

唐先生强调，人类社会目标的自觉决定，只能产生于个人的人格世界里。因此，人类社会若寻求进步，就必须注意"人格的自觉"，从这种个人的自觉里，才可以产生自由、尊严等观念。但是，这种自觉，又不能只限于"自我"，因为"自我"生存在这个自然界里，必须和其他的个人结成一个更大的社会，所以我们的自觉就不能停顿在自我的自由或尊严上，必须扩展到人与人的关系上，逐渐地形成家庭、社会、国家的自觉。由此，唐先生认为，"进步"大概有三个意义："第一，是个人的自觉和它的扩大；第二，是社会里各个人的同心自觉的扩展交流；第三，是在超越个人的自觉的扩展、交流的同时，必须有过去的遗产和过去的世代，在现代里存在着。"[2]

唐先生赴美前在日本对东洋文化的切身感受和演讲中对东洋文化智慧的自觉，在相当程度上是对自己关于东方文化信念的基本确证，也为之后美国

---

[1] 唐君毅.唐君毅全集：第十五卷·东西文化与当今世界[M].北京：九州出版社，2016：49-50.
[2] 唐君毅.唐君毅全集：第十五卷·东西文化与当今世界[M].北京：九州出版社，2016：51.

之行对西方文化的感受埋下了可堪对比的伏笔。

三、情感撞击：对以美国为代表的西方文化的反思

2月23日，唐先生转赴美国檀香山，开始美国行程。一到檀香山，唐先生就失去了在日本这片东方文化大地上所感受到的亲切，而生出一种文化上的疏离感。唐先生谓："在此之情调与在日本全异，在日本有亲切感，此处则房屋虽好，人对我未尝不客气，但总觉不自在，语言不大通是一因，但主要不在此。一般人说檀香山好，只谓其有自然风景又有近代物质文明，实则只此二者，人仍未脱魔境，人心仍不自在也。""总之只是住处好，他人对我尊敬客气，殷勤招待，都无多意思。在日本还有历史文化可瞻仰，此间则只有博物馆，博物馆中之物，与其所在之环境脱节，实亦无多意思也。"[①]

2月24日至7月23日，唐先生在美国整整5个月，其间给在香港的唐夫人写信近30封，内容涉及各方面，既有自己参与的活动、拜见的人员、日常的生活、学校的事务、家庭的事务等，也有自己对美国的诸多观感，特别是对于美国文化、社会甚至自然风光的诸多观感，让我们可以充分了解唐先生对于以美国为代表的西方文化的直观感受。

3月12日谓：

> 美国人甚富足，但生活皆太忙太紧张，许多中国人在此皆住不惯，有中国学生谓在此常终日无一人说话。中国之教授在此常一周须教十小时课，并要教小学程度之中文，我看实无趣味。到此处我才深感到物质生活上的舒适全不能补偿精神生活伦理生活上的空虚……[②]

3月15日谓：

> 美国人之长处是社会服务精神强，乐于助人，忙于自己工作，一周忙五天，星期六及星期日假日便尽量玩。……纽约就是人多、房子高、

[①] 唐君毅.唐君毅全集：第三十卷·致廷光书[M].北京：九州出版社，2016：228.
[②] 唐君毅.唐君毅全集：第三十卷·致廷光书[M].北京：九州出版社，2016：234.

热闹，街上汽车行驰极慢，尚不如到地下乘地下车来得快。在此住旅馆五六元一日，住朋友家虽可省钱，但亦太麻烦人，此间天气现不冷，与香港差不多。①

3月20日谓：

美国人之长处是做事认真，并乐于为人服务，此点中国人多赶不上，即机关中办事者对人亦甚有礼貌，而所遇中国在外之官吏，则多只是敷衍，真是糟糕。②

4月20日谓：

昨日我到Niagara大瀑布去看了一看，……此瀑布虽为天下一奇，但与长江三峡相比，还不能比，因此瀑布上流无回旋之地，乃一直自崖上冲下，又两旁无高山，故无深秀之趣。三峡之水由群山中曲折而出，便有回肠荡气之气，此瀑布不能及也。③

4月22日谓：

芝加哥乃美国第二大城市，自然风景颇好，博物馆艺术馆甚多。……芝加哥大学之汉学部分，第一年读孝经，第二年读论语孟子，第三年乃读汉唐以下文，其次序颇同中国之旧日教学生读书之次序。④

5月23日，还在访美途中，唐先生在给胡欣平的信中谈此次访美感受，谓：

弟来此后，颇有感触。此间之研究中国文化历史及思想者，尤只知

---

① 唐君毅.唐君毅全集：第三十卷·致廷光书[M].北京：九州出版社，2016：236.
② 唐君毅.唐君毅全集：第三十卷·致廷光书[M].北京：九州出版社，2016：238.
③ 唐君毅.唐君毅全集：第三十卷·致廷光书[M].北京：九州出版社，2016：246.
④ 唐君毅.唐君毅全集：第三十卷·致廷光书[M].北京：九州出版社，2016：248.

在搜集材料上下功夫，其观点多甚偏。……唯弟在此虽觉中国之国家与文化，并未能为人与以当有之尊重与期望，但个人之信心反有增加，对中国国家与文化之前途之信心亦有增加。实际上中国人之智慧绝不亚于世界上之任何民族，如在工科及数理方面，中国以前文化不长于此，而今之中国人在此之表现，即已为人所共认。但在人文科学、哲学、政治方面，则以东西文化传统之不同、民族之偏见、语言文字之隔膜，皆还为西方人了解中国之障碍。平心而论，数十年来，东方人之对西方之了解早已超过西方人对东方之了解。[①]

6月16日，唐先生在美国给《人生》主编王道先生写信，谈了此次访美的感受：

> 来此数月，考察研究讲学皆说不上，只是乱跑一阵，惟在寂寞中有感触，亦非短言可尽。大率美国此民族在宽广之度上颇有可称，独立自尊与社会服务之精神能兼而有之，其早期建国时代之人物亦甚可爱，但其富强亦以得天独厚之故。又此民族缺真正之历史意识与忧患中生出之智慧，只凭其现有文化以领导世界尚不足。一般人之精神似只在一平面层上，可一览而无余，无深山大泽之意味。此则远不如德国人。凡此等等，乃吾人在香港时已如此感觉，故来此亦无理解上之增加。弟以偶然原因来此，初无臆想由见闻之增加而增加思想。盖见闻之所得，实远较由读书与用心思想之所得者为少。而见闻之价值，亦不过更证明思想中原有之物，亦证明见闻之所得远少于读书与思想之所得而已。
>
> ……美国社会乃一切皆已摆定之局面，中国人侧身于此，如入一鸽子笼，并不能发挥精神，故香港到此者多想念香港。香港虽似较此间为乱为脏，但乱中人仍可有幻想、理想，亦可使人觉可随意动作。而此间之中国人则只能自局限其精神于一职业及一专门之学术研究，故人多有寂寞之感。人必须生活于自己之民族中，精神乃可真与人彼此相通，此乃无可奈何之事。故谓来此之中国人在美享福亦为冤枉。因精神寂寞无

---

① 唐君毅. 唐君毅全集：第三十一卷·书简[M]. 北京：九州出版社，2016：280-281.

用力处，即人间之一最大苦痛，此只身历其境者知之。①

7月23日，唐先生在给夫人的信（《致廷光书》1957年7月25日，8月7日、12日、14日、19日、20日）中谈到了自己在欧洲期间的观感：

> 英国比美国之富是远不及，此西方之老大帝国看来亦甚可怜。其十九世纪之光荣是已过去了。……在美国一切皆趋新，故不觉其是有历史之国，来此则觉有历史感，因有陈旧之房屋及古老之建筑。②
> 巴黎较有艺术性，但并不觉繁华，街上汽车亦不如纽约伦敦之多。③
> 巴黎是较英美为有文化，博物馆及古迹名胜甚多，亦颇有趣味。④
> 瑞士风景算是欧洲最好的，远山尤可观，但日内瓦湖中无岛，实远不如太湖、洞庭湖之有趣味，山之层叠，亦不如三峡中所见者之多。⑤
> 德国近年来进步乃欧洲国家中最快者，德国民族乃最富向上精神者。⑥
> 意大利人似较懒散，街上亦不干净。最干净者莫如瑞士，但太干净亦使人不舒服，如玻璃太滑则人坐不稳。故意大利与法国之较脏反使人觉停住得下也。⑦
> 罗马城，今尚保留古城意味，路上见许多颓败之墙，电车道上亦有青草，颇似旧日南京。⑧

回到香港后，唐先生又或演讲或撰文，多次谈到此次美欧之行的诸多观感。

10月27日，新亚书院哲学教育系开会，唐先生讲其对中美文化教育的观感，认为，美国的富强在于其得天独厚的自然条件，取欧洲科学加以应用，

---

① 唐君毅.唐君毅全集：第三十一卷·书简[M].北京：九州出版社，2016：263-264.
② 唐君毅.唐君毅全集：第三十卷·致廷光书[M].北京：九州出版社，2016：276.
③ 唐君毅.唐君毅全集：第三十卷·致廷光书[M].北京：九州出版社，2016：278.
④ 唐君毅.唐君毅全集：第三十卷·致廷光书[M].北京：九州出版社，2016：279.
⑤ 唐君毅.唐君毅全集：第三十卷·致廷光书[M].北京：九州出版社，2016：280.
⑥ 唐君毅.唐君毅全集：第三十卷·致廷光书[M].北京：九州出版社，2016：282.
⑦ 唐君毅.唐君毅全集：第三十卷·致廷光书[M].北京：九州出版社，2016：282.
⑧ 唐君毅.唐君毅全集：第三十卷·致廷光书[M].北京：九州出版社，2016：282.

以及对门罗主义、实用主义、民主主义的采用等。其缺点在缺忧患感,文化无根基。①

在《中美文化教育之比较——游欧美讲学返港在新亚书院哲教系欢迎会上的讲词》一文中,唐先生认为,美国教育的根本特点是由杜威奠定的民主主义和实用主义教育。实用主义教育重学习专门技能,结果就会忽略通识;没有通识教育,就面临如何培养领袖人才的问题;同时,民主主义教育制度也很难产生出第一流的政治领导人物。"一个领导世界的国家,就应抱有世界人天下人的精神,应具有世界性的文化道德责任感,不能单以一国的利益为出发点来处理世界事务。"②

10月15日,唐先生在《告新亚第六届毕业同学书》中说:

> 我离香港数月,已经历半个地球。但是纯从见闻方面说,实在莫有什么多少增加。耳目所能及的,由书籍同样能及。如果说此数月来真有得益,主要还是自己的感情方面。我总觉到人类的人性是同一的,世界上任何地方的人,如日本人、美国人,都有许多可敬可爱之处,值得我衷心佩服,在此处是莫有国家民族的界限的。但是在未达天下一家以前,一个人只有求真实地生活存在于其自己的国家民族与历史文化之过去现在与未来之中,才能安身立命。我尽可以佩服他国的人,但我却从未有过任何羡慕之情。我尽可承认他国的学术文化的价值,但我从未想任何国的文化可以照样地移运到中国,亦从未想中国的学术的前途可以依傍他人。我随处所印证的,都是一个真实,即我们要创造我们自己的学术前途与文化前途。我们无现成可享,亦不要想分享他人的现成。人在天地间所贵在自立,个人如此,国家民族亦然。能自立的人,亦需要人帮助,亦可以个人借贷。中国人之学习外国的学术文化亦是借贷。在此如果我们不能使中国富强,不能在中国学术文化之前途上有新的创造,以贡献于世界,而亦有所帮助于人,则我们将永负一债务。③

---

① 唐君毅.唐君毅全集:第三十二卷·日记(上)[M].北京:九州出版社,2016:210.
② 唐君毅.唐君毅全集:第十六卷·新亚精神与人文教育[M].北京:九州出版社,2016:38.
③ 唐君毅.唐君毅全集:第十六卷·新亚精神与人文教育[M].北京:九州出版社,2016:47.

11月2日,唐先生到出版人协会报告美欧之行的观感,谓:

一、美人尚未致以天下为己任,权力欲发达,欲领导世界,今之世界与中国之战国不同。

二、民主制下人民必求少出钱,援外更非所亟。

三、美人之了解中国问题之态度与中国人异,信统计数字。中国人重理想之力量,民心、潜力。

四、已有之了解,多以西方观点看中国历史之发展,观点不确,即正确了解后亦不必继以同情欣赏。

五、美知识分子对资本主义不满,高级戏剧博物院之维持,学术刊物之经费,教授待遇,基金会之权,指导原则受资本家决定。大学教授行政人员重找钱,民主政治选举重后台。[1]

从唐先生在美国期间以及回美国后所谈的诸多观感来看,诚如他自己强调的,此次环球之行,在"见闻"上没有什么特别的增加,因为对于好学和博学如唐先生者,在出国之前,对西方文化的各个方面,从宗教到政治、经济、社会生活、风俗习惯等,大多已经从书本上获得了充分的认知。最大的触动是在"情感"上,这种情感上的触动主要表现在:一方面,作为一个深受东方文化影响而又坚信东方文化的东方人,在西方世界感受到一种文化的疏离感;另一方面,西方人对东方文化缺乏了解、尊重所带来的文化孤独感。正是这种强烈的情感撞击,促成了唐先生在极短时间完成向西方人传播中国文化精神的"文化宣言"。

四、思想硕果:《中国文化与世界宣言》的撰写与发表

如果从社会意义和时代意义来看的话,唐先生1957年美欧之行最大的成果,便是催生了标志港台新儒家正式登上历史舞台的《中国文化与世界宣言》。

访美期间,唐先生与多位哲学界、思想界的前辈或同仁进行交流。

---

[1] 唐君毅.唐君毅全集:第三十二卷·日记(上)[M].北京:九州出版社,2016:210.

4月4日，已经84岁高龄的美国著名哲学家霍金（William E.Hocking）专程坐4小时火车来与唐先生会面。唐先生在给夫人的信中这样介绍：

> 彼甚爱中国与中国文化，但觉台湾已无望。彼亲写信与中共文化宣传部长陆定一，要他们承认思想自由，彼把他写去之信与金岳霖之回信与我看，问可否再写信去云云。此人在二十五年前曾访问中国，彼并将其在中国印之中国字名片一张带来与我看。他之书二三十年前已有一本中国译本，他尚保存二本，他今日带了一本来，他想把此一本寄中共，希望他们看了可以受感动。他今日七时半便乘火车来，并非因对我先有什么了解，只是纯出于爱中国及对学哲学者之一番情意，此殊使我感动，我想将来再来此，必设法到其家看一看。①

6月7日，唐先生在华盛顿与胡适之先生叙谈2小时后，翌日再修书补充未尽之意，谓讲自由民主，不当反对中国文化，亦不当忽略国家民族，并望其劝《自由中国》杂志的朋友，不要只说反面话。②

6月28日，在给牟宗三的信中，唐先生指出：

> 今日之中国之问题盖当为自有人类以来世界中从无一国如此复杂者。此中之种种矛盾方面，皆须一一分别设身处地去想，先使自己苦恼，乃能进而激出大家共同之悲愿，否则终将同归于尽。……故学术上正当方向之树立确最为亟须，意气只有平下，以从事真正之说服。台湾方面自由中国社会与政府方面之互相激荡，弟仍以为无好处，吾人必须跳出一切圈子之外，乃能影响圈子中之人。吾人亦当本与人为善之心，不抛弃任何人。③

但是，最具有深远影响的谈话，无疑是与张君劢先生的谈话。

3月2日给夫人的信中谓："张君劢先生曾见二次，谈最久，彼身体尚好，

---

① 唐君毅.唐君毅全集：第三十卷·致廷光书[M].北京：九州出版社，2016：242-243.
② 唐君毅.唐君毅全集：第三十二卷·日记（上）[M].北京：九州出版社，2016：198-199.
③ 唐君毅.唐君毅全集：第三十一卷·书简[M].北京：九州出版社，2016：131.

但亦似颇寂寞,据张言此间研究汉学者皆不行,以我所见亦无特别之处。哲学系教授亦看见数个,气象无大足观。"[1]因感西方人对东方文化的不了解和误解,在与张君劢等沟通后,决定撰写一份向西方人介绍和阐释中国文化精神的宣言。

5月15日,唐先生在给夫人的信中谓:

> 张君劢先生谓要振奋人心须先有一学术文化宣言,他要与我及宗三复观同发此宣言。他与宗三复观都来数信要我先起草,我缓日当写一个,再由他们斟酌决定。此宣言是对世界说的,将先由英文发表,不过不知何时定稿找谁翻译,亦不知何时才能发表,张说或者由他任翻译。[2]

关于此宣言的撰写、沟通过程,黄兆强教授《〈中国文化与世界〉[3]宣言之草拟及刊行经过编年研究》一文有非常详尽的考证、梳理与研究。宣言最终于1958年1月1日以四人联名发表,成为具有划时代意义的学术事件。但是,该宣言的撰写完完全全是1957年的事件。据唐先生日记:

五月十三日晨,唐先生将拟写的中国文化宣言书要点记下。

五月十七日晚上开始作文,写文至夜十二时,成三千字,自谓"乃中国文化宣言之初稿,此张君劢及宗三复观与我将联名发表者"。

五月十八日,写文八千字。

五月十九日,写文一万二千字至夜二时。

五月二十日,写文一万字完,共三万四千字。

---

[1] 唐君毅.唐君毅全集:第三十卷·致廷光书[M].北京:九州出版社,2016:231.

[2] 唐君毅.唐君毅全集:第三十卷·致廷光书[M].北京:九州出版社,2016:257.

[3] 该宣言的题目,最早的油印本为"中国文化宣言——我们对中国学术研究及中国文化与世界之前途之共同认识"。在《民主评论》及《再生》杂志正式刊出时,则把"为中国文化敬告世界人士宣言"作为标题,副题为"我们对中国学术研究及中国文化与世界文化之前途之共同认识"。一九六九年三月一日香港东方人文学会出版《儒学在世界论文集》时,其标题则改作"中国文化与世界——我们对中国学术研究及中国文化与世界文化前途之共同认识",并收入唐先生一九七四年出版的《说中华民族之花果飘零》(台北:三民书局)及一九七五年出版的《中华人文与当今世界》(台北:台湾学生书局)二书内,其标题均与收入在《儒学在世界论文集》中的标题相同。而唐先生一九五七、一九五八、一九五九年给各师友的信函中,则简称该文为《文化宣言》,甚至浓缩而称之为《宣言》。

五月二十六日，阅读《中国文化与世界宣言》至夜，改抄二张，拟三日内将其抄完。①

之后，唐、牟、徐、张彼此之间多次书信往返，讨论宣言内容、标题、发表、翻译及署名等问题。

12月16日，唐先生致函徐、牟先生谈在何种刊物上发表及联署者四人排序问题：

> 君劢先生来函谓并无借此文为《再生》宣传意，只在《民主评论》发表亦可，并谓译稿仍盼请人作初译以后，由彼再修正云云。弟考虑后决定仍兼在《民评》及《再生》同时于元旦号发表。……今日已整理了二份稿，分别交达凯与裕略。题目原为"中国文化与世界宣言"，颇不词，今改为"为中国文化敬告世界人士宣言"。内容弟重细看了一次，觉大意仍不坏，标点及误字亦改了。名字次序将宗三兄与兄列在前，以免其他人政治上之联想。②

12月18日，唐先生修改《文化宣言》，最后定稿，日记言："上午改中国文化告世界人士宣言至下午乃毕。"③

1958年1月1日，《文化宣言》公开面世，见诸《民主评论》及《再生》杂志。

1957年2月底或3月初，唐、张二先生首谈共同发表《文化宣言》事，至宣言刊出，历时几近一年。这一年，唐先生访美与张君劢先生的晤谈促成了"《文化宣言》"作为一个文化事件的诞生；这一年，唐先生在被誉为"新西方文化"承继者的美国大地上完成了向世界传播中国文化精神的宣言初稿；这一年，港台新儒家代表人物唐、张、牟、徐彼此书信往复，讨论宣言内容，形成了真正的新儒家"群体"。

当然，基于《文化宣言》本身的文化意义、学术意义、社会意义、历史意义，人们还可以赋予其更多意涵。但是，一切的意涵都以唐先生此次访美

---

① 唐君毅. 唐君毅全集：第三十二卷·日记（上）[M]. 北京：九州出版社，2016：197.
② 唐君毅. 唐君毅全集：第三十一卷·书简 [M]. 北京：九州出版社，2016：88-89.
③ 唐君毅. 唐君毅全集：第三十二卷·日记（上）[M]. 北京：九州出版社，2016：213.

行程为基点。这或许带有某种偶然性，但是，唐先生应美国国务院的邀请访美，由此促成唐先生在美国完成这样一份"为中国文化敬告世界人士"的《文化宣言》，似乎也是历史本身给予的某种宿命。

从学术史意义上看，在一定意义上可以说，唐先生前20年关于"立人极""立皇极"重构中华人文的思想，似乎就是为了这一《文化宣言》奠基的；而美国邀请唐先生访美，似乎就是"要"促成《文化宣言》这一学术事件的发生；而《文化宣言》本身的产生和发表，无疑可以看作唐先生此次美国之行最具有深远历史影响的成果。

五、学术转向：从立人极、立皇极到立太极及三极并立

唐先生著述的黄金时期40年（20世纪40至70年代），以其"立三极""开三界"的自觉而言，[①]大体上可以说，20世纪40年代是人、文并重而以"立人极"开"人格世界"为主，代表作为"人生之路"十部曲，包括《道德自我之建立》（1944年）、《心物与人生》（出版于1954年，但主要内容撰写于20世纪40年代初）。20世纪50年代则以"立皇极"开"人文世界"及"人伦世界"为主，代表作为《中国文化之精神价值》（1953年）、《人文精神之重建》（1955年）、《中国人文精神之发展》（1958年）、《文化意识与道德理性》（1958年）。20世纪六七十年代则重在为"立皇极""立人极"而"立太极"，一方面，重构中国哲学系统，代表作为《中国哲学原论》六卷、《导论篇》（1966年）、《原

[①] 1967年8月17日《日记》中，唐先生自我反省："二十年来所论以告世者，可以立三极（太极、人极、皇极），开三界（人格世界、人伦世界、人文世界），存三祭（祭天地、祭祖宗、祭圣贤）尽之。人格世界开于人各修己而内圣之道成，太极见于人极。人伦世界开于人之待人而内圣之道见于人，人极始形为皇极。人文世界开于人之待天地万物，而皇极大成，无非太极。祭天地而一人之心遥契于太极，所以直成一人之人格，祭祖宗而后世之情通，所以直树人伦之本，祭圣贤而人格之至者得为法于后世，而人文化成于天下。立三极依于智，开三界依于仁，存三祭依于敬。"1973年三大卷《中国哲学原论原道篇》出版时，在"自序"中，唐先生谓："吾书之归趣不出于立三极、开三界、成三祭。此可概括吾数十年来一切所思，亦盖非吾今后之所能逾越者。所谓三极者，即吾于二十年前，写中国文化精神之价值中，所谓人极、太极与皇极。此三名太古老。所谓三界者，人性世界、人格世界与人文世界。吾意人性直通于天命与太极。人格之至为圣格，即所以立人极。全幅人文之大化成于自然之天地万物，而不以偏蔽全，是为皇极。皇者，大也；极者，不偏之中也。此三界之名，较易为今世所接纳，而含义亦更弘远。至于或三祭者，则专为以澈幽明、通死生、贯天人而设。此是本儒家之礼教，以开摄未来世界之宗教。"因此可以说，"立三极""开三界""存三祭"可谓唐先生晚年自我界定的自己一生思想学术的基本宗旨和理念。

性篇》（1968年）、《原道篇》三卷（1973年）、《原道篇》（1975年）；另一方面，融通中西印三大思想系统而实现文化大判教，代表作为《哲学概论》（1961年）、《生命存在与心灵境界》（1977年）。

由于唐先生说"人"不离"文"，论"文"不离"人"，因此其"立人极"与"立皇极"实际上是相互贯穿的，这一点从早期著述《柏溪随笔》开始就如此。由此，唐先生的著述便大体可以分为两个阶段：20世纪四五十年代的"立人极"与"立皇极"阶段，20世纪六七十年代的"立太极"和"三极并立"的阶段。从其著述内容看，也大体如此。尽管在20世纪60年代还出版了《青年与学问》（1960年）、《人生之体验续编》（1961年两部以"立人极"为主的著作，但内容却撰写于20世纪50年代）；20世纪70年代出版了《中国文化之花果飘零》（1974年）、《中华人文与当今世界》（1975年）的"立皇极"大作，但与其"立太极"和"三极并立"的著述相比，已经不是唐先生此阶段主要关注的问题了。

唐先生从前期的"人""文"关怀走向后期的"思想"建构，一方面是他自己的思想逻辑发展的必然，另一方面也是因应他对时代和时代精神的自觉。其中一个重要的"关节点"，便是1957年唐先生的环球行。

《中国文化与世界宣言》的发表，无疑是唐先生"立人极""立皇极"的文化人生理想实现的重要标志。1958年，唐先生还出版了《中国人文精神之发展》《文化意识与道德理性》两部"立皇极"的大书。但两书的内容几乎都是1958年以前撰写完成的。此后，唐先生的学术关切点和学术气魄都开始发生转变，开始转变到为中国文化的重构梳理其内在系统的"立太极""立人极""立皇极"三极并立的方向上，而不再单纯应时因事谈论文化问题或人生问题。在"三极并立"的建构中，唐先生完成了从《哲学概论》到《中国哲学原论》再到《生命存在与心灵境界》的三部曲。

1961年，唐先生出版的《哲学概论》一书，堪称20世纪中国人撰写的最大部头的同类专著。先生撰写《哲学概论》之初意，"是直接沿用中国哲学之传统，而以中国哲学之材料为主，而以西方印度之材料为辅。于问题之分析，求近于英国式之哲学概论。于答案之罗列，求近于美国式之哲学概论。而各问题之诸最后答案，则可配合成一系统，近德国式之哲学概论。期在大之可证成中国哲学传统中之若干要义，小之则成一家之言"[①]。很显然，唐先生尝试融通中西印三大文化系统，建构哲学的人极、皇极、太极于一体的"哲学体系"。只是成书之后，唐先生还顾初衷，颇不自足。尤其是因为西哲所言，慧解虽不必及中国先哲所言者高，但理路较为清晰，易引人入哲学之门；而中国先哲之言，多尚须重加疏释才能为今日中国人所了解；因此，本书所取中国哲学的材料，仍然远逊于所取于西哲的材料。

1966年，《中国哲学原论》六大卷第一册《导论篇》出版。该书出版时书名为"《中国哲学原论》（上册）"，1974年7月经作者修订，改为《中国哲学原论·导论篇》。本书以名辞与问题为中心，以贯论中国哲学。两年前，唐先生曾经想将该书诸文分为三编，分别代表中国哲学的三个方面，与西方哲学论理性的心灵、知识与形上实在三方面约略相当，足以彰显中国哲学的面目：一方面，自有其各方面的义理，亦有其内在的一套问题；另一方面，具有独立自主性，亦不碍其可旁通于世界哲学。当时即拟加以整理、修改付印，以补《哲学概论》一书初欲东西哲学并重终对中国哲学所论犹略之过。全书分"理与心""名家与致知""天道与天命"三部共十八章。

唐先生在撰成《中国哲学原论·导论篇》后，认为在导论篇诸文外，应加"原性"一篇，以补述心性部分的不足。初意只写四五万字，已足尽抒所怀，不料下笔之后，一波继动，万波相随，竟不能自休，于50日内，每日仅以教课办公之余执笔，竟成初稿20万余言。由此，唐先生便决定，对《原性》各章核查文献，删补改正，添加加解，并撰《原德性功夫》一篇阐述由二程至朱陆功夫论问题的发展，另册别行。本书又名《中国哲学中人性思想之发展》。在"自序"中，唐先生谓，此书为《中国哲学原论》的第四编，其前三编为导论编、名辨与致知编、天道与天命编，合为《中国哲学原论》（上），因原性编篇幅较多，故别为一书，为《中国哲学原论》（下）。本书的内容，谓合"生"与"心"所成的"性"字以言性，象征中国思想自始即把稳了"即心灵与生命之一整体以言性"的大方向。

1973年，唐先生又出版三大册《中国哲学原论·原道篇》。最初，唐先生只打算写孔子、老子、墨子言道三篇，以补《原性篇》对于孔老墨的

[①] 唐君毅.唐君毅全集：第二十三卷·哲学概论（上）[M].北京：九州出版社，2016：3.

论述因限于体例，而未能及之的遗憾。三篇既完，又觉责不容已，遂论及其后哲人所言之道，遂成此三大卷之《原道篇》。《原道篇》一书，广述中国前哲对道之发明。《原道篇》的宗趣，"不外对唐以前中国前哲所开之诸方向之道，溯其始于吾人之生命心灵原有之诸方向，而论述其同异与关联之际，为宗趣。故其性质在哲学与哲学史之间。其大体顺时代之序而论述，类哲学史；其重辨析有关此诸道之义理之异同及关联之际，则有近乎纯哲学之论述，而亦有不必尽依时代之先后而为论者"①。本书与《导论篇》和《原性篇》中的"原理""原心""原名""原辩""原致知格物""原命""原性"等，尽管分别写成，但是"道"原可摄贯理、心、性、命等，是其他概念的中心。因此，唐先生认为，此书所论，宜与前面两书所述相观而善。譬诸建筑，前面两书对于中国哲学所论，皆为"立柱"，此书所论，方为"结顶"。

1975年，唐先生出版《中国哲学原论·原教篇》。《原教篇》是唐先生六大卷《中国哲学原论》的最后一册。此书为《原教篇》，实为《原道篇》的续篇，乃专论宋明以降儒学的发展。《原道篇》与《原性篇》论述唐以前的心性之论互相交涉；而本篇则与《原性篇》述宋明儒心性之论互相交涉。因此，唐先生最初本拟定为《续原道篇》或《辨道篇》。经反复思量，久而不决，最终定为《原教篇》。之所以如此定名，是取于中庸"修道之谓教"之义。唐先生认为，修道之道，故原是道，而凡对人说道，亦皆是教。故"原教""原道"，本为一事，则二名固可互用。考虑到《原道篇》既已先行出版，为避免重复，故今改用以《原教篇》名此论宋明儒学的著作。而且《中庸》言"率性之谓道，修道之谓教"，唐先生谓，《中国哲学原论》既有"原性"与"原道"，亦宜有"原教"，以上契于《中庸》兼重"性""道""教"的宗旨。同时，以"原教"之名说宋明儒所言之道，归在"修道之道"，亦与宋明儒学的精神更能相应。

至此，历时10年，唐先生"三极并立"的第二部曲《中国哲学原论》完成。如果说《哲学概论》更多是借助西方哲学的材料和思维试图融通中西印三大文化系统实现"三极并立"的话，《中国哲学原论》则是唐先生完

---

① 唐君毅.唐君毅全集：第十九卷·中国哲学原论·原道篇一[M].北京：九州出版社，2016：4.

全立足于中国哲学本身的语言、论题、智慧，重构"三极并立"的中国哲学系统。

1977年年底，唐先生的《生命存在与心灵境界》一书面世。1964年，唐先生在母亲逝世后，曾经决定废止一切写作，也包括此书在内。1966年，又罹患眼疾，更有失明之忧。在日本住院治病期间，时念义理自在天壤，而此书亦不必写，以此自宁其心。幸而眼疾未至失明，唐先生方可继续完成此书及其他著述。1968年，由春至夏8月初，4月时间，唐先生撰成此书初稿50万余字。1970年年初，又以5月之期，将全书重写，并自谓"此重写者较为完备，俟以后再改正"①。在之后的七八年中，唐先生于写《中国哲学原论》四卷六册之余，又陆续对自认为的疏漏之处不时加以增补，似已较为完善整齐。因此，此书的写作，从1968年正式动笔到1977年完稿交付出版，历时10年。

《生命存在与心灵境界》一书，意在说明种种世间、出世间的境界，都是由人的生命存在与心灵诸方向活动所感通而成，并说明此感通的种种方式，以求由如实观、如实知，而起真实行，使人的生命存在成为真实的存在，以立人极为目的。世间、出世间的境界，约有九境，而生命存在与心灵的方向，则约有三向，故本书又名《生命存在之三向与心灵九境》。《生命存在与心灵境界》全书，依顺观、横观、纵观三观与体、相、用之关系展开，按照观"客体"之体、相、用三境，观"主体"之体、相、用三境，观"超主客体"之体、相、用三境的九境顺序演绎而成。全书除"自序""导论"和"后序"外，分为四篇。前三篇"客观境界篇""主观境界篇""超主观客观境界篇"分别阐释客观三境、主观三境与超主客观三境，每一境皆分为上中下三章，以此成每篇九章，合计二十七章。第四篇"通观九境"包括五章。于此书，唐先生本儒家践仁尽性、天人合一之教，大开大阖，建构起融通中、西、印三大文化系统，融合耶、佛、儒三大教义，集宗教、道德、哲学于一身的理想人文主义性情形而上学哲学大厦，实现了"人极""皇极""太极"三极并立的目标。《大英百科全书》谓："他的这部著作发表后，西方有的学者认为可和柏拉图、康德的著作媲美，并

---

① 唐君毅. 唐君毅全集：第三十三卷·日记（下）[M]. 北京：九州出版社，2016：159.

誉为中国自朱熹、王阳明以来的杰出哲学家。"[①]

1957年，对大多数人来说，只是一个普通的年份。但是从文化史、思想史视域及个人生命史视角看，1957年唐君毅的生命经验、现实感受、情感撞击及思想反思，使得这一年具有了独特而深远的文化史和思想史意义，也具有了独特的唐君毅个人的生命史意义。一方面，它直接催生了《中国文化与世界宣言》的产生和现代新儒家群体正式登上历史舞台，在一定程度上改变了中国现代思想文化和学术的谱系；另一方面，它促使了唐先生个人思想学术方向的转向和深化，推动了其个人在哲学层面融通中西印三大文化，建构"三极并立"的哲学思想体系，使他真正成为一个世界级的大思想家、大哲学家。

[①] 唐君毅. 唐君毅全集：第三十七卷·纪念集（上）[M]. 北京：九州出版社，2016：4.

附录3　成长与反省

——唐君毅生命中重要生死事件

一、早熟与成熟（0~36岁）

1909年——1岁

（1）生于四川宜宾县柏溪之老家，距金沙江只有数十丈。

（2）祖籍广东五华。六世祖以岁荒移川，由糖工起家。后于金沙江畔置地产业农，遂为四川宜宾县人。祖父树寅公，始就塾读书，未冠而殁。

（3）父亲唐迪风，名烺，初字铁风，晚易为迪风，别字渊嘿。乃遗腹子，生于清光绪十二年（1886）丙戌夏五月十七日，无兄弟姐妹。其母卢氏，苦节一生，因树寅公于正月十五去世，故每年元宵，必郁郁不欢。年十八应童子试，为乡中末科秀才，性刚直，不为不义屈，不为权势移，长身美髯，望之有如侠士。

（4）母亲陈大任，字卓仙，在清光绪十三年（1887）丁亥二月十二日生于四川宜宾窭坝乡，殁于甲辰正月十四日苏州旅寓，享寿77岁。曾就读于其父陈勉之公任教之成都第一女子师范前身之淑行女校。婚后除曾任教于简阳简易女子师范及重庆省立第二女子师范数年外，皆尽劳瘁于养育子女5人，甘苦食淡，处之泰然。

（5）半岁随父母离开老家到成都。

1910年——2岁

幼年读书，皆由母教，2岁即教以识字。

1911年——3岁

母亲陈大任在《为长子毅五旬生日作》一诗中，忆述3岁时事，有"三岁免怀，忘其美丑。喜弄文墨，凡百好求。趋庭问字，意义必究。憨态孜孜，恐落人后"之语。

1913年——5岁

（1）自小敏感，每到黄昏，或天色阴暗，即皱眉扁嘴，状若欲哭。念及天不知有多大，即为之震骇。稚小心灵，恒对宇宙有一苍茫感。

（2）外祖父常对亲戚言曰："此孙比他孙为聪明。"母亲则常告诫："锅盖揭早了，饭就烧不熟了。"以此，虽常受亲戚及父执称赞，仍无骄傲之色。

1914年——6岁

父亲以《老子》一书教。

1915年——7岁

父亲为其讲一小说，谓地球一日将毁，日光渐淡，唯余一人与一犬相伴，即念之不忘。尝见天雨后，地面因太阳蒸晒而爆裂，即忧虑地球将坏，世界将毁。

1916年——8岁

父亲主笔《国民公报》，随家住成都报社。

1917年——9岁

父亲于其10岁前不教读儒家典籍，只教以《老子》、唐诗、司空图《诗品》，又命背诵《说文解字》，甚苦。

1919年——11岁

（1）是年春入成都市立第一师范附小高小，寄宿校中，每星期一第一堂为修身，由省立第一师范校长祝屺怀先生亲自执教，国文则由萧中仑先生执教。萧以《庄子》"逍遥游"与"养生主"为教材，甚感兴趣。在《怀乡记》中，自谓"后来学哲学，亦许正源于此"。

（2）父亲每带至古迹游览，必为其讲述相关人物故事，并讲解寺庙中对联及碑碣意义。此等教育，对唐君毅一生影响极大。其对中国文化的尊崇实植根于此。

1920年——12岁

读神怪小说后梦寐充满神怪，并欲自作一小说，另造许多神怪与之相比。父亲尝谓其有哲学思想。

1921年——13岁

（1）父亲唐迪风与彭云生、蒙文通、杨叔明同应重庆联合中学之聘。12.5岁前，均在成都，自考入重庆联中后，乃随家住两路口江滨大溪沟4年。联中在重庆两路口骆家花园，为川东书院旧址，礼堂上街有大成至圣孔子先师神位。

（2）联中第一年国文，由父亲唐迪风讲授，以孔、孟、老、庄之文为教材，以诱发学生对诸子书的兴趣。唐君毅在同班中年龄最小，而各科成绩皆优异。

1922年——14岁

（1）在联中第二年，由蒙文通授国文，并以宋明儒学为教材，父亲唐迪风选孙夏峰《理学宗传》一书供先学。一日，读陆象山于10余岁时，悟"宇宙即吾心"之理，蓦然生一悱恻之感，不能自已。

（2）父亲唐迪风为其诵《孟子》去齐一段，深为感动，至于涕泣。

（3）天雨水涨，寓所阶石为水所没，尝思：此石不见时尚存在否？当时结论是不被见即同于不存在。

（4）读梁任公《人生之目的何在》一文，悟人生目的在求快乐，认为杀身成仁，实亦为求心中快乐。

（5）因受新文化运动影响，以跪拜为奇耻大辱，回乡上坟祭祀不跪拜，直至父亲逝世，始悟跪拜乃出于情之不容已。

1923年——15岁

（1）始为日记，立志向学，有希圣希贤之志。于是年生日，和泪成诗数首。有云："孔子十五志于学，吾今忽忽年相若；孔子七十道中庸，吾又何能自菲薄？……孔子虽生知，我今良知又何缺？圣贤可学在人为，何论天赋优还劣？"又云："泰山何崔巍，长江何浩荡，郁郁中华民，文化多光芒，非我其谁来，一揭此宝藏。"

（2）新文化运动浪潮入川，声言要铲除5000年传统文化遗毒，而唐君毅与联中几位少年朋友则要融贯中外古今，不肯盲目跟随潮流，并曾与吴竹似、陈先元、高介钦、游鸿如、宋继武、映佛法师等共八人，于联中旁骆家花园内的亭子上结为异姓兄弟。以上诸人，于《怀乡记》及《记重庆联中几个少年朋友》两文中皆有所述，少年知交，影响一生。

（3）父母均在重庆省立第二女子师范任教，有人介绍该校女学生刘志觉给父亲，愿与唐君毅婚配，初不愿意，后经父母再三劝导，乃同意订婚，继与刘通信数年，感情尚好。唯自己决志终身从事学问，刘则喜政治，信仰国家主义，二人思想不同，时有矛盾。

（4）尝见人介绍唯识论，谓物相皆识所变现，即以为然。

（5）读《孟子》及《荀子》，思性善性恶问题。以为人性实兼有善恶，并谓孟、荀皆实信性有善恶；唯孟子于人性之恶者名为欲，荀子于人性之善者名之为心。著文5000余字，自证其说。父亲主性善，不以其说为然，与父亲争辩亦不折服，前后坚信其说达5年之久。

1924年——16岁

（1）八叔祖自家乡去函父亲，欲请唐君毅过继于大伯母，自己竭力反对，认为大伯母已有女儿，男女平等，何必再要自己过继。后八叔祖屡次来信，以大义见责，谓不应太拂寡嫂之心。恐父母为难，遂应允。

（2）是年冬，全家回宜宾，勉强向大伯母行过继之礼，此为自半岁离老家后，首次返乡。

（3）发表《荀子的性论》于重庆联中校刊。

（4）作《临江仙》词云："雾下归萤秋夜静，篱花竹影斑斑，素辉斜照绮窗前，未知明月夜，为何到人间？故雁不来花又谢，芳心尘土谁怜？石栏凭倚晓风寒，遥思千里外，珠泪自潸潸。"

1925年——17岁

（1）在重庆联中毕业。毕业后，与克社六人先后赴北平升学。

（2）先入中俄大学，欲借此了解中苏关系，阅读马克思、列宁著作。后始考入北京大学哲学系。老师有熊十力、汤用彤、张东荪、金岳霖诸先生。

（3）被好友抨击其思想太右，而未婚妻刘志觉则又嫌其思想太"左"，日夕为政治党派而烦恼。

（4）患上胃病与脑病，身心颇受痛苦。

（5）思考的哲学问题首为心灵生命与物质的问题，对心能自觉一义，于15岁时已见及，终身未尝改，故对唯物论亦终身未尝契。

（6）父亲送至船上，父子同宿一宵。翌晨，船上马达开动，机声催发，就在父亲登岸一刹那，忽然触发离情，念及古往今来，无数父子之离别，亦同有此情，因而生一大感动。

（7）在北京期间，一夕在大学广场中观看播映中山先生生前的纪录片，时夜凉如水，繁星满天，忽念如中山先生之志士仁人，在此广宇悠宙中，其渺小仅如沧海之一粟，然此等志士仁人，必鞠躬尽瘁，甚至洒热血，掷头颅，以成仁取义，抑又何故？当时仰视苍穹，回念人间，恻怛之情，不能自已。并自觉此情，若悬于霄壤，无边无际，充塞宇宙。

（8）是年父亲领全家同赴南京问学于"支那内学院"欧阳竟无先生。

1926年——18岁

游学北平。

1927年——19岁

（1）在北平游学一年半后，年春赴南京归省。不及一月，父亲以生事日艰，遂携妻儿还乡。

（2）留南京转读东南大学哲学系，辅修文学系。

（3）在南京读中大时，巧遇月食，许多孩子敲击土瓶铁罐，意欲驱赶食月之天狗，忽觉如有无数童稚之悲悯情怀，充塞于天地之间，并对此产生无限感动。

（4）自17岁游学在外，习染世风，崇尚西哲之学，每以中土先哲析义未密，辨理不严，而视若迂阔，无益于今世。故每当归省，与父论学，恒持义相反，辞气之间，更无人子状。事后追述其事，深自愧疚，然当时亦不知其言之痛切。

1928年——20岁

（1）春，与未婚妻刘志觉往上海相会，于火车上遗失日记，心中不乐，刘又以参加其团体相强，不允，愤而分手。

（2）脑、肺、肠、胃、肾，无一不病，而又极端自负，自命不凡，不免愤世嫉俗，青年心境，烦恼重重，屡欲自戕。

（3）作《梦二十岁死》之诗云："我本峨嵋采药仙，赤尘不到白云边，为缘意马无人管，游戏人间二十年。"又云："死中滋味耐君尝，旧恨新愁两渺茫，此去不知何处好，彩云为被岭为床。"

（4）一日，忽觉无以自解，径函父母，禀告刘事，并及病况，有不欲久居人世之语。又附有19岁生日照片一张，题诗有云"遍体伤痕忍自看"。母接信后，连夜失眠，父向友人借得路费，母携二龄幼女由成都赴南京看视。交通极为不便，自成都至重庆须乘轿子，重庆以下又得几度换船，加以社会风气不良，至重庆，即遇火灾，行李衣物，全被烧毁。数十日间，历尽千辛万苦，始抵南京。深自懊悔。暑假，身体康复，乃送母回成都，又去南充探望父亲，并代为批改学生文章，寒假前返回成都。

（5）思考的哲学问题，是自然界中，无生物、生物与人之存在层次问题。从实在论转向唯心论。

（6）虽有一超越普遍之悲情，护念人类、众生与世界，然由于此悲情未尝离开一己孤独之心，故恒以为其能与天地万物为一体，并世之人，皆无足以知之。因而不免自视为超凡脱俗，而生大我慢。

1929年——21岁

暑假后，回成都休学一年。时蒙文通任四川大学中国文学院教务长，同时聘唐君毅与游鸿如在川大任教两小时，授西洋哲学史，游鸿如授中国文化史。

1930年——22岁

在川大只执教半年，暑假回宜宾探望过继之大伯母后，即返南京复学。

1931年——23岁

（1）5月，父亲及过继之大伯母相继去世。时在南京读书，因奔大伯母丧回到宜宾，始知其父亦已去世，噩耗骤闻，号啕大哭，由寝室奔往灵堂只走了三分之一路，便全身瘫痪，寸步难行，哀恸之情，无以复加。

（2）父亲丧事因久久告贷不成，直至阴历七月十六日始出殡。而在大伯母方面，由于生前欠下医药费用，及身后购买衣衾棺木，亦负债累累，只能出售田产，偿还债务。当时乡人有欲占夺先生过房承继产业，并欲用于烧鸦片场所，不甘受欺，据理力争于是成讼。凡此等等，扰攘三月有余。及返南京，中央大学已上课两月。

（3）父亲去世时，唐君毅大学尚未毕业，弟妹皆幼，对肩负一家人生活教育责任更无旁贷。当时以赖借贷为生，幸父亲朋友与学生备极关怀，故终能度过极艰困时期，而唐君毅一身之病，自此竟逐渐消失。

1932年——24岁

（1）毕业于南京中央大学哲学系。系旧制中学毕业，大学阶段须读2年大学预科，4年本科。当时实行学分制，修满学分即可毕业。唐君毅除休学1年外，仅以5年时间完成大学教育。

（2）8月8日回成都家中，与母亲及弟妹团聚，常为妹弟讲《老子》及《庄子》，并带往萧中仑先生处，请讲《庄子》与《楚辞》。

（3）在敬业、蜀华、天府、成公等中学教授"论理学""人生哲学""国文"等课程。

（4）国内纪念歌德逝世百周年，在《国风月刊》"圣诞号"发表《孔子与歌德》一文，为将此等纪念文字印成专集，开始与周辅成直接通信。

1933年——25岁

（1）冬，友人许思园赴美留学，推荐唐君毅于中央大学代其职，遂回南京中央大学任助教，与许思园、杨荫渭同住教习房。

（2）月薪80元，以四分之三汇返家，仅以四分之一留作自用。

（3）主编《文化通讯》。

1934年——26岁

（1）周辅成由北京移居南京，住中央大学附近，得与之于各自室内或凉亭茶肆，各畅所怀。两人皆以为中国人要将自己文化特点向世人宣示，对文化各部分加以分别阐明工作，固不可缺，但对整体文化精神的阐明，尤为重要。而此一工作，非待有魄力者勇于承担不可。

（2）《柏溪随笔》之悟。

1935年——27岁

玄武湖之悟。年少气盛，自谓于宇宙人生根本真理已洞见无遗，足以开拓万古心胸，推倒一世豪杰，不免狂妄自大。后忽觉此宇宙人生真理应为普遍而永恒，亦应为人人所能见。遂反省：一切自己发现的真理，应早已为人所发现。自此以后，无论自己读书或与人谈论，均多求见人之所是，与以前处处求见人之所非者，大异其趣。真理既为普遍而永恒，为人人所能见，则先觉后觉，必同归一觉。一切有情生命之所以未能觉悟此真理而成圣成佛，皆由有消极障碍所致。而一切障碍，终必可破，故一切有情生命，毕竟成圣成佛。此一觉悟，在南京玄武湖得之，为毕生学问之转折点。

1936年——28岁

（1）在28岁前，对黑格尔之后之洛慈、柏拉得莱、鲍桑奎与罗哀斯等客观唯心论与绝对唯心论的重要书籍，皆无不读。唯其时之生命情调，总觉自己心灵位于此世界之边缘，无必须接受此自然、社会、历史之世界之理由。故尝求仙学道。于静坐中亦略有与西方神秘主义类似证悟。

（2）以为自己之心灵，若自世界撤退，即可自见其内具一无限之灵明，以入于永恒，超于生死。故自始即觉自己与此世界之关系为可黏可脱者；自己之灵明，在世界之边缘，亦可即离。此为二十七八岁时所形成的思想规模，此后亦不能逾越。

1937年——29岁

（1）卢沟桥事变发生后，于8月与二妹至中乘船由宁返川。返川后，在成都华西大学，及成都成公、天府、蜀华等中学任教。

（2）与友人一起创办《重光月刊》，出钱出力，鼓吹抗战。

1938年——30岁

（1）仍在华西大学、华西高中及省立成都中学三校任教。

（2）在成都教中学，与中央大学同学好友谢绍安常相往还，其弟斯骏亦稔熟，是年绍安介绍其妹谢廷光，彼此遂开始通信。

（3）在与谢女士第一封信中，自言10年来独自一人在外飘荡，常有一种悲凉之感，并养成一种孤介性格。但自知悲凉情绪并不健全，孤介性格亦不如和平温润好，故近数年已渐加改正，对人鄙弃之念少，悲悯之意多。尤其自去年返川后，由于家庭之慰藉，生活渐觉和愉。又谓：哲学天才之本质，在能常自反省，对事物永远保有原始人与小孩子之好奇心与新鲜感。又自命已届而立之年，哲学思想之规模已立，人生观亦大体已定，若天假以年，自信必可有特殊之成就，与古人媲美。其跌宕自喜，有如此者。

1939年——31岁

（1）日寇飞机扰乱后方，成都警报频仍，生活极不安定。暑假时，母亲与妹妹迁返宜宾，唐君毅则转往重庆教育部做特约编辑。

（2）在6月与谢廷光女士信中，略谓自己曾住北大，但不属北大系，曾住中大，亦不属中大系，不赖任何帮派或任何党派势力而立足。并谓世界上有一种人，他需要钱财，为要有余暇从事文化创造，并尽他的家庭责任；他需要名誉，因为他如永在社会沉沦，便不能把他真善美之理想普遍化，由社会之同情，而更鼓励他之努力；他需要爱情，因为他冥心独往，昂头天外，超出尘表所生的寂寞，要人来补足慰藉；他要实现理想，但需要现实的扶持，而他又不屑于与一般人一样去追求现实。他自己造成他自己的矛盾冲突，他自己造成他自己的苦痛，他的性格决定他悲剧的命运。唐先生谓自己正属于这一类人。

（3）时周辅成在成都生活窘迫，曾想到南洋隐居。后来周辅成忽接一出版社稿约，以高稿酬约写一本《哲学大纲》。后方知此稿约乃唐先生在同样艰困情况下让出，心中感愧万端。

（4）青木关之悟。10月，先生宿壁山青木关教育部，其地原为温泉寺，时先生以一小神殿做寝室，卧于神龛之侧。一夕，松风无韵，静夜寂寥，素月流辉，槐影满窗，先生倚枕不寐，顾影萧然，平日对人生所感触者，忽一一交叠于心，无可告语，乃写成《古庙中一夜之所思》，此文后收入《人生之体验》一书作为导言附录，易名为《我所感之人生问题》。此文抒发对人生之疑情，充满悲凉情调。

1940年——32岁

（1）某日，与李长之相偕往访牟宗三。

（2）在南京时，常赴"支那内学院"听欧阳竟无先生讲论。

（3）与谢廷光通信以来，二人爱情于是年曾因一些误会产生波折。由4月至11月内，现保留在《致廷光书》一书中之情书，尚有14封，在此等书信中，不但吐露其蕴藏心底之情怀，且由此可见其爱情生活之真挚。

（4）唐君毅此时已有一哲学系统，可由数理哲学通到宗教哲学，其解决哲学史上之问题，自谓有鬼斧神工、石破天惊之效。

（5）时所作文章、札记，已发表、未发表者，已有二三百万字。并立志在15年内写成3部大著作：其一关于宇宙，其一关于人生，其一关于宗教。时欲先整理已写成26万字之《人生之路》，并拟写一部中国哲学史及一部论中国文化前途之书。曾谓其学问除上帝及历史可以估定其价值外，并世之人，无一人能了解。

（6）10月，中央大学哲学系主任宗白华邀唐君毅返重庆沙坪坝中央大学哲学系任讲师，计在教育部任职前后一年多。

1941年——33岁

（1）6月，被"教育部"学术审议会正式审定为副教授。

（2）与周辅成等共同发起创办《理想与文化》期刊，执笔发刊词。

（3）与谢廷光之爱情生活，亦天真亦严肃。为释家庭家族压力，6月13日，央请谢廷光到重庆，一道回家，以释众疑。谢廷光应约而来，燃起了唐君毅炽热的恋情，但亦因此增添许多离愁别恨。

（4）自言其苦痛有三。第一种苦痛在过去、未来与现在分不清楚，想象与事实分不清楚。第二种苦痛是爱两种极端相反的人格：其一经过各种矛盾综合而成完整体人格，其一是纯洁朴素、玉洁冰清人格。自言近乎前一种人，却企慕后一种人，并祈望谢廷光属后一种人，可使自己净化。失望后，又不知谢廷光能否成前一种人，故曾想与谢廷光纵身入北冰洋，在冰天雪地中，将他们身心化为莹洁。第三种苦痛是神性与人性的冲突。神性一面，对人类有无尽的悲悯，可以原谅人的一切。但神是普爱众生的，不能与任何人有特殊关系，如要尽量发展其神性，只能爱普泛人类，当宇宙的情人。如果要与任何人发生一种特殊关系，那人性中的弱点，便与自己离不开。凡此皆为唐先生苦痛之根源。

（5）是年《中国哲学史》与《爱情之福音》稿成。

1942年——34岁

仍偶能恢复童年心境，并谓童年心境特征有三：一为忽然忘记过去之一切，纯粹沉没于现在；二为能将全部生命向一点事物贯注，对极简单之事物产生浓厚兴趣；三为莫有未来的忧虑。

1943年——35岁

（1）与谢廷光结婚。

（2）是年印度甘地几次被捕入狱及绝食，重庆报章时有报道，唐君毅均极为关注。一日，报纸误传甘地已死，在江津县城街道上，周辅成以此消息相告，唐君毅登时失声大哭，顿足数次，脸色苍白，泪如雨下，口中喃喃不绝地说："他死了！他死了吗？"其心情之沉痛，无以复加。

（3）五弟慈幼在重庆歌乐山工作，唐君毅则在沙坪坝教书，兄弟二人彼此互相探望。

（4）第一本专著《中西哲学思想之比较研究论集》在正中书局出版。

1944年——36岁

（1）抗战胜利前夕，日子过得最艰苦，当时在沙坪坝常头发蓬松，满脸汗珠，气吁吁地从粮店借米回家，并于暑假前患回归热。

（2）于是年升为正教授，并被中大哲学系推为系主任。

（3）前著《人生之路》，共分三编：第一编易名为《人生之体验》，第二编易名为《道德自我之建立》，第三编易名为《心物与人生》。是年《人生之体验》在中华书局出版，《道德自我之建立》在商务印书馆出版。两书皆为30岁前后以一人独语方式自道其所见之文。对古今中外哲人之书，虽无所论列，但其行文纯真朴实，有面对宇宙人生之真理之原始性。故于其临终巨著《生命存在与心灵境界》后序中，有"今之此书，亦不能出于此二书所规定者之外"之语。

二、奔波与超越（37~60岁）

1945年——37岁

（1）中大哲学系人事纠纷，日益严重。

（2）《爱情之福音》在正中书局出版。

1946年——38岁

中央大学由重庆迁返南京。被华西大学社会系借聘半年，至11月间，始返南京授课。

1947年——39岁

（1）7月，自南京返川省亲。

（2）是年中大哲学系人事纠纷达至激烈阶段，系内要解除牟宗三与许思园之教授职务。

（3）秋，唐母及唐夫人等家眷移居无锡，得侍奉母亲经年。

1948年——40岁

（1）夏，亲往鹅湖书院，筹备复校。

（2）秋，一方面返中央大学授课，在江南大学兼课，一方面分其心力于恢复鹅湖书院。冬，中央大学宣告停课。

（3）12月11日，与母亲乘民俗轮抵上海。

（4）正草拟《文化意识与道德理性》一书之宗教之部、《哲学概论》大纲及《中国哲学史》大纲。

1949年——41岁

（1）元月，促两妹及夫人奉母亲还乡。临别告母陈太夫人曰："儿未尝为官吏，亦不隶任何政党，唯儿上承父志，必以发扬中华文教为归，今世乱方亟，以后行无定所，今有妹等侍养，望勿以儿为念。"当时母答曰："汝必欲与中华文教共存亡，则亦任汝之所之矣。"

（2）广州华侨大学校长王淑陶先生约唐君毅与钱宾四赴穗讲学，乃于4月4日同赴上海，7日转乘金刚轮赴粤，11日抵广州。

（3）6月7日夜，与钱宾四乘船抵港，同任教于沙田大围铜锣湾之华侨工商学院。母亲旋命唐夫人来港，与唐君毅共患难。

（4）8月24日，返穗，宿李稚甫家，欲与李先生创办一孔学院，事未成，9月10日再度来港。

（5）10月10日，与钱宾四、张丕介、崔书琴、谢幼伟、程兆熊、刘尚一诸先生创办亚洲文商夜学院，以钱先生为院长。

1950年——42岁

（1）亚洲文商夜学院由于得到王岳峰经济上支持，于是年2月28日，改组为新亚书院。

（2）是年在《民主评论》发表《孔子与人格世界》一文，其后由人文出版社印成独立小册子发行。

1951年——43岁

（1）自省过去所作文字，有各种不同风格。如《人生之体验》《人生之智能》为抒怀式，《道德自我之建立》为反省式，《心物与人生》为辩论式，《文化意识与道德理性》《朱子理气论》为析理式，《孔子与人格世界》为说教式，《中西哲学比较研究集》《王船山学术》为述学式。

（2）六妹宁孺在港与胥灵臣先生结婚。婚后不及半月，即返大陆迎唐母及女公子唐安仁小姐来港。不久离港返广州。

1952年——44岁

（1）全副精神，均尽瘁于办理新亚书院。

（2）应香港大学中文系主任林仰山之邀，往香港大学兼任，教授中国哲学。

（3）10月26日，反省其过去，未有写攻击人、讽刺人、逢迎人、取悦人之文字，并常求于文句中不可有伤及他人及骄傲夸耀之语气，却常要自己说出异乎流俗之语，因而未能尽量使人喻解，自谓此乃仁智不足之故，后宜改之。

（4）又反省自己若干年来之思想，渐使广博之思想秩序化，以后在生活上，亦当求其秩序化才是。

1953年——45岁

（1）新亚书院得美国在香港设立之亚洲协会负责人艾伟同情，成立新亚研究所。是年秋，新亚书院在九龙太子道租赁一层楼宇，成立研究所，开始购置图书。新亚自此打开国际援助之门，步入新阶段。

（2）在正中书局出版《中国文化之精神价值》一书。中国近百年来中体西用及全盘西化者之争，自谓在其书中已给予一哲学理念上之真实会通。

1954年——46岁

（1）3月15日，于日记中自谓过去写作，可分五时期。26岁至29岁，喜论中西哲学问题之比较，后辑成《中西哲学之比较研究论集》；30岁至33岁，喜论道德人生，成《人生之体验》及《道德自我之建立》；34岁后，应教育部之约，写中国哲学史纲17万言，36岁复补写宋明理学20万言，又写朱子理气论7万言，此后只零星在《理想与文化》《历史与文化》及《学原》等刊物发表若干篇文章；38岁至41岁写文化之道德理性基础，此后又针对时代立言，侧重论中西文化及人类文化前途等问题。大皆每4年一变。

（2）《心物与人生》在亚洲出版社出版。

（3）在《民主评论》发表《我对于哲学与宗教之抉择》一文，副题为"人文精神之重建后序兼答客问"，此文对了解唐君毅哲学思想之背景与对宗教之态度，极为重要。

1955年——47岁

（1）为新亚中学作校歌。

（2）《人文精神之重建》一书上下两册，在新亚研究所印行。本书又名《中西人文精神之返本与开新》，其主要目的乃疏导百年来中国人所感受之中西文化之矛盾冲突，并在观念上加以融解。此融解乃依于一种认识：中国人文精神之返本，足为开新之根据，且可有所贡献于西方世界。讨论此问题依于一二中心信念，即人当是人，中国人当是中国人，现代世界中的中国人，亦当是现代世界中的中国人。这三句话在逻辑上是重复语，但总觉得有说不尽的庄严神圣与广大深远的含义。

1956年——48岁

（1）夏，在新亚书院与少数学生成立人学会，定期聚集讲人的学问。

（2）8月3日，首次赴台访问。

1957年——49岁

（1）2月10日起至8月29日止，应美国国务院邀请，首次出国进行考察访问，遍游日本、美国及欧洲各地。

（2）写《中国文化与世界宣言》4万余字。

1958年——50岁

（1）5月20日，人生杂志社社长王贯之携来隐名信一封，对唐君毅多所诋毁，阅后不在乎，认为毫无解答必要，并说孔子圣人，仍不免受人诋毁，何况自己。

（2）是岁五旬寿诞，唐母有《为长子毅五旬生日作》，又有《代至恂慈宁诸儿祝长兄寿》诗。

（3）是年元旦，与张君劢、牟宗三、徐复观联名发表《中国文化与世界》，副题为"我们对中国学术研究及中国文化与世界文化前途之共同认识"。此一宣言由唐君毅撰写，再往返修改，被认为是港台新儒家的正式登台。

（4）《中国人文精神之发展》在人生出版社出版，《文化意识与道德理性》上下册在友联出版社出版。

（5）《中国人文精神之发展》别名《科学、民主建国与道德、宗教》，乃继《人文精神之重建》而作。前书重在说明一般社会性及世界性的文化理想，而本书之用心所在，则为如何发展中国人文精神，以与科学、民主建国及宗教思想相融通，以重建我们的道德生活。

（6）《文化意识与道德理性》一书，于1947年尚在南京中大任教时开始写作，而十之六七成于太湖滨之江南大学。论宗教一章成于江西信江鹅湖书院，自序、第一章及最后二章则于1952年成于香港，计地历四处，时经五载。此书中心意旨，在显示道德理性遍于人文世界，道德理性若不显示于人文世界之成就与创造，则道德理性亦不能真显示其超越性、主宰性、普遍性与必然性于人生与宇宙。

1959年——51岁

（1）是年新亚书院接受香港特别行政区政府建议，改为专上学院，参加统一文凭考试，与崇基学院、联合书院，同时接受香港特别行政区政府补助，成为未来香港中文大学成员。

（2）6月20日，经东京转夏威夷参加第三次东西哲学家会议。此次由6月20日离港，至8月7日返港，行程7周左右。

1960年——52岁

（1）新亚书院自创校始即设有哲学教育系，唐君毅兼任系主任。本年哲学教育系改为哲学社会系，系主任仍由唐君毅兼任。

（2）家中设有"天地祖宗圣贤神位"，晨昏一炷香，别无其他祭祀仪式。婚姻生活，异常美满。

（3）10月16日，牟宗三应香港大学之聘，由台湾来港。

（4）针对西方流行音乐风靡社会，国乐未受重视，唐君毅倡议建立新亚书院国乐会，唐君毅任顾问，唐夫人谢廷光被推为会长。

（5）《青年与学问》在人生出版社出版。

1961年——53岁

（1）5月16日，函新亚书院校长钱宾四及副校长吴俊升，辞教务长之职。

（2）在祖国发表《中华民族之花果飘零》一文，引起海外华人社会极大震动。

（3）在孟氏教育基金会出版《哲学概论》上下册，在人生出版社出版《人生之体验续编》。

（4）《哲学概论》是直接沿用中国哲学传统，以中国哲学材料为主，以西方、印度材料为辅。于问题的分析，求近于英国式哲学概论，于答案的罗列，求近于美国式哲学概论，而各问题的最后答案，则求配合成一系统，近德国式哲学概论。目的在于，大则成中国哲学传统中若干要义，小则成一家之言。

（5）《人生之体验续编》，为来港后近7年所作，与20余年前所著《人生之体验》一书在思想核心上并无改变。不同者，《人生之体验》一书基于对人生向上性之肯定。而10余年来，对人生之艰难、罪恶、悲剧方面体验较深，故此书所言，皆意在转化阻碍人生上达的反面事物，以归于人生正途，思想皆曲折盘桓而出，行文亦不免纡郁沉重。本书七篇，宗趣不外要人拔乎流俗世间，以成就个人心灵情怀志愿的超升，而通于天下古今人心，以使人生之存在成为居正位的真实存在。

1962年——54岁

（1）8月26日，东方人文学会正式成立，成立典礼在牟宗三家举行，会众向孔子遗像行三鞠躬礼，会长由唐君毅出任。会员除唐君毅与牟宗三外，还有谢幼伟、程兆熊、王道及新亚书院与香港大学的学生，每年活动包括演讲、座谈、聚餐、旅行和出版等。

（2）在《民主评论》发表《中国之祠庙与节日及其教育意义》。

1963年——55岁

（1）10月17日，香港特别行政区政府根据富尔敦委员会报告书，香港中文大学正式成立，新亚与崇基同时加入香港中文大学为基本学院。唐君毅受聘为中大哲学系讲座教授兼哲学系系务会主席，并被选为中大第一任文学院院长。

（2）2月，钱宾四因新亚书院已成为香港中文大学一基本学院，乃功成身退，向新亚书院董事会提出辞新亚书院校长之职。

（3）出席会议甚多，平均每月费时30~40小时。

（4）由于对他人之事责任心太强，往往引为己责。闲常自省，认为如此态度，翻成僭妄或占有，实则人各有一天，不必越俎代庖，引为己责。

1964年——56岁

（1）2月26日唐母病逝于苏州旅邸。

（2）3月4日，在慈航净苑内举行遥祭典礼，由钱宾四主祭，许让成与吴士选陪祭。

（3）法事期间，每日皆由庵尼诵经，有《金刚经》《地藏经》《法华经·方便品》等。净苑住持智林老法师，在病中仍亲临灵堂吊唁，并为诵经。

（4）撰写《母丧杂记》和《母丧杂记续记》。

（5）6月27日，再度往夏威夷大学参加第四次东西哲学家会议。在《祖国》周刊发表《花果飘零及灵根自植》。

1965年——57岁

2月10日在日记中云，"念吾一生之写作，所向往者，可以二语概之：大其心以涵万物，升其志以降神明，或大心涵天地以成用，尚志澈神明以立身。而此即中国先哲精神所在也"。

1966年——58岁

（1）3月25日，于会议后忽觉左眼视力不明、视物变形，后经医生诊断为左眼视网膜脱落。

（2）4月13日应哥伦比亚大学之约作为访问教授赴美国，兼治眼疾，并与夫人同行。6月26日，经夏威夷转赴日本东京。12月8日，赴日本京都医院治眼疾。

（3）《中国哲学原论·导论篇》在人生出版社出版。

1867年——59岁

（1）自去年12月中抵日本京都治眼疾，在京都医院3月余，出院后，又在京都休养4月余，前后共住京都8个月之久。

（2）在京都休养期间，先生写成《病里乾坤》一文，1976年在《鹅湖月刊》发表。

（3）8月17日晨起，反省20年来所论以告世人者，可以立三极（太极、人极、皇极）、开三界（人格世界、人伦世界、人文世界）、存三祭（祭天地、祭祖宗、祭圣贤）尽之。人格世界于人之待己，乃太极见于人极；人伦世界关于人之待人，人极始形而为皇极；人文世界关于人之待天地万物，而皇极大成。祭天地而后一人之心遥契太极，乃所以直成一人之人格；祭祖宗而后世之情通，乃所以直树人伦之本；祭圣贤而后人格之至者得为法于后世，而人文化成于天下。立三极依于智，开三界依于仁，存三祭依于教。

1968年——60岁

（1）10月1日之日记中云："念我以往所思之哲学问题，一为不思而中之智能如何可能，此为香港出版之《道德自我之建立》第二编之二文所论；二为不勉而得之道德生活如何可能，此于朱陆异同探原及原性文中曾指出其为宋明儒学之核心问题；三为由言至默之知识论、形上学如何可能，我此半年中所写之哲学笔记，即向由言至默方向而论知识论、形上学。然我初不自觉我之思想之一一问题如此，此略类康德之何者为人所知、人所行、人所望之问题，而实皆高一层次之问题，而纯为契应东方哲学方有之问题与思想也。"

（2）10月20日，左眼视力，能辨手指及认识眼前人面目，证明视网膜仍有视物能力。

（3）《中国哲学原论·原性篇》一书在新亚研究所出版。本书又名《中国哲学中人性思想之发展》。

三、返本与开新（61~70岁）

1969年——61岁

（1）6月21日阅牟宗三先生《心体与性体》一书完，谓此书为一大创作，有极精彩处，但其论宋明儒学，与己意尚多有所出入。10月30日阅牟宗三先生《心体与性体》第三册完，谓此册问题颇多，不如第一、二册。

（2）7月29日赴日本东京，翌日至日赤中央病院检查眼疾。后赴夏威夷出席第五次东西哲学家会议。8月12日返港。

1970年——62岁

（1）是年夏，哥伦比亚大学中国思想教授狄百瑞得美国学会联会资助，于意大利柯模(Como)湖畔举办17世纪中国思想会议。唐君毅受邀参加。8

月8日与夫人同行先赴日本大阪参观大阪博览会,并至浅山亮二眼医处检查眼疾。8月11日赴夏威夷,8月30日抵美国,9月1日赴伦敦,3日至巴黎,5日至日内瓦,6日至柯模参加17世纪中国思想会议,夫人于是次会议中弹奏古琴。

(2)1975年,由哥伦比亚大学出版部出版论文集《理学之开展》,狄百瑞于卷首以整页标明:"敬以此书献唐君毅先生,借以认识其终身努力理学之研究,并欣赏其精神与人格。"

1971年——63岁

(1)1月11日,偶念20余年来,除用思、读书与教书未尝间断外,尚有三事,亦大皆相续不断,亦非偶然。一为在抗战期间与李源澄同办《重光月刊》,后即与周辅成等同办《理想与文化》,到香港后,即为《民主评论》《人生》等刊物长期撰稿,亦为《新亚学报》《新亚学术年刊》等写文,近两年又发起《中国学人》半年刊,及《华侨日报》之人文双周刊。二为自任江南大学教务长时发起演讲会后,到香港即主持新亚文化讲座,每周一次,历时四五年。文化讲座停止后,即发起一月一次之人学讲会、两周一次之哲学会达数年之久。近二三年,则主持新亚研究所月会。三为自任江南大学教务长后,在新亚书院亦任此职,后又任新亚书院及中文大学文学院院长、哲学系主任,近3年来,任新亚研究所所长。20余年来,均担负教育行政之责任。

(2)4月1日,改写《生命存在与心灵境界》一书之第二部。

(3)10月16日,将已发表而未重印成书之文,复印整理,并加以分类为孔学之学、中国哲学、一般哲学、中国历史文化精神、世界人文与宗教、教育、一般文化政治社会评论七类。

1972年——64岁

(1)6月10日,赴夏威夷参加王阳明五百周年学术讨论会。

(2)发表《中文大学的精神在那里?》与《新亚研究所到那里去?》。

1973年——65岁

(1)8月28日,与夫人先赴日本京都检查眼疾,8月31日出席东京中日民族文化会议。

(2)是年,将母亲之遗诗五卷汇集出版,为《思复堂遗诗》。

（3）出版三大册《中国哲学原论·原道篇》。自母亲逝世后，尝欲废弃世间著述事，后勉成《原性篇》，曾在自序中谓今生著述，即止于此。旋罹眼疾，几于不读书半载有余。后因仍有一目可用，于五六年中以教课办公之余先草成《生命存在与心灵境界》一书，暂不拟问世。而《原道篇》一书，广述中国前哲对道的发明，其见解与30年前所写之中国哲学史稿大异，故特于自序中声明世如有存该讲义者，务须全部毁弃。

1974年——66岁

（1）6月26日，自念过去思想写作之发展，谓30岁前之《中西哲学比较论文集》只述而不作。其后之所作，乃以《人生之体验》中之"心灵之发展"一文为基。由此第二步为见此心灵之发展于人生之行程。第三步为由此人生之行程之表现于人之文化与德性，而成《文化意识与道德理性》。第四步为用此理论，以讲《中国文化之精神价值》。第五步为发挥此书，以论现代文化问题而有《人文精神之重建》《中国人文化精神之发展》，及继此二书而写的《中华人文与当今世界》。第六步为用之以为初学而写的《哲学概论》，言知识论当归于形上学，形上学当归于人生论。第七步为由此以论中国哲学基本观念之历史发展，是为《中国哲学原论》。第八步为回归于心灵，以观照人类之哲学境界，是为《生命三向与心灵九境》。第九步则为近年来所思的人类反面罪恶之起源，及社会政治之祸患根源问题。

（2）中文大学当局于是年成立《教育方针与大学组织工作小组》，研讨中文大学改制问题。新亚董事会认为此必瓦解各基础学院整体，导致联合体制名存实亡，故于12月3日发表《新亚书院董事会对于中文大学教育方针与大学组织工作小组初步报告第一辑之意见》，据理力争，以维护联合体制及基础学院的法定地位与完整组织。由于当时钱宾四已退休多年，远居台湾，张丕介先生已逝世，唐君毅为新亚书院创办人之一，资历最深，主持校政最久，故对于有关新亚书院前途事，所费心力最多。

（3）为中文大学哲学系同学讲《民国初年的学风与我学哲学的经过》，此文在唐君毅逝世一周年，由刘国强与岑咏芳根据录音整理出，刊登于《华侨日报》人文双周刊。

（4）7月18日，台湾《中央月刊》嘱为国民党80周年撰文，拒绝。

（5）是年秋，以哲学系讲座教授由香港中文大学退休，专心办理新亚研究所。中文大学哲学系主任一职，则推荐刘述先继任。

（6）年底以退休金购房，坐落九龙塘和域道五号和域台D座二楼十六号。来港26年，迁居12次，平均每二年迁居一次。此外离港至中国台湾、日本、欧、美，14次。

（7）重刊父亲唐迪风《孟子大义》一书。

（8）《说中华民族之花果飘零》在三民书局出版。

1975年——67岁

（1）4月20日应台湾大学哲学系客座教授之聘，赴台讲学。

（2）6月，台湾有一班青年朋友筹办鹅湖杂志，拿发刊词及一些待印的文章拜望唐君毅。回应："你们的理想很正大，很有精神，相信这刊物一定能一直办下去，发生作用。" 11月21日，《鹅湖月刊》社举办第一度学术演讲会，即由唐君毅主讲"中华文化复兴之德性基础"。

（3）就中文大学改制问题，联同钱穆、吴俊升、沉亦珍、梅贻宝，以新亚书院创办人或前任校长之名，联名上书富尔敦。

（4）《中国哲学原论·原教篇》在新亚研究所出版。

（5）将十七八年来曾在各杂志发表的文章汇成《中华人文与当今世界》一书两册，在东方人文学会出版。

1976年——68岁

（1）1月21日，由台北返港。返港前夕，鹅湖创办人王邦雄、曾昭旭、袁保新等来访，唐君毅自行囊中抽出8年前在日本京都疗养眼疾时所写的长稿《病里乾坤》交鹅湖发表。

（2）5月28日，反省新亚加入中文大学后，12年来为新亚教育理想而争之事有三：一为12年前新亚书院悬挂国旗之事；二为1978年至年前新亚研究所在大学存在地位之事；三为二三年来为保存新亚书院在大学中联邦组织体制之事。自认为，对此一切事，诸同人所共同奉献之力，在客观上无甚价值，只在主观上问心无愧而已。

（3）是年富尔敦委员会报告书发表，建议香港中文大学由联邦制改行单一制，将一切权力交与以大学校长为首之中央集权行政机构。中大改制问题，唐君毅与中文大学当局之间产生了极大嫌隙，其间所引生之口舌、是非、恩怨极多，唐君毅处身其间直如处炼狱。

（4）是年，对唐君毅心灵造成伤害的，除中大改制外尚有哲学系人事纠纷。

（5）8月11日，唐君毅咳嗽服药不愈，医生主张照 X 光检验，次日医生证明为肺癌，午后，往卢观全医生处复诊，卢医生立即证明为恶性肿瘤，主张马上动手术。

（6）当晚与夫人一夜未眠，翌晨即决定去台湾治疗。见夫人精神恍惚，情绪反常，与之细说生死之道。略谓儒家伟大处，是从道德责任感出发来讲生死，生则尽其在我，死则视死如归。同时儒家承认鬼神存在，人死幽明相隔而精神相通。人若能从超生死处来谈生死，则我为主，生死亦余事矣。

（7）8月14日，与夫人到沙田慈航净苑拜祖先。8月17日到律师楼立遗嘱。

（8）8月20日，出席新亚书院董事会小组会议，并接见快报记者，谈中文大学改制事。

（9）21日，自谓二三年来，对人不畏死亡之道，在于对此世界之思念；因昔之圣贤豪杰与父母、先辈师长，皆无不离此世界而去，则自问有何德当久存于斯世？每一念此，即可对死生洒然无惧。至于人求延年益寿，亦可由于不忍离开爱我而尚存于世的人，及不忍见其因我之死去而悲哀而已。

（10）8月22日，自港抵台北，即入荣民医院，做各种测验与检查。时最后巨著《生命存在与心灵境界》一书正在学生书局排印，促送校稿，由8月24日起，除医生规定的诊断时间外，即不停校稿。

1977年——69岁

（1）1月3日，新亚书院董事愤慨政府背信弃义，强行通过中文大学改制法案，唐君毅与李祖法、钱宾四、沉亦珍、吴俊升、徐季良、刘汉栋、任国荣、郭正达联署在报纸上刊登《新亚书院董事辞职申明》。

（2）2月1日，遵医嘱赴台检查。

（3）12月9日，是学期结束最后上课日。本学期授礼记，咳嗽时作，步履不稳，但从未缺席，由经学史、学记、冠义、婚义、乡饮酒义，终于至学期终结为止。

（4）年底，《生命存在与心灵境界》一书面世，赠学生时自言这是绝笔之作。

1978年——70岁

（1）1月1日离开圣德勒萨医院。4日，去信台北川康渝同乡会，对筹设川康渝文物馆鼓励至多，并曾立意捐款赞助。

（2）2月1日复王家琦同学信，生前最后一封信。

（3）是日报载大陆批评孔子诛少正卯事，已有翻案文章，而且为孔子辩护的理由，与唐君毅《孔子诛少正卯传说之形成》一文中所持理由相似，盼咐赵致华同学将自己的著作和《思复堂诗集》，寄与内地图书馆。

（4）再过两天便是农历十二月二十六日，为先生70寿辰，跟着便是旧历新年。

（5）2月2日凌晨3时30分，先生咳嗽气喘，不能安睡，凌晨5时30分，先生突然气喘大作，夫人急电医生求救，又电李国钧先生前来帮忙，就在两个电话之间，唐君毅一时接不上气，已瞑目不动。救护车送至浸信会医院，已返魂无术。时维公元1978年2月2日，丙辰年十二月二十五日，依新历计算，已过70寿辰，享年70岁。

（6）3月11日，由学生护送灵柩赴台湾落葬台北观音山朝阳墓园。

（7）3月13日，大葬之期，风雨如晦，但冒雨送葬者络绎于途。

1979年

（1）逝世未及一月，唐君毅作为一个伟大的中国文化运动者、人文主义的宗师、文化意识宇宙中的巨人的形象，已为世人公认。

（2）牟宗三称其为"文化意识宇宙中的巨人"，认为文化意识宇宙是继孔孟内圣外王之成德之教而开出的。唐君毅弘扬此一文化意识之内蕴，是以其全副生命之真性情顶上去的，他尽了我们这个时代的使命，可谓鞠躬尽瘁。

（3）徐复观在《唐君毅先生事略》一文中云："夫人谢方回女士，涵养深纯，长于琴书，居家接物，悉以先生之心为心，对先生之照顾，无微不至，有长才而未尝以才自见，先生于校务所务丛错之中，仍得专心学问，从事著作，盖内助之力也。"

唐君毅之文化意识拔乎流俗，使其事业虽经痛苦的奋斗而终以悲剧结束。唐君毅一生为弘扬中国文化精神而挫折重重，这当然使人感到有悲剧性，但若从成败之外来了解，则其挫折与悲剧皆无损于他的光辉。劳思光在其挽诗中云："儒效非朝夕，才难况乱离，平生弘道志，成败莫轻疑。"

华人生死学的可为与当为（代后记）

本书对唐君毅先生三篇经典生死学文献的解读，实际上是分别于不同时间段撰写的。最早梳理和解读的是唐先生的晚年日记，完成时间是2017—2018年；最后撰写的是对《母丧杂记》的解读，完成于2020年；而对《病里乾坤》的诠释和解读的时间跨度好几年。主要的文本基本上都在2021年前完成。梳理和解读这几份特殊文本，最初是为完成我关于唐君毅生死哲学的研究提供一些体验性支撑，但后来自己开始关注生死学的相关议题后，便更多是从生死学视角去阅读、体验和解读的了。本书尽管是一部关于唐君毅个人生死体验及其哲学反思的著作，但同时也是对唐先生个人特色非常鲜明而又具有普遍性的生死体验的生死学文本诠释，是一部独特的生死学著作。

生死学是华人社会学术界创设的一门独特学问或者学科。客观上说，在将西方死亡学以"生死学"名义转义后，对死亡学本身已经是一个重大发展，也将生命学做了重要拓展，将生死哲学或者死亡哲学做了经验化的落地连接，而这也特别契合华人的文化心理及生死态度。

不可讳言，"华人"之为华人，是由中华文化塑造的。"华人生死学"作为关乎"华人生死"的学问或者"华人"关于"生死"的学问，当然也离不开中华文化，不管是就历史与现实的叙述而言还是就未来的建构而言。何况，"生死学"这一词语的生成本身就有着非常浓厚的"心性学"这一中华文化土壤与背景。但是，在目前关于生死学及生死教育的讨论中，我们很多时候都能够听到一种声音：中国人惧怕谈死亡，中国文化有忌讳谈死亡的传统，因为"忌讳"谈，所以缺少"科学认知"，于是就会发生各种让人觉得痛心或不可思议的"生死事件"，所以我们现在必须开展生死学的传播及生死教育，以便帮助中国人改变"死亡观念"。这种理解有一个很大的误区，那就是将"现实中的中国人忌讳谈死亡"等同于"中国文化有忌讳谈死亡的传统"。其实，不管是在西方文化还是中国的传统文化中，对谈论死亡的"忌讳"实际上是不成立的，因为死亡是那么现实、直接地呈现在所有人的日常生活中，怎么会不去面对（"谈"是"面对"的一种形式）呢？！

真正忌讳谈论死亡，根本上是近代医学技术发展到一定阶段，将"死亡"从我们的日常生活中驱逐到医院后的产物。死亡被医疗遮蔽，死亡从生活中被取走，人们无法在经验中学习死亡、面对死亡，于是才有了100余年前西方的"死亡学"呼吁，也就是试图重新将死亡以新的方式接入我们的生活世界。

"死亡学"不同于死亡哲学，不只是哲学地谈论死亡，而是要经验地谈论死亡。"华人生死学"也不只是基于华人世界的哲学传统去谈论死亡，也要直面经验性的死亡。这也是当下生死学领域"安宁疗护""临终关怀"成为热点的很重要的缘由。但是，生死学不只是"哲学地"谈论死亡，却又离不开哲学。因为所有与死亡和生命有关的问题都在一定程度上具有"终极性"。而要"哲学地"谈论，就不能离开文化传统。何况"华人生死学"本就不得不立足于中华文化深刻的心性论传统。其实，我们越是能够将我们自己与传统文化相连接，就越能够自如地去谈论死亡，也就越能够直面生死议题；而越扎根于现代科学主义、经验主义、医学主义中，我们也就越不容易在根本上直面生死议题。

"华人生死学"对"生死议题"的关注，理应扎根在"华人"的文化世界和生活世界中，必须充分研究和挖掘中华文化中的生死智慧，研究和诠释已经成为"华人之为华人"的"文化无意识"的儒释道各家对于生死议题的"谈论"，以让我们当下的华人接续到"华人之为华人"的文化传统上。这种接续并不只具有抽象的安身立命的意义，实际上也具有非常现实的生死安顿的意义。由此，梳理和重建已经被破坏殆尽的中国人的生死观念、生死智慧、生死礼俗，在"华人生死学"的建构中十分重要和迫切。这种梳理和重建，不该只是简单的理论逻辑建构，还应该是实践逻辑的建构，是可以真正让现实生活中的中国人、"现代世界的中国人"安身立命的建构。因此，"华人生死学"的建构，必须充分关注、关照并回应当下中国人在现实生活中的重大生死话题，包括生、死、殡、葬、祭、传等各方面重大话题。

客观上说，现有的生死学理论和生死教育中呈现的生死理论思考、临终关怀以及悲伤辅导几个主要的议题，尽管基本上可以照顾到作为个体生命自己面对生与死的生命课题，但是给人的感觉还欠缺生命"永续经营"的维度。临终关怀及悲伤辅导，只是在安顿死者和生者当下的生命存在，而祭祀则是建构真正的生死连接，实现幽明感通和生命的永续。就中国人生死存亡的深刻智慧而言，祭祀比殡葬更重要，生死学不应该只是安顿临终者的死亡过程以及丧亲者的悲伤情绪，还必须建构生者与死者之间的永续沟通和内在的生命连接。因而，回应生命个体追求不朽的渴望与死亡焦虑的冲突，不能不成为生死学建构中直面的根本性话题。

在《论语》中有这样一则经典对话：季路问事鬼神。子曰："未能事人，焉能事鬼？"敢问死。曰："未知生，焉知死？"这是一个经常被人们用来批评中国人或者说批评儒家不关注"死亡"议题的经典语录。但实际上，从真正的生死学逻辑来说，这种理解恰恰是最大的最根本的误解和误会。

在《论语》的话语体系中，基本上没有"下定义"的表达式。诸如"问孝""问政"等，不是说问"什么是孝""什么是政"，而是一种行为化的"洞悉"，即"怎样做才是孝""怎样为政"。因此，季路这里的"问死"以及孔子的回答，不能够理解为对"死"的界定，而应该理解为怎么样"面对死"，就像前面的"事鬼神"而不是"鬼神是什么"。

孔子"未知生，焉知死"这句话中的"知"，绝不能理解为经验性的认知，而是"知行合一"化的"洞悉"，即面对"生""死"的态度、立场、路径甚至方法。换言之，在孔子看来，我们要真正能够直面"死亡"，必须首先能够直面"人生"。这一点恰恰是现代安宁疗护中"身心灵社"四维照护中灵性精神的自觉建构，即帮助当事人回顾、总结、提升人生中的价值亮点，以减少面对"死亡"的恐惧和遗憾。

在儒家的语境中，"生"和"死"都不是一个简单的经验事实，而是融为一体的"生生不息"的大生命过程的两个环节。"生命"是一个涵括"生"与"死"两个相互衔接的环节的波浪式延续"生生不息"的过程。一方面，"生"这个环节包括"生—长—老—病—死"五个小的环节，"死"是确认生命之为生命（现实人生）的最后一个环节；另一方面，"死"这个环节又包括"终—殡—葬—祭—传"五个小环节，"传"实际上是让"死"重新回到"生"的"再生"（不是基督教意义上的"再生"，而是儒家生死感通的"传承"意义上的"再生"）。这里的"传"所引发的"再生"，既可以经由有血缘生命的子女传承实现（所以要"祭祀祖先"），也可以通过精神生命的"师传弟子"模式呈现（所以要"祭祀圣贤"），还可以通过文化意义上的"返本报始"模式呈现（所以要"祭祀天地"）。由此，生命就在"生"与"死"两大环节及其内含的"生—长—老—病—死""终—殡—葬—祭—传"十个小环节的流动中成为"生生不息"的永续生命。

在这样一个"大生命"循环中，我们才能真正理解孔子"未知生，焉知死"教导的意涵。首先，如果我们不能真正过好（面对）"生"（生—长—老—病—死）这个"人生"环节中的"生长老病"，我们就不能很好地面对最后一个作为"人生"终点的"死"这个小环节；其次，如果我们不能很好地领会生命将通过"生"与"死"两个环节重新通过"传"而回到"生"，我们也很难领会到"死"本身的确切意义，并直面"死亡"带来的课题；最后，我们只有在"生生不息"的大生命延续中，才能真正安顿好"死亡"的议题。如此，我们不能简单说，孔子的"未知生，焉知死"是一种不敢直面死亡甚至"忌讳谈死亡"的"实用主义"态度。相反，我们更应当看到其中蕴含的足可以安顿我们这样一个没有"一神教信仰"传统的中国人面对死亡的形而上学焦虑的生死大智慧。

当然，生死学不是生死哲学，尽管必然有关乎生死的哲学思考和理论梳理。生死学立足于生死的经验现象，对生死相关的话题做理论上的思考并提出实践上的应对策略。因此，生死学本质上是一门基于经验的实践性学科，而不是纯粹抽象的理论学说。由此，生死学的理论建构在依托哲学、心理学、宗教学等传统学科的相关理论的同时，还必须充分地依托现实的实践经验，必须从经验中获得对生死的体悟和把握。从这个意义上说，人文学者和社会工作者，必须放下身段参与相应的生死事件的经验实践，以突破自己的生命限度，对生死有真切感受，才更有利于生死学落实在真切的生死教育中。从这个意义上说，我们解读唐先生三篇经典生死学文献，也就有了独特的生死学意义。